清华时间简史

电机工程系

（第二版）

王孙禺　曾　嵘　康重庆　李　珍　赵　伟
编著

清华大学出版社
北京

图书在版编目（CIP）数据

清华时间简史．电机工程系/王孙禺等编著．—2版．—北京：清华大学出版社，2018（2021.4重印）
ISBN 978-7-302-49925-1

Ⅰ.①清… Ⅱ.①王… Ⅲ.①清华大学-电机学-专业-校史 Ⅳ.①G649.281

中国版本图书馆 CIP 数据核字（2018）第 055443 号

责任编辑：马庆洲
封面设计：曲晓华
责任校对：王淑云
责任印制：杨　艳

出版发行：清华大学出版社
网　　址：http://www.tup.com.cn，http://www.wqbook.com
地　　址：北京清华大学学研大厦 A 座　**邮　　编**：100084
社 总 机：010-62770175　**邮　　购**：010-62786544
投稿与读者服务：010-62776969，c-service@tup.tsinghua.edu.cn
质量反馈：010-62772015，zhiliang@tup.tsinghua.edu.cn
印 装 者：涿州市京南印刷厂
经　　销：全国新华书店
开　　本：155mm×230mm　**印　　张**：30.75　**字　　数**：482 千字
版　　次：2015 年 4 月第 1 版　2018 年 4 月第 2 版　**印次**：2021 年 4 月第2 次印刷
定　　价：98.00 元

产品编号：078375-02

清华大学校史编辑委员会

“清华时间简史”丛书

总　序

清华大学走过了110年的沧桑历程。从一所留美预备学校,到独立培养人才的国立高等学府;从抗战烽火中的西南联大,到新中国成立回到人民的怀抱;从院系调整后的多科性工业大学,到改革开放后逐步发展成综合性、研究型、开放式的世界一流大学,清华见证了中国高等教育的发展壮大,也成为世界高等教育发展的重要组成部分。

在一所大学的历史中,学科与院系的建立、变迁与发展是十分重要的方面。1911年清华学堂建立,1912年更名为清华学校;1925年设立大学部,1926年设立了首批17个学系;1928年更名为国立清华大学,此后相继设立文、理、法、工4个学院,下设16个学系;1937年南迁长沙,与北京大学、南开大学合组长沙临时大学,1938年西迁昆明,成立国立西南联合大学,联大共设有5个学院26个学系;1946年复员后,清华大学设有文、理、法、工、农5个学院26个学系,1948年底清华园解放;20世纪50年代的高校院系调整后,清华大学成为多科性工业大学,设有8个系,至“文革”前发展成12个系;改革开放以来,大力加强学科建设,恢复和新设了许多院系,目前共有按学科设置的21个二级学院,近60个系,以及承担人才培养和学术研究任务的若干研究院、中心等,覆盖理学、工学、文学、艺术学、历史学、哲学、经济学、管理学、法学、教育学和医学等11大学科门类。

清华大学始终非常重视校史研究和编纂,早在1959年就成立了校史编辑委员会,下设校史编写组,现已发展成校史研究室、党史研究室、校史馆“三位一体”从事校史研究和教育的专门机构。几十年来,先后编纂出版了《清华大学校史稿》《清华大学史料选编》《清华人物志》《清华大学志》《清华大学图史》《清华大学一百年》等一系列学校层面的校史系列图书。同时,许多院系和部门也结合院系庆等契机,组织编写了纪念文集、校友访谈录、大事记、人物名录及宣传画册等图书资料,多形式、多侧面、多角度地反映了自身历史的发展。但长期以来,全面系统的院系史研究、编写和出版,还是校史研究编纂工作中的空白。

2015 年前后,校史编委会委员、教育研究所原所长王孙禺教授和校史研究室研究人员李珍博士,与相关院系合作,对电机系、人文社会科学学院、教育研究院等院系的历史进行了深入研究,相继编写出版了《清华时间简史：电机工程系》《清华时间简史：人文社会科学学院》《清华时间简史：教育研究院》等图书。这是推进院系史研究的一种有效形式,也是深化校史研究的一个重要途径。经过认真调研和周密筹划,我们提出在全校启动实施"学科院系部门发展史编纂工程"。

这一工程得到学校的充分肯定和大力支持。由校史研究室组织协调,实施"学科院系部门发展史编纂工程",编写出版"清华时间简史"系列丛书,与档案馆牵头、校史馆参与的"清华史料和名人档案征集工程",一同被写入清华大学党委颁布的《关于进一步加强和改进新形势下宣传思想工作的实施意见》和《清华大学文化建设"十三五"规划》,2018 年还被列为清华大学工作要点的重点工作之一。从 2017 年起,学校每年拨付专门经费进行资助。校长邱勇、校党委书记陈旭和先后担任校党委副书记分管校史工作的邓卫、向波涛等领导,对这一工作给予了亲切关心和具体指导。

这一工程更是得到各院系、各部门的热烈响应和踊跃参与。2017 年工程正式启动,就有 40 多个院系等单位首批申报。经研究决定,采取"同步启动、滚动支持、校系结合、协力推进"的方式逐步实施。校史编委会多次召开专家会议,对各院系的编纂工作进展情况和经费预算进行评审,校史研究室通过年度检查和专家讲座等加强组织协调和学术指导。许多院系党委书记、院长主任等亲自负责,很多老领导、老同志热情参与,各院系单位都明确了主笔和联络人、成立了编写工作组等,落实编纂任务。档案馆在档案史料查阅等方面提供了积极帮助,出版社对本丛书的编辑出版给予了全力支持。

在大家的共同努力下,"学科院系部门发展史编纂工程"取得初步成效。按计划,首批"清华时间简史"系列丛书于 110 周年校庆之际出版发行。丛书在翔实、系统地搜集和梳理历史资料的基础上,全面、生动地回顾和总结各院系、学科、部门的发展历程，全方位、多样化地展示了清华的育人成果和办学经验，不仅有助于了解各院系的历史传承，结合各学科专业特点开展优良传统教育，促进各学科院系的长远发展，而且对更好地编纂“清华大学史”有重要帮助，也可为教育工作者和历史工作者研究高等教育史、学科发展史等，提供鲜活、细化的资料。

习近平总书记指出：“重视历史、研究历史、借鉴历史，可以给人类带来很多了解昨天、把握今天、开创明天的智慧。”学科院系部门发展史的研究与编纂是一项浩大的学术工程，意义重大、任务艰巨，需要持之以恒、不懈努力。我们要进一步加强组织协调、抓紧落实推进，确保“清华时间简史”丛书分批次、高质量地出版，力争“学科院系部门发展史编纂工程”不断取得新的成果，为清华新百年的发展积累宝贵的历史资源、提供有益的历史借鉴，为建设世界一流大学作出独特的贡献。

2021 年 4 月

（作者系清华大学校史研究室主任、研究员）

目　录

1

清华学堂时期电机工程专业的雏形

18世纪的英国工业革命，推动了世界工业的巨大发展，同时也迫切需要大量科学技术人才。为适应社会发展之需，1878年世界首个电气工程专业诞生于英国帝国理工学院，之后，欧美其他发达国家相继成立了电气工程专业①。我国电气工程专业的起源可以追溯至1908年上海高等实业学堂"电机"专修科的开办②，自此，国内高等院校开始了探索培养电气工程人才的教育之路。清华早期虽未成立电机工程学系，但其选派的留学生中有许多选学了电机工程专业，他们日后学成归国，为国内电机工程学科及相关行业的发展做出了重要贡献。

一、游美学务处时期电机工程留学生的选派

1900年八国联军攻陷北京，次年9月7日，清政府被迫签订了丧权辱国的《辛丑条约》。在当时的历史条件下，各国所得赔款均超过了"实际损失额度"，其中美国按比例分得3293.9055万两白银（合2444.0778万美元）③，超过款额达1278.5万余美元④。后经清政府驻美大使梁诚多方努力，1908年美国政府决定将部分超收赔款退还中国政府，作为派遣赴美

---

① 严陆光：《庆祝我国电气工程高等教育100周年 继续努力发展电工新技术》，见中国电气工程高等教育100周年纪念委员会：《百年回眸——中国电气工程高等教育100周年》，18页，西安，西安交通大学出版社，2008。（注：在不同历史时期，由于中外翻译不同，电气、电机有混用情况。）

② 中国电机工程学会：《百年积淀　再铸辉煌——热烈祝贺电气工程学科成立100周年》，见中国电气工程高等教育100周年纪念委员会：《百年回眸——中国电气工程高等教育100周年》，1页。

③ 王海军：《试论美国庚子赔款的"退还"》，载《山东师大学报》（社会科学版），1998年第5期。

④ 苏云峰：《从清华学堂到清华大学1911—1929：近代中国高等教育研究》，2页，北京，生活·读书·新知三联书店，2001。

留学生的专门款项。1909 年 1 月 1 日，美国正式退还部分庚子赔款，随后，清政府即着手筹办遣派留学生事宜。当年 7 月 10 日，外务部与学部在遣派学生赴美拟定办法大纲折中提出，“臣等公同商酌，拟在京师设立游美学务处，由外务部、学部派员管理，综司考选学生，遣送出洋，调查稽核一切事宜。并附设肄业馆一所，选取学生入馆试验，择其学行优美，资性纯笃者，随时送往美国肄业”①；并于遣派游美学生办法大纲中具体规定：“设游美学务处。由外务部、学部会派办事人员，专司考选学生，管理肄业馆、遣送学生及至驻美游学监督通信等事，并与美国公使所派人员商榷一切”②，“设肄业馆。在京城外择清旷地方，建肄业馆一所。(约容学生三百名，其中办事室、讲舍、书库、操场、教习学生等居室均备)沿用美国高等初级各科教习，所有办法均照美国学堂，以便学生熟悉课程，到美入学无可扞格。此馆专为选取各省学生暂留学习，以便考察品学而设。”③1909 年 7 月 17 日，游美学务处开始办公④，当年招考了梅贻琦等第一批直接赴美留学生 47 名，翌年招考了杨锡仁等第二批直接赴美留学生 70 人⑤。

对于庚款留学生的选科比例，学部和外务部认为“留学生究应选择何种科目——政治、科学、工程——均属待决的问题。鉴于彼时留日学生，多趋于法政一途，回国后，志在作一小官，或公务员，以资糊口。……因此多数主张学生游美，必须着重理、工、农、商等实际有用的学术与技能，庶几回国后，可望对于祖国的改造和建设，有真正的贡献。少数学生亦可选习文、哲一类的科目”⑥。基于此，在其拟定的《派遣美国留学生章程草

---

① 《外务部会奏遣派学生赴美拟定办法大纲折》(宣统元年五月二十三日)，载《政治官报》，1909 年第 620 号；《外学两部会奏遣派学生赴美谨拟办法折》，载《教育杂志》，1909 年第 7 期。

② 《遣派游学学生办法大纲》(宣统元年五月二十三日)，载《政治官报》，1909 年第 620 号；《遣派游美学生办法大纲》，载《教育杂志》，1909 年第 7 期。

③ 《遣派游学学生办法大纲》(宣统元年五月二十三日)，载《政治官报》，1909 年第 620 号；《遣派游美学生办法大纲》，载《教育杂志》，1909 年第 7 期。

④ 《游美学务处为报宣统元年全年经费事致外务部呈文》(宣统二年三月十四日)，见第一历史档案馆：《清游美学务处档案史料》，载《历史档案》，1997 年第 3 期。

⑤ 游美学务处三批派赴美国留学生名单，见清华大学校史研究室：《清华大学史料选编》，第 1 卷，131 ~ 135 页，北京，清华大学出版社，1991。

⑥ 罗香林：《梁诚的出使美国》，65 页，台北，文海出版社，1979。

图 1-1 第一批庚款留美学生合影

(中有梅贻琦、吴玉麟、吴清度、张廷金、袁钟铨、曾昭权等)①

图 1-2 第二批庚款留美学生合影

(中有杨锡仁、张谟实、徐尚、王鸿卓、陈茂康、许先甲、易鼎新等)②

案》中规定:"派出的学生中有百分之八十将专修工业技术,农学,机械工程,采矿,物理及化学,铁路工程,建筑,银行,铁路管理,以及类似学科。另外百分之二十将专修法律及政治学"③;后又于《会奏派遣学生赴美谨拟办法折》中再次规定:"以十分之八习农工商矿等科,以十分之二习法政

① 清华大学校史馆提供。

② 清华大学校史馆提供。

③ 《派遣美国留学生章程草案》,见清华大学校史研究室:《清华大学史料选编》,第1卷,107页。

理财师范诸学。”①根据清政府这一要求，1909 年至 1911 年游美学务处选派的三批直接赴美留学生多选习实科，如第二批庚款留学生竺可桢后来回忆：“我们这批七十人中，学自然科学、工、农的最多，约占百分之七十以上。……不仅我们这批如此，恐怕全部庚款留学生中学工农理科的都要占百分之七八十”②，其中尤其以工程学居多。据统计，第一批庚款留学生中选习工程科目的有 24 人（约占总人数的 51%），第二批庚款留学生中选习工程科目的有 43 人（约占总人数的 61%），第一、二批庚款留学生选习工程学人数比例及专业分布具体如图 1-3 和图 1-4 所示。从图中可以看出，电气工程作为这一时期中国的急需专业之一，选习人数相对较多，如第一批庚款留学生中电气工程 6 人（约占总人数的 13%），第二批庚款留学生中电气工程 8 人（约占总人数的 11%）③，其中即有梅贻琦、吴玉麟、曾昭权、杨锡仁、易鼎新等。

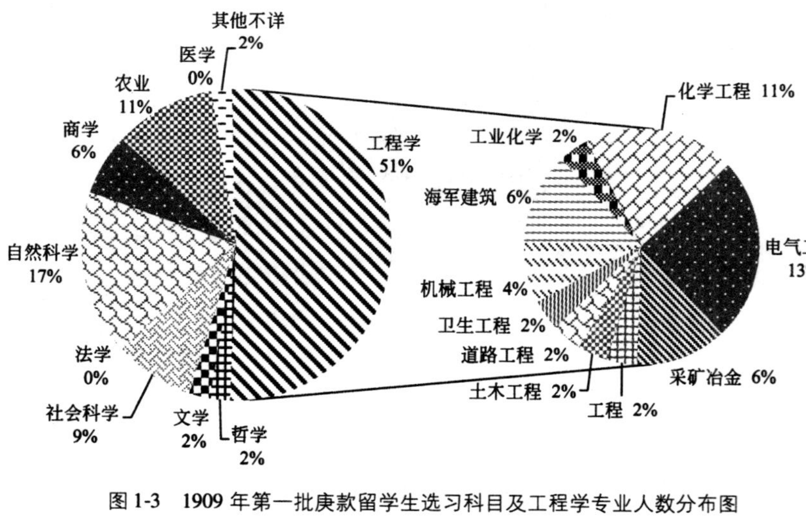

图 1-3 1909 年第一批庚款留学生选习科目及工程学专业人数分布图

（资料来源：《历年留美学生分科统计表（一、二）》，《国立清华大学二十周年纪念刊》，1931 年）

① 《外务部会奏遣派学生赴美拟定办法大纲折（宣统元年五月二十三日）》，载《政治官报》，1909 年第 620 号；《外学两部会奏遣派学生赴美谨拟办法折》，载《教育杂志》，1909 年第 7 期。

② 李喜所：《近代留学生与中外文化》，311 ~ 312 页，天津，天津人民出版社，1992。

③ 《历年留美学生分科统计表（一、二）》，载《国立清华大学二十周年纪念刊》，1931 年。

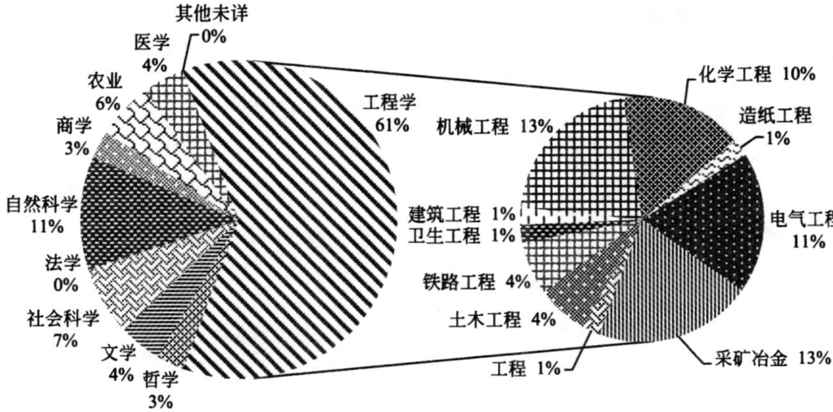

图1-4 1910年第二批庚款留学生选习科目及工程学专业人数分布图

(资料来源:《历年留美学生分科统计表(一、二)》,《国立清华大学二十周年纪念刊》,1931年)

关于庚款留学生在全国的名额分配问题,学部、外务部议定:"自应按照各省赔款数目分匀摊给,以示平允。其满洲、蒙古、汉军旗籍以及东三省内外蒙古、西藏亦应酌给名额,以昭公溥。"①由于南方沿海省份经济相对发达,所承担赔款额度较大,且文化教育发展较快,因此学生亦大部分来源于这些地域。同时,清华早期赴美留学生的选拔标准较高,如1908年拟定的《派遣美国留学生章程草案》中规定:"派遣的学生要有下列资格:1. 质地聪明。2. 性质纯正。3. 身体强壮。4. 身家清白。5. 恰当年龄。6. 中文程度要有作文数百字的能力。7. 中国古典文学及历史要有基本知识。8. 英文程度要能直入美国大学和专门学校听讲。9. 要完成一般性学习的预备课程"②;1909年制定的《遣派游美学生办法大纲》中规定:"各条所取学生拟分两格。第一格:年在二十以下,国文通达,英文及科学程度可入美国大学或专门学校;第二格:年在十五以下,国文通达,姿禀特异。以上二项,均须身体强壮,性情纯正,相貌完全,身家清白,始为合格"③;且考试科目"除专门的国文和基本文化课考试外,还要考试英文

① 《外务部会奏遣派学生赴美酌拟办法折》(宣统元年五月二十三日),载《政治官报》,1909年第620号;《外学两部会奏遣派学生赴美谨拟办法折》,载《教育杂志》,1909年第7期。

② 《派遣美国留学生章程草案》,见清华大学校史研究室:《清华大学史料选编》,第1卷,107页。

③ 《外务部会奏遣派学生赴美拟定办法大纲折》(宣统元年五月二十三日),载《政治官报》,1909年第620号;《外学两部会奏遣派学生赴美谨拟办法折》,载《教育杂志》,1909年第7期。

（其中第二届还须选考德文或法文）。特别是第二届考试，除中文论说外，所有科目考试均须用英文答卷，其难度之大可想而知。如果没有良好的系统文化知识，特别是比较扎实的英文功底，恐怕很难‘中彀’”①。因此，这也就决定了选派的赴美留学生多源于一些注重英文教学或质量较高的教会学校、省立高等学堂等②，如选习电机工程科目留学生中，吴玉麟、吴清度、张廷金来自邮传部上海高等实业学堂，曾昭权、杨维桢来自上海复旦公学，张谟实、徐尚来自上海圣约翰书院等③。

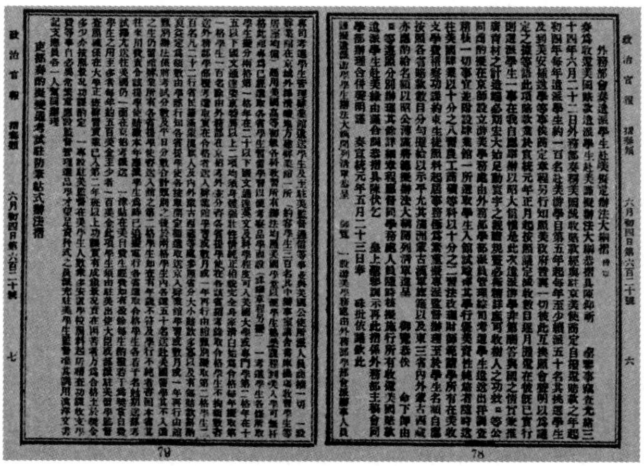

图 1-5 《外务部会奏遣派学生赴美拟定办法大纲折》④

二、清华学堂时期课程设置及电机工程留学生的选派

在选派赴美留学生的同时，游美学务处亦积极筹备游美肄业馆。如，1909 年 9 月 28 日外务部上奏：“拟于明年春夏间即行参照原定办法，考选学生入馆肄习，现在应即赶速筹建肄业馆，俾诸生得以及时就学，免至有误进修。当经饬行游美学务处于京城附近地方详加相择，查有西直门外

① 谢长法：《借鉴与融合：留美学生抗战前教育活动研究》，28 页，石家庄，河北教育出版社，2001。

② 李喜所、刘集林：《近代中国的留美教育》，82 页，天津，天津古籍出版社，2000。

③ 罗香林：《梁诚的出使美国》，13～14 页；刘真：《留学教育——中国留学教育史料》，第 1 册，187～191 页，台北，国立编译馆，1980。

④ 《外务部会奏遣派学生赴美拟定办法大纲折》（宣统元年五月二十三日），载《政治官报》，1909 年第 620 号。

成府东北清华园旧址一区……该园现归内务府官房租库经管，合无仰恳天恩俯准，将该园地亩房屋全行赏拨，作为游美肄业馆之用”①，于30日获批②。此后，游美学务处开始着手游美肄业馆校舍等具体的筹建工作，定于次年秋开学。但因前两批留学生未能按原定名额计划完成，且因时间仓促未实现原定“第一年就要派出的学生将培训六个月，以后派出的学生则将培训一年”③之方案，同时外务部与学部在招生问题上意见不一④等，故决定“专设游美预备学校，先在国内有计划地训练，培养出合格的毕业生送美留学”⑤，并将游美肄业馆改名为清华学堂⑥。

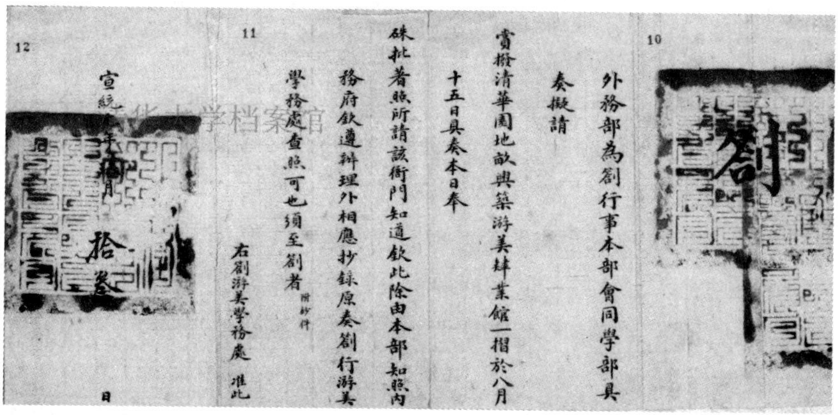
外務部為劄行事本部會同學部具
奏擬請
賞撥清華園地畝興築游美肄業館一摺於八月
十五日具奏本日奉
硃批着照所請該衙門知道欽此除由本部知照內
務府欽遵辦理外相應抄錄原奏劄行游美
學務處查照可也須至劄者　附抄件
右劄游美學務處　准此
宣統元年九月拾叁日

图1-6　宣统元年九月十三日(1909年10月26日)，清政府外务部关于宣统元年八月十五日(1909年9月28日)朱批赏拨清华园建游美肄业馆的劄文⑦

---

① 《外务部为兴筑游美肄业馆奏稿》(宣统元年八月十五日)，见清华大学校史研究室:《清华大学史料选编》，第1卷，3~4页。

② 《外务部给游美学务处札》(宣统元年八月十七日发)，清华大学档案，全宗号1，目录号1，案卷号10。

③ 《派遣美国留学生的章程草案》，见清华大学校史研究室:《清华大学史料选编》，第1卷，108页。

④ 即“外务部主张招收十六岁以下的幼年生从小送美培养，否则对外国语言‘已绝无专精之望’，学部则主张招收三十岁以上的中年人，否则‘国学既乏根基，出洋实为耗费’”。(《清华校史组记从游美学务处到清华学校》，见朱有瓛、高时良:《中国近代学制史料》，第3辑上册，550页，上海，华东师范大学出版社，1990)

⑤ 《清华校史组记从游美学务处到清华学校》，见朱有瓛、高时良:《中国近代学制史料》，第3辑上册，550页。

⑥ 《学部札准游美肄业馆改名清华学堂并应将初等科改名中等科编定高等中等两科课程报部查核》(宣统二年十二月初五日)，清华大学档案，全宗号1，目录号1，案卷号3。

⑦ 清华大学档案，全宗号1，目录号1，案卷号10(清华大学档案馆提供)。

1911 年 2 月，游美学务处和筹建中的游美肄业馆迁入清华园，正式定名为“清华学堂”，4 月订章开学。根据《清华学堂章程》规定，学堂“参合中国及美国中学以上办法，设高等中等两科。高等科注重专门教育，以美国大学及专门学堂标准，其学程以四学年计，中等科为高等科之预备，其学程以四学年计”，学科主要划分为哲学教育、本国文学、世界文学、美术音乐、史学政治、数学天文、物理化学、动植生理、地文地质及体育手工十大类别，“每类学科功课分通修、专修二种。通修种期博赅，专修种期精深”。[①] 具体来说，“在这十类课程中，以‘通修’课程为主，‘专修’课程，则视学生志趣能力及程度，在高等科最后两年才逐渐开设”[②]，清华学堂学科设置及各学科学分如表 1-1 所示。9 月，游美学务处又呈请学部和外务部对章程进行修订，“中等科毕业年限原定四年，今改五年，高等科毕业年限原定四年，今改三年，正与部定中学堂暨高等学堂毕业年限相符”，并制定了详细的教授科目，其中包括手工等[③]。在表 1-1 中，手工与体育合计仅 8 学分，而人文社会科学 5 类 66 学分、自然科学 4 类 50 学分（另有专修 16 学分）[④]。显然，这一时期的课程设置主要着力于“通修”，其目的是为其后进行的赴美深造奠定基础。同时，在当时的历史条件下，通过设置“物理化学、动植生理、地文地质”等自然科学课程，对于未来工程等实科人才培养无疑亦是一种较为可行的权宜之举，这对加快与西式教育体系的接轨，及后来工程学的扩展、电机工程科目的设立等起到了一定的促进作用。

此外，游美学务处“于宣统二年七月考选第二届留学生时，另外挑选备取生七十多名，编为高等科学生，不久乃送入清华学校肄业，规定于宣统三年（1911 年）派赴美国留学”[⑤]，但因时间问题，1911 年 6 月游美学务处考选了孙继丁、顾维精等 63 名直接赴美[⑥]。第三批庚款留学生中选习

---

① 《清华学堂章程》，见朱有瓛、高时良：《中国近代学制史料》，第 3 辑上册，552 ~ 556 页。

② 苏云峰：《从清华学堂到清华大学 1911—1929：近代中国高等教育研究》，162 ~ 163 页。

③ 《游美学务处改行清华学堂章程缘由致外务部申呈》（宣统三年七月十四日），见清华大学校史研究室：《清华大学史料选编》，第 1 卷，150 ~ 155 页。

④ 苏云峰：《从清华学堂到清华大学 1911—1929：近代中国高等教育研究》，163 ~ 164 页。

⑤ 罗香林：《梁诚的出使美国》，67 页。

⑥ 《游美学务处第三次派赴美国留学生名单》（宣统三年五月），见清华大学校史研究室：《清华大学史料选编》，第 1 卷，135 页。

人文社会科学科目的人数虽较之前两批有所上升，但仍以实科为多，其中工程学 25 人（约占总人数的 40%），包括电气工程 3 人（约占总人数的 5%），各科目及专业选习人数分布见图 1-7。

表 1-1 清华学堂中等和高等两科八年通修功课学分统计表

	第一	第二	第三	第四	第五	第六	第七	第八
哲学教育							2	2
中国文学	4	4	2	2	2	2		
世界文学	4	4	4	4	4	4	2	
美术音乐	1	1	1	1				
史学政治	2	2	2	2	2	2	2	2
数学天文	4	2	4	4	4	2	2	
物理化学					4	4		
动植生理	2	4	2	2		2		
地文地质			2	2			2	2
体育手工	1	1	1	1	1	1	1	1

（资料来源：《清华学堂章程》，见朱有瓛：《中国近代学制史料》，第 3 辑上册，553 页）

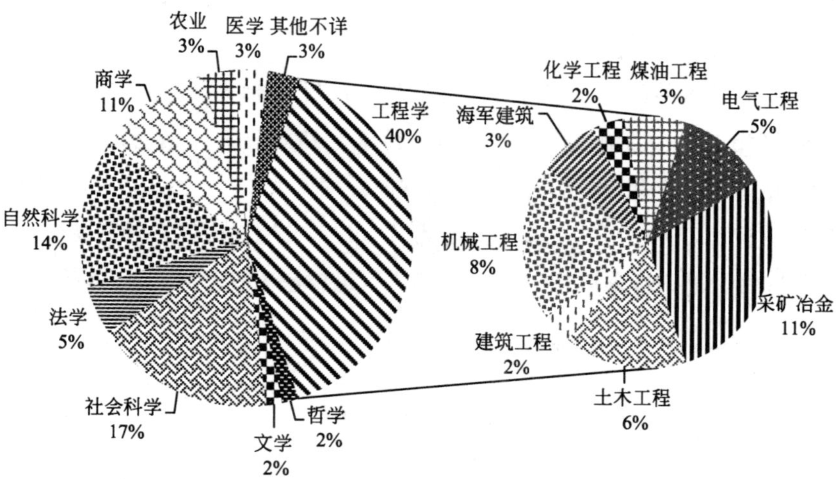

图 1-7 1911 年第三批庚款留学生选习科目及工程学专业人数分布图
（资料来源：《历年留美学生分科统计表（一、二）》，载《国立清华大学二十周年纪念刊》，1931 年）

三、电机工程留学生在美院校分布

1909年11月,第一批庚款留学生抵美①,“适值该地学校学期业已过半,且各生程度不一,势难概受同等教育。其优者固宜直入大学,俾无废时之患。其次者亦必及时预备,循序渐进,方无躐等之虞。当经会同驻美监督容揆,将学生金涛等分别送入科乃鲁大学,暨罗兰士各高等学校”②。1910年和1911年录取的第二批和第三批赴美庚款留学生因选派准备的相对充分,则直接进入美国大学就读。如《外务部等为报第二次遣派学生赴美入学情形事奏折》中记曰:“所有取定分数较优之学生七十名,经臣等委派游美学务处文案候选知县唐彝等护送出洋。现据游美学务处转据唐彝等回京复称,奉委后遵带学生于本年八月初八日抵美,适值开校期迫,当商驻美监督容揆详察诸生学力并就该生等平日所习科学因其性之所近,分别从习农工商矿理医文学等科,即由旧金山至波士顿沿途分送入哥伦比亚各大学及考老乐都各专门大学。该生等入校后,均能安心向学等情呈报前来。臣等查上年遣派各生学力浅深不齐,故到美后,就其科学程度分别送入各大学暨高等学校,分班肄业,尚有未能划一之处。此次考选各生甄录綦严,颇能整齐一致,该生等到美后,以所学资格,按诸各该学等级尚无差异,遂一律直入各大学暨各专门大学肄业,较第一次所遣派者尤有进步,可期日臻完备,以收速成之效。”③

当时美国的院校分布与其经济发展状况密切相关,著名院校多分布于经济相对发达的中东部地区。清华留学经费源于美国退还的庚款,且为确保退款用于兴学,美国政府在退款前曾明确要求“中国应声明每年所减还款拨出若干办学务,或定实用此减收之银若干分,以办所欲办之学务”④;后又进一步采取“先赔后退”的方式进行限定,即“清政府每月仍须

① 清华大学校史研究室:《清华大学一百年》,5页,北京,清华大学出版社,2011。

② 《外务部会奏第一次遣派学生到美入学情形折》,载《政治官报》,1909年第851号;《外务部会奏第一次遣派学生到美入学情形折》,载《申报》,第13329期,1910年3月20日。

③ 《外务部等为报第二次遣派学生赴美入学情形事奏折》(宣统二年十一月二十日),见中国第一历史档案馆:《清游美学务处档案史料》,载《历史档案》,1997年第3期。

④ 《外务部发专使大臣唐电》(光绪三十四年十一月十七日发),清华大学档案,全宗号1,目录号1,案卷号1:1。

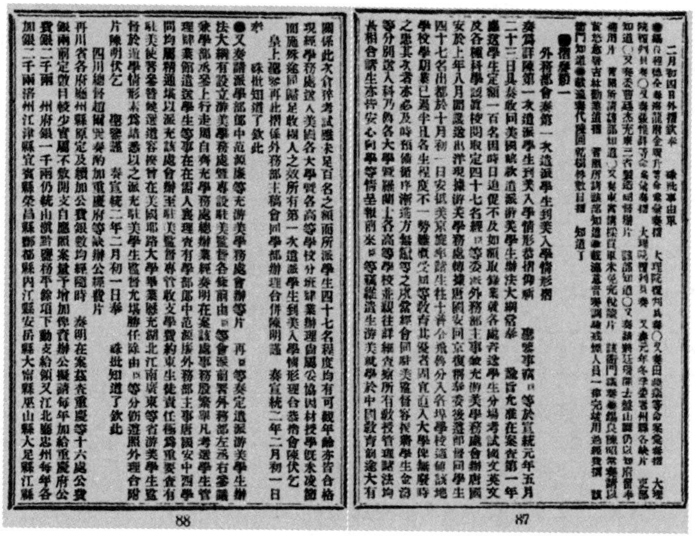

图 1-8 外务部会奏第一次遣派学生到美入学情形折①

按原数向上海花旗银行缴付赔款，再由美国驻上海总领事通知银行应汇美国之数，由上海海关道代表中国政府照数购一汇票汇往美国后，再由美总领事签字核明将下余之款退还上海海关道转交外务部”②，“在这个制度下，原是万不能浪费一个月以上的款项的。美国总统照议决案规定，如果查出中国政府用款不当，可以随时有权制止领事转拨款项给中国政府”③。这些规定无疑在客观上保障了清政府对庚款的专款专用。自 1909 年至 1911 年，美国政府共计退款 150 余万美元④，庚款留学生在美学费、生活费、实验费、医药费等由驻美学生监督直接从该经费中支付。

由于有庚款作为充裕的经费保障，加之留学生自身禀赋和基础较好，因此清华前三批直接赴美工程留学生多进入了麻省理工、康奈尔、伊利诺伊、哥伦比亚等美国著名综合性院校或以工程学科著称的院校学习，这些

---

① 《外务部会奏第一次遣派学生到美入学情形折》，载《政治官报》，1909 年第 851 号。

② 清华大学校史编写组：《清华大学校史稿》，5 页，北京，中华书局，1981。

③ 徐仲迪、章之汶、孙坊翻译：《美国退还庚子赔款余额经过情形》，141 页，上海，商务印书馆，1925。

④ 刘本钊：《二十年来清华之财政》，载《国立清华大学二十周年纪念刊》，1931 年。

学校多具有雄厚的师资力量、先进的实验设备、丰富的图书教材等，为留学生提供了良好的环境。据统计，清华早期三批直接赴美留学生中获得电机工程学位的人员名单如表 1-2 所示。

表 1-2 1909—1911 年清华庚款留美生获得电机工程学位人员名单

一九〇九年考选留美学生			
姓名	别号	籍贯	取得之学位
梅贻琦	月涵	天津	1914 Worcester Poly. Technic Inst. 电机 B. S.
吴玉麟		江苏吴县	Boston I. T. 电机 M. S.
吴清度	璧城	江苏镇江	1913 Univ. of Ill. 电机工程 B. A. ; B. S. 1914 Univ. of Col. 电机工程 M. S.
张廷金	贡九	江苏无锡	1913 Ohio 电机 M. E. 1914 Harvard 电机 M. E. E.
袁钟铨	叔衡	江苏江宁	M. I. T. 电机
曾昭权		湖南湘乡	1915 M. I. T. 电机 S. B.
一九一〇年考选留美学生			
姓名	别号	籍贯	取得之学位
杨锡仁	锡仁	江苏吴县	1914 W. P. I. 电机 B. S. E. E. 1915 Columbia 电机 M. A. Lowell Textile School 纺织 Special Stu.
张谟实	云青	浙江鄞县	1915 Wisconsin 电机 E. E.
徐　尚	志芗	浙江定海	1914 Illinois 电机 S. B. 1915 M. I. T. 电机 S. M.
王鸿卓		河北天津	1914 Lehigh Univ. 物理电机 E. E. 1916 Columbia 物理电机 M. S.
陈茂康		四川巴县	1914 Cornell 电机机械 M. E. 1915 Union College 电机机械 M. S. E. E.
许先甲		贵州息烽	Wisconsin 电机 B. S. Ibid 电机 E. E.
易鼎新	修吟	湖南醴陵	1914 Lehigh 电机 E. E. 1915 Union Col. 电机 M. S.
一九一一年考选留美学生			
姓名	别号	籍贯	取得之学位
徐　书	静远	江苏无锡	1914 Purdue 铁道电机工程 B. S. 1917 I. N. 海底电讯工程 C. E.
孙继丁	丙炎	山东蓬莱	1914 Purdue 电机 B. S.
顾维精	心一	江苏无锡	Illinois 电机 M. I. T. 电机 Harvard 电机

（资料来源：《清华文库》，http://thulegacy. lib. tsinghua. edu. cn:4237/lib/htm/alumni.htm，检索日期：2011-06-01；刘真：《留学教育——中国留学教育史料》，第 1 册，187 ~ 216 页，台北，国立编译馆，1980）

清华学堂时期的庚款留学生,“因内心里深埋着甲午战败和庚子事变的创痛,因此,有着很强的爱国之心。正因为如此,在他们走出国门之后,虽热衷于学习西方文化,却又不会忘却本土根源,大都走上了移植西方科学文化用于发展本国事业的道路,这也是这一留学群体的显著特色”①。很多留学生回国后于国内大学任教,或于研究所从事科学研究,或服务于工程实业领域等。电机工程方面,如②:梅贻琦回国后在清华任教,先后担任教务长、校长职务,后赴台创办了新竹清华大学,对教育事业做出了巨大贡献;徐志芗在清华除任副工程师外,兼任某科课程;易鼎新曾任湖南电灯公司总工程师及湖南大学教授;吴玉麟归国后任建设委员会戚墅堰电厂厂长,对于发电输电颇多贡献;张廷金归国后任上海交通大学教授及电机工程学院院长,嗣任中华、三极锐电公司经理;吴清度归国后任职交通部电政司及铁道部技术标准委员会等。因此,清华学堂时期不仅为当时社会发展培养了杰出的电机工程人才,而且也为后来电机工程学系的建立与发展储备了人才力量。

图 1-9 原清华大学校长梅贻琦(1909 年庚款留美电机专业)③

① 程新国:《庚款留学百年》,26 页,上海,东方出版中心,2005。
② 苏云峰:《从清华学堂到清华大学 1911—1929:近代中国高等教育研究》,345 页。
③ 清华大学档案馆提供。

2

清华学校时期电机工程科目的设立

民国时期,中国民族资本主义工商业获得了快速发展,生产力的提高及生产关系的进步,使得社会产生了对各种实用人才特别是工程技术人才的大量需求,同时这一阶段国内工程教育的发展也初步具备了培养工科人才的条件和可能。基于此,清华学校适应社会及自身发展需要,除每年选派赴美留学生外,逐步开始改办大学并成立了工程学系,电机工程科目亦得以建立。虽然受经济等各种因素制约,清华学校时期电机工程科目未能获得充分发展,但其为后来国立清华大学时期电机工程学系的建立奠定了基础。

一、电机工程留学生的选派及在美院校分布

1912 年 10 月,清华学堂改称清华学校①,早期仍主要培养留美预备生,"参酌中美学科制度,分设高等中等两科,各以四年毕业"②,"派赴美国之学生,习文科者大半可入大学三四年级,习实科者大半入一二年级"③。为培养经济实用人才,清政府在派遣留学生之初即明确规定"以十分之八习农工商矿等科;以十分之二习法政理财师范诸学"④。清华最初选派的几批赴美留学生多遵从这一规定,但其后因局势动荡而出现了变化,"特别是五四运动的影响,促使留学生对于社会政治问题较为关注,

① 《呈外交部文》,清华大学档案,全宗号 1,目录号 1,案卷号 3。

② 《北京清华学校近章》,见清华大学校史研究室:《清华大学史料选编》,第 1 卷,159 页。

③ 《出洋问题上星期内学生方面之消息》,载《清华周刊》,第 199 期,1920 年 11 月 19 日。

④ 《会奏收还美国赔款遣派学生赴美留学办法折》(宣统元年五月二十三日),见清华大学校史研究室:《清华大学史料选编》,第 1 卷,116 页。

选择社会科学的人多了起来”①。关于此一现象,时人亦多有记述,如1922年《科学》杂志曾发表一篇文章对留美学生学科之消长情况进行了说明,即“中国留学欧美学生,最早者多习工艺。辛亥以前此风犹不衰。至民国成立以后,习文科者始日增,此中变迁,于学生之心理,与社会之需要,及中国文化之程度,至有关系。亦留心教育与实业者所当注意也。”②1926年《清华周刊》刊载的朱君毅关于丙寅级留美生之学校与选科的文章亦曰:“曩者中国留美学生,多专攻应用科学,而以习工程实业者,为最普通。但吾国近年,兵戈四起,疮痍满目,民不聊生,遑言工业。故工程学生之回学者,多英雄无用武之地。或插足政界,用非所学;或寄身学校,暂为栖止。凡此种种,悉非常态。以是年来习工业者日减,今年大一,亦非例外。虽然,国内工业,以迄本届,均估多数,非无故也。国家混乱,实由政治不良,欲求承平,宜从改良政治始,此近五六年选习政治者日益众多之故欤。军阀之害,外侮之亟,于今为烈,征暴卫国,青年之责,此则习军事者,近一二年来骤形增加之又一最大原因也。”③客观地说,社会局势的变化对当时工程等实科的选习确实造成了一定程度的冲击。

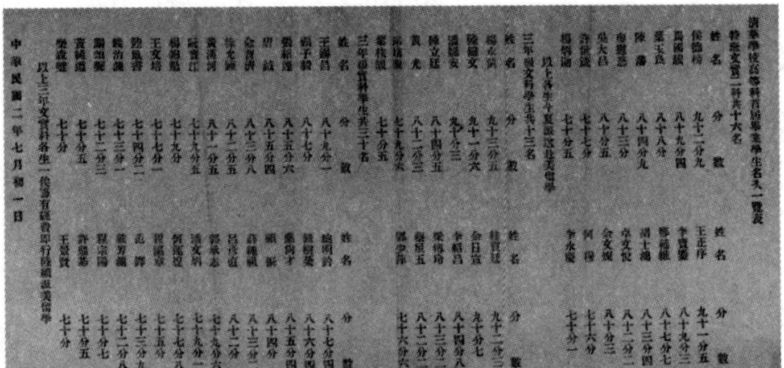

图2-1 清华学校高等科首届毕业学生名次一览表(中有徐允钟等)④

① 孙宏云:《中国现代政治学的展开:清华政治学系的早期发展(一九二六至一九三七)》,28页,北京,生活·读书·新知三联书店,2005。

② 佛:《十年来留美学生学科之消长》,载《科学》,1922年第7卷第10期。

③ 朱君毅:《丙寅级留美生之学校与选科》,载《清华周刊》,第25卷第16号(总第383期),1926年6月11日。

④ 《清华学校高等科首届毕业学生名次一览表》,清华大学档案,全宗号1,目录号1,案卷号24(清华大学档案馆提供)。

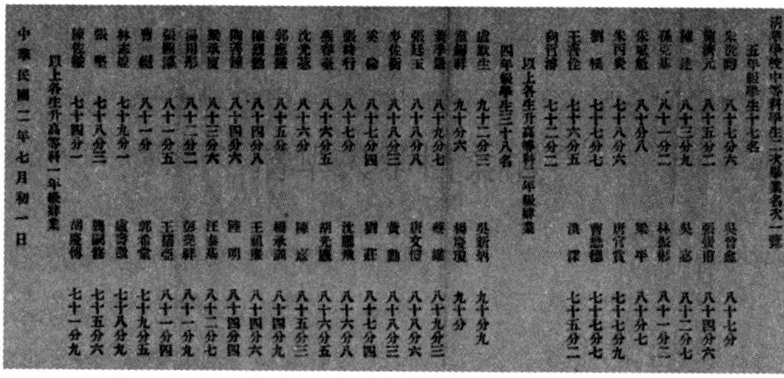

图 2-2　清华学校中等科学生二次毕业名次一览(中有吴新炳等)①

此外,尽管清华学校有返还的部分庚款作为保障,经费较之国内其他学校相对充足,但自 1916 年始清华学校为改办大学而“添派学生,增置校产,与添造大礼堂、图书馆、体育馆、科学馆四大建筑”②,致使学校经费用途扩张,至 1921—1926 年期间学校经费已处于“短绌时期”③,特别是 1925 年大学部成立之始,大学经费岁出甚至超过岁入 1941 美元④。鉴于此种情况,学校为节省经费遂对留学名额进行了限制,即“民国九年以后,留美人数增多,专科生及女生均暂停招考,十三年又停招高等科生”⑤等。

虽因种种缘故致使选习工程学的留学生人数逐渐减少,但整体而言,清华学校期间选派留美学生仍以选习工程学人数最多。据统计,1912 年至 1928 年间,清华选派赴美留学生中选习工程学的有 300 多人(约占该时期总人数的 31%),各学科及工程学专业选习人数比例具体见图 2-3。由该图可以看出,清华学校时期选习电机工程专业的留学生人数仍相对较多,共计 40 多人(约占该时期总人数的 4%),其中即有萨本栋、顾毓琇、任之恭、赵访熊等。

---

① 《清华学校中等科学生二次毕业名次一览》,清华大学档案,全宗号 1,目录号 1,案卷号 24(清华大学档案馆提供)。

② 曹云祥:《清华学校之过去现在将来》,见清华大学校史研究室:《清华大学史料选编》,第 1 卷,43 页。

③ 曹云祥:《清华学校之过去现在将来》,见清华大学校史研究室:《清华大学史料选编》,第 1 卷,43 页。

④ 《本大学及留美学生历年经费比较表(1912—1928 年)》,见清华大学校史研究室:《清华大学史料选编》,第 1 卷,434 页。

⑤ 王崙:《清华大学在进步中》,载《中央日报周刊》,1948 年第 4 卷第 12 期。

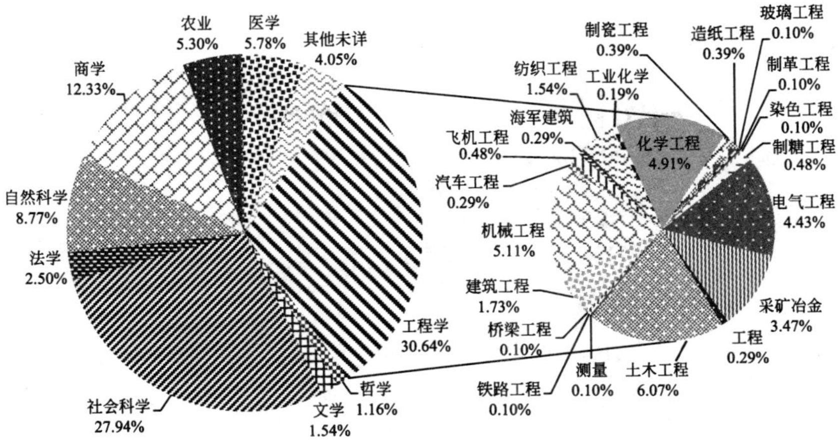

图 2-3 1912—1928 年清华赴美留学生选习科目及工程学专业人数分布图
（资料来源：《历年留美学生分科统计表（一、二）》，《国立清华大学二十周年纪念刊》，1931 年）

美国高校各有特色，对于择校标准，正如有学者所言："虽然大学功课，无论在什么学校，都没有大分别的。但是要学大学院的课程，最好选择大的、有名的学校，庶几可由最著名的教授，得到一等的知识。不过这要看你学什么科。土木工程，则 M. I. T.，R. P. I. 威斯康星最好。威斯康星的动水学，尤为著名。要学电气工程，Worcestr 和 M. I. T. 和 Cornell 和 Stanford 都好。"①由于有返回的部分庚款作为经费保障，清华留学生赴美后不少进入伍斯特、麻省理工、康奈尔等名校，他们通过刻苦学习，大都成绩优异，其中很多攻读了硕士、博士学位。虽然清政府对赴美留学生选科有着严格的规定，但"清华派定之学校及专科，只限于到美国后之第一学年。第二年，则每人皆可自由改变矣"②。如：闵启杰先于 Purdue、MIT 选习电机工程，后于 Univ. of Penn. 选习工商管理；任之恭先于 MIT 选习电工，后于 Harvard 选习物理；赵访熊先于 MIT 选习电工，后于 Harvard 选习算学；薛绳祖于 R. P. I. 先选习土木工程，后改习电机工程；陈器先于 Louisiana Univ. 选习制糖工程，后于 Stanford 选习电机工程；周兹诸先于

① 萨本栋：《工程科选校琐谈》，载《清华周刊》，总第 348 期，1925 年 5 月 22 日。

② 吴宓著，吴学昭整理：《吴宓自编年谱》，184 页，北京，生活·读书·新知三联书店，1995。

R. P. I. 选习土木工程，后于 Worcester, P. I. 及 MIT 选习电机工程；施嘉炀于 MIT 先后选习机械工程、电机工程和土木工程等。[①] 因此，清华电机工程留学生最终获得的学位与最初分科时发生了一些变化，1912 年至 1928 年获得电机工程学位的庚款留学生名单及学校分布见表 2-1。

表 2-1　1912—1928 年清华庚款留美生获得电机工程学位人员名单

一九一三年留美预备部毕业学生			
姓名	别号	籍贯	取得之学位
薛绳祖	尔宜	浙江杭县	1918 R. P. I. 土木工程 C. E. 1922 R. P. I. 电机工程 D. Eng.
一九一四年留美预备部毕业学生			
姓名	别号	籍贯	取得之学位
施青	道元	浙江杭县	1921 R. P. I. 电机 E. E.
马善宝	胜白	山东历城	Worcester 电机 P. I.
一九一六年留美预备部放洋学生			
姓名	别号	籍贯	取得之学位
陈器	仲韩	福建闽侯	1920 Louisiana Univ. 制糖工程 B. S. 1921 Stanford 电机工程 M. S.
一九一七年留美预备部放洋学生			
姓名	别号	籍贯	取得之学位
吴新炳	焕其	江苏江阴	1920 Louisiana 电机 B. S. 1921 Cornell 电机 E. E.
一九一八年留美预备部放洋学生			
姓名	别号	籍贯	取得之学位
陈礼	问聃	浙江诸暨	1922—1924 Worcestor P. I. 电机 B. S. ; E. E.
一九一九年留美预备部放洋学生			
姓名	别号	籍贯	取得之学位
崔学韩	伯昌	广东南海	1923 Worcester Polytech. Inst. 电机 E. E.
曾心铭	信民	广东揭阳	1922 R. P. I. 电机工程 E. E.
一九二〇年留美预备部放洋学生			
姓名	别号	籍贯	取得之学位
吴毓骧	君立	福建闽侯	1923 M. I. T. 电机 B. S.

① 《清华文库》，http://thulegacy. lib. tsinghua. edu. cn:4237/lib/htm/alumni. htm，检索日期：2013-06-01。

续表

一九二〇年留美预备部放洋学生			
姓名	别号	籍贯	取得之学位
陈三才	偶卿	江苏吴县	1923 Worcester 电机工程 B. S. 1924 Ibid 电机工程 E. E.
刘孝懃		湖南浏阳	1923 M. I. T. 电机工程 B. S. 1925 Ibid 电机工程 M. S.
一九二一年留美预备部放洋学生			
姓名	别号	籍贯	取得之学位
周兹诸	在文	贵州安顺	R. P. I. 土木工程 1925 Worcester, P. I. 电机工程 B. S. 1927 M. I. T. 电机工程 M. S.
一九二二年留美预备部放洋学生			
姓名	别号	籍贯	取得之学位
王宗澄	慕朔	浙江吴兴	1925 M. I. T. 电机工程 B. S.
李家琛	献甫	湖南长沙	1923 Cornell 电机工程 E. E. 1925 Virginia P. I. 土木工程 B. S. C. E. 1927 Cornell 土木工程 M. C. E.
张闻骏	逸乔	江西九江	1925 M. I. T. 采矿 B. S. 1926 M. I. T. 电机 M. S.
彭开煦	子刚	湖北荆门	1924 M. I. T. 电机机械 B. A. 1926 Ibid. 电机机械 M. S.
刘崇汉	卓夫	江西萍乡	1924 Colorado 矿科 M. E. 1926 M. I. T. 电机 M. S. 1925 Columbia 地质
钟熙民(春雍)	俊榕	福建古田	1925 Mass. Inst. of Tech. 电机工程 S. B. Mass. Inst. of Tech. 木土工程
魏毓贤	菊峰	江苏上海	1922 Purdue Univ. 电机 B. S. 1926 Purdue Univ. 机械 E. E. M. E
萨本栋	亚栋		1924 Stanford 电机 A. B. 1925 Worcester 物理 E. E. 1927 Ibid 物理 D. Sc.
一九二三年留美预备部放洋学生			
姓名	别号	籍贯	取得之学位
周传璋	峨亭	山东单县	1926 M. I. S. 电机工程 B. S. 1927 N. Y. U. 飞机工程 A. E.
施嘉炀		福建闽侯	1925 M. I. T. 机械工程 B. S. 1926 M. I. T. 机械工程 M. S. 1927 M. I. T. 电机工程 S. B. 1928 Cornell 土木工程 M. C. E.
闵启杰	子宽	浙江吴兴	1925 Purdue 电机工程 B. S. 1926 M. I. T. 电机工程 S. M. 1928 Univ. of Penn. 工商管理 M. B. A
顾毓琇	一樵	江苏无锡	1925 Mass. Inst. of Tech. 电机工程 S. B. 1926 Ibid 电机工程 S. M. 1928 Ibid 电机工程 Sc. D.
一九二四年留美预备部放洋学生			
姓名	别号	籍贯	取得之学位
金龙章		云南永仁	1926 M. I. T. 电机工程 B. S. 1927 Ibid 电机工程 M. S.

续表

一九二四年留美预备部放洋学生			
姓名	别号	籍贯	取得之学位
曹　昌	竺生	湖南益阳	M. I. T. 电机 S. B. Harvard 电机 M. S.
罗孝章		福建闽侯	1926 Purdue 电机 B. S. E. E. 1927 Worcester Poly, Inst 电机 E. E.
一九二五年留美预备部放洋学生			
姓名	别号	籍贯	取得之学位
王冠英	蕴三	河南巩县	1929 M. I. T. 电气工程 B. S. M. I. T. 电讯工程
房耀文	焕青	江西汾城	Ohio State Univ. E. E. B. S. Missouri E. E. M. S.
赵国镛		浙江杭县	Cornell 电机
一九二六年留美预备部放洋学生			
姓名	别号	籍贯	取得之学位
任之恭		山西沁源	1928 M. I. T. 电工 B. S. 1929 Univ. of Pa. 无线电 M. S. 1931 Harvard 物理 Ph. D.
一九二七年留美预备毕业学生			
姓名	别号	籍贯	取得之学位
王慎名		湖北恩施	1929 麻省理工 电工 B. S. 1932 哈佛 电信 M. S.
涂家庆		江西丰城	1932 M. I. T. 电机工程 B. S.
黄弁羣		广东开平	Purdue 电机机械
赫英举		辽宁凤城	1929 Purdue 无线电工程 B. S. E. E. 1931 Harvard 电气工程 M. S.
一九二八年留美预备部毕业学生			
姓名	别号	籍贯	取得之学位
陈土衡		湖南长沙	1930 M. I. T. 电工 S. B. 1932 M. I. T. 电工 S. M.
赵访熊		江苏常州	1930 M. I. T. 电工 B. S. 1931 Harvard 算学 M. A.

（资料来源：《清华文库》，http://thulegacy. lib. tsinghua. edu. cn:4237/lib/htm/alumni. htm，检索日期：2011-06-01）

此外，1911 年游美学务处挑选了胡光麃等一批幼年生，但因辛亥革命爆发未能按期派出，时局稳定后方才赴美。1916 年后，清华学校开始招收一些专科生赴美留学，“招考对象是曾在国内采矿、电机、机械等各专门学校毕业，能直接进入美国大学院（Post-Graduate Course）各专科研修高深学问者”①，“各生到美后应即入先时认定之大学进修各该专科非经监督处

① 方惠坚、张思敬：《清华大学志》，上册，747 页，北京，清华大学出版社，2001。

图 2-4 清华学校 1918 级留美学生在上海登上船后的全体合影(中有陈礼等)①

图 2-5 1923 级(1917 年的"中等科"二年级)学生合影(中有顾毓琇等)②

核准不得改换学校或改习科目"③。初期的几批基本按这一要求,如 1916 年 10 人中 8 人选习工科(2 人选习电机工程),1917 年 7 人均选习工科(1 人选习电机工程)等④。但 20 世纪 20 年代中后期专科生的招考科目逐渐发生了变化,如,1925 年留美专科生"学额:有理科(物理,生物),工程科学(土木,机械,电机),教育科,商业经济科,历史科五种。选录五名"⑤;

① 清华大学档案馆提供。

② 黄延复:《图说老清华》,73 页,武汉,长江文艺出版社,2002。

③ 《北京清华学校赴美留学专科生试验规程》,载《北京大学日刊》,1925 年第 1666 期。

④ 《清华文库》,http://thulegacy.lib.tsinghua.edu.cn:4237/lib/htm/alumni.htm,检索日期:2013-10-02。

⑤ 《招考处》,载《清华周刊》,总第 338 期,1925 年 3 月 6 日。

1927 年清华学校招考赴美留学专科生门类及名额包括“西洋文学门、哲学心理学门、数学门、地学门、化学门、生物学门，学生资送赴美留学择优录取，以五名为限”①。可以看出，这一时期专科生的招收范围较之前已发生了变化，选习工科的学生人数亦相应减少，如 1925 年 5 人中 1 人选习工科，1927 年 5 人中无人选习工科②。据有关资料记载，清华学校时期留美专科男生中选习电机工程的有许坤、裘维裕、沈良骅、杨肇燫、薛绍青、王崇植、诸水本、朱物华、许应期等③。此外，在直接考送各类留学生之余，清华每年还利用庚款资助部分在美留学自费生及官费生（统称清华津贴生）④，其中选习电机工程的有娄昌后、郑允衷等⑤。

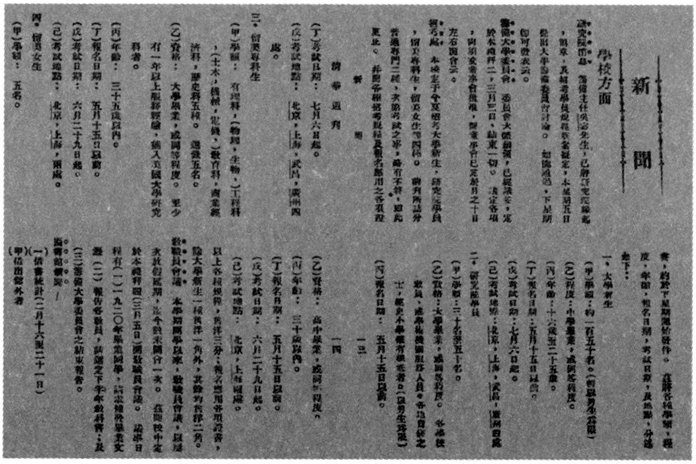
新聞

學校方面

一、大學新生

（甲）學額：約一百五十名。

（乙）程度：中學畢業，或同等程度。

（丙）年齡：十六歲至二十五歲。

（丁）報名日期：五月十五日以前。

（戊）考試日期：七月六日起。

（戊）考試地點：北京，上海，武昌，廣州四處。

三、留美專科生

（甲）學額：有理科，（物理，生物，）工程科，（土木，機械，電機，）教育科，商業經濟科，歷史科五種。選取五名。

（乙）資格：大學畢業，或同等程度。至少有一年以上服務經驗，插入美國大學研究科者。

（丙）年齡：三十五歲以內。

（丁）報名日期：五月十五日以前。

（戊）考試日期：六月二十九日起。

（己）考試地點：北京，上海，兩處。

四、留美女生

（甲）學額：五名。

（乙）資格：高中畢業，或同等程度。

（丙）年齡：三十歲以內。

（丁）報名日期：五月十五日以前。

（戊）考試日期：六月二十九日起。

（己）考試地點：北京，上海兩處。

图 2-6　1925 年留美专科生招生⑥

清华学校时期遣派的电机工程留学生中多学成归国，在各个领域做出了突出贡献：高等教育方面，如萨本栋（曾任清华大学物理学教授、国立

① 《北京清华学校招考赴美留学专科生规程（1927 年）》，载《清华校刊》，第 24 期，1927 年 3 月 29 日。

② 《清华文库》，http://thulegacy.lib.tsinghua.edu.cn:4237/lib/htm/alumni.htm，检索日期：2013-10-02。

③ 《清华文库》，http://thulegacy.lib.tsinghua.edu.cn:4237/lib/htm/alumni.htm，检索日期：2013-10-02。

④ 方惠坚、张思敬：《清华大学志》，上册，747～748 页。

⑤ 《清华文库》，http://thulegacy.lib.tsinghua.edu.cn:4237/lib/htm/alumni.htm，检索日期：2013-10-02。

⑥ 《招考处》，载《清华周刊》，总第 338 期，1925 年 3 月 6 日。

厦门大学校长等)，顾毓琇(曾任国立浙江大学工学院电机工程科主任，国立清华大学电机系主任、工学院长、无线电研究所所长、南昌航空研究所所长，国立中央大学校长，国立政治大学校长等)，朱物华(曾任中山大学物理学教授、中央大学工学院院长、北京大学物理系教授、西南联合大学教授、交通大学工学院院长、哈尔滨工业大学副校长等)，赵访熊(曾任清华大学数学系主任、副校长等)，他们不仅在学校及院系的发展中发挥了重要领导作用，而且还亲自参与教学工作，在教学方法、教材编写及人才培养等方面做出了重要贡献；学术研究方面，如萨本栋对三相电路及真空管等有专门研究，在国际电工界享有高度评价，朱物华在电子学科与水声学科方面有较大贡献等；工程实业领域也涌现了一批杰出代表，如电机方面的吴新炳(经营戚墅堰电厂)、鲍国宝(中国电力工程专家)、周兹诸(上海电力公司的第一个中国工程师)、胡光麃(经营重庆电厂)，电讯方面的曹昌(无线电制造)、罗孝章(自动电话专家)、王慎名(创办汉口广播电台)等。① 可以说，这一时期电机工程留学生的选派，在适应国家大力发展工业需求的同时，客观上也为后来清华电机工程专业和学系的创立及发展储备了人才，积蓄了力量。

二、电机工程科目的设置

清华学校早期“参酌中美学科制度，分设高等中等两科”②，在工程学方面仅设有手工课程③；中后期则开始改办大学，对课程进行了系列改革，同时在专业方面也日趋注重职业训练④。该时期，工程学方面开设有机械技艺、工厂实习、测量等工程学科目⑤，其中机械技艺实习分电工及木工、泥工等⑥。

---

① 顾毓琇：《清华的工程人才——为清华二十四周年纪念作》，见清华大学校史研究室：《清华大学史料选编》，第 2 卷上册，246 页。

② 《北京清华学校近章》，见清华大学校史研究室：《清华大学史料选编》，第 1 卷，160 ~ 164 页；庄俞：《参观清华学校记略》，载《教育杂志》，1914 年第 6 卷第 5 期。

③ 《北京清华学校近章》，见清华大学校史研究室：《清华大学史料选编》，第 1 卷，160 ~ 164 页；庄俞：《参观清华学校记略》，载《教育杂志》，1914 年第 6 卷第 5 期。

④ 《清华大学之工作及组织纲要》(十三年十月二十一、二日经筹备大学委员会之课程及计划组通过)，载《清华周刊》，总第 332 期，1924 年 12 月 26 日。

⑤ 《1924—1925 年的课程表》，载《清华一览》，1925—1926 年。

⑥ 《1924—1925 年的课程表》，载《清华一览》，1925—1926 年。

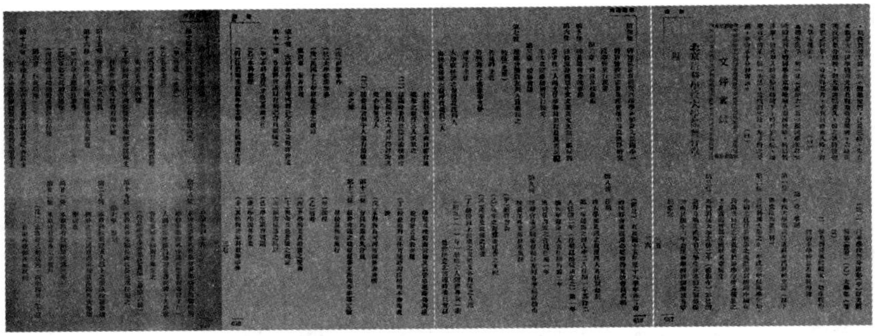

图 2-7 《北京清华学校大学部暂行章程》①

按照《北京清华学校大学部暂行章程》的规定，大学部设普通科、专门科及研究院，其中“普通科为大学之前二年或三年，以使学生知中国之已往与世界之现状，借以明了中国在此过渡时代之意义，并鼓励学生使为择业之考虑为宗旨。……专门科系大学之后二年（或数年），为已选就终身或学科之学生作专精之预备而设。由民国十六年起逐渐开办”②。但由于普通科存在培养目标不明确及与国内大学不相衔接等问题，实施不久即遭到学生及教师的抵制，新课程改革被迫终止，张彭春亦辞职离校。在此情形下，学校决定缩短普通科学时，提前建系。1926 年 4 月，清华学校第一次、第二次评议会决定，正式设立工程学等 17 个学系③。工程学系成立初始“以其最重要而急需的缘故”④，设电机、机械及土木三科⑤。对于工程学系的办学方针，时任教务长梅贻琦提出：“工程系学科之组织，亦有与外间不同者。盖今日社会上所需要之工程人才，不贵乎专技之长，而以

① 《北京清华学校大学部暂行章程》，载《清华周刊》，第 24 卷第 9 号（总第 358 期），1925 年 11 月 6 日。

② 《北京清华学校大学部暂行章程》，载《清华周刊》，第 24 卷第 9 号（总第 358 期），1925 年 11 月 6 日。

③ 《第二次评议会开会纪录》（1926 年 4 月 28 日），清华大学档案，全宗号 1，目录号 2：1，案卷号 6：1；《评议会》，载《清华周刊》，第 25 卷第 11 号（总第 378 期），1926 年 5 月 7 日，第 647 页。

④ 胡求：《清华的工科》，载《清华周刊》，第 29 卷第 5 期（总第 432 期），1928 年 3 月 9 日。

⑤ 夏坚白：《土木工程系的过去和现在》，见清华大学校史研究室：《清华大学史料选编》，第 2 卷下册，466 页，北京，清华大学出版社，1991。

普通基本的工程训练为最有用。是以本校设立工程系之始，即以此为原则。凡工程学之基本知识，或属于机械，或关乎电理，或为土木建筑之要义，使学生皆得有确切的了解，及运用之能力，俾将来在社会遇凡关工程问题，皆能有相当的应付；且工程事业往往一事关系数门，非简单属于某一门者，在今日中国之工商界中，能邀致数专家以经业一事者甚少，大多数则只聘一工程师而望其无所不能。斯故本校之工程学程中，认普通之基本训练较若干繁细之专门研究为重要也。"[①]究其原因，"综核学校的意见，可以分为四层而说：甲，中国的需要。最近的将来及现在的中国，所有工业都是在幼稚的状态里，所以研究工业的学生应该对于一切的工业，都有相当的知识，所以清华应该办普通科的工科，不分什么电机，机械，土木等的细目，这是第一点。乙，补他校的缺点。现在南北方的工科大学都是分科的，将来社会需要的普通人才一定不易找到；如果清华现在不办普通的工科。普通科是不易办的，清华是在创造的时代，各种进行上比较便利一些，所以不可错过这个机会，这是第二点。丙，美国有普通科。这条似乎有些滑稽点，然而反正事实是这样，我们也何必避讳呢！学校当局以为美国现在趋向普通的工程科，他是一种新理想，新事业，中国要想沾些'物质文明'的光，暂时学美国未尝不是一件有益的事情，这是第三点。丁，学生出路的问题。诚然，工程的学生而不讲将来做事的问题是没有的，但是我们敢说他们只想怎么锻炼自己为一有用的工人，决不会专心在抢饭碗。学校对于这层也曾注意过，他们以为现在南洋、唐山等的学生都只专一门，清华学生要想在社会上站在上风，非得比他们多知道些不可，于是就归纳起说：'所以应该办普通的工程系，因为在普通科里什么都可学些！至少可以做个"博士"。'这是第四点。"[②]

这一时期，清华留美学生纷纷回母校任教，电机方面如潘文焕等[③]。

---

① 梅贻琦：《清华学校的教育方针》，载《清华周刊》，第 28 卷第 14 号（总第 426 期），1927 年 12 月 23 日。

② 胡求：《清华的工科》，载《清华周刊》，第 29 卷第 5 期（总第 432 期），1928 年 3 月 9 日。

③ 刘继青：《清华大学早期工程教育的发展及其外来影响》，载《高等工程教育研究》，2011 年第 1 期。

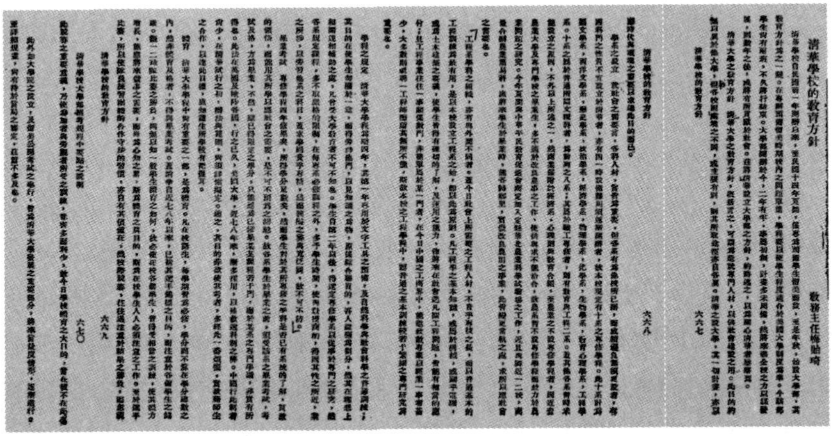

图 2-8　清华学校的教育方针①

他们不仅成为工程学系课程开设的重要师资力量，而且将美国的工程教育模式应用其中，为清华工程教育及工程学科的建设与发展做出了有益的尝试。经过多方努力，工程学系在学课、设备方面拟定了详细计划以供培养学生之用。“既往大体计划，经已拟就。四年中之课程表，亦已安定。今年开办者，为土木工程科，机械工程科，及电机工程科。因前两年课程中，皆为工程科必修科目，故电机工程科，只实现于大学三四两年”②，具体课程见表 2-2。对于课程设置另给出了数项说明，“（一）本校因经济关系，暂时只能开办土木、机械及电机工程三科。但内容不求其广，只求其精；以致现在本校所有之设备，只可供第一年之用。第二年以后之设备，即须添设。大约第二年须三万元，第三年，五万五千元，第四年，三万元；加以种种零碎费用，开办四年之工科，约须十五万元。惟是本校每年招收学生，以一百五十人为率，而此一百五十人中，入工程科者，至多不过五十人。人数既少，所须设备亦因之而少，故费用可较他校之开办工科者省。此经济方面之预算也。（二）本校工科。所设各科科目，极为完全。凡读毕此科者，将来必可而应社会之要求，因所拟定各科皆首重实在，不重形

① 梅贻琦：《清华学校的教育方针》，载《清华周刊》，第 28 卷第 14 号（总第 426 期），1927 年 12 月 23 日。

② 陈之迈：《与工程系主任周永德先生谈开办工科计划记》，载《清华周刊》，第 25 卷第 15 号（总第 382 期），1926 年 6 月 4 日。

式;如他校有毕业论文,本校毕业,并不须此,所以专重实在方面也。(三)上列课程表中,所列选科。将来三四年中,或选之。成绩学位,尚未安定。(四)本校今秋所招新生,皆须插一年级。而现在校中之新制大学生,欲入工科者,亦须插一年级。苟该级功课,有已经读过者,可读所有工科读毕,即可毕业。是仿美国大学之办法,固无限定年数也。"①

表 2-2 1926 年工程学系课程表

ENGINEERING

All Courses(O. E. ,M. S. ,&E. E.)

First Year

1st Term			2nd Term		
	Hour	Credit		Hour	Credit
Chinese	3	3	Chinese	3	3
English	3	3	English	3	3
Chemistry	6	4	Chemistry	6	4
Mech. Drawing	6	3	Descriptive Geo.	6	3
Shop Work	6	3	Shop Work	6	3
	28	20		28	20

Mechanical & Electrical Engineering

Second Year

1st Term			2nd Term		
	Hour	Credit		Hour	Credit
Specification			Engineering		
& Contacts	4	4	Materials	4	4
Calculus	4	4	Calculus	4	4
Mechanism	3	3	Mechanism	3	3
Physics	6	4	Physics	6	4
Surveying	4	2	Surveying	4	2
Shop Work	6	3	Shop Work	6	3
	27	20		27	20

① 陈之迈:《与工程系主任周永德先生谈开办工科计划记》,载《清华周刊》,第 25 卷第 15 号(总第 382 期),1926 年 6 月 4 日。

续表

Mechanical & Electrical Engineering

Third Year

1st Term			2nd Term		
	Hour	Credit		Hour	Credit
General Leon.	3	3	General Leon.	3	3
Mech. Lab. Ⅰ	6	3	Mech. Lab. Ⅱ	6	3
Heat Eng. Ⅰ	4	4	Heat Eng. Ⅱ	4	4
Applied Mechanics Ⅰ	4	4	Applied Mechanics Ⅱ	4	4
Elec. Eng. Ⅰ	3	3	Elec. Eng. Ⅱ	3	3
Mach. Design(For M. E.)			Materials Testing	6	3
Or Differ. Equa. (E. E.)	6	3		26	20
	26	20			

Mechanical Engineering

Fourth Year

1st Term			2nd Term		
	Hour	Credit		Hour	Credit
Heat Eng. Ⅲ	4	4	Mech. Lab. Ⅳ	6	3
Mech. Lab. Ⅲ	6	3	Power Plant Des.	6	3
Ad. Mach. Des.	6	3	Indus. Plant. Des.	6	3
Indus. Plants	3	3	Electives		11
Electr Eng Lab.	6	3			20
Hydraulics	3	3			
	28	29			

Elective Subjects:

Automotive Eng. 3, Locomotive Eng. 2, Electrical Measurements 3, Electrical Machines 3, Heattreatment 3, Safety Eng. 2, Industrial Management 2, Heat & Ventilation 2, Cast Accounting 2.

Electrical Engineering

Fourth Year

1st Term			2nd Term		
	Hour	Credit		Hour	Credit
Theory of A. C. Cir.	3	3	Theory of A. C. Cir.	3	3
E. E. Lab.	6	3	E. E. Lab.	6	3

续表

Electrical Engineering					
Fourth Year					
1st Term			2nd Term		
	Hour	Credit		Hour	Credit
Hydraulics	3	3	Elect. Transmission &		
Electric Design	3	3	Distribution	3	3
Electric Measurements	6	3	Electives		8-11
Elect. Eng. Abstracts	2	2			17-20
Electives		2-3			
	25	19-20			
Elective Subjects:				Hrs.	Cr.
	Electric Railways			5	3
	Electric Communication			5	3
	Electrochemistry			5	3
	Electron Theory			4	4
	Cost Accounting			2	2
	Industrial Management			2	2
	Research or other Thesis			6	6

(资料来源:陈之迈:《与工程系主任周永德先生谈开办工科计划记》,载《清华周刊》,第25卷第15号(总第382期),1926年6月4日,869~874页)

1927年4月,工程学系"创办以来,一载于兹。今日大旨就定,于学课上,设备上,定有相当之计划"①,主要内容见表2-3。同年10月,课程委员会根据对留学生的调查及请专人研究,制定理工科课程大纲,其中"工科的课程包括土木,机械,电气三部"②,对于计分法,则"主张每门功课应依其一周内上堂,实验,及课外预备的总时数而定"。③

---

① 周永德:《工程学系之计划》,载《清华周刊》,第27卷第11号(总第408期),1927年4月29日。

② 萨本栋等:《关于清华大学理工科课程的商榷》,载《清华周刊》,第28卷第5号(总第417期),1927年10月21日。

③ 萨本栋等:《关于清华大学理工科课程的商榷》,载《清华周刊》,第28卷第5号(总第417期),1927年10月21日。

表2-3　工程学系之计划

（一）学课上之计划　本系改定之学课，专为造就有用人才，有利于社会之实用者，先行开办。若电机，机械，及土木三科，各以四年毕业。除一二特别课外，首先三年，大多力求普通，惟第四年之课程则属专门。如此，则电机学生转学土木机械，或土木转学电机机械，亦甚方便。一学生而欲兼习二科者，则多习一年即可矣。此种办法，在中国社会甚属便利。概中国工业之情形，未有极大之规模，所需用之人才，不就独专一门，此亦实业幼稚时代之自然现象也。迨后实业进步，工厂规模宏大，则本系亦能应时势之需要，而重独专一科也。

（二）设备上之计划　本系按照最初之预算，在设备上购置十一万元之机器，按三年购办。现已购得三万元之谱，于一二年级实验上应用之机器，已完备无缺。明年预算系属五万元，一万五千元购置电机实验器，以一万五千元用于机械并土木科之设备，其余二万元拟添造机械实验室一所，所有水力汽机油机等实验室，并锻工铸工场，均附属焉。该屋之面积，与南洋大学之机械实验室相似，地近电灯厂，而与工艺馆之南面相毗连。其余之三万元，拟添购汽机油机水力电学实验等之机器。本系因经费之关系，不敢贸然扩大，所有每课之设备，只能供给学生十八之用，如果人数过多时，可以分组习学。如是，十一万元机器之设备，仅足供学生百余人实验之用矣。

（三）教授人才本系现有机械教授四位，土木教授一位。下学年添聘电机教授一位，足能分任各课。但至民国十八年时，拟添聘电机并土木教授各一位，又助教二位，助理实验室之动作。至所拟请之教授，必须负有声望，而兼富有教授上之经练者，以期协本系之进步。

现任教授

笪远纶　周永德（主任）　钱昌祚　潘文焕　罗邦杰　袁复礼

工程学系专修课程

第一年

高级数学、化学、机械画、画法几何、土木实习、铁工实习

第二年

机械原理、圆体三角、地形画法、电气测量、机械绘图、水力、建筑学、材料实习

第三年

经济学、机械实验、热学、实用力学、电气工程、机械计画或微分方程、工程材料

第四年（机械科）

热学、机械实验、机械计画、发力厂计画、工厂建筑、工厂计画、电学、水力学、选习（选习科目：1. 油机工程，2. 机关车工程，3. 电气计画，4. 电机试验，5. 锻镰学，6. 防险工程气，7. 工业管理，8. 暖室及通，9. 计价学）

续表

第四年(电机科)
交流学原理、电学试验、水力学、电学计画、电力计画、电学工程择要、电力传送及分配、选习(选习科目:1. 电车学,2. 电力交通,3. 电学化学,4. 电子原理,5. 计价学,6. 工业原理,7. 论文或高深研究)
第四年(土木科)
电机工程试验、桥梁学、铁路及道路工程、卫生工程、铁筋洋灰建筑、砖石建筑、排污术、供水术、暖室及通气术、矿物学、天文学、成本会计

(资料来源:周永德:《工程学系之计划》,载《清华周刊》,第27卷第11号(总第408期),1927年4月11日)

由以上工程学系课程规划可见,当时工程学系的课程设置已具有较好的科学性和前瞻性。如对于电机工程学科来说,数理化、机械、力学、测量等课程是学习电机工程的重要基础,而热力工程、原动力厂计划等课程对于电机工程之应用也是必不可少的,电机实验是掌握和加深电机理论知识的重要手段,尤其是力学、热学及电学等知识的学习和综合,对于电机工程这门实践性强、应用领域广的学科来说具有极大裨益。简言之,如果说清华学校早期的课程设置还大多处于规划阶段,缺乏实际运行的经验和成就,而当工程学系建立之后,使得以前的课程计划逐步得以实现及具体化,并更加系统性、科学性起来。正如陈之迈所言,工程学系"所设各科科目,极为完全。凡读毕此科者,将来必可出而应社会之要求,因所拟定各科皆首重实在,不重形式;如他校有毕业论文,本校毕业,并不须此,所以专重实在方面也"①。清华学校时期工程学系的这种教育模式无疑有利于"培养兼通各类工程科学基本学识,具有跨专业解决工程实际问题能力的'多面手'工程师"②,为当时中国刚刚起步的工业发展培养了急需的工程技术人才。然而,特别是"自严校长履新以来,全校的空气都紧张了,因为要节省经费,各系都有'危危乎'不能保持原状的趋势。在这个空

① 陈之迈:《与工程系主任周永德先生谈开办工科计划记》,载《清华周刊》,第25卷第15期(总第382期),1926年6月4日。

② 史贵全:《中国近代高等工程教育研究》,190页,上海,上海交通大学出版社,2004。

气里，工程系第一个改变了他原来的计划”①。1927年，“因限于经济未能发展，故将三科并作‘实用工程科’，意在缩小范围并以训练实用工程人才作目的”②。这种缩小办系规模的做法削弱了工程学科的全面发展，同时在人才培养的专业深度方面也存在一定局限性，如有学者对此评论道：“实用工程的意思是包罗各种工程的常识。换一句话说：就是训练一种人才，使他对于土木、机械、电机各项工程的基本学识都有，但不专精于任何一门。在工业幼稚时代的中国，理论上实用工程是很适应时代的需要，但是实际上要想在四年中窥尽各种工程的门径是不可能的事。”③1928年下学年工程学系课程见表2-4。

表2-4　1928年下学年工程学系课程表

第一年			
第一学期		第二学期	
	学分		学分
国文	3	国文	3
英文	4	英文	4
高级数学	4	微分	4
物理	4	物理	4
机械画一	2	投影几何	3
工厂实习一	2	工厂实习二	2
第二年			
第一学期		第二学期	
	学分		学分
化学	4	化学	4
积分	4	应用力学	5
经济学	3	经济学	3

① 胡求：《清华的工科》，载《清华周刊》，第29卷第5期（总第432期），1928年3月9日。

② 夏坚白：《土木工程系的过去和现在》，见清华大学校史研究室：《清华大学史料选编》，第2卷下册，466页。

③ 夏坚白：《土木工程系的过去和现在》，见清华大学校史研究室：《清华大学史料选编》，第2卷下册，466页。

续表

第二年			
第一学期		第二学期	
	学分		学分
机械原件	3	应用机械原件学	3
机械画二	1	机械画三	1
测量一	2	测量二	2
工厂实习三	2	工厂实习四	2
暑假实习测量			
第三年			
第一学期		第二学期	
	学分		学分
应用力学二	4	水力学	3
热力工程一	4	热力工程二	4
电机工程一	4	电机工程二	4
工程材料	4	材料试验	2
机械实验一	1	电机实验一	2
道路及卫生工程	2	机械计划一	4
第四年			
第一学期		第二学期	
	学分		学分
热力工程三	4	原动力厂计划	4
机械计划二	4	钢筋洋灰建筑及计划	4
电机实验二	2	电机实验三	2
机械实验二	2	机械实验三	2
建筑及计划	4	电机厂	3
电机工程三	4	电机工程四	3

（资料来源：《下学期各学系课程（续）》，载《清华周刊》，第 29 卷第 5 期（总第 440 期），1928 年 5 月 11 日）

3

国立清华大学初期电机工程学系的建立

20世纪20年代末至抗战前，国立清华大学在罗家伦、梅贻琦等校长领导下获得了较大发展。此一时期，受国民政府提倡实科政策影响及学校自身发展需要，国立清华大学工程学科获得了长足进步，电机工程学系亦正式开启了独立发展的序幕，在师资队伍、科研设施、人才培养及科研成果等方面均取得较好成绩。

一、电机工程学系的成立

1928年8月，清华学校改名为"国立清华大学"，罗家伦为校长①。受学校经费及学生数目限制，清华当时各学系内容不甚完善，故罗家伦上任后即开始进行整改。其中，由土木、机械、电机三科合并的"实用工程科"改名为"市政工程系"②，尔后"因为增加设备的问题，清华董事会忽然无理由地议决取消市政工程系，并勒令于民国十八年春完全裁撤。当时学校当局慑惧屈服于董事会威风之下，亦不惜违反全校人士的公意，毅然执行裁撤的步骤。把三年级学生转送唐山大学，二年级学生转送南洋大学。只余四年级一班使其得于是年暑假毕业，一年级则预备暑假后转入他系"③。由于市政工程系将被裁撤，原定仪器设备购置等计划也因此无法实现，"四年级下学期应有之'电机工程实验'，拟由罗校长向北平大学第一工学院商借读办法，并请该院教授于每星期特别为本校四年级生开一

---

① 《国民政府外交部训令》(1928年8月29日)，清华大学档案，全宗号1，目录号2:1，案卷号2:1；清华大学校史研究室：《清华大学史料选编》，第2卷上册，49页。

② 清华大学校史研究室：《清华大学一百年》，55页。

③ 夏坚白：《土木工程系的过去和现在》，见清华大学校史研究室：《清华大学史料选编》，第2卷下册，465～467页。

电机实验班，所有学费试验费及车费概由本校供给，倘此层可以如期办到，则下学期该系各学科可继续维持矣”①。但关于市政工程系的裁撤决定遭到了多数师生的极力反对，后校方迫于各方压力决定恢复工程系，限于当时的条件而专办土木工程系，附属于理学院②。

市政工程學系請求修改專科考試規程

級際籃球最後決賽

市政工程學系下學期擬添聘講師一人

市政工系四年生向工大借讀電機實驗

图 3-1　《市政工程系四年生向工大借读电机实验》③

20 世纪 30 年代后，国民政府相继制定了《确定教育实施趋向办法》(1931 年)、《改革大学文法等科设置办法》(1932 年)等要求大学教育偏重实用学科。在这一政策趋向下，各大学纷纷增设工程专业或强化理工科教育，同时学生为谋求日后出路也倾向选择工科专业。根据形势发展的需要，吴南轩任职清华时“即有举办工学院之意，后因驱吴而此举不克实现，该系同学改院之动机，遂于是起。事实上，本校自正式有工程系以来，每年新生，十之三四均入该系，因之改系同学，日益增加，占全校五分之一强，同学既多，而该系所有教授及设备，遂以附属理学院不能自由充分发展之故，而感不敷，且该系附属理学院，毕业为理学士，似乎有名不正

① 《市政工程系四年生向工大借读电机实验》，载《国立清华大学校刊》，第 34 期，1929 年 1 月 16 日。

② 《国立清华大学规程》，载《国立清华大学校刊》，第 80 期，1929 年 6 月 14 日。

③ 《市政工程系四年生向工大借读电机实验》，载《国立清华大学校刊》，第 34 期，1929 年 1 月 16 日。

也。况最近北洋被火，东北停顿，华北各工程学校，除唐山外，渐次凋零，而清华经费稳固，读书适宜，似应设一完美之工学院，以挽救华北工学之厄运。该系同学因环境种种之需要，改院之动机及趋向，遂更形坚定。”①

1931年10月，梅贻琦受命任国立清华大学校长②，在其就职后工学院建院事宜开始正式启动。1932年1月4日，工程学系召开全体同学大会，“全场通过议决请学校设立工学院，并充实成院之内容，在工学院未成立前，积极改进目下本系之实质，为设立工学院之基础案，并组织改院促进委员会，由大会赋予该会全权，办理改院及改院前改进本系内容一切事宜”③，28日校评议会议决“本大学应于下学年添设机械工程学系及电机工程学系，并即以该两系及现有之土木工程学系合组为工学院，至所有应行筹备事宜由校长组织委员会主持之”④。2月3日，梅贻琦向教育部提出呈请，于28日获批并成立了工学院筹备委员会⑤。当年暑假国立清华大学开始招收电机、机械一年级生及插班生，工学院遂宣告成立⑥。其中，电机工程学系“聘前浙江大学电机系主任及中央大学工学院院长顾毓琇博士为主任”⑦，因缺乏设备而暂时借用土木工程学系水力实验馆开课。由此，电机工程学系正式开启了其独立发展之路⑧。对于国立清华大学初期电机工程学系的这段历程，有学者给出了这样评价：“在建系初期的短短数年内，电机系不仅迅速奠定了基本教学模式、课程体系以及先进的实验条件，

图3-2　顾毓琇⑨

① 炎炎：《土木工程系改院运动之经过》，载《清华周刊》，第37卷第1期（总第528期），1932年2月27日。

② 《教育部训令》（第1716号），载《国立清华大学校刊》，第324号，1931年10月21日。

③ 《工程学系全体同学大会消息》，载《国立清华大学校刊》，第356号，1932年1月11日。

④ 《评议会第二十一次会议纪录》，载《国立清华大学校刊》，第365号，1932年2月5日。

⑤ 《工学院筹备委员会成立消息》，载《国立清华大学校刊》，第376号，1932年3月2日。

⑥ 陈超群：《清华大学工学院的创建》，10页，清华大学硕士学位论文，2005。

⑦ 梅贻琦：《清华一年来之校务概况》，见清华大学校史研究室：《清华大学史料选编》，第2卷上册，30页；载《清华副刊》，第39卷第7期，二十二周年纪念特号，1933年4月29日。

⑧ 电机工程学系自建立至今，其名称几经更改，本书统一简称为电机系。

⑨ 清华大学档案馆提供。

而且形成了良好的教书育人氛围,开始了清华大学电气工程正规化的高等教育,为电机系的后续发展打下了坚实的基础。”①

图 3-3　关于组建工学院的理由及教学方针②

二、师资队伍

国立清华大学初期,罗家伦、梅贻琦等均非常注重师资队伍建设。如罗家伦校长认为“要大学好,必先要师资好。为青年择师,必须破除一切情面,一切顾虑,以至公至正之心。凭着学术的标准去执行”③;梅贻琦校长提出“所谓大学者,非谓有大楼之谓也,有大师之谓也”④。根据学校的这一理念,该时期电机工程学系延聘了许多国内外著名学者来校任教,其师资队伍得到了较大充实,如“当时教授有:顾毓琇、倪俊、章名涛、李郁荣、赵友民、任之恭(与物理系合聘)、维纳(Norbert Wiener,1894—1964,美国数学家、美国全国科学院士、控制论的创始人,与数学系合聘)及王尔兹(K. L. Wildes)等;教员有:范崇武、沈尚贤、孙瑞珩、严晙;助教有:钟士模、朱曾赏、张思侯、娄尔康等,还有研究助理徐范等。”⑤表 3-1 为 1931—1937 年度国立清华大学电机工程学系教师名单。其中,1935 年 9 月,“电机工

---

① 梁曦东等:《清华大学电气工程高等教育的几点回顾》,见中国电气工程高等教育 100 周年纪念委员会:《百年回眸——中国电气工程高等教育 100 周年》,135 页。

② 《三月七日总理纪念周记事》,载《国立清华大学校刊》,第 379 号,1932 年 3 月 9 日。

③ 罗家伦:《学术独立与新清华》,见清华大学校史研究室:《清华大学史料选编》,第 2 卷上册,201 页。

④ 《梅校长到校视事召集全体学生训话》,见清华大学校史研究室:《清华大学史料选编》,第 2 卷上册,219 页。

⑤ 清华大学电机系:《清华电机系七十周年系庆纪念集》,47 页,内部资料,2002。

程学系主任顾毓琇先生因职务繁多并请去职，兹聘定倪俊先生继任电机工程学系主任。”①电机工程学系的教师多具有留学经历，他们将西方的教学模式引入，开出了不少高质量的课程，且授课水平很高。如对于顾毓琇教授的讲课，鲍熙年(1936)后来回忆：“顾老师上课时不带讲义不带课本，讲课时发音很低，好像说故事一样，让同学们易懂好消化。有时在黑板上演算时遇到三位乘数他不用拉算尺，只用粉笔在黑板上点几下，马上就写出积数来了。”②

表 3-1　国立清华大学 1931—1937 年度电机工程学系教师一览表

职别	姓名	本年聘期	备注
教授兼主任	顾毓琇	1933.8.1—1934.7.31	兼工学院院长
教授	倪　俊	1933.8.1—1934.7.31	
教授	章名涛	1933.8.1—1934.7.31	
教员	孙瑞珩	1933.8.1—1934.7.31	
助教	朱颂伟	1933.8.1—1934.7.31	
助教	严　晙	1934.8.1—1935.7.31	
助教	朱曾赏	1934.8.1—1935.7.31	
助教	娄尔康	1934.8.1—1935.7.31	
助教	张思侯	1934.8.1—1935.7.31	
教授	任之恭	1934.8.1—1935.7.31	
教授	李郁荣	1934.8.1—1935.7.31	与物理系合聘
教员	沈尚贤	1935.2.1—1935.7.31	
	范崇武	1935.9.1—1936.7.31	
教授	赵友民	1935.8.1—1936.7.31	
	维　纳	1935.9.1—1936.6.31	与算学系合聘

(资料来源：《1931—1937 年度国立清华大学电机工程学系教师名单》，清华大学档案，全宗号 1，目录号 2:1，案卷号 112)

---

① 《倪俊先生继任电机系主任通告》，清华大学档案，全宗号 1，目录号 2:1，案卷号 218。

② 鲍熙年(1936)：《师恩难报》，载《清华校友通讯》，复 46 期。

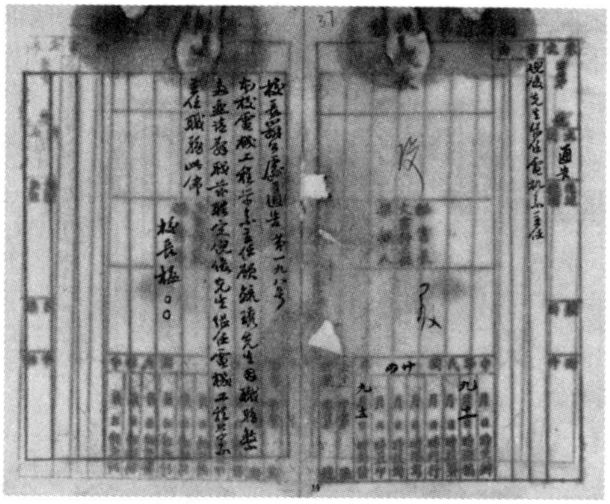

图 3-4　倪俊继任电机系主任通告①

图 3-5　1936 年电机系教师合影(前排左起：赵友民、李郁荣、顾毓琇、维纳(Dr. Norbert Wiener,控制论的创始人)、任之恭、倪俊、章名涛;后排左起：张思侯、范崇武、沈尚贤、徐范、娄尔康、朱曾赏、严晙)②

三、课程设置

国立清华大学初期,电机系"因系主任顾毓琇和负责教务工作的李郁荣教授都是毕业于美国麻省理工学院电机工程系的博士,故当时电机系从教学宗旨、教育制度至课程设置和教材选择等方面都采用美国麻省理

---

① 《倪俊先生继任电机系主任》,清华大学档案,全宗号 1,目录号 2:1,案卷号 218(清华大学档案馆提供)。

② 清华大学电机系:《清华电机系七十周年系庆纪念集》,7 页。

工学院电机工程系的模式，并曾聘请该系的王尔兹教授来系指导、讲学一年”[①]。据统计，自建系至抗战前电机系共开出电力和电讯各类课程约45门[②]，历年开设课程门次数如图3-6所示。

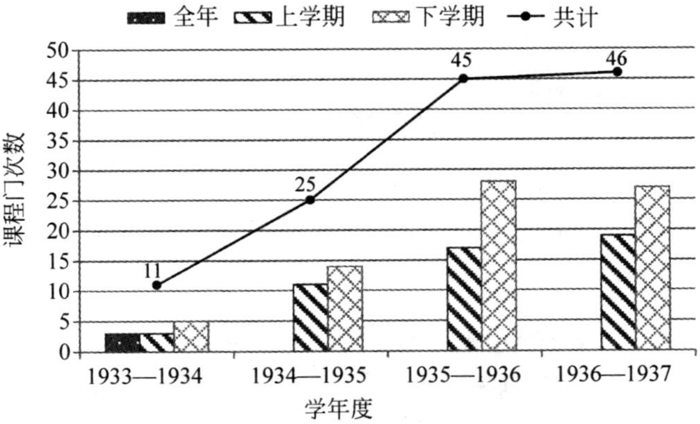

图3-6　1933—1936年度国立清华大学电机工程学系开设课程门次数分布图

（资料来源：方惠坚、张思敬：《清华大学志》，上册，135页）

当时的电机系学程总则中规定：“电机工程学系以造就各项电机工程专门人才适应我国电气建设需要为宗旨。本系自三年级起分电力、电讯两组：电力组注重发电工程、输电工程及配电工程，电机之设计及制造。电讯组注重电报、电话及无线电工程，电讯设计及真空管制造。各组基本训练相同，如电工原理、电工实验，皆须依次修习。实验方面，尤注重实验前之了解及实验后之结论。”[③]具体而言，“一年级学习工学院的共同必修课，如普通物理、微积分、英文、国文、画法几何、工程画、经济学概论等课程；二年级除电工原理与电磁测量课外，还有静动力学、机件学、热机学、金工实习、微分方程及化学等；三年级开始分电力组和电讯组，除继续学电工原理、电工实验、测量等课外，电力组学生学习交流电路与交流电机、电照学、工程材料、热力工程、电力传输、配电工程、发电所、电机设计与制造，还有选修课，如动力厂设计等；电讯组学生学习电讯原理、电报电话、

① 方惠坚、张思敬：《清华大学志》，下册，96页。

② 方惠坚、张思敬：《清华大学志》，下册，96页。

③ 《工学院电机工程学系学程一览》（民国廿五年至廿六年度），见清华大学校史研究室：《清华大学史料选编》，第2卷下册，521页。

电讯网络、无线电及其实验，还有选修课如真空管制造等。”①表 3-2 为 1936—1937 年度电机工程学系的具体课程设置。

表 3-2 国立清华大学电机工程学系分年课程表(1936—1937 学年度)

第一年		第二年		第三年		第四年			
						电力组		电讯组	
上学期									
国文	3	电工原理(1)	5	电工原理(3)	5	电力传输	4	电讯网络	3
第一年英文	3	静动力学	4	电工实验	2	电工实验	2	电工实验	2
普通物理	5	机件学	3	电照学(电力组)	2	发电所	3	电讯原理	3
微积分	4	经济计划	2	热力工程	3	论文	2	无线电	3
经济学概论	3	金工初步	1	测量	2	热工实验	2	无线电实验	1.5
画法几何	2	微分方程	3	水力实验(电力组)	1.5	电机设计	3	论文	2
制模实习	1	化学	4	电报电话学(电讯组)	6	选修或专题研究	3	选修或专题研究	3
				工程材料(电力组)	3	普通无线电	3	电磁论	3
						原动力厂	3		
下学期									
国文	3	电工原理(2)	5	电工原理(4)	6	电工实验	1.5	电报电话实验	1.5
第二年英文	3	电磁测量	1	电工实验	2	配电工程	4	电讯网络	4
普通物理	5	材料力学	4	热力工程(电力组)	3	论文	2	无线电	3
微积分	4	热机学	3	热工实验	2	无线电实验	1.5	无线电实验	1.5
经济学概论	3	金工实习	1	电工高等数学	3	电机制造	2	论文	2

① 清华大学电机系:《清华电机系七十周年系庆纪念集》,47～48 页。

续表

第一年		第二年		第三年		第四年			
						电力组		电讯组	
下学期									
工程画	2	水力学	3	材料实验（电力组）	1.5	原动力厂实验	3	选修或专题研究	5
锻铸实习	1	化学	4	自动电话（电讯组）	4	选修或专题研究	3	电话设计	2
				电机设计（电力组）	3	原动力厂设计	2	真空管制造	2
				电池学（电讯组）	2	原动力厂	3	电磁论	3
						水电工程	2	无线电设计	1.5
						发电所设计	3	考查	1

（资料来源：方惠坚、张思敬：《清华大学志》，上册，106～107页。注：表内课程名称后的数字为该课程的学分）

这一时期电机工程学系课程的设置特点，主要可以归纳为："（1）重视基础，基础和技术基础课程占四年总学时的绝大部分，约72%；（2）重视理论课程，在全部基础课程中，理论课程占相当大的比重，约占总学时40%并贯穿在整个教学过程中。每学年有两门主要课程（大一的物理与微积分、大二的电工原理与力学、大三的交流电路与交流电机、大四的电力传输与电讯网络等），这两门课的成绩成为衡量学生入系、升级、毕业的主要标准；（3）注重教学实验与实习，在课程安排中，实验和实习的分量比当时国内同等系科要多，如电力组四年中有14门实验和实习课程，共992学时，占总学时的29.8%。而且实验要求严格，对培养学生独立工作的能力，加深对理论的理解起了重要的作用。"①

四、科研设施

在国民政府提倡实用科学的政策推动下，国立清华大学等高校投入了较大经费用于扩充理工科设备。如罗家伦上任之初就曾上报董事会："留美预备时代的清华学校的设备，万不足以供国立最高学府的清华大学

① 清华大学电机系：《清华电机系七十周年系庆纪念集》，47～48页。

的应用。最显著的，就是图书仪器两项。……况且明年市政工程和地理两系就要正式开办，清华关于这两系的设备图书，尤须注意。目前此项设备，最低限度当为十万元。"①由于清华有着稳定的资金来源，当时的工程系设备、师资较之国内其他工科院校已逐渐取得优势。如据庄秉钧撰文介绍，1929年初"清华工程系设备及建筑有三十四万元之多，较之国内著名之各工科大学，如南洋，北洋，唐山，及中央大学学院，均无逊色，是清华设备虽不能与美国麻省理工及康奈尔式，英国之曼却斯特及德国之古廷根大学可比，亦国内各大学中之少有者矣。"②当时的国立清华大学校刊中亦记曰："我校虽非专科工业学校，然因以前当局之注重工程科，设备上早驾乎唐山，北洋，及工大之上。"③

虽然因为增加设备的问题，清华董事会议决要取消市政工程系，致使原定仪器设备购置等计划无法实现，电机工程实验课程亦不得不暂请北平大学第一工学院代为开设④。后经广大师生的努力得以复兴，专办土木工程学系，附属于理学院，相关馆舍有工艺馆、工学馆及工程馆等⑤，其中工艺馆电机试验室"设备方面有直流及交流各种发电机与电动机共八座，单相及三相变压器五座，大小电流计，电压计，电力计共六十余具。原动力系理学院新设原动力厂所供给，厂内设有德国克虏伯无空气注射六十匹马力柴油机一座。四千瓦交流三相电机一座及二十瓦马达发电机变流机一座"及"将另立系图书馆于'工学馆'，将本校所有工程书籍集中于一处，现有图书共约八百余册，内土木工程书籍占多数，电机机械工程次之，杂志约二十余种"。⑥

清华工学院成立后，为响应政府发展实用科学的号召和社会的需求，更是把相当一部分经费用于实验设备、图书资料的购买之上。如1932年

---

① 罗家伦：《整理校务之经过及计划（上董事会之报告）》，见清华大学校史研究室：《清华大学史料选编》，第2卷上册，17页。

② 庄秉钧：《清华市政工程系工场概况》，载《清华周刊》，第30卷第11、12期（总第452、453期），1929年1月19日。

③ 《北洋学生来校实习》，载《国立清华大学校刊》，第51期，1929年3月15日。

④ 《市政工程系四年生向工大借读电机实验》，载《国立清华大学校刊》，第34期，1929年1月16日。

⑤ 梁守槃：《清华的生活》，载《光华附中理科专号》，1934年第2卷第6期。

⑥ 夏坚白：《清华之工艺馆》，载《清华周刊》，第35卷第11、12期（总第514、515期），1931年6月1日。

12月曾对上年通过的建筑计划进行改订，其中包括添建工学院及设备费（60万元）等[①]。1933年，梅贻琦在回顾清华一年来之校务时曾提出，电机工程学系成立初始“原定开办费为三十万元，经本校评议会通过，并呈报教育部核准。最近因庚款继续停付一年，学校经费异常拮据，故实验室之建筑及仪器购置，均未能按照原计划进行。惟对于一切必需之设备，如下年学期电三直流及交流机试验所用之机器及附属品等，仍竭力设法购置。至于建筑实验室一事，大约俟金秋方可开始”[②]；“本校原有之电机设备，仅可供土木系学生实习之用。计有直流电机四具，交流发电机直流马达及交流马达各二具，变压器四具，及直流交流电表各一套。最近向德国西门子电气公司订购MG若干具，约定七月底交货。连同原有之设备已足敷下学期三年级生电机实验之用。至西门子捐赠电机系之自动电话接线机一副，不日亦可运到”[③]。为加快电机工程学系的发展，1933年9月20日校评议会议决“兴筑电机实验室，约价七万元”[④]，27日校评议会又决定“在未建筑地学馆前，拨电机实验室第3层为地学系暂时之用，电机实验室建筑费得酌予增加，但以10万元为限”[⑤]。电机工程学系自成立以来经过两年的筹备，至1934年“除以前所存之机器及试验表外，新添者有直流电动发电机复卷式二套，分卷式二套，三线式一套，直列电动机一只，复卷电动机一只（其速度变更甚大）各种二匹马力小发电机四只，电气铁道用电动机二只，火车中所用电灯设备一副，汽车上电气设备一副，故综合原有之机器关于直流试验室一方面，可称尽有矣，图书方面，欧美主要电工杂志，添置完备，而书籍方面每年有四千余元之添置，今年又向美英德订购，不久可到。”[⑥]

---

① 清华大学校史研究室：《清华大学一百年》，75页。

② 梅贻琦：《清华一年来之校务概况》，见清华大学校史研究室：《清华大学史料选编》，第2卷上册，30～31页。

③ 梅贻琦：《清华一年来之校务概况》，见清华大学校史研究室：《清华大学史料选编》，第2卷上册，30～31页。

④ 《兴建电机、机械二馆实验室》（1933年9月20日），清华大学档案，全宗号1，目录号2:1，案卷号6:6。

⑤ 清华大学校史研究室：《清华大学一百年》，78页。

⑥ 顾毓琇：《电机工程学系》，载《清华周刊》，第41卷第13、14期（总第588、589期），1934年6月1日。

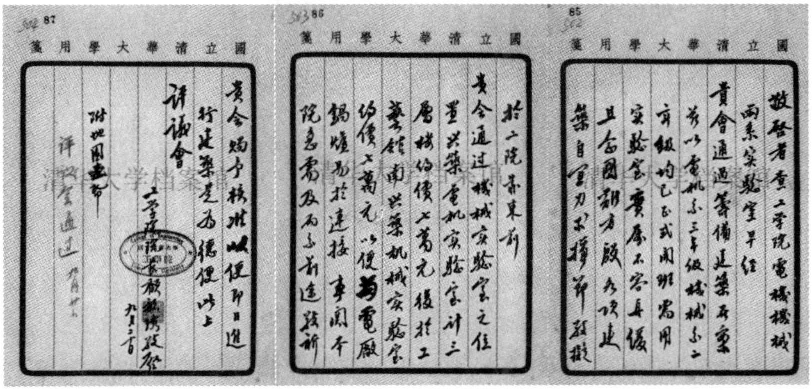

图 3-7　兴建电机、机械二馆实验室①

此外，电机系工程馆于 1934 年 3 月开始兴建②，“翌年 4 月落成，建筑费 9 万余元，设备费 20 万元”③，该馆“共有三层：第一层有交流直流，电气铁道，电气制造，高压，电表，电池等七实验室，以及联动电闸室，交流电机陈列室，仪器及研究等室。第二层多为教室及教员办公室、图书室等。第三层为电信实验之用，有无线电，自动电话，电话，电灯及真空管制造等实验室。本馆极力使之电气化，故有升降机等设备，其控制器及电动机装于第一层，以便参观及实验。”④对于电机馆内部设施，当时《科学》亦曾有详细刊载⑤：“电机工程馆之楼下，南部为直流电机实验室，设备计有电车用 500 伏三线直流发电机（以 230V 直流电动机带动）。交流变直流电动发电机组，机有二，一为 30kW，一为 20kW，（均用三相 230V 感应电动机带动三线 230/115V 直流发电机，以为该校各处直流电源之用。）反电势调整器（当发电机之电压增高时，此机能自动将一反电势接入其分激磁场内，而使电压降低，若降低太甚，则反电势又自动离去，故能维持电压平衡）。直流发电机之并行运用装置，直流电动发电机组，有机四套，每套各由一复机电动机带动，发电机二为分激式，二为复激式，串接电动机，直流复激发

① 《兴建电机、机械二馆实验室》（1933 年 9 月 20 日），清华大学档案，全宗号 1，目录号 2:1，案卷号 6:6（清华大学档案馆提供）。

② 《电机工程学系概况》（1934 年 7 月 27 日），清华大学档案，全宗号 1，目录号 2:1，案卷号 18。

③ 苏云峰：《从清华学堂到清华大学 1928—1937：近代中国高等教育研究》，95 页。

④ 《电机工程学系概况》（1934 年 7 月 27 日），清华大学档案，全宗号 1，目录号 2:1，案卷号 18。

⑤ 《国立清华大学工学院设备概况》，载《科学》，1935 年第 19 卷第 5 期。

电机，半闭式特种电动机，全闭式特种电动机，全开式特种电动机，并有自动电鑰之特种直流电动机，其自动电鑰可为电动机之反正转动。电车试验室中计有火车上之电机设备，电车电动机二及控制器全套汽车上之电机设备，附有电压调整器，此外并有电机制造实验室，及电表测验室等”，“北部为交流电机实验室，设备计有单相变压器九个，其中五个为国内益中公司出品，单相转子感应电动机试验装置，特种交流电机，自动三相平衡器，该器为萨本栋博士所发明，遇三相电源不平衡时通常将其作为单相电机运用，可增加效率。感应电圈设备全部笼转子感应电动机，该种电动机有5，3，35三支，可连接成Y形△形，用于380或220V变流机一部，感应起动同步电动机，卷转子感应电动机，交流发电机，（有六个线圈，可卷单相，三相或六相交流发电机，电压可得63.5，196，220，110，127V为试验各相交流发电机特性之用）。同步电动机二，一为4.5kW，一为7.3kW。线圈外接感应电动机，可连三相或二相，以研究各种线圈之异同。五千伏交流发电机一部，电动发电机组有三套，直流电动机带交流发电机，并附有直流激磁机，交流发电机之并机试验装置（电压同步与否，可由同步表或电灯法测之）。其高压电机实验室，机件尚未安装”，“电机馆二楼为办公室，图书室，绘图室，及教室多间，三楼为电报实验室，播音室，电报室，电池室，电话实验室，无线电话实验室，电炤室，无线电实验室，仪器室，灯管制造室及研究室若干间。无线电实验室内之设备，有标准振荡器，磁棒式振荡器，压电式振荡器，感应无线电灯，长短波两用无线电收普机等，此外，并有自动电梯一架，以供学理讲释之用。”

图3-8　电机馆[1]

① 清华大学电机系：《清华电机系七十周年系庆纪念集》，48页。

图 3-9 电机实验室①

至抗战前，电机工程学系建有电机、高压、电机制造、无线电等实验室，各实验室主要设备如表 3-3 所示。

表 3-3 抗战前电机工程学系实验室主要设备一览表

实验室名称	设备情况
电机实验室	电机实验室分交流、直流两室，两室间有干线连接之，交流实验室之电源，为二百二十伏、五十周波，由一个一百伏安变压器供给。主要配电板共十二块，计分二千二百伏油钥板，二百二十伏总钥板，电源板，转换板等。另有摇板一块，装周波表、同步表等，供试验并联发电用。此外有直流电动交流发电机组三套，同步电动机二，同步感应电动机一。交流发电机二，感应电动机二，变流机一，单扳推动式电动机一，正弦波形发电机一，三相交流分卷电动机一及各种变压器十余只。直流实验室电源，由二套交流电动直流发电机所发生，为三线二百三十伏制，自中线可取得一百十五伏直流。室中有主要配电板八，以控制及分配各种电路，此外尚有直流电动发电机组三套，复卷直流电机五只，分卷直流电机三只及接直流电机二只等。交直流电机实验室各项仪器，另置于仪器室中，有电表五十余只，更有九单位示波器一套，以便研究各种电流电压之变化情形。另有暗室，供冲洗相片用
高压实验室	有二十五万伏之五十周波电压，为当时我国最大之高压实验室。另有高压整流器，可得十五万伏直流，更有电动发生器一套，可生二百五十万伏之人造雷电；在电所发生器线路内，加接一高压感应圈，可得五等周波之高压高周电源。除上述设备外，尚有控制桌以管理各电路，架换接头式变压器，以升降所需之电压。二十五共分直径、球隙，及静电电压表，以供测定电压之用

① 清华大学校史馆提供。

续表

实验室名称	设备情况
电机制造实验室	电机制造实验室设备，有力压机、冲压机、旋压机、冲槽机、割切机、旋床、烘炉、真空浸漆柜、储漆柜等，可制造各种交流电动机、发电机、变压器等，曾装十匹马力交流感应电动机二具，二十伏安变压器二具，均称满意
电车实验室	电车实验室，有电车用控制器一，及电车用电动机二，可供试验电车线路及工作之用。此外，尚有火车上及汽车上用发电机各一，供发光（电）用均附有调整器
电梯实验室	电梯实验室，有配电板一，特种专供电梯用之电动机一套，电梯一具载重八百磅，开关完全自动，不须人看管
电灯实验室	电灯实验室，有桌案式、韦勃式及克鲁司式光度计各一，可供测定各种光度及照明度之用
电话实验室	电话实验室，可分为两部：一为电话机件之实验，一为电话传输之测试。前者有各式话机，无塞绳小交换机，磁石式及其电式横型交换板，急用电话机等。至于电话传输，为测试各种机件，负荷线圈及人工线路之传输失真及衰减等。除各种电表、电阻、电感、电感应落器、衰减器、放大器、变压器等外，尚有人工电缆一组，相当于标准电缆三十五里。又有绕线机全套，固定电容器盘绕机一架。关于电报组方面设备，现仅有摩斯机一架，正在设法充实中
自动电话实验室	自动电话实验室，有自动式小交换机一，共五门，西门子式自动机、共二十五门，及步进式自动机旋转式自动机各一，均共有千门，故关于各种自动电话试验设备，大致均已齐全
无线电实验室	无线电实验室，包括各种仪器，用以度量周率、波形、电阻、电感、电容、电流、电压、电力、电磁波强弱、真空管系数等，计有标准信号振荡器、压电式振荡器及磁棒式振荡器各一，各种普通之高低周振荡器甚多，吸收式周率计四，整统式周率计一，成音周率计一，万用电表一，电容棒一，真空管用棒、放大机二套，阴极线示波器一套，扩大机一套，收音机一套，长短波天线各一。此外电阻计、电感、电容、真空管变压器、电表等甚多。更有电池室，以供给所需电源，有电动发电机一组，四百伏乙电蓄电池二十四只，水流整流器一套，氧化铜整流器一套
灯管制造实验室	灯管制造实验室，一方面供学生实际实验，一方面备作本系研究灯管制造之用。以制造无线电用真空管为主要目的，惟其他各种灯管，亦可同时试制。材料方面，如玻管、玻泡、镍片、钨丝、钼丝等，均有相当准备。机件方面，则有切管机、翻口机、玻杆机、封泡机、加座机、抽气机、鼓风机、煤气增压机、点焊机、电炉等

（资料来源：倪俊：《电机工程学系概况》，载《清华周刊向导专号》，1936 年 6 月 27 日；苏云峰：《从清华学堂到清华大学 1928—1937：近代中国高等教育研究》，95 ~ 97 页）

除添设实验设备外，电机工程学系还购买了大量图书，如 1933 年梅贻琦曾曰："关于电机工程之图书及杂志，上学期曾向国外订购一批，约值四千余元。该项书籍,现已络续到校。"[①]至 1936 年,电机工程学系图书资料,"就西文参考书而论,现已有六百余种,西文杂志,共有四十种,均置电机馆图书室中,故参考书非常便利"[②]。此外,"教室方面,有普通教室四,绘图室二,及大讲堂一。大讲堂内有交直流表演台各一,凡各种普通电机试验均可于上课时行之,使学生易于明了"[③]。

五、科研成果

国立清华大学非常注重科学研究,如罗家伦校长提出:"研究是大学的灵魂。专教书而不研究,那所教的必定毫无进步。不但没进步,而且有退步。……尤其在科学研究方面,应当积极的提倡"[④];梅贻琦校长曰:"凡一大学之使命有二:一曰学生之训练,一曰学术之研究。清华为完成此使命,故其发展之途径不徒限于有效之教学,且当致力于研究事业之提倡。此在学术落后之吾国,盖为更不可缓之工作。"[⑤]因此,"由于经费稳定充沛,主持校政者重视教育与学术。……所以师生也以此为风尚,研究风气相当浓厚。"[⑥]如 1932 年 12 月,顾毓琇"在《清华理科报告》上发表'Extension of Maxwell's Rules for Analyzing Electrical Networks'。此文后扩充为'Resume of Maxwell's and Kirchhoff's Rules for Network Analysis'(1952年载《佛兰克林学会会报》J. Franklin Institute 卷二五三)"[⑦],该文"引申麦克斯韦定则,以求电网络中任何一部分之电流值"[⑧];1933 年初顾毓琇又发表了"《我国需要的生产方法》(原载《时代公论》第四十、四十一号合刊)及《如何振兴中国实业》(载《申报月刊》)(二文后收入《中国经济的改造(1948 年 5 月)》)"、"'Fundamental Equations and Constants of Synchronous

---

① 梅贻琦:《清华一年来之校务概况》,见清华大学校史研究室:《清华大学史料选编》,第 2 卷上册,31 页;载《清华副刊》,第 39 卷第 7 期,二十二周年纪念特号,1933 年 4 月 29 日。

② 倪俊:《电机工程学系概况》,见《清华大学史料选编》,第 2 卷下册,520 页;载《清华周刊》,第 44 卷向导专号,1936 年 6 月 27 日。

③ 倪俊:《电机工程学系概况》,见《清华大学史料选编》,第 2 卷下册,520 页;载《清华周刊》,第 44 卷向导专号,1936 年 6 月 27 日。

④ 罗家伦:《学术独立与新清华》,见《清华大学史料选编》,第 2 卷上册,201 ~ 202 页。

⑤ 梅贻琦:《五年来清华发展之概况》,载《清华周刊》,向导专号,1936 年 6 月 27 日。

⑥ 苏云峰:《从清华学堂到清华大学 1928—1937:近代中国高等教育研究》,121 页。

⑦ 顾毓琇:《百龄自述》,34 页,南京,江苏文艺出版社,2000。

⑧ 王守泰等口述,恽震自述,张伯春访问整理:《民国时期机电技术》,249 页,长沙,湖南教育出版社,2009。

Machines'（见《电工》第四卷第一期）。是月《芝兰与茉莉》国难后第一版出版"[1]。1934年，"顾毓琇、章名涛教授与国内电机工程前辈同行发起成立了中国电机工程师学会（中国电机工程学会的前身），在联络国内同行进行学术交流方面搭建了一个很有意义的平台"[2]，其中，李熙谋当选为第一任会长，顾毓琇当选为第二任会长，恽震为第三任会长，"即以《电工》为学会正式刊物。后又出版《电世界》"[3]；1935年，顾毓琇"在中国工程师学会年会上宣读的《感应电机之串联运行》，获该会论文第一奖"[4]，并"发表了论文《同步机运算分析》，用运算微积分与双反应学说分析同步电机的运行状况"[5]；1937年，顾毓琇"在美国电机工程师学会会刊上发表了《双反应学说对多相同步机之应用》一文，进一步用上述两种方法分析了多相同步电机中的复杂问题"[6]。

图3-10　1937年的中国电机工程学会——章名涛、顾毓琇等[7]

这一时期，电机工程学系其他教师也取得了许多研究成果，如"章名涛在电动机分析与运算方面共发表了论文10篇，其中1937年发表的《单相感应电动机之理论及张量分析》，把张量分析应用于电机理论的分析，对于感应电动机所推导的公式更为有用，用变换矩阵即可以求得感应电动机笼条中之电流。这篇论文当时在国内具有较高的水平"[8]。再如，"民国二十一年，李郁荣在美国《数理杂志》发表关于'电网络之综合'重要论文，题为Synthesis of Electric Networks by Means of the Fourier Transforms

① 顾毓琇：《百龄自述》，34页。

② 梁曦东等：《清华大学电气工程高等教育的几点回顾》，见中国电气工程高等教育100周年纪念委员会：《百年回眸——中国电气工程高等教育100周年》，137页。

③ 顾毓琇：《百龄自述》，36页。

④ 方惠坚、张思敬：《清华大学志》，下册，101页。

⑤ 方惠坚、张思敬：《清华大学志》，下册，101页。

⑥ 方惠坚、张思敬：《清华大学志》，下册，101页。

⑦ 黄延复：《图说老清华》，189页。

⑧ 方惠坚、张思敬：《清华大学志》，下册，101页。

of Laguerres Functions。此文发表后，李氏又与美国麻省理工大学数学教授维纳博士(Dr. Norbert Wiener，曾来华讲学)有共同发明，获美国政府专利。国人电工发明，能在国外取得专利，实亦为极大荣誉。二十五年李氏与张思侯君在国内发表一文，对于电网络之Parameter Transforms又有贡献，并举实例以明之。李氏又曾与顾氏合著一文，讨论二正弦波之叠合，后顾氏即应用此研究结果，分析同步电机异步运用时稳定电流之波形”①；此外，“关于电路分析，萨本栋氏于民国二十年及二十四年在国立清华大学《理科报告》先后发表五文，其中Impedance Dyadics of Three-Phase Synchronous Machines系与严畯君合作。”②

图3-11 李郁荣与维纳发明的电讯网络获美国特许专利③

六、人才培养

电机工程系成立后，在人才培养方面也颇多建树。如电机工程学系成立后，“第一年由外系转来二年级学生7人，招收一年级新生31人”④。1934年秋电机工程学系“分电力和电讯两组，以造就各项专门人才。电力组侧重发电、输配电工程和电机设计、制造，电讯组侧重电报、电话、无线电工程、电讯设计及真空管制造”⑤，于次年春电机工程馆落成后迁入新馆⑥。1935年电机工程学系首届毕业学生3人，1936年毕业11人，

① 顾毓琇：《三十年来中国之电机工程》，见王守泰等口述、恽震自述、张伯春访问整理：《民国时期机电技术》，249页，长沙，湖南教育出版社，2009。

② 顾毓琇：《三十年来中国之电机工程》，249页。

③ 清华大学电机系：《清华电机系七十周年系庆纪念集》，48页。

④ 方惠坚、张思敬：《清华大学志》，下册，90页。

⑤ 《情系清华：清华电机系50·51级毕业五十周年纪念集》，16页，北京，清华电机系1950/51级，2001。

⑥ 倪俊：《电机工程学系概况》，见清华大学校史研究室：《清华大学史料选编》，第2卷下册，518页；载《清华周刊》，第44卷向导专号，1936年6月27日。

1937 年毕业 14 人①;1936—1937 学年在校学生 103 人②。此外,“1929 年留美预备部结束后,国立清华大学改变留美学生派遣方法,转向全国招考留美公费生。招收对象为国立、省立及经教育部立案的私立专科以上学校毕业生、服务二年以上并且成绩突出者;或国立、省立及经教育部立案的私立大学或独立学院毕业且成绩突出者。1933 年,招收了第一届留美公费生,以后每年按例考送,连续招考四届,共录取 92 人,其中清华毕业生有 39 人,约占 42%。1937 年因抗日战争爆发而暂停。”③据有关资料统计,获得电机工程学学位的留美公费生包括朱颂伟、蔡金涛、蒋葆增、王宗淦、徐民寿、张煦、钟朗璇、王兆振等④。1935 年国立清华大学“依照德国远东协会及外国学术交换处所约定交换研究生办法,规定每年选派研究生五名,赴德国做研究工作,期间以二年为限”⑤,其中电机系娄尔康于 1936 年 9 月获校评议会通过赴德交换研究⑥。

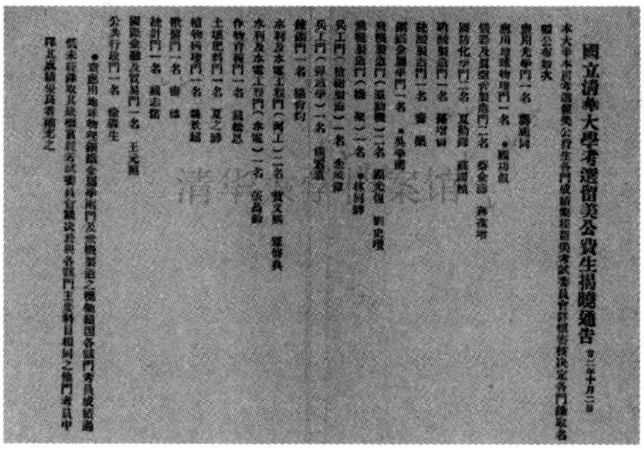
國立清華大學考選留美公費生揭曉通告

图 3-12　国立清华大学第一届考选留美公费生揭晓通告(1933 年)⑦

---

① 方惠坚、张思敬:《清华大学志》,下册,98 页。

② 《当年的电机系、老师和清华校长》,《轻舟已过万重山:清华大学机电系一九五二级》,1 页,北京,清华大学,2008。

③ 方惠坚、张思敬:《清华大学志》,上册,749 页(对原文内容方惠坚教授有所改动和补充)。

④ 《清华文库》,http://thulegacy.lib.tsinghua.edu.cn:4237/lib/htm/alumni.htm,检索日期:2011-06-01。

⑤ 《国立清华大学选派赴德交换研究生简章》(二十四年四月二十四日第九十五次评议会修正通过),清华大学档案,全宗号 1,目录号 2:1,案卷号 79。

⑥ 清华大学校史研究室:《清华大学一百年》,97 页。

⑦ 《国立清华大学第一届考选留美公费生揭晓通告》(1933 年),清华大学档案,全宗号 1,目录号 2:1,案卷号 87。

4

抗战时期国立清华大学电机工程学系的发展

抗战时期，国立清华大学与国立北京大学、私立南开大学南迁，先后合组为国立长沙临时大学和国立西南联合大学，几经风雨却成就斐然，在中国教育史上留下了巍然壮丽的一页。此时期，电机工程学系也同样不负使命，通过归并、调整，于艰难困苦的环境中获得了进一步发展，在教学科研、师资队伍、人才培养及爱国运动等方面，均书写下了辉煌篇章。

一、历史沿革

1937 年 7 月抗日战争全面爆发，9 月清华大学奉教育部令南迁，与北京大学、南开大学合组国立长沙临时大学①。国立长沙临时大学的院系设置是对三校原有院系进行归并而成，其中清华大学电机工程系和南开大学理学院电机工程学系合并（北京大学当时没有工学院），由顾毓琇担任电机系教授会主席②，并与清华大学土木工程学系、机械工程学系及南开大学理学院化学工程学系合组工学院③。

因战事日趋紧张，1938 年初长沙临时大学决定迁往昆明。1938 年 4 月 2 日，国立长沙临时大学奉教育部令改校名为国立西南联合大学，由三校校长为常务委员主持校务，于 5 月 4 日恢复上课④。电机系与土木系、机械系等亦随校西迁，与从重庆迁来的化工系组成工学院在巡西会馆上

① 齐家莹：《清华人文学科年谱》，203 页，北京，清华大学出版社，1999。

② 《函请朱自清先生等担任各学系教授会主席并从速进行工作由》（1937 年 10 月 6 日），清华大学档案，全宗号 X1，目录号 3:1，案卷号 3。

③ 史贵全：《中国近代工程教育研究》，92 页，上海，上海交通大学出版社，2004。

④ 《国立西南联合大学要览》（1942 年 12 月 21 日），见王学珍、江长仁、刘文渊：《国立西南联合大学史料》，第 1 卷，6 页，昆明，云南教育出版社，1998。

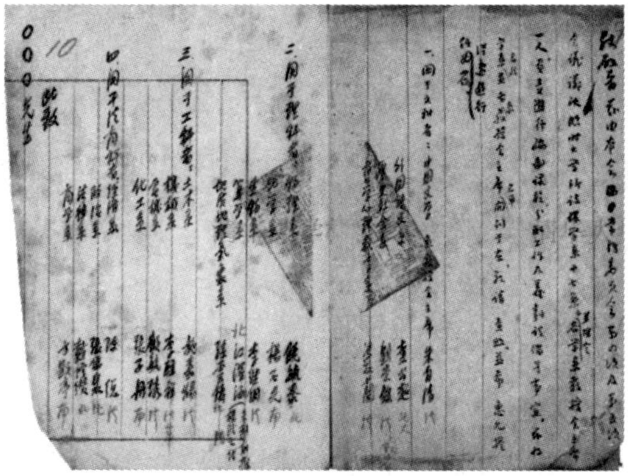

图 4-1　长沙临大电机系等教授会主席①

课。1939 年初，经常务委员会议决，西南联大“遵照部令于本年起设立电讯专修科”②，“期以较短时间（一年半）造就电讯技术人才，备国家抗战之用”③（“1940 年招收第二届新生时，学制改为两年”④），赵友民任专修科主任、周荫阿任教务主任⑤。抗战时期，电机工程学系及电讯专修科主任变动较大，如赵友民之后，电机工程学系系主任由倪俊、任之恭、章名涛、叶楷担任，电讯专修科主任先后由张友熙、周荫阿担任。此外，1939 年 11 月清华大学“奉部令议决开办工科研究所”⑥，其中电机工程部设电力工程组和电讯工程组（清华）⑦。1945 年 8 月 15 日，抗日战争胜利，次年 3 月 27 日“教育部电准将本大学电讯专修科移交云南大学接办”⑧，后于 5

---

① 《函请朱自清先生等担任各学系教授会主席并从速进行工作由》（1937 年 10 月 6 日），清华大学档案，全宗号 X1，目录号 3:1，案卷号 3（清华大学档案馆提供）。

② 《函知西南联大设立电讯专修科目》（1939 年 2 月 3 日），清华大学档案，全宗号 X1，目录号 3:2，案卷号 122。

③ 梅贻琦：《抗战期中之清华》（1939 年 4 月），见清华大学校史研究室：《清华大学史料选编》，第 3 卷上册，20 页，北京，清华大学出版社，1994。

④ 西南联合大学北京校友会：《国立西南联合大学校史：一九三七至一九四六年的北大、清华、南开》，297 页，北京，北京大学出版社，2006。

⑤ 西南联合大学北京校友会：《国立西南联合大学校史：一九三七至一九四六年的北大、清华、南开》，297 页。

⑥ 方惠坚、张思敬：《清华大学志》，上册，315 页。

⑦ 《国立西南联合大学校史》，见王学珍、江长仁、刘文渊：《国立西南联合大学史料》，第 1 卷，11 ~ 14 页。

⑧ 《国立西南联合大学大事记》（民国二十六年九月十三日至民国三十五年七月三十一日），见王学珍、江长仁、刘文渊：《国立西南联合大学史料》，第 1 卷，349 页。

月 13 日正式办理①。7 月 25 日，西南联大工学院应云南大学请求，将一部分图书仪器赠予电讯专修科②，以利其教学。

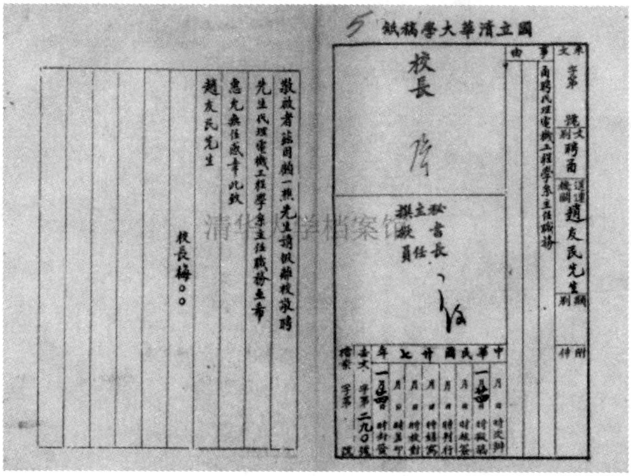
國立清華大學稿紙

敬啟者茲聘請趙友民先生代理電機工程學系主任職務並希
惠允無任感幸此致
趙友民先生

校長梅○○

图 4-2 赵友民代理电机工程学系主任职务聘函③

图 4-3 函知西南联大设立电讯专修科目④

① 清华大学校史研究室:《清华大学九十年》,136 页,北京,清华大学出版社,2001。

② 《国立西南联合大学大事记》(民国二十六年九月十三日至民国三十五年七月三十一日),见王学珍、江长仁、刘文渊:《国立西南联合大学史料》,第 1 卷,353 页。

③ 《赵友民先生代理电机工程学系主任职务聘函》(1938 年 1 月 24 日),清华大学档案,全宗号 X1,目录号 3:3,案卷号 34(清华大学档案馆提供)。

④ 《函知西南联大设立电讯专修科目》(1939 年 2 月 3 日),清华大学档案,全宗号 X1,目录号 3:2,案卷号 122(清华大学档案馆提供)。

倪俊（任期1935—1937,1940—1942）

赵友民（任期1938—1940）

章名涛（任期1942—1945,1948—1966）

任之恭（任期1945全年）

叶楷（任期1945—1948）

图4-4　抗战时期电机系历任系主任①

二、师资队伍

抗战爆发后，清华、北大及南开三校原有的教师大部分亦随校南迁，如长沙临时大学时期，“电机系教授有顾毓琇、章名涛、赵友民、任之恭、叶楷（以上属清华）和张友熙（南开）。教员有严晙（清华）、昝宝澄、陈荫穀（以上属南开），助教有朱曾赏、张思侯、钟士模（均属清华）”②，由顾毓琇担任电机系教授会主席③。西南联大时期，虽然每年由于各种因素都有教师离职，但续聘和新聘人数相对较多，“自 1938 年到 1946 年，先后受聘在联大电机系担任教授的有：赵友民、倪俊、章名涛、朱物华、张友熙、范绪筠、马大猷、董维翰、任之恭、叶楷、范崇武、钱钟韩、杨津基等人；兼课教师有沈秉鲁、周荫阿、艾维超等；担任过讲师、助教的有钟士模、汤明奇、孙绍先、万发贯、陈荫穀、昝包澄、严晙、洪朝生、陈丽妫、陈同章、杨嘉墀、唐统一、廖增武、姚传澄、游善良、曹建猷、姚哲明、张瑞歧、董受申、金德宁、马世雄、张汉、李华天、沈祖恩、杨幼聪、丁寿永、王先冲等”④；电讯专修科也

① 清华大学电机系：《清华电机系七十周年系庆纪念集》，33 页；清华大学电机系资料；照片由清华大学档案馆提供。

② 西南联合大学北京校友会：《国立西南联合大学校史：一九三七至一九四六年的北大、清华、南开》，277 页。

③ 《长沙临时大学关于各学系名称及各系教授会主席名单的笺函》（1937 年 10 月），见清华大学校史研究室：《清华大学史料选编》，第 3 卷下册，26 页，北京，清华大学出版社，1994。

④ 清华大学电机系：《清华电机系七十周年系庆纪念集》，49 页。

先后聘有周荫阿、洪道揆、张去疑、张四侯、唐立寅等教师。西南联大电机工程学系及电讯专修科教职员名录分别见表 4-1 和表 4-2。

表 4-1 国立西南联合大学电机工程学系教职员名录

系主任					
顾毓琇	(1937 年 10 月 4 日任,1938 年 1 月因事离校)				
赵友民	(1938 年 1 月 22 日任,1940 年 4 月辞)				
倪　俊	(1940 年 4 月 30 日任,1942 年 2 月辞)				
任之恭	(1942 年 2 月 25 日任,1942 年 2 月辞)				
章名涛	(1942 年 7 月 1 日任)				
教授					
赵友民	章名涛	张友熙	倪　俊	顾毓琇	任之恭
毛起来	张镇俊	朱兰成	叶　楷	范绪筠	马大猷
范崇武					
副教授					
陈荫穀	(1943 年已任)				
专任讲师					
沈秉鲁	(1940 年 4 月 30 日,1942 年 8 月 19 日,1943 年 9 月 3 日,1944 年 8 月 23 日聘)				
教员					
严　晙	(1939 年已任)				
张思侯	(名誉职,1939 年聘)				
林为干	(1941 年 9 月 24 日聘)				
廖增武	(1942 年 2 月 25 日聘)				
曹建猷	(1943 年已任)				
游善良	(1943 年已任)				
沈尚贤	(名誉职)				
助教					
钟士模	(1943 年已任)	万发贯(1939 年已任)		汤明奇	
陈周章(1942 年 10 月 21 日聘)		张瑞歧(1943 年 7 月 22 日聘)			
朱曾赏(1942 年已任)		姚哲明(1943 年已任)			
沈祖恩(1943 年已任)		张　汉(1943 年已任)			
马世雄(1943 年已任)		董受申(1943 年已任)			
练习生	赵宪鼎				

(资料来源:《国立西南联合大学教职员名录》,见清华大学校史研究室:《清华大学史料选编》,第 3 卷下册,309~310 页。注:该名录数据不全,仅供参考,具体说明参见《国立西南联合大学教职员名录》,见清华大学校史研究室:《清华大学史料选编》,第 3 卷下册,275 页)

表 4-2　国立西南联合大学电讯专修科教职员名录

教务主任	
周荫阿	（1939 年 1 月 31 日聘—1943 年 7 月 8 日）
主任	
周荫阿	（1943 年 7 月 8 日聘，原有教务主任一职，不再设置）
教授	
周荫阿	（1939 年 1 月 31 日聘，副；1942 年 7 月 1 日，正）
专任讲师	
张思侯	（1940 年 4 月 25 日聘）
讲师	
李文初	（1939 年 4 月 25 日聘）
李宗海	（名誉职，1943 年 4 月 7 日聘）
教员	
施纪常	（专任教员，1941 年 10 月 1 日聘）
谢毓章	（专任教员，1941 年 10 月 1 日聘）
王龙生	（1941 年 10 月 1 日聘）
徐　抡	（1941 年 10 月 1 日聘）
马荣恩	（1942 年 8 月 19 日聘）
陈有年	（1943 年 2 月 10 日聘）
牟光信	（1943 年 7 月 22 日聘）
助教	
洪道揆	（1939 年 1 月 31 日聘）
张宗潢	（1939 年 4 月 25 日聘）
张去疑	（1939 年 7 月 11 日聘）
唐立寅	（1941 年 8 月 27 日聘）
陆其惠	（1941 年 8 月 27 日聘）
姚传澄	（1942 年 3 月 4 日聘）
杨明济	（1942 年 9 月 16 日聘）
钱端信	（1944 年 10 月 18 日聘）

（资料来源：《国立西南联合大学教职员名录》，见清华大学校史研究室：《清华大学史料选编》，第 3 卷下册，312 ~ 313 页。注：该名录仅供参考，具体说明参见《国立西南联合大学教职员名录》，见清华大学校史研究室：《清华大学史料选编》，第 3 卷下册，275 页）

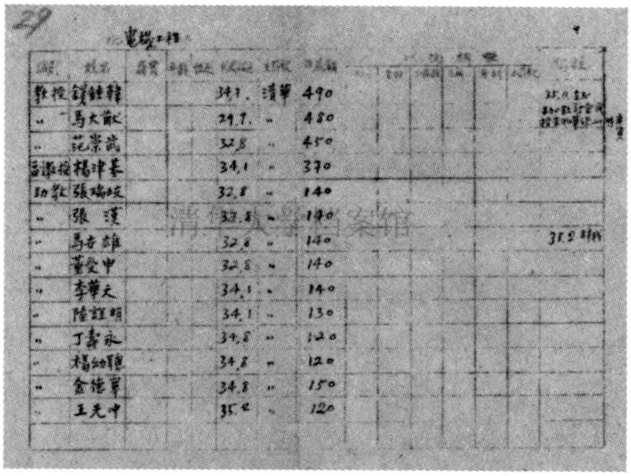

29

電機工程

職別	姓名	[illegible]	[illegible]	[illegible]	[illegible]
教授	錢鍾韓	34.1.	清華	490	35.11.至…
"	馬大猷	29.7.	"	480	
"	范崇武	32.8	"	450	
副教授	楊津基	34.1	"	370	
助教	張瑞岐	32.8	"	140	
"	張 漢	32.8	"	140	
"	馬吉雄	32.8	"	140	35.5 [illegible]
"	董愛中	32.8	"	140	
"	李華天	34.1	"	140	
"	陸鉅明	34.1	"	130	
"	丁壽永	34.8	"	120	
"	楊如聰	34.8	"	120	
"	金德章	34.8	"	150	
"	王先中	35.4	"	120	

图 4-5 1945 年电机工程学系教师名单①

虽然抗战时期政局动荡，条件异常艰苦，但由于电机系教师队伍业务水平较高，因此并未对教学质量产生太大的影响。如顾毓琇、赵友民、倪俊、任之恭、章名涛、叶楷、张友熙、范绪筠、马大猷、董维翰、范崇武、陈荫穀、钱钟韩、杨津基等，他们“学术造诣较高，了解国外学术发展的情况，因而使联大的教学能接近国际水平”②。图 4-6 为 1938 年至 1946 年西南联大电机工程学系（包括电讯专修科）教师人数及职别分布，不难看出，该时期电机工程学系及电讯专修科拥有实力雄厚的师资力量。而且“当时整个教师队伍包括教授讲师教员和助教形成一个很好的集体，在极为困难的条件下，保证了教学的稳定及尽可能的高质量，良好的学风也得以持续”③。特别是，“讲师助教阶层，与同学接触最多，对同学最熟悉，无论答疑、讨论课、习题、实验、小考等都是直接面对学生。在繁重的工作中，他们既对学生要求极为严格，又严于律己，在教学中起了十分重要的作用。”④另外，这一时期学校也非常重视对教师的培养，在他们工作一定时限后，便可以申请休假在国内外从事进修或研究，以提升自身的素质。如，1940 年章名涛曾致函梅贻琦：“涛拟利用休假期间，用学习工程者之

① 《1945 年电机工程学系教师名单》，清华大学档案，全宗号 X1，目录号 3:2，案卷号 143（清华大学档案馆提供）。

② 西南联合大学北京校友会：《国立西南联合大学校史：一九三七至一九四六年的北大、清华、南开》，56 页。

③ 清华大学电机系：《清华电机系七十周年系庆纪念集》，49 页。

④ 清华大学电机系：《清华电机系七十周年系庆纪念集》，49 页。

立场研读数学,并择其有关电工者汇编《电工数学》一册。一方面可以探究其真理;另一方面使后学者获一参考,以资借鉴,其效果必有过于在校授课者”①;1943 年孟昭英、钟士模赴美研究②。

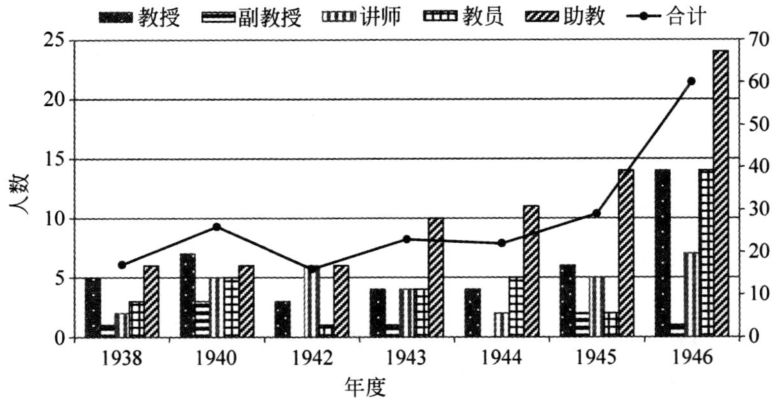

图 4-6　1938—1946 年西南联大电机工程学系(含电讯专修科)教师人数及职别分布图
(资料来源:根据 1938—1946 年国立西南联合大学文法院系教职员名录统计,见王学珍、江长仁、刘文渊:《国立西南联合大学史料》,第 4 卷,68-292 页,昆明,云南教育出版社,1998)

三、课程设置

1937 年 10 月 25 日长沙临时大学开学,11 月 1 日正式上课。该年度电机工程学系开设了 30 余门课程(见表 4-3)。电机与机械“两系学生共一百名,因设备关系,在湖大上课,双方未订特殊办法。惟经互相商定:本校学生在湖大上课并寄宿,由本校教授前往担任若干课程,湖大原有设备,得尽量利用,不敷时,则由本校酌予添置;学生缴费注册,亦均在本校办理。所应付湖大之费用,除膳费由学生自付外,有学生杂费每人二元,由本校在学费内拨付”③。

---

① 《章名涛申请国内休假研究函》(1940 年 5 月 8 日),见清华大学校史研究室:《清华大学史料选编》,第 3 卷上册,289 页。

② 《本校三十二年度赴美研究教师表》(1943 年 9 月 8 日),清华大学档案,全宗号 X1,目录号 3:3,案卷号 48。

③ 《长沙临大致教育部高等教育司,函复关于本院电机、机械两系学生在湖大上课情形》(1937 年 11 月),清华大学档案,全宗号 X1,目录号 3:1,案卷号 18(清华大学档案馆提供)。

表 4-3　长沙临时大学电机工程学系必修选修学程表(1937—1938 年度)

	学程	必修或选修	学期	学分	教师
四年级电力组	电力传输	Ⅳ	上	3	顾毓琇
	电力设计	Ⅳ	上	3	章名涛
	原动力厂	Ⅳ	上	3	殷祖澜
	原动力厂设计	4	上	2	殷祖澜
	无线电原理	4	上	3	任之恭 叶楷
	实用无线电	4	上	3	孟昭英 任之恭
	无线电实验	4	上	1.5	孟昭英 叶楷
	电话学	4	上	3	赵友民
	高等电工学	Ⅳ	下	3	顾毓琇 章名涛
	电工实验	Ⅳ	下	2	章名涛
	原动力厂实验	Ⅳ	下	1.5	殷祖澜
	发电所	4	下	3	倪孟杰
	无线电原理	4	下	3	任之恭 叶楷
	实用无线电	4	下	3	孟昭英 任之恭
	无线电实验	4	下	1.5	孟昭英 叶楷
	电话实验	4	下	1.5	赵友民①
	论文	Ⅳ	下	3	全体教授
四年级电讯组②	电力传输	Ⅳ	上	3	顾毓琇
	无线电原理	Ⅳ	上	3	任之恭 叶楷
	实用无线电	Ⅳ	上	4	孟昭英 任之恭
	无线电实验	Ⅳ	上	1.5	孟昭英 叶楷
	电话学	Ⅳ	上	3	赵友民
	电讯网络	Ⅳ	上	3	朱汝华
	无线电原理	Ⅳ	下	3	任之恭 叶楷
	实用无线电	Ⅳ	下	3	孟昭英 任之恭
	无线电实验	Ⅳ	下	1.5	孟昭英 叶楷
	电话实验	Ⅳ	下	1.5	赵友民
	电讯网络	Ⅳ	下	3	李郁荣 范绪筠
	论文	Ⅳ	下	3	全体教授
	无线电原理(湖南大学)			3	张友熙
	无线电实验(湖南大学)			1.5	张友熙 昝宝澄

附注:1. 学期栏内空白者,系表示全学年学程,填上下者,系表示上下学期学程。

2. 必修或选修栏内,用罗马数字填写者,系表示某年级必修学程,如Ⅰ、Ⅱ、Ⅲ、Ⅳ等码,各表示第一年级,第二年级,第三年级及第四年级必修学程。用阿拉伯数码字填写者,系表示某年级选修学程,如 1、2、3、4 等码各表示第一年级,第二年级,第三年级及第四年级选修学程。

(资料来源:《长沙临时大学各院系必修选修学程表》(1937 年至 1938 年度),见王学珍、江长仁、刘文渊:《国立西南联合大学史料》,第 3 卷,130-131 页,昆明,云南教育出版社,1998;《国立西南联合大学各院系必修选修学程表》,清华大学档案,全宗号 X1,目录号 3:2,案卷号 120:2)

① 档案中是"赵友文",《国立西南联合大学各院系必修选修学程表》,清华大学档案,全宗号 X1,目录号 3:2,案卷号 120:2。

② 国立西南联合大学史料(三)中为"电机组",见王学珍、江长仁、刘文渊:《国立西南联合大学史料》,第 3 卷,131 页。

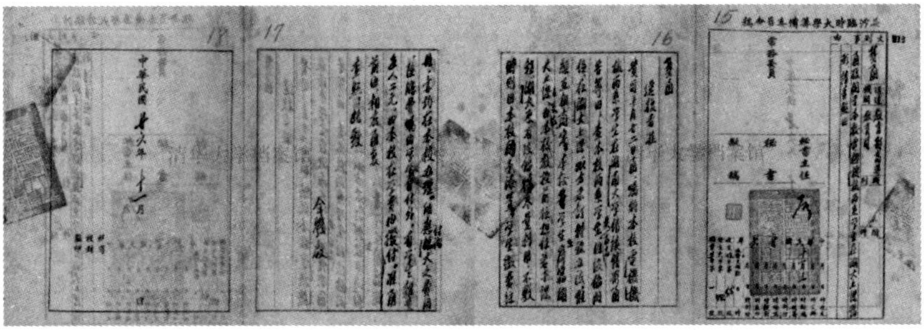

图 4-7 长沙临大致教育部高等教育司，函复关于电机、机械两系学生在湖大上课情形①

抗战时期，国民政府相继制定了《战时各级教育实施纲要》(1938)、《大学共同必修科目表》(1938)、《各院系必修选修科目表》(1939)等教育政策，以加强对各校课程的统制。但西南联大教授认为“大学为最高学府，包罗万象，要当同归而殊途，一致而百虑，岂可刻板文章，勒令从同。……盖本校承北大、清华、南开三校之旧，一切设施均有成规，行之多年，纵不敢谓为极有成绩，亦可谓为当无流弊，似不必轻易更张”②。因此，“联大的课程，除少数是照‘部定’科目执行外，其他课程均是按联大初期在原三校课程基础上，作调整变通后排定的科目组织教学。”③如，“电机系的课程基本上沿袭抗战以前清华电机系的课程门类设置。实际是仿效美国麻省理工学院(MIT)的做法。三年级开始分电力、电讯两组。前者着重发电工程、输电工程、配电工程及电机设计及制造；后者注重无线电工程、电讯网络及电报电话”④。而且，西南联大师资队伍规模的扩充，使其所开设课程数量亦有了较大增长，电机工程学系历年开设门次数如图 4-8所示。同时，随着归国留学生等新生力量的加入，学校对一些课程进行了更新，如“原来电工原理课所采用的麻省理工学院丁壁和布煦的教材已较陈旧，后改用了本奈特·克鲁泽的《电动力学引论》为主要参考

① 《长沙临大致教育部高等教育司，函复关于本院电机、机械两系学生在湖大上课情形》(1937 年 11 月)，清华大学档案，全宗号 X1，目录号 3:1，案卷号 18(清华大学档案馆提供)。

② 《西南联合大学教务会议就教育部课程设置诸问题呈常委会函》(1940 年 6 月 10 日)，见清华大学校史研究室：《清华大学史料选编》，第 3 卷下册，191～192 页。

③ 周本贞：《西南联大研究》，108 页，北京，中国大百科全书出版社，2005。

④ 西南联合大学北京校友会：《国立西南联合大学校史：一九三七至一九四六年的北大、清华、南开》，274 页。

书；又开设了应用电子学课程，吸收了物理电子学及微波器件的一些新内容，水平有所提高。此外还开设了电声学、运算微积分等选课”①。“关于课程设置，还应该提到，此阶段整个工学院都加强了数学课程，在大一微积分及大三微分方程之外，增设了高等数学选课，由赵访熊任课。赵先生本来是学电机的，留美时改为数学研究。工学院的数学师资队伍很强，除赵先生之外还有徐贤修、吴光磊、彭慧云、胡祖炽等人，因此联大电机系同学受到了良好的数理基础训练。”②西南联大电机工程学系及电讯专修科课程及任课教师情况如表 4-4 和表 4-5 所示。“电机系的教学设备主要是清华大学在七七事变以前南运的电机和电讯实验设备，运输途中，损失较大。另有南开大学的部分仪表，数量虽不多，已足够开出教学所需的实验，在抗战时期各大学中还算是比较好的”③，“八年间，用以训练数达百十之电机工程师，皆赖于此”④。

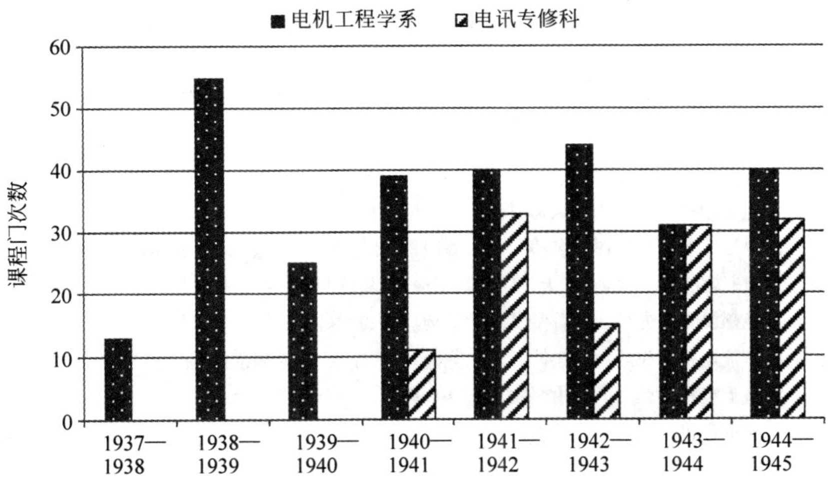

图 4-8 西南联大时期电机工程学系开设课程门次数分布图

（资料来源：方惠坚、张思敬：《清华大学志》，上册，136 ~ 139 页）

① 王先冲：《回忆西南联大工学院电机系》，见冯友兰、吴大猷、杨振宁：《联大教授》，236 ~ 237 页，北京，新星出版社，2010。

② 清华大学电机系：《清华电机系七十周年系庆纪念集》，49 页。

③ 西南联合大学北京校友会：《国立西南联合大学校史：一九三七至一九四六年的北大、清华、南开》，274 页。

④ 梅贻琦：《复员后之清华（续）》，见清华大学校史研究室：《清华大学史料选编》，第 4 卷，57 页。

表4-4　电机工程学系课程设置

(一) 必修课程除体育、军训外各年级必修课程如下：

一年级：国文(6)、英文(6)、微积分(8)、普通物理学(8)、经济学简要(4)、工程画(2)、投影几何(2)、工厂实习(3)，合计39学分。

二年级：普通化学(8)、微分方程(3)、应用力学(4)、材料力学(4)、热机学(3)、水力学(3)、热工学(3)、机械工程画(3)、电工原理(6)，交流电路(4)、电磁测量(1)，合计42学分。

三年级：工程材料学(3)、高等微积分(6)、测量学(2)、直流电机(4)、直流电机实验(2)、交流电机(一)(4)、实用电子学(6)、电子学实验(1.5)、电工实验(2)、水力实验(1.5)，小计32学分。

a. 电力组必修电机设计(一)(3)、热力学实验(1.5)，小计4.5学分。

b. 电讯组必修电报电话学(3)、电报电话实验(1.5)，自动电话(4)，小计8.5学分。

四年级：交流电机(二)(4)、交流电路实验(2)，小计6学分。

a. 电力组必修电机设计(二)(3)、发电所(3)、发电所设计(3)、电力传输(3)、配电工程(3)，小计15学分。

b. 电讯组必修无线电原理(6)、无线电实验(3)、实用无线电(3)、电波学(3)、电讯网络(4)，小计共19学分。

四年累计共取得140-148学分，必修课程全部及格，方得毕业。实际上学生学习150学分或更多。

各专业课任课教师：

1. 电工原理　先后由章名涛、倪俊、马大猷讲授。

2. 电工实验　先后由章名涛、严晙、陈荫穀、孙绍先、钟士模、曹建猷、洪朝生、杨嘉墀、张瑞歧、唐统一、游善良、李华天、宗孔德、王遵华、陆谊明、丁寿永、杨幼聪讲授。

3. 电磁测量　先后由朱曾赏、陈荫穀、杨嘉墀、游善良、张汉、马世雄讲授。

4. 直流电机　先后由范崇武、严晙、陈荫穀、曹建猷、钱钟韩讲授。

5. 直流电机实验　先后由严晙、钟士模、唐统一、游善良、沈祖恩讲授。

6. 交流电机　先后由严晙、章名涛、钟士模讲授。

7. 交流电机实验　先后由严晙、曹建猷、孙绍先、唐统一、张瑞歧、董受申讲授。

8. 交流电路　先后由马大猷、范崇武、钱钟韩、钟士模讲授。

9. 交流电路试验　先后由孙绍先、唐统一、张瑞歧、董受申讲授。

10. 电机设计　先后由章名涛、范崇武、严晙、艾维超讲授。

11. 电报电话学　先后由赵友民、沈秉鲁、昝宝澄讲授。

12. 电报电话实验　先后由朱曾赏、陈丽劝、曾克京、沈秉鲁、廖增武、洪朝生、马世雄讲授。

13. 自动电话　先后由赵友民、沈秉鲁、昝宝澄讲授。

14. 自动电话试验(1945—1946年开设)　由马世雄、张汉讲授。

15. 实用电子学　先后由范绪筠、马大猷、章名涛讲授。

续表

16. 电力传输　先后由朱物华、曹建猷、范崇武、钟士模、杨津基讲授。

17. 发电所　先后由范崇武、倪俊、张钟俊、董维翰、陈荫穀、钱钟韩讲授。

18. 发电所设计　先后由倪俊、董维翰、陈荫穀、范崇武、钱钟韩讲授。

19. 配电工程　先后由严晙、章名涛、范崇武、倪俊、陈荫穀、杨津基讲授。

20. 无线电原理　先后由任之恭、张友熙、叶楷讲授。

21. 无线电实验　先后由孟昭英、叶楷、张友熙、沓宝澄、洪朝生，金德宁、张汉讲授。

22. 实用无线电　先后由孟昭英、张思侯、万发贯、沓宝澄、杨嘉墀、姚哲明讲授。

23. 电讯网络　先后由朱物华、马大猷讲授。

24. 电波学　先后由张友熙、马大猷讲授。

25. 高等微积分　先后由赵访熊、朱德徉、徐贤修讲授。

（二）选修课程

1. 高等电工学（3）　由章名涛讲授。1937—1939 年曾作为四年级必修课开出。

2. 电磁学（4）　由范绪筠、马大猷讲授。1940—1941 年曾作为三年级必修课开出。

3. 电讯传输（3）　由张友熙讲授。1937—1939 年曾作为电讯组三年级必修课开出。

4. 电讯工程（3）　由张友熙讲授。1938—1939 年曾作为电讯组三年级必修课开出。

5. 无线电大意（6）　先后由张友熙、沓宝澄、洪朝生、曾克京讲授。1940—1941 年曾作为电力组四年级必修课开出。

6. 传音学（或电波学）　马大猷讲授，1940—1941 年曾作为四年级必修课开出。

7. 电话设计（2）　赵友民讲授。

8. 电讯选读（2）　叶楷讲授。

9. 电波概论（2）　任之恭讲授。

10. 电力网络（3）　章名涛讲授。

11. 电力选读（3）　章名涛讲授。

12. 运算微积（3）　由赵访熊、章名涛讲授。

13. 德文（2）　由褚士荃讲授。

本系教师专为外系开出的必修课尚有：

1. 电机工程（3）　为土木、化工、航空系三年级必修课。先后由陈荫穀、孙绍先、曹建猷、洪朝生、张瑞歧讲授。

2. 电机试验（1）　为土木、化工、航空系四年级必修课，先后由陈荫穀、钟士模、严晙、曹建猷、唐统一、游善良、姚哲明、张汉、马世雄、李华天、陆谊明、杨幼聪讲授。

各门课程教学内容，未作统一规定，随着科学的发展与教师的特长有所不同。以本系第一主课电工原理为例，本课程原先以麻省理工学院 T. 壁和布煦合著的教材为主要参考书，1941 年起改用本奈特和克鲁泽的《电动力学引论》，内容变更较大，水平也有很大提高。又如应用电子学，1941 年后增加了物理电子学和微波器件的内容，以反映当时科学前沿的内容。

（资料来源：西南联合大学北京校友会：《国立西南联合大学校史：一九三七至一九四六年的北大、清华、南开》，275～277 页）

表 4-5 电讯专修科课程设置

由于电讯专修科学习两年，课程设置比电机系大为压缩与减削。电讯工程组的专业课课时减少，加强了实用性。两年学满 78 学分左右，即可毕业，两年的课程与任课教师如下：

一年级必修课程

1. 英文(6) 陈祖文、杨西昆、黄巨兴。
2. 实用数学(8) 1943—1944 年改为微积分，洪道揆、徐贤修、颜道岸。
3. 普通物理学(4-6) 张宗潢、谢毓章、马荣恩、陆其蕙。
4. 实用电磁学(4-8) 周荫阿、马大猷、谢毓章、马荣恩、牟光信。
5. 电码练习(2) 张宗潢、姚传澄、王龙生、杨明济、陈有年、罗鹏抟、钱端信、郑恕。
6. 工具实习(1) 周荫阿、周洪、杨明济、邱坤信。
7. 制图(1) 汤明奇、陈宝仁、卢锡畴、邱坤信。
8. 体育(2) 黄中孚。

二年级必修课

1. 通信电路(5) 徐楡、吴伯修。
2. 通信电路实验(1) 陆其蕙。
3. 通信电器制造(2) 姚传澄、邱坤信、吴伯修。
4. 实用电磁实验(2) 林为干、陆其蕙、马荣恩、邱坤信、牟光信、钱端信。
5. 真空管学(4) 周荫阿。
6. 真空管实验(1) 陆其蕙。
7. 实用电报电话学(5-8) 徐楡、吴伯修。
8. 电报电话实验(1) 徐楡、吴伯修。
9. 实用无线电学(8) 周荫阿。
10. 无线电实验(2) 罗鹏抟、王龙生、牟光信、陆其蕙、邱坤信。
11. 通信实习(2) 罗鹏抟、杨明济、陈有年、钱端信、郑恕。
12. 应用技术(电台管理及修理)(2) 罗鹏抟、姚传澄、牟光信、钱端信、郑恕。
13. 实用内燃机学(2) 梁守槃、李宗海、强明伦。
14. 无线电国际公约(1) 杨明济、罗鹏抟。

另外，1944—1946 年，二年级尚须学习英文(4)、微分方程(3)，有时为选修课。1945—1946 年实用内燃机学未开。

任课教师中，周荫阿为教授，李文初为讲师，谢毓章、王龙生、徐楡、马荣恩、陈有年、牟光信为教员，洪道揆、张宗潢、陆其蕙、姚传澄、杨明济、钱端信为助教。

(资料来源：西南联合大学北京校友会：《国立西南联合大学校史：一九三七至一九四六年的北大、清华、南开》，298 页)

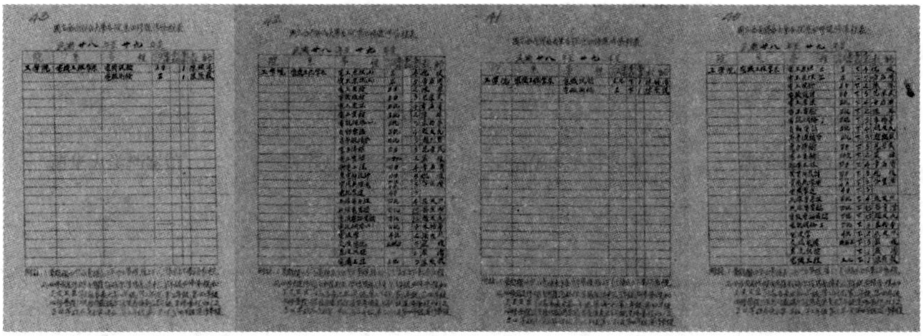

图 4-9　1939—1940 年度国立西南联合大学电机工程学系必修选修学程表[①]

四、科研成果

早在卢沟桥事变之前，鉴于平津局势危机，清华于长沙湘江西岸岳麓山购置分校，并将一批书籍、仪器运往汉口暂存，以备日后迁校之用，电机系一部分仪器也随之迁移。为加强学校的教学工作，国立长沙临时大学决定将其 20 万元开办费的五分之四主要用于理工设备和图书购置方面，其中电机工程学系设备费 10000 元，图书购置费 1000 元[②]。

抗战时期，"电机系的科研工作由于工业的落后，图书期刊的来源困难，受到很大限制。只有研究所的人员可以进行一些理论性研究"[③]。如，1937 年秋清华在长沙设立无线电研究所[④]，"与资源委员会合作，注重各种真空管之制造与测量、短波无线电台之设计、短波军用无线电机、秘密军用无线电话之研究，及专门电讯人才训练等"[⑤]。长沙临时大学搬迁昆明后，无线电研究所亦随之进行了调整，"在二十八年度之初，本所之两个分所（北碚分所与昆明分所）奉校令合而为一，并以学校所在地（昆明）为集中地点。北碚分所于一月二十日将全部箱件由北碚起运，直至二月间大部机件已到

---

① 《1939—1940 年度国立西南联合大学电机工程学系必修选修学程表》，清华大学档案，全宗号 X1，目录号 3:2，案卷号 120（清华大学档案馆提供）。

② 《长沙临时大学开办费分配简明计划》（1937 年 10 月 6 日），清华大学档案，全宗号 X1，目录号 3:1，案卷号 10。

③ 清华大学电机系：《清华电机系七十周年系庆纪念集》，49 ~ 50 页。

④ 清华大学校史编写组：《清华大学校史稿》，383 页。

⑤ 《国立清华大学为扩充研究事业呈教育部文》（1938 年 9 月），见清华大学校史研究室：《清华大学史料选编》，第 3 卷上册，118 页。

达昆明，工作人员亦于二月中陆续到昆。昆明分所原寄驻于西南联合大学物理系实验室（昆华工业职业学校内），后因与北碚分所合并，地点狭小，亦拟迁移。三月中旬校方择定才盛巷二号为所址，是月底全部搬入，合并之手续于此完成，本所遂成为一个统一研究单位。”①据王先冲介绍：“当时清华无线电学研究所没有学生，只做研究，成立这个研究所主要是为了保留一部分不属于西南联大的电子仪器，研究所的一些教授都是从电机系和物理系聘的。”②另外，“清华电机系的实验室和车间的设备是比较好的。有一部分设备，例如当时在国内还是少有的制造电子管的全套设备，到昆明后拨给清华无线电研究所，制造出一些新型无线电器件，并支持了磁控管的研究、电离层的测试等工作。”③抗战时期，清华大学为扩充研究事业而加大了对特种研究所的投资，其中无线电研究所分别于1938年9月获用费3.5万元④，1939年5月获7万元、1940年2月获7万元，1940—1942年期间又分别几次拨付补充费用，1945年5月获50万元⑤。

无线电研究所“自迁入新所址之后，一切机件顺次装置，四月中旬大致竣工，是月下旬即由口龙电力公司开始供电，五月间本所各部从事于研究仪器之调整及初步试验，六月初开始正式研究工作”⑥。在当时的特殊历史时期，无线电研究所“暂以适应实用问题为标准”⑦，“将以一个实验室之地位，对于无线电学在中国实际情形下之重要问题加以技术上之探讨，然后以研究所得结果贡献国家”⑧。如1939年度无线电研究所主要进

---

① 《国立清华大学无线电研究所工作报告》，见清华大学校史研究室：《清华大学史料选编》，第3卷上册，128～138页。

② 王先冲（1941届）：《清华无线电学研究所历史回顾》，见陈旭：《往事 真情 厚望：清华大学电子工程系建系五十周年纪念文集》，5～6页，内部资料，2002。

③ 清华大学电机系：《清华电机系七十周年系庆纪念集》，49页。

④ 《国立清华大学为扩充研究事业呈教育部文》（1938年9月），见清华大学校史研究室：《清华大学史料选编》，第3卷上册，117页。

⑤ 《历届校务会议、评议会关于经费、校款问题的报告和决议》（1937年12月—1946年4月），见清华大学校史研究室：《清华大学史料选编》，第3卷上册，335～348页。

⑥ 《国立清华大学无线电研究所工作报告》，见清华大学校史研究室：《清华大学史料选编》，第3卷上册，128～138页。

⑦ 《国立清华大学无线电研究所工作报告》，见清华大学校史研究室：《清华大学史料选编》，第3卷上册，128～138页。

⑧ 《国立清华大学无线电研究所工作报告》，见清华大学校史研究室：《清华大学史料选编》，第3卷上册，128～138页。

行了“氧化层阴极之发射”(负责研究者:范绪筠先生)、“汞弧整流器”(负责研究者:叶楷先生(吕保维先生襄助))、“军用无线电通讯器”(负责研究者:张景廉、戴振铎、王天眷诸先生)、“军用秘密无线电话机”(负责研究者:陈芳允生生(任之恭先生指导))、“直线调幅器”(负责研究者:孟昭英先生)、“无线电定向器”(负责研究者:毕德显先生)等研究工作,并取得了重要成果①;同时,无线电研究所还与资源委员会电工器材厂及中央无线电机制造厂、航空委员会空军军官学校、军政部学兵队等机关,在器械设计及制造、军官培训等方面进行了合作②。1941 年度,无线电研究所除上述部分研究工作外,另有“制造真空管机器之实验室模型”、“短波定向”、“氧化铜整流器”等多项研究工作,并继续展开“与资源委员会电工器材厂及中央无线电器材厂合作研究关于真空管制造及无线电器材制造之技术问题”、“与空军军官学校合作研究航空定向与通讯及其他问题”、“与军政部学兵队合作研究无线电通讯问题,并为该队训练电讯人员”等工作③。

1944 年后,无线电研究所“除一部分仍继续以往工作外,在研究题目上略有更改,以适应国外技术的新发展和国内的新需要”④,如“调速电子管超高频振动器之研究”、“新式无线电测位器之实验及试造”、“栅柱对于束射之贡献”、“粉碎铁心之制造”、“轻小铅蓄电池之制造”、“超高频电波产生之新法”、“荧光现象及冷光灯之试造”、“超高频电波产生之新法”等⑤。1945 年无线电学研究所“于本学年度之研究,大部偏重于超短波及微波方面。研究题目可分为两项:(一)磁电管之设计与制造及微波振荡之实验。(二)超短波之强大振荡及辐射特性之实验。前者结果可得十数

① 《国立清华大学无线电研究所工作报告》,见清华大学校史研究室:《清华大学史料选编》,第 3 卷上册,128 ~ 138 页。

② 《国立清华大学无线电研究所工作报告》,见清华大学校史研究室:《清华大学史料选编》,第 3 卷上册,128 ~ 138 页。

③ 《国立清华大学无线电研究所工作报告》,见清华大学校史研究室:《清华大学史料选编》,第 3 卷上册,128 ~ 138 页;清华大学档案,全宗号 X1,目录号 3:3,案卷号 87。

④ 梅贻琦:《抗战期中之清华(四续)》(1944 年 4 月),见清华大学校史研究室:《清华大学史料选编》,第 3 卷上册,40 页。

⑤ 梅贻琦:《抗战期中之清华(四续)》(1944 年 4 月),见清华大学校史研究室:《清华大学史料选编》,第 3 卷上册,40 页。

公分之微波波长，后者结果在一公尺半之波长可得数十瓦特之电力。二者在实际问题上，俱有重要应用”①。

图 4-10　清华大学无线电及金属、农业特种研究所科研人员合影②

抗战时期各地物价暴涨，教师生活异常艰苦，“据报载，到 1943 年下半年，昆明物价为抗战初期的 404 倍。而西南联大教职员薪金则为原薪金的 10.6 倍。西南联大教职员多次向重庆当局呈请按市价发给米贴，按当地物价上涨指数调整薪金，均遭拒绝。”③尽管如此，电机工程学系的教师“都寄希望于战后建设，认为电气铁道、电力系统、冶金工业等都可能发展，在当时资源委员会的资助下，进行了一些研究。1943 年的研究成果有：1）多相交流整流电动机对于增加调整感应电动机之功率因数及速度之应用（章名涛、曹建猷）；2）无线电收发机之测验（马大猷）；3）电压稳定法（马大猷、唐统一）；4）工业用电之调查研究（其一，矿业用电）（陈荫穀）；5）工业用电之调查研究（其三，电化用电）（范崇武）。1944 年度有：（1）中国电气铁道问题（章名涛）；（2）电声仪器（马大猷）；（3）钢铁事业之用电（范崇武）；（4）音频功率放大管（叶楷、张汉、马世雄）。1945 年度有：（1）长距离电线之稳定极限问题（章名涛）；（2）高周率浸料之研究（叶楷）；（3）无线电调频问题（马大猷）；（4）长途输电线避雷装置（范崇武）等”④。

---

① 梅贻琦：《抗战期中之清华（五续）》（1945 年 4 月），见清华大学校史研究室：《清华大学史料选编》，第 3 卷上册，45 页。

② 清华大学校史馆提供。

③ 西南联合大学北京校友会：《国立西南联合大学校史：一九三七至一九四六年的北大、清华、南开》，59 页。

④ 西南联合大学北京校友会：《国立西南联合大学校史：一九三七至一九四六年的北大、清华、南开》，274～275 页。

五、人才培养

清华、北大及南开三校的合组，使学生规模得到扩充，国立长沙临时大学电机工程学系有学生 122 人①。西南联合大学“学生的来源比较复杂，大略可分为三种：(一)七七事变后到长沙临大和西南联大继续学业的原清华、北大和南开三校学生，他们的学籍仍归属原校。……(二)自1938 年度起至 1940 年度，联大招收的新生或转学生。……(三)由教育部分发的或由联大当局自行接收的先修班生、借读生、试读生、旁听生和特别生”②。由于联大初期面试招收了大批新生，且“这一时期，由于政府着重办工科，工学院在校学生人数续有增长”③，如 1938 年 9 月教育部训令，“该校应自廿八年度第一学期起，充分利用原有设备，增设电机、机械各一班，每班至少招收学生四十人，所需俸给、购置、添建一部分教室宿舍及学术研究等项经费，准予每班每年由部增拨一万五千元”④。其中，“电机系每年招收新生人数不等，一般在 40 人左右，最多的 1939 年为 81 人，最少的 1937 年为 22 人。1942 年上学期全系共 139 人”⑤。

西南联大电机工程学系的教学工作非常严格，“学生在一年级，还不算入系，数学和物理的成绩不超过七十分，到二年级时不准入系。在二年级，每个星期至少有一次小考。电工原理、理论力学两门主课都是至少两周考一次，交叉进行。考题不会与习题类同，着重基本概念的灵活运用。……实验课要求更是十分严格，课前要交符合规范的预习报告，实验后，报告必须在一周内交入，迟交扣分，有时甚至给零分。不仅如此，金工实习，钳工、铸工、木工等过不了关就同样不能升级。体育课若一学期缺课八次就不给成绩，即使毕业后也扣发文凭，必须就近找个学校补上体育，经过证明才正式毕业。所以大部分学生都养成了刻苦钻研、严肃认真

① 《国立长沙临时大学学生名录》(1938 年 1 月)，清华大学档案，全宗号 1，目录号 4：6，案卷号 17。

② 清华大学校史编写组：《清华大学校史稿》，315 ~ 316 页，北京，中华书局，1981。

③ 清华大学校史编写组：《清华大学校史稿》，359 页。

④ 《遵令自廿八年度第一学期起增设电机机械各一班》(1938 年 9 月)，清华大学档案，全宗号 X1，目录号 3：2，案卷号 203。

⑤ 西南联合大学北京校友会：《国立西南联合大学校史：一九三七至一九四六年的北大、清华、南开》，275 页。

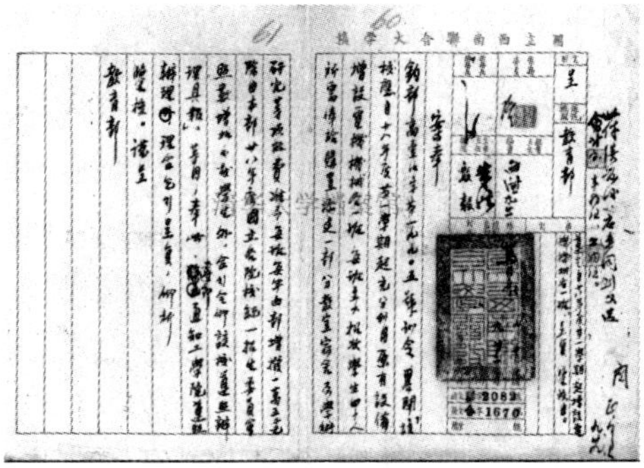

图 4-11　遵教育部令增设电机、机械各一班①

图 4-12　1941 年度西南联大电机工程学系学生名单②

的学习习惯，形成良好的学风”③。这一时期，“电机系被认为是最难的系，学生的淘汰率极高。其结果是入学人数很多，完成学业的却寥寥无几了，当然有不少人是由于种种其他原因中途辍学或转系的”④，如 1938 年电机工程系二年级“第一次通考后就转出大批同学，到毕业时电讯组只剩 5 人，电力组只有 4 人了”⑤。对于当时学生的毕业情况，王先冲后来亦回忆：“联大电机系的淘汰率很高，一是功课的要求很严，二是由于一部分同

① 《遵令自廿八年度第一学期起增设电机机械各一班》（1938 年 9 月），清华大学档案，全宗号 X1，目录号 3：2，案卷号 203（清华大学档案馆提供）。

② 《三十年度西南联大工学院电机工程学系学生名单》，清华大学档案，全宗号 1，目录号 4：6，案卷号 22（清华大学档案馆提供）。

③ 清华大学电机系：《清华电机系七十周年系庆纪念集》，49 页。

④ 清华大学电机系：《清华电机系七十周年系庆纪念集》，49 页。

⑤ 清华大学电机系：《清华电机系七十周年系庆纪念集》，49 页。

学迫于生计而辍学。大一时我们系有93人，四年之后最终只有17个人获得了毕业证。"[①]电机工程学系"1938—1946年共毕业学生188人，其中清华学籍71人，南开学籍21人。毕业学生数常是入学学生数1/2—1/3"[②]。1938年至1946年西南联大电机工程学系在校学生人数、大一学生人数及清华学籍电机工程学系毕业学生人数及变化情况如图4-13所示。自1939年至1945年，西南联大工学院还招收电讯专修科学生共171人[③]。

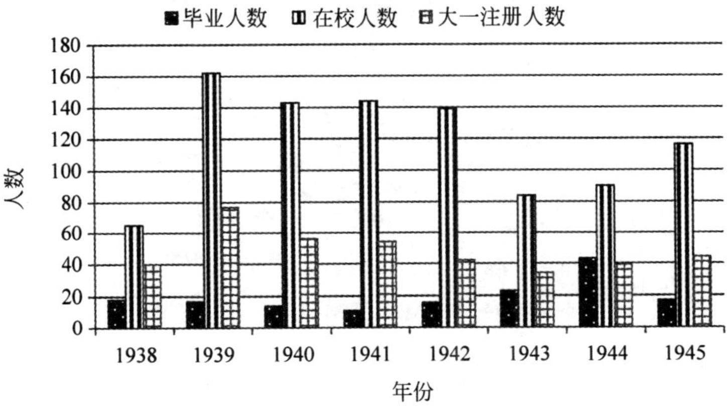

图4-13　1938—1945年西南联大电机工程学系在校人数、大一学生人数及清华学籍电机工程学系毕业人数变化曲线图

（资料来源：清华大学校史研究室：《清华大学史料选编》，第3卷下册，361-411页；王学珍、江长仁、刘文渊：《国立西南联合大学史料》，第1卷，42页；王学珍、江长仁、刘文渊：《国立西南联合大学史料》，第5卷，408-432页，昆明，云南教育出版社，1998；清华大学电机系：《清华电机系七十周年系庆纪念集》，78页）

1939年11月，国立清华大学奉部令开办工科研究所[④]，其中电机工程部设电力工程组和电讯工程组[⑤]。招考科目包括[⑥]：(1)电力工程组，

---

① 王先冲(1945电机)：《1945年我在联大》，载《清华校友通讯》，复51期。

② 西南联合大学北京校友会：《国立西南联合大学校史：一九三七至一九四六年的北大、清华、南开》，275页。

③ 西南联合大学北京校友会：《国立西南联合大学校史：一九三七至一九四六年的北大、清华、南开》，250页。

④ 方惠坚、张思敬：《清华大学志》，上册，315页。

⑤ 《国立西南联合大学校史》，见王学珍、江长仁、刘文渊：《国立西南联合大学史料》，第1卷，11～14页。

⑥ 《清华、北大、南开研究院1939年度招生简章(清华部分)》(1939年夏)，清华大学档案，全宗号X1，目录号3:3，案卷号22。

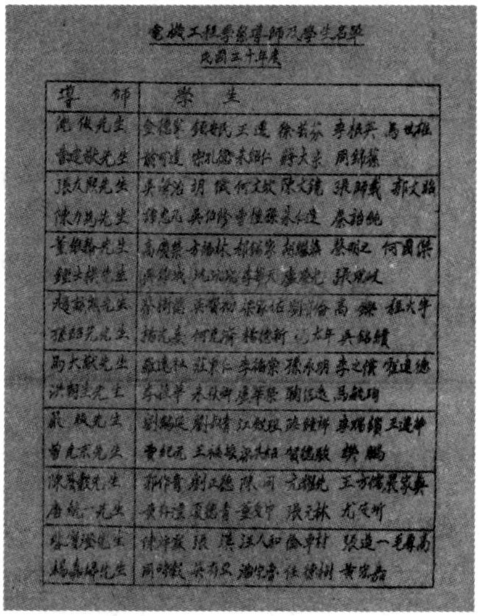

電機工程學系導師及學生名單
民國三十年度

導師	學生

图 4-14　1941 年度电机工程学系导师及学生名单①

a. 国文、b. 英文（作文及翻译）、c. 微积分及微分方程、d. 直流交流电路、e. 交流电机、f. 电力传输；（2）电讯工程组，a. 国文、b. 英文（作文及翻译）、c. 微积分及微分方程、d. 无线电学、e. 电磁学、f. 交流电路与电机。最终电机工程部录取林为干一名新生②。同年，清华大学恢复派遣留美公费生，每次二十名③。考试科目分普通科目和专门科目，其中普通科目包括国文、英文、党义，专门科目则根据各学门有所不同，如“水力发电工程包括微积分、应用力学及材料力学、结构学、水力学及水工设计、水力发电工程”及“无线电学（注重航空定向器）包括微积分、电磁学、无线电学、电工原理、普通物理学”④。后经考试选拔，1941 年无线电学（注重航空定向器）吕保维被录取为第五届留美公费生⑤。同年 4 月，第十三次评议会议

① 《1941 年度电机工程学系导师及学生名单》，清华大学档案，全宗号 X1，目录号 3：2，案卷号 58（清华大学档案馆提供）。

② 《呈梅贻琦，呈报工程研究生录取名单》，清华大学档案，全宗号 X1，目录号 3：3，案卷号 22。

③ 《第二十六次校务会议议案》（1939 年 11 月 2 日），清华大学档案，全宗号 X1，目录号 3：3，案卷号 5：2。

④ 《第五届留美公费生考试科目表》（1940 年 8 月），见清华大学校史研究室：《清华大学史料选编》，第 3 卷上册，225～226 页。

⑤ 《国立清华大学第五届录取留美公费生及考试成绩履历一览表》（1941 年 3 月 15 日），清华大学档案，全宗号 X1，目录号 3：3，案卷号 107。

决第六届留美公费生应即筹备进行[①],但因受国际战事影响,后延期举办。1943 年夏颁布的《国立清华大学考选第六届留美公费生规程》规定,“本校本年考选留美公费生,名额定为二十四名”[②],其中包括电机工程(注重高压输电)一名、无线电学(注重真空管电子学)一名等[③]。考试科目分普通科目和专门科目,其中普通科目包括党义、国文、英文,专门科目中电机工程(注重高压输电)门包括微积分及微分方程、电工原理、交流电路及交流电机、输电及配电工程、电设计,无线电学(注重真空管电子学)门包括微积分及微分方程、电磁学、无线电学、电工原理、普通物理学(包括原子物理)等[④]。次年 8 月,录取电机工程(注重高压输电)曹建猷和无线电学(注重真空管电子学)洪朝生等第六届留美公费生[⑤]。

抗战时期,尽管时局动荡、条件艰苦,但电机系师生仍秉持认真严格的教学态度及刻苦学习的精神,造就了一大批优秀人才,在国内外教育、实业等领域做出了重要贡献。如,后来成为中国科学院院士的有吕保维(1939 年毕业)、常迥(1940 年毕业)、林为干(1939 年毕业)、黄宏嘉(1944 年毕业)、王守觉(1942. 10—12 电专)、吴全德(1947 年毕业),中国工程院院士有陈力为(1940 年毕业)、吴佑寿(1948 年毕业)[⑥];此外,还有不少成为知名专家、研究员、大学教授及国家各部委、厂矿负责人[⑦],如唐统一、马世雄、宗孔德、黄宏嘉、王先冲、童诗白、朱成功、周体健、李传信等任教于高校,恽肇文、洪朝生、吕保维、南德恒、宣受之、胡思益等任职科研机构,等等[⑧]。

---

① 《第十三次评议会关于第六届留美公费生考试的议决事项》(1941 年 4 月 10 日),见清华大学校史研究室:《清华大学史料选编》,第 3 卷上册,238 页。

② 《国立清华大学考选第六届留美公费生规程》(1943 年夏),见清华大学校史研究室:《清华大学史料选编》,第 3 卷上册,240 ~ 241 页。

③ 《国立清华大学考选第六届留美公费生规程》(1943 年夏),见清华大学校史研究室:《清华大学史料选编》,第 3 卷上册,240 ~ 241 页。

④ 《国立清华大学考选第六届留美公费生规程》(1943 年夏),见清华大学校史研究室:《清华大学史料选编》,第 3 卷上册,244 ~ 246 页。

⑤ 《第六届考取留美公费生一览表》(1944 年 8 月),清华大学档案,全宗号 X1,目录号 3:3,案卷号 108。

⑥ 《两院院士中的西南联大师生》,载《校友文稿资料选编》,第 12 辑。

⑦ 清华大学电机系:《清华电机系七十周年系庆纪念集》,50 页。

⑧ 西南联合大学北京校友会:《国立西南联合大学校史:一九三七至一九四六年的北大、清华、南开》,281 ~ 283 页。

图 4-15　1939 级电机系高班学生与老师合影

（前排为教师，左起：孙绍先、钟士模、严畯、赵友民、章名涛、范崇武、孟昭英）①

图 4-16　1944 年电机系学生合影②

六、爱国运动

随着日本帝国主义的步步进攻，中华民族的灾难日益深重，电机系的师生纷纷投身于爱国运动之中，积极参加游行集会、演出宣传等各类抗日救亡的社会活动，如“纪毓秀烈士，清华大学学生运动领袖之一，后来一直在晋东南参加抗日斗争，直到 1939 年 10 月 6 日牺牲在工作岗位上”③。七七事变爆发后，国立清华大学被迫南迁至长沙，后来又转迁昆明。“在临大期间和迁滇过程中，又有许多学生离校，或者到了陕北，或者辍学回

① 黄延复：《图说老清华》，300 页。

② 《清华大学电机工程与应用电子技术系》，http://www.eea.tsinghua.edu.cn/publish/eea/1362/index.html，检索日期：2012-05-11。

③ 清华大学电机系：《清华电机系七十周年系庆纪念集》，50 页。

乡,或者上了前线"[①]。另外,电机系还有不少学生参加了军校或部队,如"1938 年春,清华工学院电机、机械系三、四年级共二十八人参加了国民党陆军交辎学校受训,受训后赴各地工作"[②]。其中,电机工程学系加入装甲兵团的学生有四年级黄世铣、郑新惠,三年级李安宇、苏有威、欧阳超、祁连生、唐士坚、陈乃能、林士骧、刘塽、傅孟蘧[③]。

抗战期间,"联大电机系还尽可能加强与生产部门的联系。学生在三年级暑期安排了生产实习。电机系与昆明电工厂、昆明无线电器材厂、昆湖电厂、耀龙电力公司、昆明广播电台、昆明电信局等单位都保持着良好的关系"[④]。如"1938 年 9 月,电台筹备之初,西南联大、昆明广播电台便就电机系学生到电台实习或服务等事宜,进行了正式联系。1939 年 7 月 4 日,电台筹备处致函西南联大,称其拟添聘技术人员四五人,'以电机系或物理系本届毕业生为限',希望'应征者须擅长数理,富有进取研究精神,如能兼擅国语者尤佳'。西南联大遂由理学院院长吴有训、工学院院长施嘉炀,分别推荐物理系贾士吉等 2 名、电机系曾克京等 6 名学生前往应聘。经过面试,电台录取了陈希尧、林为干、贾士吉、曾克京 4 人。8 月,贾、陈、林 3 人先后到职,其中贾士吉一直在电台最重要的部门增音室工作,最后综管该室技术,直到抗战胜利。1940 年 5 月,昆明广播电台开始试播音后,西南联大又介绍了电机系周崇经、胡永春,电讯专修科陆志新、刘植荃等毕业生到电台服务。其后,齐植梁、何文蛟、雷琼芳、张允林等亦被录用。抗战时期,昆明经常受到日本飞机骚扰,供电时常切断,设备亦屡出故障,加上电讯器材紧缺,致使播音经常中断,因此需要大批高素质的技术人才。西南联大既有技术知识,又占地利之便,很快成为电台的依靠对象。进入电台的有些同学,长期在增音室、机房等要害部门值班,即使在敌机大轰炸、供电出现障碍的紧急时刻,也坚守在各自的岗位上"[⑤]。

1943 年秋,西南联大"遵照教育部高字第五一〇八一号训令,指定四年级男生于第一学期期考完毕后,一律前往翻译人员训练班受训"及"四

---

① 清华大学校史编写组:《清华大学校史稿》,292 页。

② 清华大学校史编写组:《清华大学校史稿》,292 页。

③ 《国立清华大学机电系三、四年级加入装甲兵团名单》(1938 年春),清华大学档案,全宗号 X1,目录号 3:3,案卷号 30。

④ 清华大学电机系:《清华电机系七十周年系庆纪念集》,49 页。

⑤ 闻黎明:《抗日战争与中国知识分子:西南联大的抗战轨迹》,213～214 页,北京,社会科学文献出版社,2009。

年级女生及男生因体格孱弱往训练班检查不能合格者，得留校继续肄业，于肄业期满后仍照兵役法服务”[①]。当时西南联大学生有400余人志愿应征，其中不乏电机系学生。电机系学生除根据学校要求担任翻译外，还参加了远征军、青年军等。如，“中国远征军新一军军长孙立人（清华校友），还直接向联大负责人要工学院土木、机械、电机系的学生到他的部队去”[②]。在1946年5月4日联大复员时所立的纪念碑背面，刻有当年投笔从戎的800多名学生的名字，其中就有电机系高铄、夏德清、李瑞镔、刘育伦、汪人和、陈沛霖、何克济、严家彝、毛厚高、张华荣、刘正德、朱秋卿、吴存亚、庄秉仁、黄宏嘉、张道一、冯太年、程大宇、周时谷、潘守鲁、杨光熹、伦卓材、朱绍仁、宗孔德、梁家佑、吴铭绩、费纪元、蒋大宗、李桂华、何国杰、吴宝初、王遵华、蔡树德；电讯专修科徐骥、刘瑜、周国梁、徐钫、曹赐钦等[③]。

---

① 《西南联大学生征调充任译员办法》（1943年秋），见清华大学校史研究室：《清华大学史料选编》，第3卷下册，412页。

② 《联大同学的三次从军热潮》，http://edu.people.com.cn/GB/44091/3679610.html，2005-09-08/2012-08-23。

③ 《国立西南联合大学毕业生名录》（1938级—1946级），见清华大学校史研究室：《清华大学史料选编》，第3卷下册，496～498页；《国立西南联合大学抗战以来从军学生题名》，见清华大学校史研究室：《清华大学史料选编》，第3卷下册，419～423页。

5

复员时期国立清华大学电机工程学系的恢复

1945 年 8 月抗日战争取得胜利，翌年 5 月 4 日，梅贻琦在昆明宣布西南联大结束，清华、北大、南开三校分别复员。这一时期，电机工程学系及电机工程研究所的教学、科研等工作逐步得到恢复，但由于抗战期间遭受严重损失，加之全面内战爆发，使其勉强维持，各项建设进展缓慢。

一、师资队伍

据梅贻琦所言，电机工程学系复员之初“教授随校由昆返平者仅二人，在国内外邀请各教授中，已于上学期到校者二人，下学期到校者二人，另请兼任者二人，教员助教共十一人，故目前所开学程，应付较为裕如。但因本系学生本年人数激增，下学年须增开班次，刻正分别敦请国内外知名学者充任教授，已有良好之收获”①。1947 年初国立清华大学电机工程学系教职员名录见表 5-1。

表 5-1　国立清华大学电机工程学系教职员名录(1947 年 1 月 28 日)

教授兼主任	叶　楷			
教授	章名涛(请假)	范崇武(未到校)	钱钟韩(未到校)	李郁荣(未到校)
	朱兰成(未到校)	黄　眉	陈宗善(未到校)	
副教授	杨津基			
兼任教授	马大猷	胡　筠		
专任讲师	唐统一			
教员	罗远祉			

① 《复员后之清华(续)》(1947 年 4 月)，见清华大学校史研究室:《清华大学史料选编》，第 4 卷，58 页，北京，清华大学出版社，1994。

续表

助教	张　汉	李华天	陆谊明	丁寿永
	杨幼聪	金德宁	王先冲	马世雄
	童诗白			
助理	胡原凌			
练习生	张瑞祥			
书记	张年英			

(资料来源:《国立清华大学教职员名录》(1947 年 1 月 28 日),见清华大学校史研究室:《清华大学史料选编》,第 4 卷,423 ~ 424 页)

复员时期因施嘉炀请假,土木工程学系主任陶葆楷代理工学院院长(1946 年 8 月至 1948 年 7 月),他任职期间非常注重师资聘请。即如他所言:“作为学院的领导,我认为发展工学院,首要任务是聘请知名的教授。当时章名涛先生已离开西南联大,在上海电车公司担任总工程师。考虑到在昆明时,电机系主任经常更动,我想一定要等章先生再回清华,我三次拜访章先生,请他回来,最后得到他的同意,回校担任电机系主任。”①这一时期电机工程学系“还聘任范崇武、钱钟韩、李郁荣、朱兰成、陈宗善五位教授,但只有范崇武 1947 年 9 月回系工作,兼任教授还有马大猷、胡筠;在西南联大时期去美国或英国留学,这一时期先后从国外回来,担任副教授的有钟士模、常迥和孙绍先,不久先后升为教授;专任讲师有唐统一;此外,在电机系先后担任过教师的还有:罗远祉、张汉、李华天、陆谊明、宗孔德、丁寿永、杨幼聪、金德宁、王先冲、马世雄、童诗白、王遵华、郭润生、黄敞、郑维敏、陈汤铭、孙昌僖、曹恺孙、郭以述等人”②。至 1948 年底,电机系共有教授、副教授 8 人,专任讲师 1 人,教员、助教 14 人,职员 4 人③。

对于当时电机工程学系师资的具体情况,据王先冲(1941 届)回忆:“46 年刚回北京时,当时整个清华有 1300 学生,其中电机系有 300 学生,整个清华有 400 教师。马大猷先生从西南联大回京后,就到北大去了,负

① 陶葆楷:《教育工作六十年》,见清华大学建筑技术科学系:《土木工程馆的风云变迁》,30 页,北京,清华大学出版社,2009。

② 清华大学电机系:《清华电机系七十周年系庆纪念集》,50 页。

③ 清华大学电机系:《清华电机系七十周年系庆纪念集》,50 页。

责筹建北大工学院。当时我们是准备要他回清华的，清华电机系很出乎意料，因为日本投降后，章名涛就去上海接管公司了，所以就没有人了。章名涛走了，马大猷走了。一个电讯组，一个电力组的两个主要骨干都走了，所以剩下的人很少。当时还有陈英武、展宝成是南开来的，后来又回南开了。电机系就剩下叶楷，还有范崇武，后来清华校友黄眉到电机系来了，做电机系系主任，叶楷后来到美国去了。47 年底至 48 年初就逐渐好起来了，常迥、钟士模等人从美国回到清华。”①陆家和也回忆：“47—49 年在电机工程系（电讯组）读书时，唐统一先生教直流电机，钟士模先生教交流电机和瞬变分析，常迥先生教应用电子学、无线电原理、电讯网络、电波学等课，并指导专题综述。那时常先生刚从美国 MIT 回来，立刻投入繁重的教学工作中。我所学的电讯专业课几乎都是他一人教的。”②

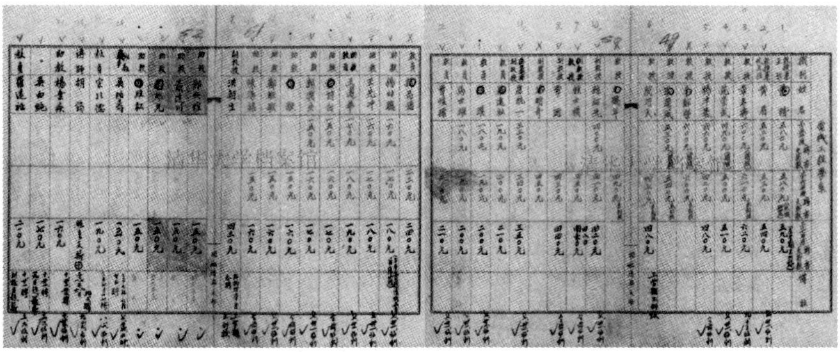

图 5-1 电机工程学系 1946—1948 年度聘书支薪数③

当时清华电机系的教师多从海外留学或进修归来，为学生带来了新的理念，如姜昌（1949 届）回忆：“电讯组新教授中，首先要提到的是常迥先生，他在美国哈佛大学取得博士学位，他带回来的是雷达技术思想。我喜欢追求新事物，在常先生影响下才将学电机的兴趣转向学电信。常先

① 王先冲（1941 届）：清华无线电学研究所历史回顾，见陈旭：《往事 真情 厚望：清华大学电子工程系建系五十周年纪念文集》，5～6 页。

② 《情系清华：清华电机系 50 · 51 级毕业五十周年纪念集》，37 页。

③ 《电机工程学系 1946—1948 年度聘书支薪数》，清华大学档案，全宗号 1，目录号 4：5，案卷号 4（清华大学档案馆提供）。

生除讲授电子线路的振荡、放大、变频和调制解调外，还介绍了传输线、微波、波导、定向天线等新技术。”①

二、课程设置

1947年度第一学期电机工程学系开设学程数目约20余门②。由于电机工程学系“现行学程，大致系参照数年前之部定学程，及考虑抗战中之特殊情形而拟。今抗战胜利结束，而科学进步日新月异，旧学程亟有修订之必要。本系于开学以来，积极收集参考资料，商讨改订，今已重拟学程表一份，不久将由教务处公布。自下学年起实行”③，且“自本年度下学期起，添授对称分量等二学程，予学生以选习机会，并计划于将来增开选修学程，以为加设研究院之准备”④。同时，“几位新回国的教师，了解美国教育的新趋势，带回反映当时科学技术方面的新成就，开出了一批新课，其中有不少专业性较强的选修课，如‘电工数学’、‘对称分量’、‘电子学及其实验’、‘电工材料’、‘高压工程’、‘开关设备’、‘汞弧整流器’等，教学水平有了不少提高”⑤。1947年电机工程学系必修及选修学程分别如表5-2和表5-3所示。此外，电机工程学系“为唤起学生们对于学术研究之兴趣，及明了目前国内外各种有关电机工程之进展情形起见，特于去岁十二月起，恢复学术演讲，分普通及系统演讲两种，于每星期举行一次，轮流请各教授及校外知名学者讲演”⑥。

---

① 姜昌（1949届）：《1946—1949清华电机系电讯组往事纪实》，见陈旭：《往事 真情 厚望：清华大学电子工程系建系五十周年纪念文集》，8页。

② 《三十六年度上学期各学系开设学程数目统计》，清华大学档案，全宗号1，目录号4:2，案卷号82。

③ 《复员后之清华（续）》（1947年4月），见清华大学校史研究室：《清华大学史料选编》，第4卷，58页。

④ 《复员后之清华（续）》（1947年4月），见清华大学校史研究室：《清华大学史料选编》，第4卷，58页。

⑤ 清华大学电机系：《清华电机系七十周年系庆纪念集》，50页。

⑥ 《复员后之清华（续）》（1947年4月），见清华大学校史研究室：《清华大学史料选编》，第4卷，58页。

表 5-2　1947 年国立清华大学电机工程学系必修学程一览

第一年级

学程号数	学程名称	每周时数					学分	先修学程
		学期	演讲	讨论	实验次数	每次实验次数		
中 101	国文	上	3				3	
外 101	英文壹	上	5				3	
物 101	普通物理学	上	3	1	1	3	4	
数 103	微积分	上	4				4	
机 101	画法几何	上	2		1	3	2	
机 115	金工实习壹	上	1		1	3	$1\frac{1}{2}$	
经 103	经济简要	上	2				2	
	三民主义	上						
	体育	上	2					
中 102	国文	下	3				3	中 101
外 102	英文壹	下	5				3	外 101
物 102	普通物理学	下	3	1	1	3	4	物 101
数 104	微积分	下	4				4	
机 102	工程画	下	2		1	4	3	
机 116	金工实习贰	下	1		1	3	$1\frac{1}{2}$	机 115
经 104	经济简要	下	2				2	经 103
	三民主义	下						
	体育	下	2					

第二年级

学程号数	学程名称	每周时数					学分	先修学程
		学期	演讲	讨论	实验次数	每次实验时数		
电 101	电工原理	上	6				6	物 104，数 104
机 103	机械工程画	上	1		1	4	3	机 101，机 102
机 121	应用力学	上	5				4	物 104，数 104
数 121	微分方程	上	3		1	3	4	
化 103	普通化学	上	3		1	3	4	
土 113	测量	上	2		1	3	2	
	伦理学	上						
	体育	上	2					
电 102	交流电路	下	3				3	电 101，数 121

续表

第二年级

学程号数	学程名称	每周时数					学分	先修学程
		学期	演讲	讨论	实验次数	每次实验时数		
电 111	电磁测量	下			1	3	$1\frac{1}{2}$	电 101
机 122	材料力学	下	5				4	机 121
机 131	机动学壹	下	3		1	3	3	物 104，数 104
化 104	普通化学	下	3		1	3	4	化 103
机 143	热工学壹	下	4				3	物 102①，数 104①
土 151	水力学	下	3	1			3	机 121①
机 142	热机学	下	3				3	物 102②，数 104②
电 161	电报电话壹	下	3				3	电 102②
	伦理学	下						
	体育	下	2					

第三年级

学程号数	学程名称	每周时数					学分	先修学程
		学期	演讲	讨论	实验次数	每次实验时数		
电 103	直流电机	上	4				4	电 102
电 109	实用电子学壹	上	3				3	电 102
土 125	工程材料学	上	3		1	3	3	化 103，机 122
机 144	热工学贰	上	4				3	机 143①
土 152	水力实验	上	1		1	3	$1\frac{1}{2}$	土 151①
电 162	电报电话贰	上	3				3	电 161②
数 133	高等微积分	上	3				3	数 104②，数 121②
电 171	电报电话实验	上			1	3	$1\frac{1}{2}$	电 161②
	选修	上	3				3	
	体育	上	2					
电 104	交流电机壹	下	4				4	电 103
电 110	实用电子学贰	下	3				3	电 109
电 113	直流电机实验	下			1	3	2	电 103
电 119	电子学实验		下		1	3	$1\frac{1}{2}$	电 109
机 145	热工学叁	下	3				3	机 144①
机 172	热工实验壹	下			1	3	2	机 144①
电 121	配电工程	下	3				3	电 103①
数 134	高等微积分	下	3				3	数 133②
电 163	电讯网络	下	3				3	电 102②
	选修	下	3				3	②
	体育	下	2					

续表

第四年级								
学程号数	学程名称	每周时数					学分	先修学程
		学期	演讲	讨论	实验次数	每次实验时数		
电 105	交流电机贰	上	4				4	电 104
电 114	交流电路实验	上			1	3	2	电 104
电 122	电力传输	上	3				3	电 121③
电 125	电机设计壹	上	2		1	3	3	电 104③
电 129	发电厂	上	4				3	电 104③
	选修	上	3				3	③
电 165	无线电原理壹	上	3				3	电 110④,电 163④
电 175	无线电实验壹	上			1	3	$1\frac{1}{2}$	电 110④,电 163④
	选修	上	6					
	体育	上	2					
电 115	交流电机实验	下			1	3	2	电 105
电 126	电机设计贰	下	2		1	3	3	电 125③
电 130	发电厂设计	下	3				3	电 129③
	选修	下	9				9	③
电 166	无线电原理贰	下	3				3	电 165④
电 167	电波学	下	3				3	电 165④
电 176	无线电实验贰	下			1	3	$1\frac{1}{2}$	电 175④
	选修	下	9					
	体育	下	2					

注:①电力组必修;②电讯组必修;③电力组;④电讯组。

(资料来源:《工学院电机工程学系必修学程一览》,见清华大学校史研究室:《清华大学史料选编》,第 4 卷,370 ~ 373 页)

表 5-3　1947 年电机工程学系选修学程一览

第三年级								
学程号数	学程名称	每周时数					学分	先修学程
		学期	演讲	讨论	实验次数	每次实验时数		
电 141	电工数学	上	3				3	数 121
电 142	电工数学	下	3				3	数 121
电 143	电焊学	上	3				3	电 102
电 144	电报学	下	3				3	电 103

续表

第三年级

学程号数	学程名称	每周时数					学分	先修学程
		学期	演讲	讨论	实验次数	每次实验时数		
电 150	对称分量	下	3				3	电
电 181	无线电大意	上	3				3	电 102
电 189	电话工程	下	3				3	电 162

第四年级

学程号数	学程名称	每周时数					学分	先修学程
		学期	演讲	讨论	实验次数	每次实验时数		
电 145	开关设备	上	3				3	电 104，电 121
电 146	汞弧整流器	下	3				3	电 104，电 121
电 147	电工材料	下	3				3	电 104
电 148	高压工程	下	3				3	电 104
电 182	无线电设计	下	2		1	3	3	电 165，电 181
电 183	超短波壹	上	3				3	电 110，电 163
电 184	超短波贰	下	3				3	电 183
电 187	应用声学壹	上	3				3	电 163，电 110
电 188	应用声学贰	下	3				3	电 187
电 190	电讯网络理论	上	3				3	电 163
电 191	超短波实验	下			1	3	$1\frac{1}{2}$	电 183

（资料来源：《工学院电机工程学系选修学程一览》，见清华大学校史研究室：《清华大学史料选编》，第 4 卷，374 页）

可以看出，复员时期国立清华大学电机工程学系“课程编制与教学制度、教学作风，基本上是承袭战前清华的一套，变更不大”①，即实施“通识教育”。学生在第一年级主要学习基础课程，第二年级后开始专业课学习。其中，“不仅在一年级的部分基础课由文、理学院的名师讲授，如李广田教授讲授国文，李相崇、徐钖良教授讲授英文，施惠同教授讲授微积分，钱三强、王竹溪、霍秉权、余瑞璜、孟昭英教授讲授普通物理，张青莲讲授化学，等等；还能听到文、法学院中的一些名教授的演说或读到他们发表的文章，例如中文系朱自清教授，历史系吴晗教授，哲学系冯友兰、金岳霖教授，政治系张奚若教授，法学院陈岱孙教授，社会系潘光旦、费孝通教授

① 清华大学校史编写组：《清华大学校史稿》，436 页。

等,都是大家所敬爱并乐于听到其教导的名师。……一年级的工程方面的基础课是由工学院的名师教授,如褚士荃、董树屏教授讲授画法几何、工程画。当时工学院一年级还有一门必修课叫经济学简要,是由戴世光教授、朱声绂老师讲授的。……大二学习电工原理、应用力学和材料力学,开始进入专业基础课的学习。……51 届这两门课都是孙绍先教授讲的,一在解放前,一在解放后,跨越了两个社会,师生关系也有了变化。……讲专业课的老师还有:唐统一(直流电机)、常迵(实用电子学、无线电原理)、闵乃大(电讯网络)、胡筠(电报与电话)、黄眉(发电厂)、杨津基(输电工程)、孟昭英(电波与天线)及钟士模(瞬变分析)等教授。接受这些名师和泰斗的言传身教,受益之深非言语所能表达。"①

在当时,"电机系是全清华功课最忙的一系。第一年所学的功课,与工学院他系差不多;第二年正式学到本系基本功课;三四年级本系功课增加。电机系的实验也最令人头痛,很多时间花在写报告上,尤其外系选修的学生,特别感到报告的厌烦。"②1946 至 1949 年度电机工程学系开设课程门数如图 5-2 所示。对于这一时期工程教育所存在的问题,有学者曾提出:"在学校里,大家每天被压在繁重的功课负担下喘不过气来。微积分,普通物理,应用力学,测量实习,电工原理,水力学,结构学,热工,金工,木工……几十个 Courses 挤在四年里一定要修完,结果弄得一学期二十个学分,手忙脚乱地应付着像车轮战一样逼上来的考试、报告和实习。一个夜车开到深宵、寒重的时分。清早爬起来赶快就要去对付周期性的小考,不幸领到上次的成绩全是二十、三十,于是没精打彩地听完了两堂演讲,下午又必须为了一个电工习题在斗室里头痛到日落西山。人家在愉快地开着夕阳草地会来恢复疲劳的时候,还不能不抖起精神来赶完一张工程制图。宿舍里十点钟就灭了灯,只好拖着丁字尺去借饭厅的灯光,又是一个三更夜车。就在梦里也在担心着考试的分数。第二天疲惫得爬不起来,只好涮了一堂功课。就是这样累得连去读报的时间也没有,更谈不到广泛的社会科学知识的学习。好容易三年半过去了,出路问

---

① 《情系清华:清华电机系 50 · 51 级毕业五十周年纪念集》,40 ~ 42 页。

② 《XTHE 清华广播电台——电机工程学系》,见清华大学校史研究室:《清华大学史料选编》,第 4 卷,211 页。

题马上像阴云一样沉闷地压在心上。”①

“针对国民党政府企图用繁重的功课负担来压抑学生运动的方针，进步学生曾反对过课程负担过重，提出过‘改善不合理的教育制度’的要求。当时工学院学生指出：‘工学院不是训练一批批死板的工程机器和肺痨的制造所，而是教育出一个真正懂得建设，懂得做人，懂得自己和人生的完善的青年’。在上述几方面因素推动下，工学院曾一度组织过‘课程调整委员会’，对四年制课程考虑作某些局部调整，并试图进行五年制的课程研究，但无结果。各系课程之‘改订’并未认真进行，原有课程的基本体系均未改动，只是就师资状况及学科发展状况，对某些课程做了少许调整。……电机系较战前增加了电子学及其实验，另外增开了一些选修课，如开关设备、电工材料、高压工程、电工数学、对称分量，汞弧整流器等等。但多是因人而设，漫无系统，有些只是拼凑出来的，质量不高。”②

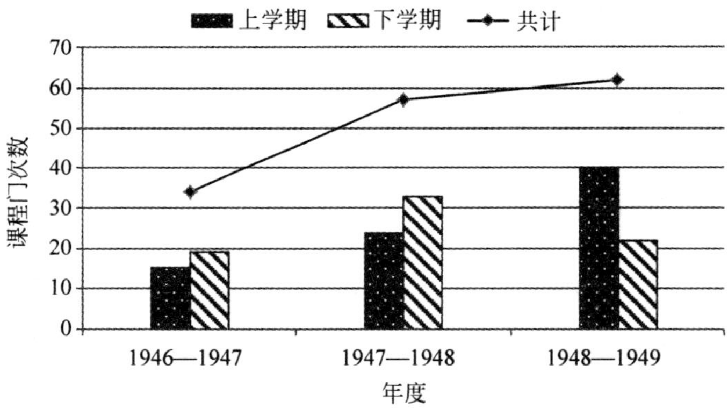

图 5-2　复员时期国立清华大学电机工程学系开设课程门次数分布图

（资料来源：方惠坚、张思敬：《清华大学志》，上册，141 页。

注：清华大学于 1948 年 12 月 15 日解放，1948—1949 学年度跨越至解放初期）

三、科研设备

抗战时期，清华园被日军侵占达八年之久，先是驻扎军队，后又改成伤兵医院，使学校遭受了严重破坏。在此期间，电机馆等虽然外观依旧，

---

① 晓宋：《严重的工程教育问题》（1948 年 5 月 28 日），见清华大学校史研究室：《清华大学史料选编》，第 4 卷，218～219 页。

② 清华大学校史编写组：《清华大学校史稿》，453～454 页。

但内部多半已空无一物。据当时外文系美籍教授温德日记中所写："(1937年10月4日，星期一)木下少尉在一个名叫中安的宪兵和大约20名士兵的陪同下，搜查了电机工程系、航空实验室、科学馆、化学系馆和图书馆。他们拿走了电机工程馆和科学馆的钥匙。其他很多东西被士兵们攫走了，他们没有立一张收据。电机工程馆的两个工人挨了宪兵的打"①；"在1942年4月27日出版的《清华校友通讯》中，有这样一条报道介绍校内设施的损毁情况：'图书馆……其他中西典籍，于去年秋扫数移至伪北京大学，于是插架琳琅之书库，已告一空矣。……工学院全部机器被运去南口修理厂，专攻敌人修械之用。……'由此可见，日军对清华园里的建筑物都挪作他用了，完全改变了清华的本来面貌。"②根据1943年9月进行的北平学校损失核定，国立清华大学电机工程学系教学设备400000国币(80% 320000国币)，建筑物价值300000国币(现修理费北平估价)，无线电研究所15000美金(合国币50000)③。

图5-3　电机馆内仅机座尚存④

---

① 闻黎明：《抗日战争与中国知识分子：西南联合大学的抗战轨迹》，18页。

② 清华大学建筑技术科学系：《土木工程馆的风云变迁》，23页。

③ 《清华大学战时损失统计表(北平)》(1943年10月19日呈部)，清华大学档案，全宗号X1，目录号3:3，案卷号9。

④ 黄延复、贾金悦：《清华园风物志》，224页，北京，清华大学出版社，2001。

由于抗战期间电机系的设备遭受了严重损失，加之国立清华大学在昆明的仪器未能全部迁回，致使基础设施严重不足。如抗战胜利后，联大电讯专修科移交云南大学接办，并将工学院部分图书仪器物件留赠，以利其教学，同时“将电机组及天平与其他可拆卸部件转运到四川大学，再转运到北京航空学院”①。针对此种情形，1946 年 5 月施嘉炀曾致信梅贻琦校长，要求添设工学院设备以供复员后教学科研之需，“抗战以来工学院各系设备沦于敌者三分之二，其运昆应用者历兹八年亦皆陈旧与损坏，不堪再用。顷者，复员伊迩，各系同人均切盼教学与研究之设备能重行购置，以适应此后扩展之需要，俾各系能于最短期内收复员之实效。兹谨拟就工学院复员设备预算表一份，敬乞察核，设法筹划，至深感幸。”②其中电机工程学系设备预算见表 5-4。不久梅贻琦即批复：“1. 将所需尽量开与教部；2. 将来教部不能代购者，再由校设法自购；3. 电表、天平之类可以自购若干备用；4. 向外国订货时宜自向公司函订，将订单一份留校，再以一份寄华美社请其查照付款。”③

表 5-4 国立清华大学电机系扩充设备预算表（1946 年 4 月拟）

	美金	国币
1. 电机实验	20000	20000000
2. 电机制造	10000	
3. 电测实验	8000	
4. 电报电话	5000	
5. 无线电	8000	
6. 高压研究室	10000	
7. 超短波研究室	5000	
8. 电子学研究室	5000	
9. 其他设备	4000	
合计	75000	20000000

（资料来源：施嘉炀关于工学院扩充设备预算给梅贻琦的信函（1946 年 5 月 16 日），清华大学档案，全宗号 1，目录号 4:2，案卷号 202）

① 《中国空气动力学发展史》编辑委员会：《建国前中国空气动力学的发展》，载《中国科技史料》，1987 年第 8 卷第 2 期。

② 《施嘉炀关于工学院扩充设备预算给梅校长信》（1946 年 5 月 16 日），清华大学档案，全宗号 1，目录号 4:2，案卷号 202。

③ 《施嘉炀关于工学院扩充设备预算给梅贻琦的信函》（1946 年 5 月 16 日），清华大学档案，全宗号 1，目录号 4:2，案卷号 202。

复员后，清华大学电机工程学系“之中心工作，即为积极布置各种实验，以便恢复各学程之实验，并力图其内容之充实。但由昆明北运之仪器图书，除一部分急运者外，余均滞留沪汉等地，故开学之日，一切仪器设备，皆不足以应付实验。为应急之计，一方面派员多方探听在市上搜购廉价之日货仪器，一方面利用原有材料，积极改制适用之仪器；并将各种实验之讲义，重行编写，以配合近年来各方面之进步”①。1947 年 1 月，校评议会议决“除可希望联合国救济总署及其他方面补助者外，于三十六、七年度，以美金一百万元作添置各学院图书及教学设备之用。此款之支用，第一年60%，第二年 40%”②，其中理、工、农三学院仪器费 44%、图书费 20%③，该年度电机工程学系获拨图书设备特款 29000 美元④。尔后，梅贻琦在《复员后之清华》中再次指出，学校馆舍设备“所幸经同人多方努力，临时稍稍添置，加以自昆明运回之一批仪器，普通教学实验，免敷应用，但为树立教学基础，为提倡学术研究，则各系之设备，有待大量补充……在政策方面，则于计划训练大量青年之外，尤应注意于学术研究之提倡。”⑤在复员后的两年内，电机工程学系“主要是集中力量恢复被破坏的实验室，先后运回了迁往昆明的实验设备，也添置了少量的新设备，逐步恢复了电机馆一楼的直流电机实验室和交流电机实验室，但设备数量仅相当于战前的一半；也恢复了高压实验室。在电机馆三楼新建了电报电话实验室，有一套自动电话系统；战前的电机制造实验室和真空管制造实验室也无法恢复了。系图书室也在系馆二楼按原样恢复。这样就应付了教学的需要。”⑥据统计，复员后电机工程学系实验室实习工厂学生实习人数较战

---

① 《复员后之清华(续)》(1947 年 4 月)，见清华大学校史研究室:《清华大学史料选编》，第 4 卷，57 ~ 58 页。

② 《国立清华大学评议会纪录(摘编)》，见清华大学校史研究室:《清华大学史料选编》，第 4 卷，9 页。

③ 《国立清华大学评议会纪录(摘编)》，见清华大学校史研究室:《清华大学史料选编》，第 4 卷，10 页。

④ 《本校卅年度图书设备特款支配表》，清华大学档案，全宗号 1，目录号 4:2，案卷号 149。

⑤ 梅贻琦:《复员后之清华》(1947 年 3 月)，见清华大学校史研究室:《清华大学史料选编》，第 4 卷，31 ~ 34 页。

⑥ 清华大学电机系:《清华电机系七十周年系庆纪念集》，50 页。

前有了较大增长,如直流电实验室每周实习人数战前 8 人,复员后达 300 人;交流电实验室每周实习人数战前 80 人,复员后达 300 人;无线电实验室每周实习人数战前 20 人,复员后达 60 人;电报电话实验室每周实习人数战前 20 人,复员后达 60 人;电机制造室每周实习人数战前 20 人,复员后达 60 人;高压实验室每周实习人数复员后达 60 人①。

复员后,国立清华大学还设立了电机工程研究所,叶楷任主任。1946 年度第一学期电机工程研究所获批经费 1100 万元②;1947 年度电机工程研究所获批设备费 700 万元③;1948 年度上半年,教育部除追加设备补助费外,还拨付机电工程师训练费 160 万元④。但由于受时局、经费等因素所限,复员后电机工程研究所未招收学生⑤。1948 年 4 月 24 日,“电机工程学系兹为试验研究起见,经在该系装置试验用之电台壹座,刻已装置竣事。兹定于五月二日庆祝本校校庆日上午十时至十二时、下午二时至五时试用 14040 千周开始向全国各地播送本校校长演词及音乐节目。”⑥

四、人才培养

抗战结束后,西南联大自愿入国立清华大学电机工程学系的学生共计 102 人,其中包括一年级 44 人,二年级 32 人,三年级 26 人⑦。1946 年暑假国立清华大学恢复全国招生,电机工程学系等入学考试课程包括

---

① 《国立清华大学各院系实验室实习工厂战前与复员后学生实习人数与技工人数比较表》,清华大学档案,全宗号 1,目录号 4:2,案卷号 144。

② 《国立清华大学三十五年度第一学期研究所概况简表》(三十六年一月八日编制),清华大学档案,全宗号 1,目录号 4:2,案卷号 81。

③ 《国立清华大学研究所设备补助费预算分配表》(1947 年 9 月 4 日),清华大学档案,全宗号 1,目录号 4:2,案卷号 156。

④ 《第十七评议会》,见清华大学校史研究室:《清华大学史料选编》,第 4 卷,22 页。

⑤ 1947—1948 年国立清华大学毕业研究生名录,见清华大学校史研究室:《清华大学史料选编》,第 4 卷,493 页。

⑥ 《关于设立实验用广播无线电台的公函》(1948 年 4 月 24 日),清华大学档案,全宗号 1,目录号 4:2,案卷号 208。

⑦ 《国立西南联合大学志愿入清华大学学生一览表》(1946 年 5 月 21 日),清华大学档案,全宗号 X1,目录号 3:2,案卷号 224。

"一、国文,二、英文,三、数学(包括几何,高等代数,三角),四、公民史地,五、物理,六、化学,七、徒手画(建筑工程学系加考)"①。"清华电机系当时名声很大,学生考入既不易,功课又难,负担很重,但报考者仍很多。这年全校共26个学系招考录取一年级新生、转学生、研究生共九百余人,电机系录取的学生最多,共一百多人。"②其中,"电机系50届学生大部分为当年全国各地招收的新生,少数为由西南联大先修班升入或由北平临时大学补习班转入的,他们的学号是350□□□;也还有由西南联大转入的,他们的学号是34□□□。"③1947年夏,"电机系51届学生入学,大部分也是当年全国各地招收的新生,少数是由先修班升入的,他们的学号是36□□□。"④该年度电机工程学系共6个班(一年级2个、二年级2个、三年级1个、四年级1个)⑤。复员时期国立清华大学电机工程学系一年级新生、转学生及毕业生人数如表5-5所示。"复员后,清华大学继续保持过去精益求精、追求卓越的治学精神和文化氛围"⑥,如梅贻琦曾言:"盖我校既因容量之关系,学生人数终须加以限制,则毋宁多重质而少重量,舍其广而求其深。"⑦当时,"电机系教学采用美国麻省理工学院(MIT)的模式,该校K. L. Wildes教授曾来校讲学一年,著名的控制论创始人N. Wiener也曾来校工作。1946年清华北京复校直到院系调整前……课程设置、教学制度基本沿袭战前的模式。"⑧此外,复员后国立清华大学虽恢复了电机工程研究所⑨,但因局势所致未有研究生。

① 王崈:《清华大学在进步中》,载《中央日报周刊》,1948年第4卷第12期。

② 清华大学电机系:《清华电机系七十周年系庆纪念集》,50页。

③ 《情系清华:清华电机系50·51级毕业五十周年纪念集》,40页。

④ 《情系清华:清华电机系50·51级毕业五十周年纪念集》,40页。

⑤ 《国立清华大学1947年度第一学期班数报告简表》,见清华大学校史研究室:《清华大学史料选编》,第4卷,261页。

⑥ 金富军:《复员之后的国立清华大学》,载《清华人》,2008年第1期。

⑦ 梅贻琦:《复员后之清华》(1947年3月),见清华大学校史研究室:《清华大学史料选编》,第4卷,34页。

⑧ 《当年的电机系、老师和清华校长》,见《轻舟已过万重山:清华大学机电系一九五二级》,1页。

⑨ 史贵全:《中国近代高等工程教育研究》,133页。

表 5-5　复员时期国立清华大学电机工程学系一年级学生、转学生及毕业生人数统计表

	1946 年度	1947 年度	1948 年度
一年级学生	153	118	82
转学生	12	4	1
毕业生	19	17	22

（资料来源：清华大学校史研究室：《清华大学史料选编》，第 4 卷，458 ~ 493 页）

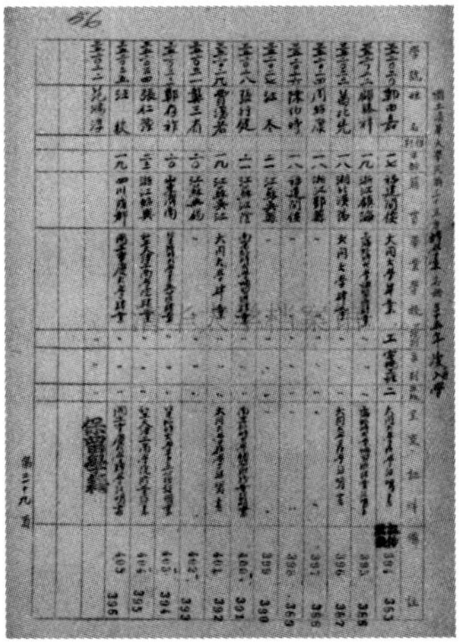

图 5-4　电机工程学系 1946 年度转学生①

图 5-5　1948 级电机系毕业生合影

（前排教授右起：胡筠、钟士模、范崇武、黄眉、杨津基、孙绍先、常迵）②

① 《电机工程学系三十五年度转学生》，清华大学档案，全宗号 1，目录号 4：5，案卷号 18（清华大学档案馆提供）。

② 黄延复：《图说老清华》，316 页。

五、爱国运动

清华复员北平后，“中共地下党组织有南、北两个系统，南系是自联大复员的党组织，由中共南方局领导；北系是原北平的地下党组织，由华北局的城工部领导。两系分别成立北平市学委会，在上层互相配合（南系领导人是袁永熙、王汉斌；北系是佘涤清、张大中）。在基层互相保密，无横的联系。”①其中，“电机系是全校两个最大系（另一个是机械系）之一，党的力量是最强的，电机系的学生常是在第一线实干，在历次学生运动中都起了不小的作用。”②例如，“1946 年底，电 50 届学生入校不久，就参加了北大、清华学生在北平掀起的抗议驻华美军强奸北大女生的‘抗暴’运动。1947 年 5 月又参加了全国规模的‘反饥饿、反内战’运动。运动持续一个月，规模遍及国民党统治区 60 多个大中城市。”③该年，“51 届学生进入清华后刚半个月，北平就接连发生反动当局非法逮捕清华、北大等校学生和中学教师事件，两校为此成立了‘人权保障委员会’进行抗争。接着又发生了国民党政府屠杀浙江大学学生自治会主席于子三和血腥镇压上海同济大学学生等血案，清华学生和北平各校一起进行了一次又一次的罢课抗议。”④

图 5-6　1948 年 6 月 9 日，电机系学生进城参加北平市各校“反对美国扶植日本”大游行，图为游行队伍在北大民主广场集合⑤

① 《情系清华：清华电机系 50·51 级毕业五十周年纪念集》，52 页。
② 清华大学电机系：《清华电机系七十周年系庆纪念集》，51 页。
③ 《情系清华：清华电机系 50·51 级毕业五十周年纪念集》，48 页。
④ 《情系清华：清华电机系 50·51 级毕业五十周年纪念集》，48 页。
⑤ 《情系清华：清华电机系 50·51 级毕业五十周年纪念集》，51 页。

图 5-7　1948 年 7 月 5 日，发生在东交民巷枪杀东北学生的“七五血案”，
电机等系学生进城参加“反剿民、反迫害”大请愿①

根据地下党的指示，1948 年暑假电机系 50、51 届党员及盟员“转回班上工作、先后按班级在电机系建立了党小组和盟小组，迅速健全了班会组织，组织读书会，开展时事政治学习和文体活动。51 届曾讨论过‘和谣与新政协’、‘柏林问题’等时事问题”②。“1948 年 8 月国民党政府发布在全国逮捕爱国学生和民主人士的所谓《共匪间谍制造学潮之铁证》。……当时电 51 届的李维统奉地下党组织之命，护送一位上了黑名单的党员，越墙逃出清华园，奔赴解放区”③。同时，“‘八 · 一九’大逮捕前后，为了同舟共济，迎接解放，电机系电 50、51 届一些湖南学生组合了一个革命的小集体——明斋 117 室生活小组，先后有张信传、刘观丰、郭道晖、朱镕基、张履谦、皮兆鸾、李特奇、黎模健、谢克伦，还有化工系的陈慎行，中文系的洪锡祺等学生参加。他们相约过所谓‘共产主义生活’，内容是组织读书会，学习马克思主义、毛泽东著作，互勉进步；个人财物交‘公’，‘按需分配’，共度时艰。并合力编一份油印小报《晓露》，张信传主编，其他人撰稿、刻印，于 1948 年 9 月 5 日出版，半月一期，共出了 6 期，主要内容是对湖南中学生宣传革命思想和传播解放区信息，很受欢迎。有的读者还来信要求指引他们如何投奔解放区”④，“清华园解放的头几天，‘117’

① 《情系清华：清华电机系 50 · 51 级毕业五十周年纪念集》，51 页。
② 《情系清华：清华电机系 50 · 51 级毕业五十周年纪念集》，53 页。
③ 《情系清华：清华电机系 50 · 51 级毕业五十周年纪念集》，51 页。
④ 《情系清华：清华电机系 50 · 51 级毕业五十周年纪念集》，56 ~ 57 页。

应清华地下党总支要求,三天内用红油墨突击印出300份《新民主主义论》,供全校公开学习,'117'也因此出了名。电机系51届新青联分部还在117室召开过第一次盟公开的大会"。[①] 该时期,"还成立了复员后清华园的第一个社团——'大家唱'歌咏队,这是清华园内参加人数最多、影响最大的群众文艺团体,演唱的学生运动歌曲、革命歌曲,团结、教育了广大同学。负责人(指挥)就是电机系的学生胡积善(现名方堃,曾任我校音乐室主任),电机系学生顾廉楚等也是积极分子。"[②]"在清华园解放前夕,在地下党组织的领导下,电机系学生积极参加了保卫系馆和保卫学校的斗争。电机系包括1948年秋入学的一年级学生,在凌瑞骥、蒋企英、陈望祥等地下党员的组织下,一连几天吃住都在电机馆一楼,保护系馆和实验室设备。电机系的学生还到善斋和明斋参加保卫工作。国民党炮兵要把观察点设在气象台上,在化学馆前设大炮阵地。经过包括电机系学生的斗争,将他们赶出了校园。"[③]

图5-8 1948年明斋117室部分成员[④]

电机系教师中也有很多党员,如王先冲、王遵华、郭以述、吴佑寿等[⑤],他们不仅支持学生斗争,自己也积极参加活动。如"1948年春,在地下党的领导下,讲助教职工反饥饿和支援学生的反迫害斗争展开了。在此基

① 《情系清华:清华电机系50·51级毕业五十周年纪念集》,56~57页。

② 清华大学电机系:《清华电机系七十周年系庆纪念集》,51页。

③ 清华大学电机系:《清华电机系七十周年系庆纪念集》,51~52页。

④ 清华大学电机系:《清华电机系七十周年系庆纪念集》,51页。

⑤ 《情系清华:清华电机系50·51级毕业五十周年纪念集》,53页。

础上成立了清华教员（讲师、助教）联合会，电机系教师王先冲任会长，后王先冲去了解放区，由张澜庆接替”①。1948 年 6 月，电机系王先冲、王遵华、张汉、黄敞、陈汤铭、郭润生、童诗白等及清华其他各系共计一百多名教职工签字发表严正声明：“断然拒绝美国具有收买灵魂性质的一切施舍物资，无论是购买的或给与的”②，“拒绝购买美援平价面粉，一致退还配购证”③。

表示中國人民的尊嚴和氣節拒絕美國具有收買靈魂性質的一切施捨物資

百十師長嚴正聲明

為反對美國政府的扶日政策，為抗議上海美國總領事卡寶德和美國駐華大使司徒雷登對中國人民的誣衊和侮辱，為表示中國人民的尊嚴和氣節，我們斷然拒絕美國具有收買靈魂性質的一切施捨物資，無論是購買的或給與的。下列同人同意拒絕購買美援平價麵粉，一致退還配購證，特此聲明。

图 5-9　1948 年 6 月 27 日百十师长严正声明④

该时期，“为了打破国民党对舆论的封锁、压制，使学生们能了解形势，团结学生共同进步，清华地下党（南系）宣传支部决定成立一个全新的壁报社”，即《自由人》，电机系的裴镇清、刘景白等都积极参加⑤。同时，“为了防止国民党反动派破坏学校，地下党组织便通过学生自治会组织护校队”⑥，其中“电机系学生周奇为当时学生自治会的常驻会副主席，曹荣

① 清华大学电机系：《清华电机系七十周年系庆纪念集》，52 页。

② 《张奚若等百十师长严正声明》（1948 年 6 月），见清华大学校史研究室：《清华大学史料选编》，第 4 卷，587 ~ 588 页。

③ 《张奚若等百十师长严正声明》（1948 年 6 月），见清华大学校史研究室：《清华大学史料选编》，第 4 卷，587 ~ 588 页。

④ 方惠坚、张思敬：《清华大学志》，上册。

⑤ 刘景白（1950 电机）：《黎明前黑暗中的一颗晨星——回忆“自由人壁报社”二三事》，载《清华校友通讯》，复 55 期。

⑥ 汪茂光：《我走过的人生道路》，见《轻舟已过万重山：清华大学电机系一九五二级》，100 ~ 101 页。

江为常驻会的常务理事"①。对于电机系学生的护校行动，据邓频喜(1950届)回忆："清华园的动态，不单反动当局虎视眈眈，城内中国大学的国民党员、三青团分子也摇旗呐喊，监视、反对师生们的进步活动。有消息说这些人密谋夜袭清华园。因此，清华园组织了夜间巡逻队，电机系的夜巡队伍由吴佑寿老师负责，约我参加夜巡，我们值班的时段是午夜后。……12月13日上午，清华园西北方向有枪声，第二节课是钟士模老师的交流电机课，第三节是常迥老师的电讯网络，老师照常讲课，学生照常听课，有时老师们还用提高嗓门来压枪声。……是日下午，国民党军在气象台下36所旁布防了四门炮，校巡防委员会为安全计，劝告学生们搬进各工程馆集中住宿。我们电机系的学生集中住在电机馆，并负责保护仪器及图书的安全"②。杨勤明(1952届)也回忆："(12月14日)沉寂了一上午，中午枪炮声又紧起来了，到平斋三楼一看，远处浓烟四起，夹着火光，追击炮声连绵不断，巡防委员会通知，各系级严密分成小组，加紧防备，保护校园。电一实际在校同学五十六人，分成五个警卫小组，一个联络小组，一个事务小组，每组八人，分配我们的任务是半夜十二点到两点，巡防南校门附近及普吉院。"③

图5-10 "自由人"壁报社成员(左4为刘景白)④

① 清华大学电机系:《清华电机系七十周年系庆纪念集》,52页。

② 邓频喜(1950届):《水木情依依 往事思悠悠》,见陈旭:《往事 真情 厚望:清华大学电子工程系建系五十周年纪念文集》,278页。

③ 杨勤明:《60年前的清华园日记——清华园解放前后》,见《轻舟已过万重山:清华大学电机系一九五二级》,166页。

④ 刘景白(1950电机):《黎明前黑暗中的一颗晨星——回忆"自由人壁报社"二三事》,载《清华校友通讯》,复55期。

6

解放后至“文革”前清华大学电机工程学系的调整和提高

解放后至“文革”前，清华大学进入了一个全新的历史发展时期。这一时期，电机工程学系历经院系调整、教学改革，不断探索自身的教学模式，在师资队伍、教学科研、人才培养等方面取得了显著成就，呈现出鲜明的时代特色，对社会进步和发展产生了深远影响。

一、历史沿革

中华人民共和国成立初期，为培养社会发展所需要的工业人才，清华大学根据国家的院系调整政策，由原来的综合性大学转变为一所多科性工业大学。这一时期，电机工程学系因北京大学、燕京大学等外校力量的并入而得到迅速扩充，并根据社会发展要求及自身发展状况对学科、专业设置、教学环节、课程内容等进行了改革。

（一）解放初期

1948 年 12 月 15 日，人民解放军进驻海淀，清华园解放。为提高教育资源的利用效率，1949 年 3 月 10 日，中共北平市委提出“将来北平各院校似应加以调整，合并为下列四校两院：（一）以北大与华大为基础，合并北平其他各校法律、政治、经济、文学等院系，专办社会科学及文学等院系，仍名北大。（二）以清华为基础，合并各校理、工院系专办理工学院，仍名清华大学……”①3 月 17 日，中共中央明确指示“调整合并原则上是对的……

① 《中共北平市委关于大学的处理方案向中央并华北局、总前委的请示》（1949 年 3 月 10 日），见陈大白：《北京高等教育文献资料选编》（1949—1976），8 页，北京，首都师范大学出版社，2002。

但实行调整合并时,必须照顾到群众条件是否成熟,逐步分别处理”①,还特别提出“清华教授中门户之见甚深,该校进步教授虽主张调整合并,但他们占少数,将该校理工以外各院系合并他校及将他校理工院系并入该校,都要审慎地取得多数同意之后来办理”②。由于受建国初期经济、政治、文化等诸多因素所限,“中央人民政府教育部关于大学改革指导思想和政策虽然已成型,但大规模的改革步骤尚未在日程表出现,从全国来看,基本是以恢复和维持原有大学状况为主要任务”。③ 另外,这一时期按中央人民政府教育部精简理工学院课程的要求,清华大学亦积极开展系务会议及座谈会等进行相关问题讨论,其中“电机系还提出了五项精简原则:一、减去不必要的重复;二、注重有系统的基本观念;三、明确每门课程的目标,即是认识和运用基本观念后训练分析的能力和工程师的基本技能;四、指出课程的重点;五、加强计划性”④,后于 1950 年 3 月经讨论完成课改初步草案,确定了教学任务⑤。

1951 年 5 月中旬,清华大学根据“钱副部长(按:即钱俊瑞)三月六日所传达‘三年准备十年建设计划’及加紧课改,培养建设干部的号召”,制订了较为详细的“院系改革及调整计划”,共设 14 学院 43 系,其中电机工程学院设电力工程系、电机制造系、应用电子学系⑥。其中,电力工程系的任务为“培养学生以正确的观点与方法,掌握有关电力工程的基本知识与技术,俾能担任设计运行装配及研究有关水力电厂火力电厂及电力网的高级技术人员(与燃料工业部、电业管理总局及水力发电工程局配合)”;电机制造系的任务为“培养学生以正确的观点与方法,掌握有关电机制造的基本知识及技术,俾能担任电力机械设计制造,装修和研究改进的高级

---

① 《中共北平市委关于大学的处理方案向中央并华北局、总前委的请示》(1949 年 3 月 10 日),见陈大白:《北京高等教育文献资料选编》(1949—1976),7 ~ 8 页。

② 《中共北平市委关于大学的处理方案向中央并华北局、总前委的请示》(1949 年 3 月 10 日),见陈大白:《北京高等教育文献资料选编》(1949—1976),7 ~ 8 页。

③ 李杨:《五十年代的院系调整与社会变迁——院系调整研究之一》,载《开放时代》2004 年第 5 期。

④ 金富军:《面向工业化建设的院系调整》,载《清华人》,2008 年第 3 期。

⑤ 金富军:《面向工业化建设的院系调整》,载《清华人》,2008 年第 3 期。

⑥ 《清华大学院系改革及调整试行计划初步总结报告》(1951 年 5 月),见清华大学校史研究室:《清华大学史料选编》,第 5 卷上册,472 ~ 473 页,北京,清华大学出版社,2005。

技术人员（与重工业部配合）”；应用电子学系的任务为“培养学生以正确的观点与方法，掌握应用电子学的基本知识与技术，俾能担任设计制造和研究有关电子管和其他应用电子学的高级技术人员（与军委会通讯部，及重工业部电信工业局配合）”①。但这一计划后因院系调整未能得到实施。

（二）院系调整

解放前夕毛泽东曾发表《论人民民主专政》一文，提出：“我们必须向一切内行的人们（不管什么人）学经济工作。……联共就是我们的最好的先生，我们必须向联共学习。”②1950年初毛泽东访苏时再次提出，“苏联经济文化及各项重要的建设经验，将成为新中国建设的榜样。”③此外，这一时期刘少奇、周恩来等亦均倡导学习苏联④。在此领导思想下，随着新中国建设步伐的逐步加快，全面学苏运动在各个领域迅速开展。如1951年5月18日，教育部长马叙伦在政务院第85次政务会议上强调，高等教育要“配合国家建设的需要，适当地、有步骤地充实和调整原有高等学校的院系。首先调整工学院各系，或增设新系，此项工作先从华北和华东做起，调整航空系，与政法委员会配合，举办政法干部训练班，整顿与加强各高等学校的政治、法律等系”⑤。为适应国家建设需要，1951年9月24日清华大学校委会议决，成立16个教研组，其中包括基本电工教研组，钟士模为主任⑥。11月3日—9日，中央教育部召开全国工学院院长会议，拟定“以华北、华东、中南三个地区的工学院为重点作适当的调整”，其中

---

① 《清华大学院系改革及调整试行计划初步总结报告》（1951年5月），清华大学档案，全宗号，目录号校1，案卷号51004。

② 毛泽东：《论人民民主专政——纪念中国共产党二十八周年》，载《人民日报》，1949年7月1日。

③ 孙其明：《评50年代全面学习苏联的运动》，载《同济大学学报（社会科学版）》，1999年第10卷第1期。

④ 孙其明：《评50年代全面学习苏联的运动》，载《同济大学学报（社会科学版）》，1999年第10卷第1期。

⑤ 马叙伦：《关于1950年全国教育工作总结和1951年全国教育工作的方针和任务的报告》（1951年5月18日马叙伦部长在政务院第85次政务会议上的报告，并经同次会议批准）。

⑥ 清华大学校史研究室：《清华大学一百年》，192页。

“将北京大学工学院、燕京大学工科方面各系并入清华大学。清华大学改为多科性的工业高等学校，校名不变，清华大学的文、理、法三学院及燕京大学的文、理、法方面各系并入北京大学”。[①] 11 月 15 日，中央教育部向文委并中央报告了北京大学、清华大学、燕京大学三校院系调整方案，“这个方案，三校主要负责人都已同意，明年暑假实行”[②]。

1952 年 5 月，教育部制定高等院校调整设置方案，其中清华大学“由原清华大学、北京大学两校工学院及燕京大学工科各系科、哈尔滨工业大学水利系、天津大学采矿系二年级、石油钻探组、石油炼制系、组及北京铁道学院材料鉴定专修科合并组成为多科性高等工业学校。”[③]6 月 25 日，中央教育部决定设立“京津高等学校院系调整办公室”，以具体进行京津高等学校的院系调整工作，其中办公室人员包括清华大学教务长周培源、校务委员会常委钱伟长、何东昌[④]。同时，为筹备新的多科性工业高等学校清华大学，还决定成立“京津高等学校院系调整清华大学筹备委员会”进行各项筹备工作，刘仙洲任主任委员，钱伟长、陈士骅任副主任委员[⑤]。6 月 27 日，清华筹委会正式成立[⑥]，并决定设立电机等 5 类组科研究组“草拟专业组及专修科的设置及任务”[⑦]。

根据全国院系调整的政策要求，1952 年下半年清华大学文、理、法学

---

① 马叙伦：《关于全国工学院调整方案的报告——在政务院第一一三次政务会议上报告并经同次会议批准》（1951 年 11 月 30 日），见陈大白：《北京高等教育文献资料选编》（1949—1976），94 页。

② 《中央教育部党组关于北大、清华、燕京三大学调整方案的报告》，见《建国初期全国高等学校院系调整文献选载（一九五一年——九五三年）》，载《党的文献》，2002 年第 6 期。

③ 《教育部关于全国高等学校 1952 年的调整设置方案（节录）》（1952 年 5 月），见陈大白：《北京高等教育文献资料选编（1949—1976）》，102 ~ 103 页。

④ 《教育部为同志成立“京津高等学校院系调整办公室”及“京津高等学校院系调整北京大学筹备委员会”，“京津高等学校院系调整清华大学筹备委员会”由》（1952 年 6 月 25 日），清华大学档案，全宗号 2，目录号校 1，案卷号 52002。

⑤ 《教育部为同志成立“京津高等学校院系调整办公室”及“京津高等学校院系调整北京大学筹备委员会”，“京津高等学校院系调整清华大学筹备委员会”由》（1952 年 6 月 25 日），清华大学档案，全宗号 2，目录号校 1，案卷号 52002。

⑥ 刘仙洲：《京津高等学校院系调整清华大学筹备委员会第一阶段工作总结及第二阶段工作总结》（1952 年 8 月 7 日），清华大学档案，全宗号 2，目录号校 1，案卷号 52002。

⑦ 清华大学校史研究室：《清华大学一百年》，195 页。

院调出，新的清华大学“取消学院建制，设置机械制造、动力机械、土木工程、水利工程、建筑、电机工程、无线电工程和石油工程系等8个系，还有15个专修科”①。其中无线电工程系是以电机工程系电讯组为基础建立的，“当时教育部的苏联顾问提出的方案是清华电机系只设电力方面的专业，拟将电讯组调出成立专门学院，后经当时负责高校工作的领导及学校有关教授力争，提出多学科性工业大学中应有电子工程方面的学科，才确定清华大学、北京大学两校电机系的电讯组合并后创立清华大学无线电工程系。该系于1952年9月正式成立，孟昭英任系主任。”②与此同时，“北京大学工学院的电机工程系和燕京大学的机电系并入清华大学电机工程系”，章名涛为系主任，调整后的电机工程系于9月19日正式成立，下设电机及电器、发电厂配电网及配电系统、工业企业电气化专业，及发电专修科、输配电专修科③。新的电机工程系成立以后，即研讨应设教研组和教研组主任的人选，其中系主任章名涛，基本电工教研组钟士模，电力机械教研组艾维超，发电及输配电教研组黄眉，电工学教研组唐统一、宗孔德（副），教学秘书王遵华④。

（三）教学改革

院系调整后，清华大学等院校按照苏联教学体制，学校下设系，系里的教师分教研组，学生分专业。1953年秋，电机工程系仿照苏联工科大学的模式，“在电力机械教研组内成立电器教学小组，负责筹备建立电器教研组，准备电器学等课程的开设。小组成员有：王遵华、蔡宣三、钱家骊等，为迎接苏联电器专家的到来，陆续增加了洪志成、石定机、龚为珽等”。⑤ 经过一年的筹备，次年9月电机工程系正式增设电器教研组，由王

---

① 方惠坚、张思敬：《清华大学志》，上册，67页。

② 方惠坚、张思敬：《清华大学志》，下册，105页。

③ 方惠坚、张思敬：《清华大学志》，下册，91页；《清华大学各系专业或专修科概况》（1952年10月11日），见清华大学校史研究室：《清华大学史料选编》，第5卷上册，538页。

④ 《清华大学各系及各教研组负责同志名单》（1952年10月11日），清华大学档案，全宗号2，目录号校1，案卷号52005。

⑤ 蔡宣三（1950电机）、钱家骊（1953电机）：《清华大学电器教研组的一段历史》，载《校友文稿资料选编》，第13辑。

遵华担任主任[①]。另外,1954 年 3 月,“电机工程系增设‘电力拖动教研组’,主任一职,由原基本电工教研组主任钟士模担任。所遗基本电工教研组主任一职,由原该教研组副主任王先冲担任。”[②]1955 年 5 月,电机工程系原发电输配电教研组分为发电厂及输配电两个教研组,发电厂教研组主任黄眉,输配电教研组主任杨津基[③]。1956 年 9 月 7 日,经高教部批准,清华大学增设高电压工程专业[④]。

20 世纪 50 年代中期,针对原子能、自动控制及电子等科学技术领域在世界上取得的突破性进展,党和政府做出了发展我国核能事业的指示。如 1955 年 3 月毛泽东提出:“我们进入了这样一个时期,就是我们现在所从事的、所思考的、所钻研的,是钻社会主义工业化,钻社会主义改造,钻现代化的国防,并开始要钻原子能这样的历史的新时期。”[⑤]为适应新形势下尖端技术发展的迫切需要,清华大学立足于国家战略的高度并结合自身的实际情况,相继建立了原子能、半导体等新技术专业,以及工程物理、工程化学等系。这一时期,电机系为新技术专业和学系的建设做出了积极的贡献。例如,除为工程物理学系等援助师资外,还抽调了部分优秀学生,与机械等系的部分学生组成物八、物九班等[⑥]。同时,电机工程学系在学校的领导下也筹建了一些新技术专业,如 1956 年“设立自动学与远动学专业,建立了相应的教研室,并筹建计算机专业”[⑦],“在筹建‘自动学和远动学’专业过程中,吕森请教过钱学森,钱先生建议要搞运筹学专业,当时颇费周折地请来了从美国归来的周华章。周教授专长经济领域的应用数学,水平很高。”[⑧]

---

① 《一九五四——一九五五年度第一次校务会议纪录》,载《清华公报》,第 1 期,1954 年 9 月 15 日。

② 《清华大学关于增设电力拖动教研组、机械制造工学教研组的布告》(1954 年 3 月 10 日),清华大学档案,全宗号 2,目录号校 1,案卷号 55009。

③ 《一九五四——一九五五年度第七次校务委员会扩大会议记录》,载《清华公报》,第 11 期,1955 年 5 月 20 日。

④ 《高等教育部关于同意清华大学增设高电压工程专业的复函》(1956 年 9 月 7 日),清华大学档案,全宗号 2,目录号 3,案卷号 093。

⑤ 毛泽东:《毛泽东文集》,第 6 卷,395 页,北京,人民出版社,1999。

⑥ 方惠坚、张思敬:《清华大学志》,下册,135 页。

⑦ 《建系史略》,见《情系清华:清华电机系 50 · 51 级毕业五十周年纪念集》,17 页。

⑧ 清华大学电机系:《清华电机系七十周年系庆纪念集》,55 页。

1956 年 12 月 28 日，校务行政会议决：电机工程系输配电教研组分为高压工程教研组（杨津基任主任）、输配电教研组（王宗淦任主任）。[①] 1957 年 7 月 12 日，高等教育部同意清华大学"'运用学'专业改称为'运筹学'专业"[②]，"当时主要内容是线性规划，招了两班学生（运 1 班和运 2 班），后来因故停办了"。[③] 至 1957 年，电机系主要设有电机、电器、发电、输配电、高压、工业企业电气化、基本电工和电工学等 7 个教研组[④]。

1958 年 7 月，"以自动学与远动学教研室为基础，清华成立了自动控制系（即现在的计算机科学系），由钟士模教授任主任"。[⑤] 同时，"由于电机工程系和新成立的无线电工程系、自动控制系规模日益扩大，1935 年建成的电机馆已无法满足三个系进一步发展的需要。1958 年，校园东区中央主楼左、右两侧的东主楼和西主楼建成，电机工程系和自动控制系迁入西主楼新电机馆，无线电工程系迁入东主楼"。[⑥] 该年夏天，"电机系建立电工厂，下设电器车间。蔡宣三、高本贤分别被任命为电器车间主任和副主任"。[⑦]

图 6-1　新电机馆（中央主楼的西主楼）

① 《清华公报》，第 33 期，1957 年 1 月 26 日。

② 《高等教育部关于同意清华大学将"运用学"专业改称为"运筹学"专业等事宜的复函》（1957 年 7 月 12 日），清华大学档案，全宗号 2，目录号校 1，案卷号 57006。

③ 清华大学电机系：《清华电机系七十周年系庆纪念集》，55 页。

④ 方惠坚、张思敬：《清华大学志》，上册，91 页。

⑤ 《建系史略》，见《情系清华：清华电机系 50 · 51 级毕业五十周年纪念集》，17 页。

⑥ 《建系史略》，见《情系清华：清华电机系 50 · 51 级毕业五十周年纪念集》，17 页。

⑦ 蔡宣三（1950 电机）、钱家骊（1953 电机）：《清华大学电器教研组的一段历史》，载《校友文稿资料选编》，第 13 辑。

1959 年秋，在清华大学的反右倾运动中，电器教研组的一些骨干教师被下放改造，使该教研组受到严重冲击[①]。次年秋，电器教研组、高压电器实验室与高电压工程教研组合并为高电压技术与高压电器教研组，由杨津基任教研组主任[②]，设高压电器专门化，1963 年后“并入高电压工程专业，形成新的较宽专业”[③]。原来从事低压电器教学的教师则另成立电磁自动装置教研组，顾廉楚任教研组主任、徐路为秘书，1961 年后又任命蔡宣三为教研组副主任，专业设置仍保留（低压）电器专门化[④]。

二、师资队伍

解放后至“文革”前，清华大学的教学内容经历了由英美通才教育转向全面学苏、强调中国特色的转变，电机系教师队伍建设及教学方法等也随之进行了相应调整。

（一）1952 年院系调整前

解放后，清华大学电机工程学系聘请了诸多知名学者来校任教，如闵乃大、胡筠（兼任教授）等[⑤]。至 1949 年 6 月，清华大学电机系共有 30 名教职员工，其中教授 6 人、副教授 3 人、教员 4 人、助教 10 人、职员 7 人[⑥]。9 月，电机系又增聘助教朱成功、金兰、张仁豫，改聘助教陈伯时、陆家和、南德恒[⑦]。表 6-1 给出了 1948—1949 年度清华大学电机系教职工情况。1950 年度电机系又新聘助教徐昇祥、周荣光、蔡宣三、顾廉楚、陆大绘，兼

---

① 蔡宣三（1950 电机）、钱家骊（1953 电机）：《清华大学电器教研组的一段历史》，载《校友文稿资料选编》，第 13 辑。

② 《清华公报》，第 68 期，1960 年 2 月 18 日。

③ 蔡宣三（1950 电机）、钱家骊（1953 电机）：《清华大学电器教研组的一段历史》，载《校友文稿资料选编》，第 13 辑。

④ 蔡宣三（1950 电机）、钱家骊（1953 电机）：《清华大学电器教研组的一段历史》，载《校友文稿资料选编》，第 13 辑。

⑤ 清华大学校史研究室：《清华大学一百年》，181 页。

⑥ 《清华大学各院系教职员统计表》（1949 年 6 月），清华大学档案，全宗号 2，目录号校 1，案卷号 49005。

⑦ 《第二十四次校务委员会会议记录》（1949 年 9 月 23 日），清华大学档案，全宗号 2，目录号校 1，案卷号 49004。

任教授胡筠①。至1952年院系调整前，电机工程学系教职工名单如表6-2所列。

表6-1　1948—1949年清华解放初期电机系教职员工名单

教　师	章名涛	闵乃大	黄　眉	范崇武	杨津基
	钟士模	孙绍先	郭以述	常　迵	唐统一
	曹恺孙	马世雄	王遵华	宗孔德	王先冲
	陈汤铭	吴白纯	王华俭	邱祖荫	杨弃疾
	邓恢煌	肖达川	吴佑寿	朱成功	陆家和
	陈伯时	南德恒	金　兰	张仁豫	
实验员 职　员 职　工	胡原凌	温宏庚	王世源	韩　毅	张兰英
	杨海先	彭书庆	陈增煦	周维铭	潘泰珊
	秦凤志				

（资料来源：清华大学电机系：《清华电机系七十周年系庆纪念集》，75页）

表6-2　清华大学电机工程学系教职工名册（1952年2月）

职别	姓名	字	性别	年龄	籍贯	备注
教授兼主任	章名涛		男	45	浙江鄞县	
教授	范崇武	静仁	男	44	浙江嘉善	
教授	杨津基		男	36	江苏嘉定	
教授	黄　眉	雪涛	男	40	湖南衡山	
教授	钟士模	子范	男	41	浙江浦江	
教授	常　迵	季高	男	35	河北房山	
教授	孙绍先		男	38	沈阳	
教授	闵乃大		男	42	江苏如皋	
兼任教授	胡　筠	雪蕉	男	40	江苏无锡	下学期上课
副教授	唐统一		男	35	广东中山	
讲师	马世雄		男	31	江苏南通	
讲师	王遵华	宜佳	男	31	江西南昌	
讲师	曹恺孙		男	33	安徽歙县	
讲师	陈汤铭		男	26	广东增城	
讲师	宗孔德		男	32	河北	
讲师	吴白纯		男	31	哈尔滨	

① 《清华大学1950年新聘专任教师及兼任教师名单》（1950年10月4日），清华大学档案，全宗号2，目录号校5，案卷号50007。

续表

职别	姓名	字	性别	年龄	籍贯	备注
讲师	朱成功		男	29	江苏句容	
教员	王先冲		男	34	安徽无为	
助教	肖达川		男	27	江西泰和	
助教	郑恢煌		男	27	广西全县	哈尔滨工业大学学习
助教	吴佑寿		男	27	广东潮安	
助教	杨弃疾		男	28	北京	
助教	王华俭		男	27	江苏江阴	
助教	南德恒		男	27	湖北浠水	
助教	张仁豫		男	29	浙江绍兴	哈尔滨工业大学学习
助教	金　兰		男	24	湖南长沙	
助教	陈伯时		男	24	福建闽侯	哈尔滨工业大学学习
助教	陆家和		男	25	广东新会	
助教	徐昇祥		男	24	浙江镇海	
助教	周荣光		男	25	广东	
助教	蔡宣三		男	23	江苏金山	
助教	顾廉楚		男	25	江苏南汇	
助教	陆大绘		男	24	江苏太仓	
助教	褚秦祥		男	24	上海市	
技术员	韩　毅	秉正	男	32	北京市	
技术员	温宏庚		男	28	北京市	
书记	王世源		男	28	北京市	
书记	任元孝		女	29	山东掖县	
技工	秦凤志		男	27	河北交河	
试用技工	杨海先		男	21	山东陵县	
工徒	潘泰珊		男	20	北京市	
工徒	司启忠		男	20	北京市	
普通工	彭书庆		男	47	河北枣强	
普通工	陈增煦		男	42	河北房山	
普通工	周维铭		男	45	北京	

（资料来源:《清华大学教职工名册》,清华大学校史研究室:《清华大学史料选编》,第5卷下册,731～732页,北京,清华大学出版社,2005）

图 6-2　电机系部分教师[①]

在授课方式方面，各位教师风格各异，如“常迵教授讲的‘无线电原理’，这位只有 32 岁的哈佛博士讲课时很轻松，有条有理”[②]，闵乃大教授“刚从德国回来不久，浓重的家乡口音不时还夹杂着德文和英文，讲话又急又快，讲的电工数学和电信网络又很深”[③]。再如，章名涛教授“讲课物理概念清晰、理论分析严谨、数学演绎透彻，板书工整，讲课的重点通过板书一目

① 《情系清华：清华电机系 50 · 51 级毕业五十周年纪念集》；清华大学电机系：《清华电机系七十周年系庆纪念集》，33 页。

② 陆建勋（1951 届）：《五十年前清华电机系学习回忆》，见陈旭：《往事 真情 厚望：清华大学电子工程系建系五十周年纪念文集》，133 ~ 134 页。

③ 陆建勋（1951 届）：《五十年前清华电机系学习回忆》，见陈旭：《往事 真情 厚望：清华大学电子工程系建系五十周年纪念文集》，133 ~ 134 页。

了然。使这门较难学习的电机基础理论课程受到同学们的普遍好评”①。

虽然电机系的教师讲课风格不同,但对学生的要求均非常严格,如“电机系二年级的主课是孙绍先教授主讲的电工原理,钟士模教授主讲的交流电路,如果这两门课都不及格,就要勒令退学离开清华”②。对此,陆建勋(1951 届)亦有同样感受:“我最头疼的却是二年级的基础课‘电工原理’,那是由孙绍先教授讲的,助教是王先冲先生等几位,他们都是以很严格著称。……那时熄灯后开夜车是经常的事,当时流传有名的几句话是‘一年级买蜡烛,二年级买眼镜,三年级买痰盂(TB),四年级买棺材’。”③

在繁忙的工作之余,电机工程学系的教师们还积极参加文体活动。如陆家和(1950 届)回忆:“解放初期,生活条件虽然清苦,党组织和工会却大力抓教工的文体活动,一方面为增强教工体质,也使大家生气勃勃。钟先生和我都是体育爱好者,每年系际教工篮球、排球比赛,我们都积极参加。我们电机系的篮球‘五虎将’是五位教授(钟士模、常迵、唐统一、杨津基、黄眉),我当候补队员。……排球赛我们系有王世源、郑学坚、王森等健将,常得冠军。”④

(二) 1952 年院系调整至 1958 年

1952 年全国进行院系调整,电机系的部分教师调出,如徐昇祥调军委工程学院⑤,闵乃大调中国科学院⑥,褚秦祥调北京地质学院⑦,朱克定调

---

① 钱家骧(1951):《深切怀念章名涛先生》,载《校友文稿资料选编》,第 12 辑。

② 樊蔚勋:《六十年回忆》,见《轻舟已过万重山:清华大学电机系一九五二级》,31～32 页。

③ 陆建勋(1951 届):五十年前清华电机系学习回忆,见陈旭:《往事 真情 厚望:清华大学电子工程系建系五十周年纪念文集》,132～133 页。

④ 陆家和(1950 届):《我心目中的常迵先生》,见陈旭:《往事 真情 厚望:清华大学电子工程系建系五十周年纪念文集》,272 页。

⑤ 刘仙洲:《京津高等学校院系调整清华大学筹备委员会第一阶段工作总结及第二阶段工作总结》(1952 年 8 月 7 日),见清华大学校史研究室:《清华大学史料选编》,第 5 卷上册,524 页。

⑥ 刘仙洲:《京津高等学校院系调整清华大学筹备委员会第一阶段工作总结及第二阶段工作总结》(1952 年 8 月 7 日),见清华大学校史研究室:《清华大学史料选编》,第 5 卷上册,525 页。

⑦ 方惠坚教授补充。

哈军工①。同时从外校也调入一些教师,如②:“教授增加了程式、余谦六、王宗淦、陈克元等,讲师有周汝潢、陈阅德,助教有杨秉寿、潘隐萱、康书香、韩丽瑛、冯子良、陈肇龙、张宝霖、杨福生、郑学坚、周以直、陈嘉瑞和孙观潮等”,此外陆瑶海、童以强及艾维超从燕京大学转到清华电机系。1952年底蒋南翔出任清华大学校长,在其任职期间非常注重师资的加强,他指出“教师‘是学校中最宝贵的财富’,‘108将(学校当时教授、副教授108人)是学校的稳定因素’,强调发挥教师的主导作用。”③针对当时院系调整后师资力量不足的情况,蒋南翔采取了“一是团结改造清华原有的教师,一是有计划地大胆放手培养新的师资”④的策略。此外,为提高教师的质量,蒋南翔还“提出‘两种人会师’。即党员教师要努力钻研业务,提高学术水平,成为教授;同时要帮助非党教授、副教授提高政治思想觉悟,吸收其中合乎条件的人入党。”⑤通过大量切实可行的工作,这一时期清华电机工程系的教职工人数有了很大增加,学校于“1953年在电机系教职工中成立党支部,杨秉寿任支部书记。1955年电机系成立党总支,吕森任党总支委员会书记”⑥。此外,“在学习苏联过程中,自1953年起,苏联先后派出巴然诺夫、斯捷潘诺夫、翟可夫、奥梅里钦柯、绍尔达特金娜和日里辛等6位专家来电机系工作,在教学、实验室建设、科研和指导研究生等方面给了许多帮助”⑦。

电机系非常重视师资的培养,这一时期曾派送王先冲、金兰、吴维韩、杨秉寿、郭叔英等教师赴苏联深造⑧,同时积极引进国外留学人员,如“1956年秋,高景德教授从苏联获博士学位回国,由蒋南翔校长争取其到清华大学工作,担任了清华大学科学研究处处长,并在系里讲课和指导研

① 钱家骊教授补充。

② 清华大学电机系:《清华电机系七十周年系庆纪念集》,54页。(注:艾维超由钱家骊教授补充)

③ 方惠坚、张思敬:《清华大学志》,上册,480页。

④ 中国高等教育学会、清华大学:《蒋南翔文集》,上卷,457页,北京,清华大学出版社,1998。

⑤ 方惠坚、张思敬:《清华大学志》,上册,480页。

⑥ 清华大学电机系:《清华电机系七十周年系庆纪念集》,54页。

⑦ 方惠坚、张思敬:《清华大学志》,上册,94页。

⑧ 清华大学电机系:《清华电机系七十周年系庆纪念集》,56页。

图6-3 巴然诺夫在指导建立实验室工作①

图6-4 1956年电机系师生欢送苏联专家留影（后排右3起：蔡宣三，郑维敏，钟士模，苏联专家奥梅里钦柯夫妇，王遵华；前排左1童诗白，左6钱家骊②）

图6-5 电机系苏联专家绍尔达特金娜在讲课③

① 《新清华》，第62期，1954年10月23日。

② 蔡宣三（1950电机）、钱家骊（1953电机）：《清华大学电器教研组的一段历史》，载《校友文稿资料选编》，第13辑。

③ 《新清华》，第229期，1957年11月4日。

图 6-6　电机系教授与苏联专家合影（1958 年）①

究生”②。同时，为扩充师资队伍，1953 年后，除主要选留本系毕业生外，电机系还从交通大学、东北工学院、哈工大等院校调来大批教师③。1950 年至 1957 年电机工程学系教职员工名单见表 6-3。

表 6-3　1950—1957 年留校、分配、引进和调入电机系教职员工名单

教　师	艾维超	程　式	余谦六	王宗淦	陈克元	高景德	童诗白
	郑维敏	顾廉楚	陆大绘	夏培肃	蔡宣三	周荣光	徐昇祥
	褚秦祥	吴　麒	凌瑞骥	冯庆祥	谢广润	洪志成	周汝潢
	陈阅德	杨秉寿	郑学坚	康书香	韩丽瑛	冯子良	陈肇龙
	潘隐萱	张宝霖	杨福生	周以直	陈嘉瑞	童以强	孙观潮
	陆瑶海	吕　森	王　森	王世缨	唐泽圣	郭叔英	吴维韩
	文学宓	周宣诚	徐继悌	朱德恒	杨吟梅	张芳榴	陈丕璋
	高子伟	沈以清	朱克定	龚为斑	石定机	钱家骊	雷良钦
	江缉光	夏绍玮	俞天音	董新保	周礼杲	邵钟武	王继中
	吴增煜	吕　林	韩曾晋	戴忠达	茅于杭	吕叔康	王献坪
	林滋治	陈福康	周明宝	杨　钺	郭永基	王昌长	周伯飞
	李大义	吴陆威	陈允康	陈寿孙	相年德	刘　笙	王维俭
	刘倬云	顾永昌	陈昌渔	薛家麒	宫　莲	郑逢时	刘子祯
	李发海	贾继洵	徐伯雄	吉崇庆	徐弘微	高本贤	杨陵康
	马信山	闫平凡	张恩惠	张奋之	周俊人	高　龙	冯元琨
	褚家晋	范鸣玉	张麟征	黄复明	夏明玉	汤延震	郎　恕
	陈采屏	朱亚尔	陆培新	马钟璞	孙建华	李鹤轩	董昌浚

① 清华大学档案馆提供。

② 清华大学电机系：《清华电机系七十周年系庆纪念集》，56 页。

③ 清华大学电机系：《清华电机系七十周年系庆纪念集》，56 页。

续表

教　师	杜毅仁	陈永乐	戈以荣	张节容	边肇祺	邵方殷	马力忠
	王仲鸿	沈善德	金国芬	王承煦	严烈通	沈以鸿	林永江
	陈志燮	江祥贤	赵佩琴	翁　樟	沈　樑	焦保平	周保中
	王海帆	许道展	许道荣	郭景藩	孙树勤	孙家炘	曾德勳
	陈鼎瑞						
实验员 职　员 职　工	何汝楫	江载芬	虞哲廉	白文路	张季山	刘绪东	张季春
	吴文秀	邱文成	王文禄	程文姬	谢烈春	伍修献	陈　空
	李泽培	王树芬	张兰英	周　正	王真吉	邓泰林	黄序伦
	姚寿松	李崇仁	王竹茹	齐绍荣	狄林诠	王关贤	肖如泉
	陈　泓	蔡文华	钟长华	过之秀	范琼芳	黄冠甫	宋树中
	高毓华	霍永山	杨元甲	周智白	王忠俊	彭大展	周普渭
	李正球	梁　颖	赵桂珠	徐　东	程少斌	徐稼梅	顾　敏
	钟道彩	冯庚烈	李承业	任元敬	任元孝	吴桂莲	傅后成
	张乃国	赵荣久	李文华	梁任秋	黄胜军	刘志恩	杨成才
	司启忠	董德康	李永祥	何玉贵	顾祥根	陈星麓	吴国梁
	朱大林	顿满贵	曾国民	宁　德	宁　宏	李玉琴	刘文鑫
	汪孝芳	张秀英	赵士良	邹静仪	蒋新官	姬振华	缪永宝
	孙金平	杨淑华	朱炳华	王绍维	周鸿裕	朱赞星	李洪林
	徐振海	徐延融	沈飞英	罗兆梅	王菊英	李丽珍	葛承洁
	顾至芳	俞天珍	朱德炯	刘淑贤	尹桂英	赵淑贤	师敬贤
	闫俊卿	殷玉琴	李彦青	陈　敏	李玉荣	靳玉珍	鲍寿洪
	殷子烈	孙鹤荣	何淑霄	谢焕祥			

（资料来源：清华大学电机系：《清华电机系七十周年系庆纪念集》，75 页）

图 6-7　高景德在备课（1958 年）①

① 清华大学档案馆提供。

图 6-8　电机系教学辅助人员正在实验室工作[①]

图 6-9　电机系电力网实验室的实验员在做同步补偿机实验[②]

（三）1958 年后至“文革”前

20 世纪 50 年代中后期，在肃反、大鸣大放、双反及反右倾机会主义等运动中，电机系一些教师受到了批判。20 世纪 60 年代，电器教研组也被拆散重组，据蔡宣三（1950 电机）、钱家骊（1953 电机）介绍：“1960 年秋，教研组内原来从事高压电器教学的教师王遵华、钱家骊、张节容、王伯翰、罗承沐等，连同高压电器实验室，合并到高电压工程教研组。设置高压电器专门化，培养了高 2、高 3 两届本科学生。1963 年后，高压电器专门化并入高电压工程专业，形成新的较宽专业。分配到高压电器专门化的教师还有吉嘉琴、陈才敏。培养了三年制高压电器研究生胡天畏、夏凯、沈

① 《新清华》，第 113 期，1955 年 1 月 22 日。
② 《新清华》，第 150 期，1956 年 9 月 18 日。

锡越、吴弘、周胜宗等5人。培养了越南留学生阮高盛，阮友宁，黄玉泰等3人”①，“原来从事低压电器教学的教师蔡宣三、徐弘微、范鸣玉、高本贤、傅克瑾等，则另成立电磁自动装置教研组（以下简称自动装置教研组，实际上继承了电器教研组的低压电器部分）；另有部分教师则是从发配电教研组和工业企业电气化教研组调入的，如：顾廉楚、徐路、汤之永、沈振基、甘小杰等。顾廉楚任教研组主任、徐路为秘书，1961年后又任命蔡宣三为教研组副主任。留校的毕业生有刘松盛、赵良炳”②。

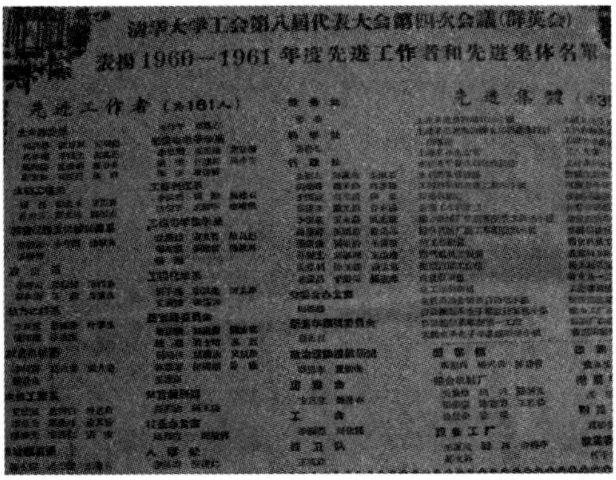
清华大学工会第八届代表大会第四次会议（群英会）
表揚1960—1961年度先进工作者和先进集体名单
先进工作者（共181人）

图6-10　艾维超等9人获清华大学1960—1961年度先进工作者称号，电机教研组、电工学教研组、电机系冶金装备自动化小组获先进集体称号③

1962年1月19日—20日，蒋南翔在校工会举行的第八届会员代表第四次会议（第二次群英会）中提出：“我们要建立两支队伍。一支是又红又专的教师队伍，一支是又红又专的职工队伍”，“我们提倡重教重职，两个车轮相辅而行，缺一不可。”④根据这一指导思想，该时期电机工程系对教职工队伍进行了补充，1958年至1966年间电机系留校、分配、引进和调入教职工名单见表6-4。

---

① 蔡宣三（1950电机）、钱家骊（1953电机）：《清华大学电器教研组的一段历史》，载《校友文稿资料选编》，第13辑。

② 蔡宣三（1950电机）、钱家骊（1953电机）：《清华大学电器教研组的一段历史》，载《校友文稿资料选编》，第13辑。

③ 《新清华》，第622期，1962年1月25日。

④ 清华大学校史研究室：《清华大学一百年》，259页。

表 6-4　1958—1966 年留校、分配、引进和调入电机系教职员工名单

教　师	吉嘉琴	俞鑫昌	王伯翰	黄炜纲	戚庆成	张伟钹	葛长华
	金其莹	姜恩涓	魏洪波	谈克雄	徐　路	吴大征	施能民
	徐家栋	王缉祥	郑思垣	薛华成	卢　强	田璧元	言茂松
	张元骥	刘　取	许佩芬	王克超	胡元德	金启玫	李隆年
	王典训	朱东起	傅克谨	梁毓厚	李芳芸	陈禹六	吴秋峰
	任守榘	王寒伟	沈振基	陈伟基	汤之永	吴年裕	甘小杰
	熊光楞	王其藩	丁兆璋	林家骏	李衍达	严　宁	杨素行
	陈崇端	阎　石	周明德	朱亚清	武士新	王鸿明	黄益庄
	陈雪青	向隆本	沈乃汉	刘金铭	魏宏森	王大树	崔子行
	杨缦琳	张济世	冯大钧	蔡耀陆	常沛田	杨振清	罗承沐
	朱泽煌	宋子和	姜建国	赵良炳	刘松盛	陈才敏	韩英铎
	陶　森	贺美英	顾锦汶	罗　铸	陈秉中	马维新	凌绍先
	姚若萍	吴　澄	张纯根	汪道显	胡蓉芳	张瑞武	黄志祥
	宝志雯	王兆梓	杨学正	侯竹筠	周子寿	袁忠长	谢小平
	吴　峨						
实验员 职　员 职　工	张修身	滕　谊	司启和	崔静宜	田秀兰	周翠宝	阎淑芝
	李宝茹	赵鑫荣	齐正平	陈兰英	何书华	赵混成	吴宝兴
	张志斌	秦荃华	孙桂兰	陈福安	王文志	王如泉	徐光宝
	刘士祥	张香改	常凤娥	何　江	杜龙生	孙秀花	李承仪
	崔子经	柏正凯	陈宜林	杜炳孝			

（资料来源：清华大学电机系：《清华电机系七十周年系庆纪念集》，第 76 页）

图 6-11　1963 年元旦，电机系部分教师和干部合影①

（左起：吴维韩、郑维敏、王先冲、王遵华、高景德、范崇武、黄眉、章名涛、程式、杨津基、顾廉楚、张芳榴、张仁豫、蔡宣三）

① 清华大学电机系：《清华电机系七十周年系庆纪念集》，35 页。

三、课程设置

解放后至1952年院系调整前，清华大学仍是一所具有浓郁人文氛围的综合性大学，在教学上秉承解放前的“通识教育”模式，其“教学方针是兼容并包，每系除必修课外，学生有充分的自由去选修感兴趣的外系课程，甚至不选修、不要学分去旁听也可以，而以扩大知识面为目的”①。如董达生（1952电机）回忆：“当时，清华已是综合性大学，在‘大一’还开设‘大学语文’，我还选修外语系由杜秉正主讲的‘英文翻译教程’，期末考试是将罗曼·罗兰的诗译成韵文。母校很重视人文教育，使我们深受其益。在1982年我和盛剑桓教授（53电机）合译一本英文研究生教材《网络分析与综合——一种现代系统理论研究法》（高等教育出版社出版，1984），当时高教社的编审农植伟（51电机）对我们讲：这本教材，你们俩各译一半，但阅读起来如出一人，而且一气呵成。感谢母校通过教学与实践提高了学生中、英文的表达能力，使我们‘师兄弟’在翻译英文教材时竟如有‘相似的文格’，深感加强文科教育的极端重要性。”②除加强人文教育外，学生还注重理工学科之间的交叉学习，其中“物理系的课程是大家爱选修的广阔天地，除久负盛名的周培源先生的理论力学、电动力学，王竹溪先生的热力学，余瑞璜先生的光学，雷炳枢先生的近代物理外，新回国的钱三强和彭桓武先生带回国的新课程则是原子物理和量子力学”③。

关于专业课程的设置，这里以电讯组为例。这一时期，“电讯组教师除了常先生讲授‘无线电原理’和‘电波学’，闵先生讲授‘电讯网络’外，还有马世雄先生讲授‘应用电子学’，先是胡筠后是王先冲先生讲授‘电报电话学’。吴白纯先生和王华俭先生负责‘实用无线电’课程的讲授和实习。曹恺孙先生讲授的‘电工测量’和王华俭先生讲授的‘电工材料’则是电力、电讯两组的共同课程。基础课‘电工原理’和‘交流电路’，由

① 姜昌（1949届）：《1946—1949清华电机系电讯组往事纪实》，见陈旭：《往事 真情 厚望：清华大学电子工程系建系五十周年纪念文集》，11页。

② 董达生（1952电机）：《清华物理大师“大一”课堂言熵——半世纪前一次课堂教学的追忆》，载《清华校友通讯》，复51期。

③ 姜昌（1949届）：《1946—1949清华电机系电讯组往事纪实》，见陈旭：《往事 真情 厚望：清华大学电子工程系建系五十周年纪念文集》，11页。

好几位教授轮流讲授。此外吴佑寿先生负责无线电实验,南德恒先生负责电工测量实验,杨弃疾先生帮助闵先生教电信网络。"[①]具体为[②]:"入学后第一学年不分组,主要课程是'普通物理'、'微积分'、'投影几何和工程画'。……当时还有一门有特色的课叫'大课'。讲的是社会发展史、辩证唯物主义、政治经济学等内容,也就是后来的政治课。全校学生齐集大礼堂听课。讲课的都是社会科学界最有名的大师,如潘光旦,费孝通,陈岱孙,张奚若,吴晗,吴景超等","这一时期,艾思奇三次来校做动员报告,并指导学习和总结,留下了'艾思奇三进清华园'的佳话"[③];"第一学年结束后分成电力、电讯两组,由学生自由选择",其中电讯组"第二学年第一学期主要课程有'工程力学'、'机械原理'、'电工原理'和'电工数学'。'工程力学'电力组由张维先生讲授,电讯组由一位航空系的老教授讲授。'机械原理'由曹国惠教授讲授……'电工原理'的内容是电磁场,讲课教师是王先冲先生。……'电工数学'是专门为电讯组开的课,也就是高等微积分,内容是复变函数,数理方程和特殊函数。讲课教师是孙念增先生,用的是赵访熊先生著《高等微积分》","第二学年第二学期两组共同的课程是'交流电路',其他都是电讯组的课程,包括'应用电子学'、'电报电话学'等",其中"交流电路"由孙绍先讲授,"应用电子学"由马世雄讲授,"电报电话学"由王先冲讲授。

从前面这些追述可以看出,当时电机系的课程设置是比较合理的,通过文科知识的学习增强学生的思辨能力,通过理科课程的教授来提高学生的自然科学理论水平,为工科学生创新能力的提高打下了坚实的基础。特别重要的是,这种多学科的训练极大地提高了学生的综合素质,这为他们以后应对工作中可能出现的各种挑战无疑产生了深远的影响。同时,"清华教学一贯重视实践环节,实验单独设课,如物理实验、机工实习、热工实验、电磁测量实验、直流电机和交流电机实验等。如电机实验中,'电

① 张克潜(1953届):《回首半个世纪前的一串脚印——清华无线电系建系前后》,见陈旭:《往事 真情 厚望:清华大学电子工程系建系五十周年纪念文集》,50~51页。

② 张克潜(1953届):《回首半个世纪前的一串脚印——清华无线电系建系前后》,见陈旭:《往事 真情 厚望:清华大学电子工程系建系五十周年纪念文集》,51~53页。

③ 方惠坚、张思敬:《清华大学志》,上册,231页。

机实验室的设备及布置’就是一个实验题目。每个实验分预习阶段、实验室工作阶段、终结报告阶段。预习阶段要交预习报告，经指导教师审批认可才行；实验室面积较大，所用的电机功率又较大，在噪音下必须互相用规范的手势联系。实验报告记录每项工作时数，完全按规定格式填写，由指导教师审批判分。实验由 5、6 人组成的实验小组分工协作完成，每个实验总时数少则 6、7 个小时，多则 20、30 小时。”①通过这些实验，使学生们增强了动手能力，受到了严格的实际工作训练。

此外，“三年级课程结束以后的暑期实习，也是接触实际的重要课程。都由系里联系各实习点，让同学们去实习”②。清华校内有很多实习工厂，为学生提供了很大的便利，使其在校期间“学会了车、钻、铣、刨、磨，也学会了锻造、翻砂、锡焊、气焊、电弧焊”③等。另外，电机系还组织学生到东北等地实习，进一步培养学生发现问题、解决问题的能力。如在东北电工一厂实习期间，“孙骆生同学发现仿制的惠氏电桥转换开关的部分电路未接通，用这些电桥将无法测出送电线路的故障点。反映后，工厂就将全部入库的同类电桥都采取了补救措施。”④电机系学生在实践中不仅加深了对理论知识的理解，而且制作成果也具有较强的实用性，如当时由电讯组学生动手制作的扩音机经常被用于解放军入城仪式、党的政策宣传、开国大典等一些重大活动之中⑤。

解放初期，电机系基本沿用早期英美的通才教育模式，但由于专业课程要求严格，学生负担较重，故渐渐无暇顾及其他学科课程的选习。如 1948 年考入清华电机工程学系的王正华回忆：“记得开学后的第一个月，除了选修规定的必修课以外，还在必修课课时以外旁听了金岳霖的‘形式逻辑’和赵访熊为物理系开的微积分；也听过哲学系的讲座。但是在第一次微积分月考试卷发下来以后，发现只考了 59 分，不及格。这对我的打

---

① 《情系清华：清华电机系 50 · 51 级毕业五十周年纪念集》，42 页。

② 《情系清华：清华电机系 50 · 51 级毕业五十周年纪念集》，43 页。

③ 石钟伍：《清华电机系学习生活片段》，见电机工程与应用电子技术系：《清华大学电机系建系 60 周年纪念文集》，83 页。

④ 《情系清华：清华电机系 50 · 51 级毕业五十周年纪念集》，44 页。

⑤ 姜昌（1949 届）：1946—1949 清华电机系电讯组往事纪实，见陈旭：《往事 真情 厚望：清华大学电子工程系建系五十周年纪念文集》，8 ~ 9 页。

图 6-12　1950 年夏，电机系到沈阳东北电工局实习的同学在国庆前夕摄于清华园门前①

击和震动是很大的。进入学校以来还从未考过不及格。于是从第二个月开始，完全放弃了旁听的课程，专心学习必修课程。以后，学校举行了国文和英文考试，免去了部分同学的国文和英文的学习，我也在其内。到第二学期，已经解放，考虑到当时的经济学原理，从教材内容看是资本主义的经济学就停开了这门课程。从此就和工科以外的课程绝缘了。二年级以后度过了基础课的阶段，进入专业课的学习，学习的面就更进一步缩小，学习的课程即使在工科方面也是越来越窄了。”②

1952 年院系调整后，“电机系以莫斯科动力学院和列宁格勒工学院为模式，开始了以‘学习苏联先进经验’为主的教学改革，全面学习苏联高等学校的教育思想、教学方法，学习苏联高校的学生培养目标、学制、教研组设置、专业及课程设置、教材以及讲课、辅导、考试、毕业设计、生产实习等一系列教学环节。从 1952 年秋季开始，按专业制定和修改教学计划及教学大纲”③。1953 年电机工程系发电厂配电网及配电系统专业五年制教学计划见表 6-5。

---

① 《情系清华：清华电机系 50 · 51 级毕业五十周年纪念集》。

② 王正华：《老有所学——随学随记以免忘记》，见《轻舟已过万重山：清华大学电机系一九五二级》，114 页。

③ 方惠坚、张思敬：《清华大学志》，下册，97 页。

表 6-5 1953 年制定(修订)的五年制教学计划

(电机工程系发电厂配电网及配电系统专业)

教学学历表(总周数分配)						周数			
学年	理论教学	考试	教学实习	生产实习	毕业实习	毕业论文	假期		合计
一	34	7					11		52
二	34	7					11		52
三	32	7		7			6		52
四	28	7		7			10		52
五	10	3			8	16	6		43
六									
总计	138	31		14	8	16	44		251

教学进程计划(课程学时分配)

序号	课程	学时数					各学期课内学时数(学时/周)											
		总计	讲课	实验	练习与讨论	设计	1	2	3	4	5	6	7	8	9	10	11	12
1	中国革命史	102	68		34		3	3										
2	马列主义基础	102	68		34				3	3								
3	政治经济学	128	96		32						4	4						
4	辩证唯物主义	56	42		12								4					
5	俄文	340			340		8	4	2	2	2	2						
6	高等数学	412	206	18	188		8	6	6	4								
7	普通化学	102	68	34			3	3										
8	物理学	250	132	82	36			6	5	4								
9	画法几何与工程画	210	54		156		5	3	4									
10	理论力学	174	96		78		4	3	3									
11	材料力学	152	84	16	52				4	5								
12	机械原理及机械零件	230	132	16	18	64				3	7	4						
13	金属工学	196	80	116				3	4	3		2						
14	电工基础	296	146	86	64					8	7	3						
15	电工量计	90	54	36							5							
16	电工材料	54	36	18							3							
17	电力机械	254	138	74	14	28					4	9	4					
18	热机学	126	88	22	16							5	4					
19	水力学及水力机械	84	56	28								3	3					
20	高电压工程	112	70	42									2	6				
21	发电厂配电站的电气	140	84	42		14							4	6				

续表

序号	课程	学时数					各学期课内学时数(学时/周)											
		总计	讲课	实验	练习与讨论	设计	1	2	3	4	5	6	7	8	9	10	11	12
22	电力网及电力系统	126	70	28	14	14							2	7				
23	短路电流	70	42	14	14								5					
24	电力系统稳定	50	40	10											5			
25	电力系统自动化与继电器保护	114	64	38		12								6	3			
26	工业电子学	84	56	28									3	3				
27	动力经济学	42	42											3				
28	动力经济的组织计划	60	52		8										6			
29	保安及防火技术	30	30												3			
30	体育	136			136		2	2	2	2								
31	专门化课程	140	108	20		12									14			
周学时数							33	33	33	34	32	32	31	31	31			
总学时数		4462	2302	768	1240	152												

(资料来源:方惠坚、张思敬:《清华大学志》,上册,112～114页)

从表6-5可以看出,“这一时期开始,清华大学教育工作的一个十分鲜明而重要的特点,是极为重视学生的政治思想教育、人生观世界观教育和马列主义哲学教育。通过多种渠道,多种方式方法,使学生热爱祖国,热爱中国共产党,热爱社会主义,热爱体力劳动,向劳动人民学习,不断克服知识分子的弱点,全心全意为人民服务,不断学习,争取为祖国做出更多更大的贡献等。这些对学生有极为深刻的影响,极大地提高了学生的素质,成为这一代学生的突出特点,使他们终身受益”①。

院系调整后,学校随即展开以苏联教学模式为蓝本的教学改革,着手制定教学计划和教学大纲。“1952年暑假期间,学校举办了一个‘速成俄文’学习班,不少教师参加学习”②,“电机系的教师经过两周突击的俄语

① 清华大学电机系:《清华电机系七十周年系庆纪念集》,53页。

② 吴佑寿(1948届):《建系初期的教学改革》,见陈旭:《往事 真情 厚望:清华大学电子工程系建系五十周年纪念文集》,33～34页。

速成学习，借助字典，翻译了苏联教材，作为教科书”①，如巴比科夫著的《电器学》等②。此外，孙明慧等在回忆父亲孙绍先时也曾谈及：“1952—1953 年，全校组织学俄文。40 岁的父亲以极大的努力速成，成为全校俄语学习标兵，并应约在《光明日报》上发表学习俄语的心得。为了教改，他又以极大的热情，翻译出版了当时国内急需的俄文教材，如《农业电力网》、《调节变压器在电力网中的应用》等书”③。对于苏联教材的使用在当时获得了一些肯定，即“苏联教材突出的优点是理论上是先进的，并且与生产实践有联系。教授们反映，英美大学的教本在许多重要的地方是含糊不清的，或是因技术上的专利权而避而不谈，有时则列举了各种公司的出品式样，而没有综合的分析及设计的方法。这些课程在学习了苏联教材以后，内容有了很大改进”④。

在电机系教师的共同努力下，没过几年“就把培养五年制大学生的各个主要教学环节基本按苏联模式实践了一遍，使教学工作基本上‘过了河’”⑤。如，“1956 年夏，苏联专家奥梅里钦柯回国，电器教研组的教师，按五年制电机与电器专业的教学计划，独立承担电器专门化的全部教学工作。开设了电器学、低压电器、继电器、高压电器、磁放大器、电器制造工艺等 6 门课程。建立了高压电器和振荡回路实验室、继电器、低压电器等实验室。按教学计划完成了所有的课程设计、生产实习、毕业实习、毕业设计等教学环节。”⑥

当时学习苏联的教学模式，虽然给国内教学提供了经验，但由于全盘照搬也带来了一些弊端。例如，一些学者后来曾对此进行了客观的分析，即“对于这一时期的教育工作，包括学习苏联先进经验的成绩和不足有：1）培养目标明确，即培养满足社会主义建设需要的技术干部，但工科内容过重，全面综合素质培养不够。2）学生的培养过程有了明确的教学计划，

---

① 清华大学电机系：《清华电机系七十周年系庆纪念集》，54 页。

② 蔡宣三（1950 电机）、钱家骊（1953 电机）：《清华大学电器教研组的一段历史》，载《校友文稿资料选编》，第 13 辑。

③ 史际平、杨嘉实、陶中源等：《家在清华》，213 页，济南，山东画报出版社，2008 年。

④ 何东昌：《清华大学关于学习苏联先进教育经验取得初步成效的报告》（1952 年 11 月），见陈大白：《北京高等教育文献资料选编（1949—1976）》，116 页。

⑤ 清华大学电机系：《清华电机系七十周年系庆纪念集》，54 页。

⑥ 蔡宣三（1950 电机）、钱家骊（1953 电机）：《清华大学电器教研组的一段历史》，载《校友文稿资料选编》，第 13 辑。

但计划过死，学制又偏长，少培养了不少学生。3）对每门课程、每个教学环节的内容都有了明确的要求，相当大地加强了基础课和技术基础课，特别是电工基础、电机学、工业电子学、调节原理等内容上大为充实。4）过分强调教师与学生的专业，限制了发展的空间。5）贯彻了理论联系实际的原则，加强了实验、实习、设计、专业课等教学环节。当时国民经济发展快，技术干部很缺，工厂、企业的培训能力很差，要求学生毕业之后，很快就能承担工程技术工作。但专业窄而专，分配工作常无法对口。6）讲课过细，灌输又多而创新培养不足。7）由于政治形势的要求，片面认为苏联科技在世界上全面先进，几乎完全屏蔽了美、英、德、法等国的科学技术。外语能力培养不够，特别是几乎拒绝英语。8）提出健康第一，加强学生体育活动，伙食不断改善，学生体质有所增强。9）学生政治工作加强。这些情况在以后的1958—1965年间甚至更长时间内，虽然在不同方面有或多或少的改变，但总体说来，格局未变”①。

针对当时存在的问题，电机系的一些学生后来亦有相关的记述。如赵元康（1957电机）回忆：“当时的教学计划全面学习苏联，学制由4年改为5年，课程设置也基本照搬。教材大多是从大厚本的俄文教材刚刚翻译过来的，内容多，程度深，译文艰涩难懂，使我们的学习负担很重，常常要开夜车，有的同学还得了神经衰弱症。后来学校花很大力气，采取很多措施，老师们也改进教学方法来减轻学生的学习负担，情况才逐渐好转。”②贺美英（1961电机企11班）在回忆中也提出：“大一的学习是最紧张的，因为还没有适应大学的学习生活。一是上课跑教室……三是讲课进度快，数学教材还是翻译苏联的，有许多复合句看起来很吃力。”③

1958年，清华大学根据中共中央、国务院提出的“教育为无产阶级政治服务，教育与生产劳动相结合”的方针，开始了对中国式高等教育之路的探索④。这一时期电机系师生听从号召，全力投入到生产劳动中去，通过实践使队伍得到了锻炼。如，该年3月“电机系的许多师生与全校师生

① 清华大学电机系：《清华电机系七十周年系庆纪念集》，55页。

② 赵元康（1957电机）：《我们那个年代》，载《清华校友通讯》，复57期。

③ 贺美英（1961电机企11班）：《大学生活》，载《校友文稿资料选编》，第13辑。

④ 清华大学电机系：《清华电机系七十周年系庆纪念集》，56～57页。

图 6-13　1962 年部分毕业同学合影(2 排左二为贺美英,3 排为陶森)[①]

一道参加了十三陵水库工地的劳动,留校师生开始勤工俭学,按照教学、科研、生产的需要,自行设计、制造交流计算台;与动力系、土建系师生一起建设发电厂;与机械系师生一起自行设计制造了采用国产材料的程序控制铣床,并于 1958 年 8 月投入了使用。毕业班的学生结合实际生产任务进行毕业设计,称之为‘真刀真枪’毕业设计,密云水库白河水电站的设计和施工、清华园供电网的改进、新型补偿式电流互感器的研制等都是毕业设计的课题。系里的教授们参加指导和具体的工作,发挥了作用。另外,还派出了师生小分队到河南登封县(按:今为登封市)去‘支援地方工业化,技术下厂,与工农结合,改造思想’。艾维超、童诗白、肖达川、周汝潢、杨陵康等参加”[②]。而且,1958 年电机系“师生一起动手自行设计制造交流计算台和电子计算机程序控制立式铣床,是当时学校比较早研究制造的高技术成果。彭真、刘仁等北京市领导多次带人来参观。周恩来总理和陈毅副总理陪同金日成首相也来参观过”[③]。此外,1959 年 6 月人大会场主席台机电部分除抽调清华两名教师参加设计安装工作外,为了保证该项工程按期完成,高等教育部又抽调了部分电机系四年级学生[④]。据

① 贺美英(1961 电机):《大学生活》,载《校友文稿资料选编》,第 13 辑。

② 清华大学电机系:《清华电机系七十周年系庆纪念集》,57 页。

③ 方惠坚、张思敬:《清华大学志》,下册,101 ~ 102 页。

④ 清华大学校史研究室:《清华大学史料选编》,第 6 卷第 1 分册,494 页,北京,清华大学出版社,2007。

统计,“(一)1958/59 年度第一学期各系学生理论学习与参加生产劳动的人数如下:电机系全时学习的 72 人,半工半读的 803 人,全时劳动的 28 人,科研设计 457 人;(二)各系在校外进行生产劳动,科研设计的人数如下:电机系 23 人;根据暑假所订教学计划各系因全时劳动的学生人数应为 1191 人,故 2203 人中有 1012 人是由原来全时学习或半工半读临时改为全时劳动的。计有:电机系 28 人;(三)1958/59 年度第二学期(即下学期)各系学生理论学习与参加生产劳动的人数如下:电机系全时学习的 185 人,半工半读的 803 人,全时劳动的 72 人,科研设计 300 人”。①

图 6-14　电机系学生进行综合电厂设计(1958 年)②

电 8 王伯翰設計交流接触器

性能好　寿命长　結构簡　材料省

电 8 共青团員王伯翰在畢業設計中接受了北京电机厂关于試制交流接触器的設計任务。由于他認識到这个設計任务的重要意义，在設計工作中發揮了敢想敢干的共產主义風格，設計出的交流接触器据估計比原有產品的性能好，寿命將增加10倍，而且結構簡單，加工方便，並且因尺寸減小而节省了材料。同时他改進了滅弧室和触头的佈置，使產品的檢查与調整容易得多。北京电机厂已决定采用該設計，並正在試制中。

交流接触器在工業傳动中有廣泛的用途，年產量达百万台。現在的產品問題比較多，还落后于世界先進水平。王伯翰同志面对这种情况，有信心有决心地接受了北京电机厂的設計任务。他認真鑽研了苏联类似產品的新型結構，深入考虑改進結構中的問題，仔細比較优缺点，並結合我國的制造水平，采用了苏联的新結構，終于开出了畢業設計中的花朵來。

图 6-15　《新清华》报道电 8 王伯翰设计的交流接触器③

---

① 《1958—1959 年度各系学生理论学习与生产劳动情况》(1958 年 12 月 30 日),清华大学档案,全宗号 2,目录号校 3,案卷号 255。

② 清华大学档案馆提供。

③ 《新清华》,第 320 期,1958 年 7 月 11 日。

图 6-16 电机系学生制造镇流器（左上图为产品一角）[①]

图 6-17 电机系制成的电子模拟计算机[②]

图 6-18 电机系学生在密云水库工地做设计[③]

① 《新清华》，第 265 期，1958 年 3 月 13 日。

② 《新清华》，第 317 期，1958 年 7 月 7 日。

③ 《清华大学一览》，1959 年。

图6-19　电工学教研组设计了多个电动模型，以形象说明电机、电气的控制线路，提高了教学质量（正在用自动电梯控制线路模型进行教学）①

教育与生产劳动相结合的教育方针在当时取得了一定的成效。如陈钦萍（1961 电机）回忆："我们班是电机制造专业，四年级时，学校提出'真刀真枪搞科研、搞设计'，要求把课堂知识用到实际中。系里分配我到'大电机'科研组，该组共 14 人，由刘子桢老师具体领导，其中一半（7 人）派到北京重型电机厂参加 25000 千瓦汽轮发电机的设计制造；另一半人在校内'土电厂'参加 1500 千瓦汽轮发电机的安装调试运行。我属于第一组，派到工厂，吃住在北重厂达一年之久。当时虽然是'三年困难'时期，大家仍热情高涨，十分投入。该课题一直延续到毕业，取得了制造成功和发电成功的成果并写出了若干专题论文。毕业时，全课题组被学校评为'先进科研'集体，在工字厅受到蒋南翔校长等校领导的亲切接见并合影留念。"②

对当时的情形，贺美英（1961 电机企 11 班）后来也回忆："毕业班真刀真枪搞毕业设计，低班同学在高班带领下参加各种劳动。我们企 11 参加了 1.7kW 和 28kW 电机的生产、程控铣床计算机的调试、土电厂的建设、大剧院的设计等。……参加土电厂建设的组自制变压器，为了节省铜导线留的余量很小，陈欣欣负责绕线圈，击穿 13 次才取得成功。大家在劳动中也很有创造性。……企 12 许多同学参加电机下线工作，许世道同学在下线过程中，积极探索并总结经验，发明了一个计算绕组的公式，得到老师的肯定。我和乔国良、杨振铭三人负责 28kW 电机（为炼钢用）的转子铸铝……这种电机我们共生产了 10 台"③。

① 《清华大学一览》，1960 年。
② 陈钦萍（1961 电机）：《平凡而又多彩的人生》，载《校友文稿资料选编》，第 11 辑。
③ 贺美英（1961 电机企 11 班）：《大学生活》，载《校友文稿资料选编》，第 13 辑。

图 6-20 蒋南翔校长等校领导接见课题组学生。前排左起：李寿慈（副校长）、艾知生（副书记）、刘冰（第一副书记）、蒋南翔（校长）、胡健（副书记）、陈士骅（副校长），二排中为高沂（副书记）①

图 6-21 先进“科研集体”在大礼堂前合影（后排中是指导教师刘子桢）②

这一时期，电机系“各教研组都编写了大量的教科书和教材，有的还是教育部的统编教材，如范崇武编写的《电机设计》，章名涛主编的《电机学》（上、下册，1964 年出版），高景德编著的《交流电机过渡过程及运行方式》和他主编的《电力系统动态模拟论文集》”③。其中，章名涛主编的《电机学》

① 陈钦萍（1961 电机）：《平凡而又多彩的人生》，载《校友文稿资料选编》，第 11 辑。

② 陈钦萍（1961 电机）：《平凡而又多彩的人生》，载《校友文稿资料选编》，第 11 辑。

③ 方惠坚、张思敬：《清华大学志》，下册，97 页。

"是国内学者自己编著的第一本《电机学》书籍"①,"1964 年该书由科学出版社出版发行,受到高等学校师生和工厂企业工程技术人员的好评,出版后一再重印。截至70 年代末已累计发行了 31 万余册,创造了同类书籍印数之最。"②据统计,自 1961 年春至 1962 年 11 月底,电机系主编教材 3 种、4 人参加、编写字数总计 109.4 万,参加其他单位主编的教材 1 种、6 人参加③。1961 年初至 1962 年底出版教材中由电机系教师主编(包括编写、编译)的教材有《自动远动电器》(二分册,24.7 万字),《电力系统自动化及远动化》(上下册,51.6 万字)等④。此外,"电工学等教研组注意教学方法研究,开展'少而精'教学,多次受到学校表彰和奖励"⑤。如,1963 年电机工程系童诗白(教授)、王缉祥(助教)获教学工作优良奖状⑥。

全校9月3日开学上课
1400多名新同学即将到校
电机系编印一批重点课新教材
大力提高外语水平
外语教研组加强低班基本训练
自动控制系新開六門課程

图 6-22 《新清华》报道章名涛主编的"电机学"、童诗白编著的"电子技术基础"先后出版⑦

院系调整后,清华大学对学制也进行了改革,"从 1952—1953 学年度起,改为实行五年制,规定修业年限为 5 年(建筑系建筑学专业学制为 6

① 朱东起(1959):《深切怀念章名涛先生》,载《校友文稿资料选编》,第 12 辑。

② 朱东起(1959):《深切怀念章名涛先生》,载《校友文稿资料选编》,第 12 辑。

③ 《关于"我校教师参加教材工作会议"的统计资料》,清华大学档案,全宗号 2,目录号校 3,案卷号 135。

④ 《关于"我校教师参加教材工作会议"的统计资料》,清华大学档案,全宗号 2,目录号校 3,案卷号 135。

⑤ 方惠坚、张思敬:《清华大学志》,下册,97 页。

⑥ 《校务委员会关于表扬一批认真贯彻"少而精"原则,教学上有显著成效的教师的决定——1962—1963 年度第六次会议通过》(1963 年 2 月 11 日),见清华大学校史研究室:《清华大学史料选编》,第 6 卷第 3 分册,271 页,北京,清华大学出版社,2009。

⑦ 《新清华》,第 643 期,1962 年 9 月 6 日。

年）;1958—1959 学年度开始实行六年制，1958 年以前入学的学生实行过渡计划，建筑系和新技术专业的系科修业年限为 6 年，其他系科为 5 年半”①。随着学制的延长，电机系“教学计划中数学、物理、化学等基础课，电工基础、电机学、电子学等技术基础课都有所加强。教学实践环节也大大加强，如学生有三次各 6 ~7 周的生产实习和毕业实习，2 ~4 个课程设计和半年时间的毕业设计”②。教学与生产劳动相结合使学生的实际动手能力得到了加强，“但当时劳动过多、过长，影响了理论课的学习，也使许多课程的系统性受到影响”③。

1964 年，“毛泽东在春节座谈会上作了关于‘学制要缩短’的指示”④，次年 3 月 27 日清华大学“校党委扩大会议原则通过《关于教学改革的原则规定（讨论稿）》，其中规定，学制：除个别专业 5 年半及 4 年以外，其余专业均为 5 年制。多数专业从 8 字班（三年级）前后改为 5 年半，并尽快地改为 5 年制。少数专业可以从 9 字班（二年级）起改为 5 年半，并待中学外文水平提高以后改为 5 年制。试办一个 4 年制半工半读农用机电专业。5 年制全日制教育方案为：实践环节 71 ~76 周（其中劳动、四清、军训共 34 周，实习、专业劳动共 13 ~18 周，毕业设计 24 周），假期 30 周，理论教学上课时间约 135 ~140 周（每周必修课课内外总学时不超过 44 小时）、考试时间 11 ~13 周”⑤。同年，3 月 27 日—4 月 17 日，清华大学举行第 15 次教学研究会，“何东昌在会上做《关于当前教学改革工作的几点意见》的报告。他指出：‘现阶段教学改革的中心任务，是在毛主席教育思想和党的教育方针指导下，把“四个改革”（学制、课程、教学方法、考试的改革）落实到教研组和人’，‘使学生在德育、智育、体育诸方面得到生动活泼和主动的发展’。”⑥根据学校教学方针的改变，电机系也做出了相应调整，其中 1965 年电机工程系发电厂电力网及电力系统专业的教学计划见表 6-6。

---

① 方惠坚、张思敬：《清华大学志》，上册，98 页。

② 清华大学电机系：《清华电机系七十周年系庆纪念集》，58 页。

③ 贺美英（1961 电机企 11 班）：《大学生活》，载《校友文稿资料选编》，第 13 辑。

④ 方惠坚、张思敬：《清华大学志》，上册，98 页。

⑤ 清华大学校史研究室：《清华大学一百年》，276 页。

⑥ 清华大学校史研究室：《清华大学一百年》，276 页。

表 6-6　1965 年制定（修订）的五年制教学计划

（电机工程系发电厂电力网及电力系统专业）

教学学历表（总周数分配）							周数				
学年	理论教学	考试	公益劳动	生产实习	金工劳动	毕业设计	军训	农业劳动	假期	机动	合计
一	35	3	2				4		7	1	52
二	32	3	1		8				7	1	52
三	32	3					2	7	7	1	52
四	26	2	1	15					7	1	52
五	13	1	1			22		6	2	1	46
六											
总计	138	12	5	15	8	22	6	13	30	5	254

教学进程计划（课程学时分配）

序号	课程	学时数					各学期课内学时数（学时/周）											
		总计	讲课	实验	练习与讨论	设计	1	2	3	4	5	6	7	8	9	10	11	12
1	马列主义基础理论	192	192				2	1.5			2	2	4	1				
2	思想政治教育报告	138	138				1	1	1	1	1	1	1	1	1			
3	外国语	268			268		4	4	4	4								
4	体育	157			157		2	1	1	1	1	1	1	1	1			
5	高等数学	365	239		126		7	6	7				3.5					
6	普通物理	224	139	28	57			3.5	8	3.5								
7	普通化学	57	19	38			3											
8	画法几何与工程画	140	38		102		4	4										
9	金属工学	16	16						1									
10	理论力学	107	58		49					5.5								
11	材料力学	82	50	8	24						5							
12	机械原理与机械零件	98	46	8	16	28						4.5	2					
13	电工基础	218	118	46	54					6.5	5.5							
14	电工量计	56	28	28									4					
15	电机学	199	128	39	32						6	6.5						
16	工业电子学	177	84	37	14	42						6	2	3.5				
17	保安及防护技术																	

续表

序号	课程	学时数					各学期课内学时数(学时/周)											
		总计	讲课	实验	练习与讨论	设计	1	2	3	4	5	6	7	8	9	10	11	12
18	热力动力装置	30	30											2.5				
19	电力网和电力系统	66	35		7	24							3	2				
20	发电厂及配电站电气部分	106																
21	高电压工程		54	32		20								5	3.5			
22	电力系统过渡过程	82	50	13	19									4	2.5			
23	继电保护自动化	181	83	65		33								1.5	12.5			
周学时数							23	21	22	21.5	20.5	21	20.5	21.5	20.5			
总学时数		2959	1545	342	925	147												

(资料来源:方惠坚、张思敬:《清华大学志》,上册,117~119页)

四、人才培养

新中国成立之初百废待举,当时的工业状况急需大批工科人才充实到各条工业战线中。然而当时国内工程技术人员及教学科研人员极其匮乏,如“1952年底全国总人口近5.75亿人,其中科技人员仅42.5万人,全国平均每万人口中不到7个半科技人员”①。同时,在这些科技人员中,高端的科学研究人员所占比例仅2%左右,这与建设强大的新中国极不相称。如何快速、有效地培养工程技术人才及高端科研人员成为一项迫切的重要任务。而“清华原来是全国基础较好,学术水平较高的学校之一”②,且20世纪30年代以来其工学院得到了较大发展,处于当时国内领先地位,是新中国培养工科人才的理想之所。因此,解放后清华大学理工科学生招生人数较之解放前迅速扩充。如,1949年清华大学制订了《清华大学1950—1953年发展计划》,其中发展的总方针为:“本大学计划在十五年左右发展成一个能容纳二万学生的综合性大学,发展计划所根据

① 金富军:《蒋南翔校长与新技术专业设立》,载《清华人》,2008年第5期。

② 《清华大学工作检查汇报(草稿)》(1954年11月6日),清华大学档案,全宗号2,目录号校1,案卷号55002。

的原则是：‘密切配合国家的经济建设和文化建设的需要，尽量经济地和合理地利用本校原有的物质和师资的基础。’根据这个原则，从我国经济恢复到经济建设高潮的时期内，本大学为了适应国家对于经济建设干部的大量需要，将以理工为主，做急速的数量上的扩充。”[①]

清华大学电机系于1949年度录取一年级新生126人[②]；1950年度录取本科一年级新生124人，另有转学生5人及研究生1人[③]。1952年以前，电机系的学生仍分为电力组和电讯组，科学技术课程与解放前基本相同[④]。据钱家骊（1953）回忆：“1950年秋，新中国建立后的第一年，我们班学生进入大学了。清华电机工程系一年级入学学生100人，北大工学院电机工程系入学学生76人。以后人员不断变化，先后至少有202位学生在我班生活和学习过，这些学生中包括转校、转系和转班的学生，当然，转进转出都有。”[⑤]学制方面，“1948至1951年进校的学生按旧清华的规定，本来都是四年制，分别应于52、53、54和55年毕业，但除了52届和55届外，因为国家急需人才，1949和1950年进校的学生都提前一年，按三年制分别于52年和53年毕业离校，参加工作。”[⑥]1949年至1952年电机系本科毕业人数分布如图6-23所示。

1952年，“北京大学工学院的电机工程系和燕京大学的机电系并入清华大学电机工程系”[⑦]，“调整后的电机工程系设电机及电器、发电厂配电网及配电系统和工业企业电气化三个专业，各招生60人”[⑧]。由于当时电讯组独立为无线电系，因此部分学生亦随之由电机系转出，如张克潜（1953届）回忆：“秋季开学后，我们53届（1950年入学）和比我们低一年级的55届学生（1951年入学）一起从电机系转入无线电系。但那时，许

① 《清华大学1950—1953年的发展计划》（1949年），清华大学档案，全宗号2，目录号校1，案卷号49012。

② 清华大学教务处：《历年录取新生名册（一）》（1947—1952，1956—1959），清华大学档案，全宗号2，目录号校办3，案卷号020。

③ 清华大学教务处：《历年录取新生名册（一）》（1947—1952，1956—1959），清华大学档案，全宗号2，目录号校办3，案卷号020。

④ 清华大学电机系：《清华电机系七十周年系庆纪念集》，54页。

⑤ 钱家骊（1953）：《我们的电53班/无53班》，载《清华校友通讯》，复47期。

⑥ 吴佑寿（1948届）：《建系初期的教学改革》，见陈旭：《往事 真情 厚望：清华大学电子工程系建系五十周年纪念文集》，30页。

⑦ 方惠坚、张思敬：《清华大学志》，下册，91页。

⑧ 方惠坚、张思敬：《清华大学志》，下册，91页。

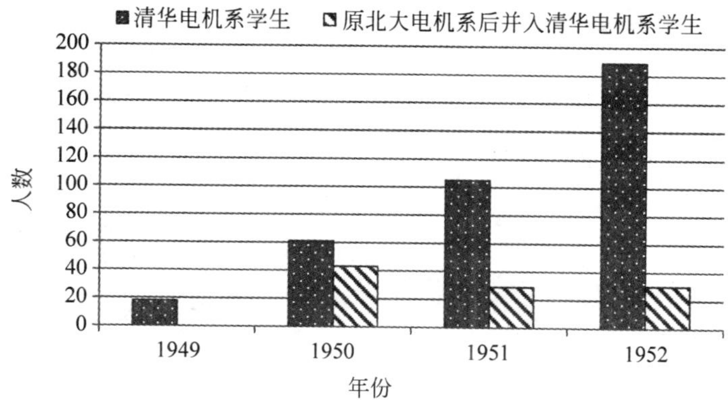

图 6-23　1949—1952 年清华大学电机系本科生毕业人数分布图

（资料来源：清华大学电机系：《清华电机系七十周年系庆纪念集》，78 页）

图 6-24　电机（1949）黄大昊、关定华、张履谦、姜怀棠、王浚国等①

图 6-25　1952 届电机系制造组学生在清华大学体育馆前合影②

① 王浚国（1949 电机）：《图片故事 六十年前的一张照片》，载《清华校友通讯》，复 59 期。

② 焦雄华（1952 电机）：《忆 60 年前国庆》，载《校友文稿资料选编》，第 15 辑。

图 6-26 1950 年 6 月电机系教职工与 1950 级毕业班合影

(前排左起：王遵华、彭书庆、马世雄、杨津基、周维铭、范崇武、章名涛、闵乃大、黄眉、唐统一、曹恺孙、常迥、宗孔德，(二排左三)吴佑寿，(二排右一右二)杨弃疾、朱成功，(三排左一)江载芬，(四排右二)陈汤铭，(后排左三)温宏庚)①

多工作特别是学生工作还是与电机系合在一起的，有时称为'电无系'。与此同时，两届北大电机系的学生合并过来。班上的人数翻了一番。"②据统计，1952 年电机系招生 300 余人，至 1955 年，电机工程系在校学生人数达千余人③。

图 6-27 电机系 1955 届电 51 班于大礼堂前④

① 《情系清华：清华电机系 50·51 级毕业五十周年纪念集》，18 页。

② 张克潜(1953 届)：《回首半个世纪前的一串脚印——清华无线电系建系前后》，见陈旭：《往事 真情 厚望：清华大学电子工程系建系五十周年纪念文集》，54 页。

③ 《清华公报》，第 18 期，1955 年 11 月 23 日。

④ 《94 周年校庆掠影》，载《清华校友通讯》，复 52 期。

同时，“按照1951年11月全国工学院院长会议提出的‘今后工学院招收新生应有二分之一以上是专修科学生’的精神，电机系于1952年举办了发电和输配电两个专修科，五个班共120人”①。1953年，电机工程学系“设立三年制电器研究班（师资培训班），招收研究生16人：包括提前留校的电5学生徐弘微、高本贤、冯元琨、李允武4人。其余12人大部分系各校1953届电机系毕业生，来自交大、浙大和清华等，包括：张节容、方棣棠、王宝龄、程肇基、张德馨、戈以荣、雷良钦、戴自忻、吴健昌、朱祖慈、张汉扬和俞尚知等”②。1957年暑假，电机工程学系毕业研究生9名，其中高电压技术专业8名、发电厂及电力网专业1名③。此外，这一时期国内其他高校为筹备电器教研组也选派部分教师来清华大学电机系进修，如“交大讲师何金茂，华中工学院讲师刘绍峻，助教程礼椿，重庆大学讲师王孝祥，助教罗先知，天津大学助教钟永琛，西北大学助教杨永臻，湘潭电校赵士魁，浙江大学周文，山东工学院唐锡祺等”及“当时国内最大的高压开关厂——沈阳高压开关厂的朱鸣海、杨树藩、虞恬、沈聿修等骨干工程师，以及北京开关厂杨希武、一机部电工局贺以燕等工程技术骨干”④。同一时期，电机系其他教研组也接收了不少进修教师。

1956年9月，清华大学增设高电压工程专业，“并从发电输配电专业1959年、1960年、1961年毕业生中各抽出一个班（30人）学高电压工程专业”⑤。1957年7月12日，高等教育部同意清华大学将运用学专业改称为运筹学专业，招生名额调整为40人（由燃气轮机专业中调出10人），列为国防专业⑥。

---

① 清华大学电机系：《清华电机系七十周年系庆纪念集》，53～54页。

② 蔡宣三（1950电机）、钱家骊（1953电机）：《清华大学电器教研组的一段历史》，载《校友文稿资料选编》，第13辑。

③ 《清华公报》，第38期，1957年9月14日。

④ 蔡宣三（1950电机）、钱家骊（1953电机）：《清华大学电器教研组的一段历史》，载《校友文稿资料选编》，第13辑。

⑤ 《高等教育部关于同意清华大学增设高电压工程专业的复函》（1956年9月7日），清华大学档案，全宗号2，目录号校3，案卷号093。

⑥ 《高等教育部关于同意清华大学将“运用学”专业改称为“运筹学”专业等事宜的复函》（1957年7月12日），清华大学档案，全宗号2，目录号校1，案卷号57006。

在1957年的整风和反右运动中，电机工程系的部分学生被划为右派分子，遭受了较为严重的处分。如1958年2月校务委员会开除右派分子6人①；该年毕业生中被定为右派分配工作待考察处理者②：发电厂电力网及电力系统专业2名、工业企业电气化专业5名、电机与电器专业2名。1959年暑假，电机系学生中被定为右派以不毕业论分配工作者13人③；1961年寒假，电机系学生中被定为右派以不毕业论分配工作者8人④。"1959年党中央发出关于分期分批摘掉右派分子帽子的指示，到1962年，电机系的绝大多数被定为右派的分子都已摘掉了帽子，但在'左'的思想影响下，摘掉右派帽子的同志仍被不公正地另眼相看"（这一问题直至改革开放后才得到全部改正）⑤。

为培养"有社会主义觉悟的劳动者"，一些班级增加了劳动时间，称为"长工班"⑥。据统计，电机系历届"长工班"半工半读人数达98人⑦，"同学们都能做到认真参加劳动，不怕脏、不怕累，车间领导及工人同志们的反映都是较好的，同学们的热情也很高，和师傅的关系较好。师傅们反映说，同学们都肯干，感到与从前来实习的做法不同，觉得这样很好，很愿意教同学。"⑧同时，"这段时间，电机系每年招生180～200人，电机系学生入学成绩仍很好；应当说明，由于一些保密系极为重视学生的家庭出身和社会关系，电机系反倒可以招到一些当时被认为家庭出身不够好或社会关系复杂的学习特优生，如被称为清华'千里挑一'的刁颐民、倪以信等。"⑨据统计，1963—1964学年度电机工程学系本科入学新

① 《清华公报》，第49期，1958年6月6日。

② 《清华公报》，第54期，1958年10月10日。

③ 《清华公报》，第63期，1959年9月8日。

④ 《清华公报》，第77期，1961年3月27日。

⑤ 电机工程与应用电子技术系：《清华大学电机系建系60周年纪念文集》，30页。

⑥ 清华大学电机系：《清华电机系七十周年系庆纪念集》，58页。

⑦ 《历届"长工班"半工半读班级、人数、时日统计》，清华大学档案，全宗号2，目录号校3，案卷号170。

⑧ 《1962—1963年度第二学期电51班"长工班"劳动情况简报（第三期）》（1963年4月16日），清华大学档案，全宗号2，目录号校3，案卷号170。

⑨ 清华大学电机系：《清华电机系七十周年系庆纪念集》，58页。

生 175 人①,其地区分布如图 6-28 所示。1964 年,电机系总人数 977(不包括大一学生人数(9 字班)),因材施教 69 人,占 7%②。此外,电机系“还招收了一批朝鲜、越南、老挝等国的留学生”③,如“1963—1965 年度,越南留学生胡克绍到自动装置教研组进修,导师为蔡宣三,主攻磁放大器”④。1952—1965 年度清华大学电机系在校本科生人数及变化趋势如图 6-29 所示。

电机系“1950 年起开始批量招收和培养研究生。截至 1965 年共招收研究生 145 名”⑤。1952 年至 1965 年电机系研究生毕业人数分布如图 6-32 所示。

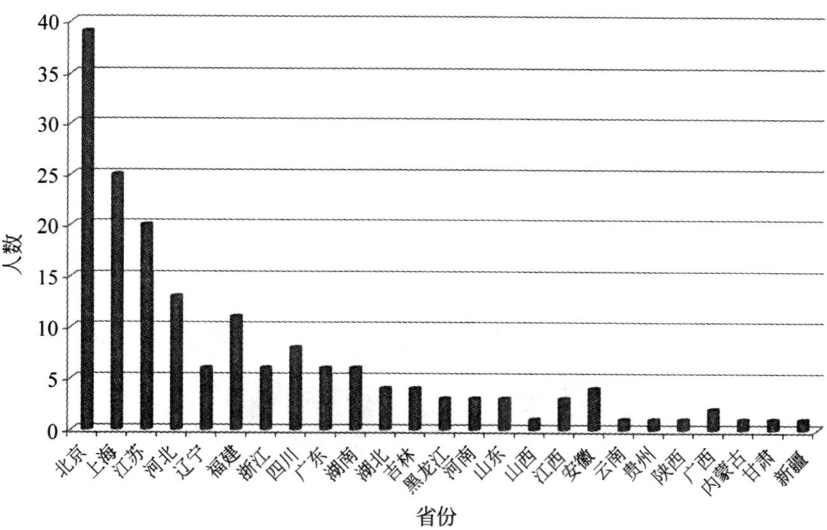

图 6-28　1963—1964 学年度电机工程学系本科入学新生地区分布图

(资料来源:《清华大学一览》,1963—1964 年)

---

① 《清华大学一览》,1963—1964 年。

② 《全校各系因材施教人数表优秀生统计》(1964 年),清华大学档案,全宗号 2,目录号校 3,案卷号 202。

③ 清华大学电机系:《清华电机系七十周年系庆纪念集》,58 页。

④ 蔡宣三(1950 电机)、钱家骊(1953 电机):《清华大学电器教研组的一段历史》,载《校友文稿资料选编》,第 13 辑。

⑤ 方惠坚、张思敬:《清华大学志》,下册,99 页。

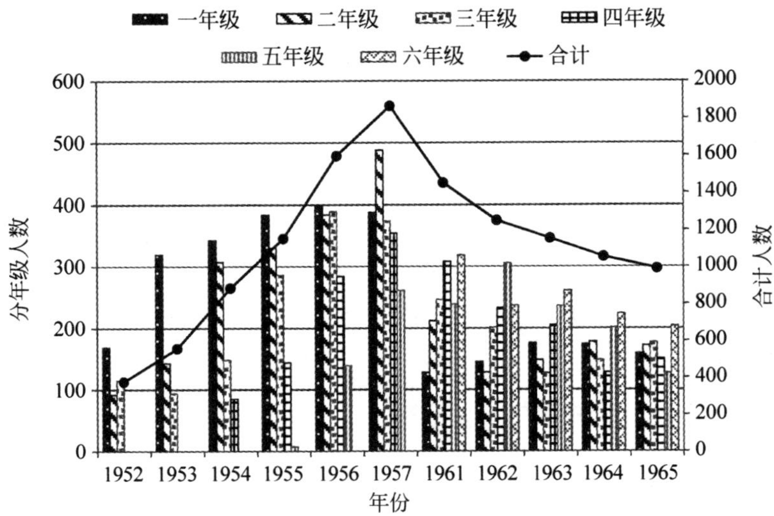

图 6-29　1952—1965 年度清华大学电机系在校本科生人数分布及变化曲线图

（资料来源：教务处学生人数统计（1946—1966 年度），

清华大学档案，全宗号 2，目录号校 3，案卷号 041）

图 6-30　蒋南翔校长和清华 1962 年电机系毕业生在一起①

① 清华大学档案馆提供。

图 6-31 清华大学电机工程系电机制造专业 64 届毕业留念①

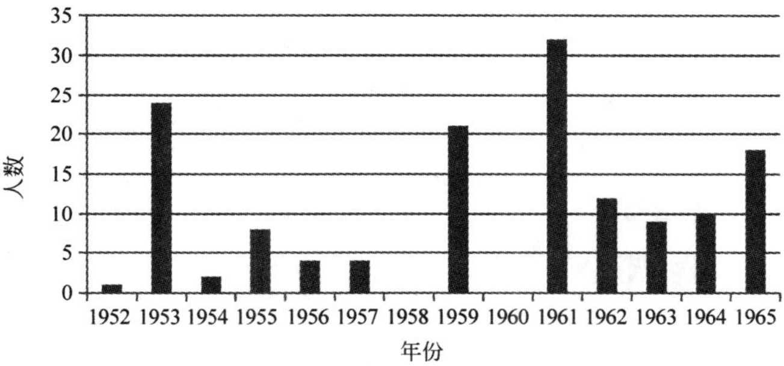

图 6-32 1952—1965 年电机系研究生毕业生人数分布图
（资料来源：方惠坚、张思敬：《清华大学志》，下册，98 ~ 100 页）

图 6-33 1965 年电机系全体研究生及校领导和系内教授合影（第二排左起高景德、童诗白、王先冲、黄眉、范崇武、张维、赵访熊、张子高、刘仙洲、蒋南翔、刘冰、胡健、何东昌、艾知生、王宗淦）②

---

① 清华大学电机系资料。

② 清华大学电机系：《清华电机系七十周年系庆纪念集》，25 页。

此外,"1958—1959年,电机系为水电部办了两期干部进修班,学制二年,学员为各大电厂和各电业局的领导干部"[1],1959年暑假干部特别班,电机工程系发电厂电力网电力系统专业毕业生有17人[2]。这一时期,清华还与其他部门联合举办了夜大学。1963年暑假电机工程学系发电厂电力网电力系统专业毕业学生20余名,另有10余名肄业期满因缺修部分课程未准毕业者[3]。1964年秋季电机工程学系发电厂电力网电力系统专业毕业学生30余名,另有10余名肄业期满因缺修部分课程未准毕业者[4]。1964年8月,夜校部教学工作结束,后于10月教育部批准后停止招生[5]。

图6-34　清华大学干部特别班第一班学员毕业留影(1959年)[6]

1965年9月后,电机系部分学生及教职工根据学校决定,"不管有多重要的教学环节,均停课到北京郊区平谷县(按:今平谷区)乐政务公社、马昌营公社、镇罗营公社、马坊公社等处参加'四清'。"[7]其中电机与水利、土建、动力等系的师生200多人组成水利工作队,于9月1日、2日分

① 清华大学电机系:《清华电机系七十周年系庆纪念集》,58页。

② 《清华公报》,第63期,1959年9月8日。

③ 《清华公报》,第118期,1963年10月1日。

④ 《清华公报》,增刊(14),1964年10月14日。

⑤ 《清华公报》,第132期,1964年11月6日。

⑥ 《清华大学一览》,1959年。

⑦ 清华大学电机系:《清华电机系七十周年系庆纪念集》,59页。

图6-35　夜大学无线电技术专业二年级学生在上课[①]

赴延庆、怀柔等县，帮助农村搞社会主义教育运动的同时，进行水利建设[②]。这一时期，电机系学生在毕业实习和设计中取得了优异的成绩，如1965年电机系高压教研组教师、高51班同学和东北电业局共同解决了一些关键问题，包括220千伏气吹刀闸切合环流的试验成功等[③]。另外，“电机系高5班毕业设计队与大连电瓷厂合作制成小尺寸高强度悬式绝缘子”[④]；自1958年至1964年底，电机、机械等师生试制的程序控制机床通过研究成果鉴定，在该项研究中使一批青年教师、研究生及毕业生得到了锻炼[⑤]。解放后至“文革”前电机系学生部分获奖名单见表6-7。

表6-7　解放后至“文革”前电机系学生部分获奖名单

序号	获奖人(班级)	获奖名称	获奖时间
1	工业企业电气化专业八一班	清华大学先进集体	1954年
2	陆俭国等55人	清华大学优秀奖学金及学系优良奖状	1954年
3	李发海、刘子桢、徐伯雄、张芳榴、刘维烈、阎平凡、江雲、徐鸣琴	清华大学实习优秀学生	1954年
4	*薛家麒、*陈允康、*陈寿孙、*徐鸣琴、*文御雯、*陈允济、杨吟梅、张慕葏、张芳榴、刘维烈、陈世猷、陈世年、董文宗、马福邦	清华大学学习优良奖状(有*者兼得奖学金)	1955年

① 《清华大学一览》，1959年。

② 清华大学校史研究室：《清华大学一百年》，279页。

③ 《清华公报》，第141期，1965年7月26日。

④ 清华大学校史研究室：《清华大学一百年》，278页。

⑤ 清华大学校史研究室：《清华大学一百年》，278页。

续表

序号	获奖人（班级）	获奖名称	获奖时间
5	发七一、企八一、企八三、企八四、电八三、企九一、企九四、发九一	清华大学先进集体	1955 年
6	企八一、企八三、企八四、企九一、企九四、发九一、电九三、电七一、发七一、企七一	清华大学先进集体	1955 年
7	刘庭华、朱曦、钱唯德	清华大学非毕业班奖学金	1955 年
8	刘美芹等 75 人	清华大学非毕业班学习优良奖状获得者	1955 年
9	许鸿基、韩在瑞、石钟伍、符气晶、王仲鸿、王经谨、刘乃翰	清华大学暑假生产实习优秀学生	1956 年
10	薛志尚、葛长华、马镜澄、熊光楞、陈禹六、武玖玲、梁樱儿、曹毓惠、王秉钦、童宣明、朱宝均	清华大学奖学金	1957 年
11	李淑清等 55 人	清华大学学习优良奖状	1957 年
12	谢行键、王伯翰、姚慧华	清华大学优秀毕业生奖章	1958 年
13	姚慧华等 22 人	清华大学毕业生优良奖状	1958 年
14	燃料综合利用电厂电机工程系五年级工程队	清华大学先进集体	1958 年
15	企 1 班	清华大学先进集体	1959 年
16	工业企业电气化专业三年级	清华大学先进集体	1959 年
17	殷洪、朱东起、田壁元、林家骏、刘美芹	清华大学优秀毕业生奖章	1959 年
18	郑长寿等 43 人	清华大学毕业生优良奖状	1959 年
19	企 9、发 9 班华北电力系统设计组	清华大学先进集体	1959 年
20	企 0 班，自 005 班，自 010 班，企 1 班，电 1 电机小组，发 2 王府井供电组，高 4 班，高压车间材料组	清华大学先进集体	1960 年
21	电工厂铸铝工段，电工厂电工仪器车间穷棒子突击队，电工厂保尔冲剪突击队，高压工作队，电机工作队，电网工作队，企 0 班，企 1 班，高 4 班，发 0 班	清华大学技术革新及科学研究的先进集体	1960 年
22	晁学贤等 20 人	清华大学技术革新及科学研究积极分子	1960 年
23	电 0	清华大学寒假毕业班先进集体	1961 年
24	王缉祥等 7 人	清华大学寒假优秀毕业生	1961 年
25	高敦复等 48 人	清华大学毕业生优良奖状	1961 年
26	杨愸等 11 人	清华大学毕业优良奖状	1961 年
27	孟昭伦、崔子行、罗承沐	清华大学优秀毕业生	1961 年

续表

序号	获奖人(班级)	获奖名称	获奖时间
28	电 101(2)班	清华大学毕业班先进集体	1961 年
29	企 2 班,电 2 班大电机毕业设计小组	清华大学寒假毕业班先进集体	1962 年
30	陈欣欣等 7 人	清华大学寒假优秀毕业生奖章	1962 年
31	陈欣欣等 32 人	清华大学寒假毕业生优良奖状	1962 年
32	电 704 班	清华大学四好班	1963 年
33	发电厂电力网及电力系统专业发 3 班	清华大学先进集体	1963 年
34	韩惠鋆、孙嘉平	清华大学优秀毕业生奖章	1963 年
35	韩惠鋆等 27 人	清华大学学习优良奖状	1963 年
36	电 51、电 81	清华大学四好班	1964 年
37	发 71、电 81、电 92	清华大学“四好班”和“四好集体”	1965 年
38	电 52 班、高 5 班	清华大学四好毕业班	1965 年
39	高五 220 千伏气吹隔离开关设计小组	清华大学优秀毕业设计小组	1965 年
40	高五高强度绝缘子设计小组、企五北京特殊钢厂薄板轧机自动化设计小组、北京电车硅整流站自动化设计小组	清华大学优良毕业设计小组	1965 年
41	赵纯均、王庚林、胡昭广	清华大学优秀毕业生奖章	1965 年
42	车念坚等 25 人	清华大学学习优良奖状	1965 年

(资料来源:《清华公报》,1954—1965 年)

图 6-36　机械系与电机系协作研制程序控制机床中,工作人员开“诸葛亮”会(1961 年)①

① 清华大学档案馆提供。

清华大学电机工程系自解放后至“文革”前为社会培养了大批优秀人才，除部分留校外，他们在诸多领域发挥了重要作用。正如陆建勋(1951届)所言：“母校的‘自强不息、厚德载物’校训时刻激励着我们，我们50、51届电机系毕业的学生并没有被时代所淘汰，许多学生努力学习，与时俱进，在本职岗位上做出了成绩，不少人成为大学书记、校长、教授，各行各业的专家、学者、高级工程师，也有的当了副部长、将军；我们班还出了一位‘国务院总理’和四名中国工程院院士。”①

图6-37 电机系1963届校友黄菊(右)，无线电系1966届校友吴邦国(左)，电机系1950届校友、原清华大学党委书记李传信(中)②

图6-38 朱镕基(1951届)和夫人劳安(1958届，右二)、吕森(1951届，右三)及夫人、李传信(1950届，右一)合影③

---

① 陆建勋(1951届)：《五十年前清华电机系学习回忆》，见陈旭：《往事 真情 厚望：清华大学电子工程系建系五十周年纪念文集》，137页。

② 清华大学电机系：《清华电机系七十周年系庆纪念集》，12页。

③ 清华大学电机系：《清华电机系七十周年系庆纪念集》，12页。

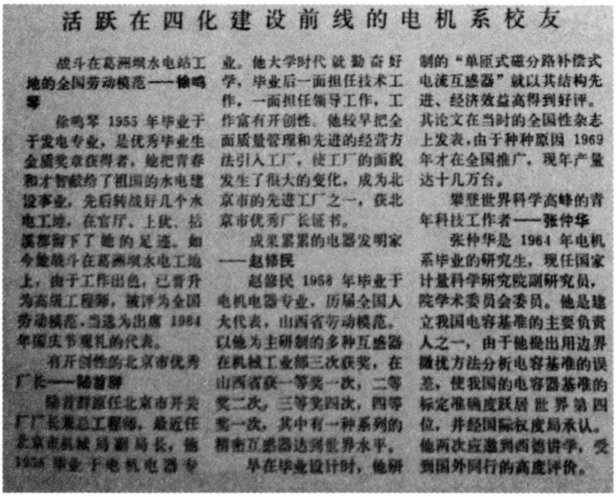

活跃在四化建设前线的电机系校友

战斗在葛洲坝水电站工地的全国劳动模范——徐鸣琴

徐鸣琴 1955 年毕业于于发电专业，是优秀毕业生金质奖章获得者，她把青春和才智献给了祖国的水电建设事业，先后转战好几个水电工地，在官厅、上犹、柘溪都留下了她的足迹。如今她战斗在葛洲坝水电工地上，由于工作出色，已晋升为高级工程师，被评为全国劳动模范，当选为出席 1984 年国庆节观礼的代表。

有开创性的北京市优秀厂长——陆首群

陆首群原任北京市开关厂厂长兼总工程师，最近任北京市机械局副局长，他 1958 毕业于电机电器专业。他大学时代就勤奋好学，毕业后一面担任技术工作，一面担任领导工作，工作富有开创性。他较早把全面质量管理和先进的经营方法引入工厂，使工厂的面貌发生了很大的变化，成为北京市的先进工厂之一，获北京市优秀厂长证书。

成果累累的电器发明家——赵修民

赵修民 1958 年毕业于电机电器专业，历届全国人大代表，山西省劳动模范。以他为主研制的多种互感器在机械工业部三次获奖，在山西省获一等奖一次，二等奖二次，三等奖四次，四等奖一次，其中有一种系列的精密互感器达到世界水平。

早在毕业设计时，他研制的“单匝式磁分路补偿式电流互感器”就以其结构先进、经济效益高得到好评。其论文在当时的全国性杂志上发表，由于种种原因 1969 年才在全国推广，现年产量达十几万台。

攀登世界科学高峰的青年科技工作者——张仲华

张仲华是 1964 年电机系毕业的研究生，现任国家计量科学研究院副研究员，院学术委员会委员。他是建立我国电容基准的主要负责人之一，由于他提出用边界微扰方法分析电容基准的误差，使我国的电容器基准的标定准确度跃居世界第四位，并经国际权度局承认。他两次应邀到西德讲学，受到国外同行的高度评价。

图 6-39 《新清华》对电机系校友的报道①

此外，电机系在体育和文艺方面也人才辈出，如，“女子跳高健将姚若萍，在北京高校运动会上多次获冠军；三级跳远健将胡方纲，参加了全运会；750 型摩托车运动员甘小杰，获全运会 6 ~ 7 名，还多次参加全国航海运动比赛；250 型摩托车运动员吴弘，获全运会 6 ~ 7 名；175 型摩托车运动员何浩，获全运会冠军；获北京高校‘三好杯’多次冠、亚军的校足球队的边锋王克超和后卫李隆年，女钢琴手陈陈；抒情男高音独唱演员肖运鸿等”②。

图 6-40 清华大学获北京高校运动会男子和女子总分双第一，右一为电机系学生姚若萍③

① 《新清华》，第 888 期，1984 年 11 月 15 日。

② 清华大学电机系：《清华电机系七十周年系庆纪念集》，59 页。

③ 清华大学电机系：《清华电机系七十周年系庆纪念集》，59 页。

图 6-41　电机工程学系学生胡方纲在 1959 年全国田径分区运动会上以 15.38m 的优异成绩达到三级跳健将标准。图为胡方纲参加比赛的情形①

图 6-42　电机系陈陈不仅学习成绩优秀，还被选派到中央音乐学院钢琴系（业余部）学习。图为陈陈业余练习钢琴（1959 年）②

图 6-43　施能民（1958 电机），图为参加在澳大利亚悉尼歌剧院举行的世界人民纪念反法西斯战争和抗日战争胜利六十周年“不朽的旋律”音乐会留影③

① 《清华大学一览》，1960 年。

② 清华大学档案馆提供。

③ 施能民（1958 电机）：《从清华唱到悉尼》，载《清华校友通讯》，复 53 期。

五、科研设施及成果

解放初期，“清华虽在动荡的情况下，但在教学实验设备方面，仍有增加。例如电机系于卅七年十二月初收到美国麻省理工学院赠送的机器一批，其中有直流机十三部，自二月初起开始装置，于三月初开始应用。此批机器系由本校教授钟士模先生在美时，商承麻省理工学院电机系主任 Dr. H. L. Hazen 捐赠者”。① 对于这一时期电机工程学系的科研设备情况，据张克潜（1953 届）介绍：“当时电机系电讯组设在电机馆三楼，楼顶上架着几副短波天线……北面的一间大屋子是无线电实验室，里边有 220 伏和 110 伏的交流电源（美国仪器都是 110 伏的），还有高低压直流电源，那时叫 B 电源和 A 电源。南面的一间大屋子是电报电话实验室，主要设备是一台步进式自动电话交换机。中间是工作室和材料库。工作室负责制做实验板，就是在一个木盒上装上电子管座和焊上必要的元器件供学生实验用，材料库里有许多孟先生和常先生从美国带回来的和定购来的美国器材，包括最先进的 GR 的测试仪器、磁控管、速调管、大功率发射管和很好的音频输出变压器等。其他是讲师和助教的办公室。……在二楼还有系图书馆，里面电力和电讯的书籍杂志应有尽有。”②至 1951 年 6 月时，电机工程学系设有高电压、交流电机、直流电机、电磁测量、无线电原理、有线电、实用无线电等七个实验室。

仪器设备的增添为科研工作的开展提供了良好的条件，并取得了一定成果。如唐统一介绍：“1949 年以后，系主任章名涛教授建议我向电磁测量领域发展，所以我一直讲授电磁测量和电工基础课程，开展科研工作，建立并领导电磁测量科研组。那时我国电力科学研究院张叔涵先生刚由苏联回国，带回不少苏联计量研究院研究成果的缩微胶片，通过交流，我们也得以在理论上提高并系统化；扩展了知识面，培养了科研梯队。后来又和我国计量研究院合作，并参加仪器仪表和计量学会的学术活动，

---

① 冯友兰：《解放期中之清华》，见清华大学校史研究室：《清华大学史料选编》，第 4 卷，87 页。

② 张克潜（1953 届）：《回首半个世纪前的一串脚印——清华无线电系建系前后》，见陈旭：《往事 真情 厚望：清华大学电子工程系建系五十周年纪念文集》，50 ~ 51 页。

从而扩大了清华大学在这一领域中的影响。我们的研究成果得到了公认和肯定。"[1]这一时期电机系还与一些企业及政府机关等进行了合作，如"电机系和北京市企业公司进行一件有意义的技术合作——制造电表。电表是比较精密的仪器，在我们的工业上有很大需要而又十分缺乏。要解决这一问题也就是理论联系实际的一个好机会，因此电力机械教研组承担了这一次合作，北京市企业公司因为技术上有了依靠，也就将制造电表列为今年生产中的重要项目，这是电表制造在华北的萌芽（东北也有一些基础）"[2]。1950 年至 1951 年间，"电机工程学系接受中央邮电部的委托，进行电讯网络的研究"[3]，并于 1951 年 3 月由邮电部电信科学研究所、清华大学合设电讯网络研究室[4]，主任为闵乃大[5]。

图 6-44　1955 年刘少奇同志参观清华大学，观看了电机系高压放电演示[6]

1956 年，电机系"系主任章名涛教授参加了 12 年科学技术发展规划的制定。回校之后，他立即和各教研组的主要教师研究确定了电机工程方面的两个主攻方向：一是针对大电力系统中高压输电及主要设备的制

---

① 《情系清华：清华电机系 50 · 51 级毕业五十周年纪念集》，31 页。

② 《本校各系与政府机关团体合作情形——《人民清华》综合报道》（1951 年 1 月 16 日），见清华大学校史研究室：《清华大学史料选编》，第 5 卷下册，654 页。

③ 叶企孙：《一年以来的清华》（1950 年 5 月—1951 年 4 月），见清华大学校史研究室：《清华大学史料选编》，第 5 卷上册，26 ~ 27 页。

④ 《邮电部电信科学研究所、清华大学合设电讯网络研究室合约》（1951 年 3 月），清华大学档案，全宗号 2，目录号校 1，案卷号 51016。

⑤ 清华大学电机系：《清华电机系七十周年系庆纪念集》，54 页。

⑥ 清华大学电机系：《清华电机系七十周年系庆纪念集》，54 页。

造问题;二是有关工业企业电气化和远距离控制问题。这两个科研方向的确定对电机系当时和以后的发展起了很大作用。当时成立了电机工程科学研究工作委员会,是全校十个科学研究工作委员会之一。在苏联专家奥梅里钦柯的关心下,由钟士模教授和郑维敏教授共同研制的‘脉冲宽度电子调节器’被苏联专家认定达到了世界水平”①。

解放后,电机工程学系“在国家经费支持下,广大教职工还投入很大力量建设和充实了不少实验室,添置不少仪器设备,如 1957 年建成了新的高电压实验室,建有工频交流电压 50 万伏和冲击电压 100 万伏试验设备的实验大厅,这些对开展科研和提高教学水平起了积极的作用”②。

图 6-45　高压实验室(1961 年)③

图 6-46　1959 年研制的户外式 4000kV 冲击电压发生装置④

① 方惠坚、张思敬:《清华大学志》,下册,101 ~ 102 页。
② 清华大学电机系:《清华电机系七十周年系庆纪念集》,54 页。
③ 清华大学档案馆提供。
④ 清华大学电机系:《清华电机系七十周年系庆纪念集》,57 页。

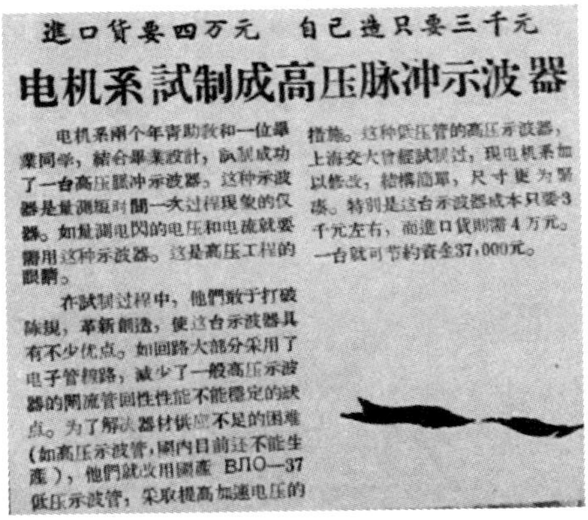

進口貨要四万元　自己造只要三千元

电机系試制成高压脈冲示波器

电机系兩个年青助教和一位畢業同学，結合畢業設計，試制成功了一台高压脈冲示波器。这种示波器是量測短时間一次过程現象的仪器。如量測电閃的电压和电流就要用这种示波器。这是高压工程的眼睛。

在試制过程中，他們敢于打破陈規，革新創造，使这台示波器具有不少优点。如回路大部分采用了电子管線路，減少了一般高压示波器的閘流管固性性能不能穩定的缺点。为了解决器材供应不足的困难（如高压示波管，國内目前还不能生產），他們就改用國產 ВЛО—37 低压示波管，采取提高加速电压的措施。这种低压管的高压示波器，上海交大曾經試制过，現电机系加以修改，結構簡單，尺寸更为緊湊。特别是这台示波器成本只要3千元左右，而進口貨则需4万元。一台就可节約資金37,000元。

图 6-47　电机系试制成高压脉冲示波器①

这一时期，电机工程学系的师生除参与大剧院、密云水库的设计工作外，还主要承担了如下几项重大科研及生产任务：

综合电工厂：1958 年夏，“电机系开办了电工厂，最早的产品是 1.7 千瓦的电动机。电工厂曾发展到 4 个车间一百多人，并吸收学生劳动锻炼，艾维超、王遵华、陈丕璋、翁樟、王仲鸿、周汝潢先后担任过正、副厂长。不久，电磁场模拟装置以及有 1800 个接点的网络模拟台相继建成，在教学科研中起了很好的作用。”②主要表现为：“(1)装备了一些重要的科学研究基地：在师生及电工厂职工的努力下，电工厂已经为交流计算台制出了精密度要求极高的 2800 个电磁元件、5000 多个机械零件、20 余套电子设备，并进行了安装调整，投入运行。此外，还制造了模拟发电机和线路模拟用的电感元件和电容器，使原定 1962 年建成的动态模拟实验室提前三年于 1959 年基本建成。电工厂还为振荡回路实验室制造了电抗器、变压器等重要元件，使这个实验室的第一期工程能够快速完成。(2)电工厂发挥了中间工厂的作用，生产了多种新产品：电工厂的电机车间除了能生产 75 千瓦以下的感应电动机和 3.3 千瓦直流机等一般产品外，在师生的参加下，还制造出了用硒整流器自激的 48 千瓦同步发电机，高速、中频电机及其他多种具有一定水平的特殊电机和微型电机。另外还生产了大电流

① 《新清华》，第 315 期，1958 年 6 月 28 日。

② 清华大学电机系：《清华电机系七十周年系庆纪念集》，58 页。

变压器等其他特殊产品。电器车间也生产了环形铁心磁放大器、30 千伏安铁磁稳压器、舞台控制调光器、微型电器等先进水平的电器。其他如高压车间制成了一台大直径的大铝球、20 万伏的电容器。电子仪器车间亦生产了许多电子仪器,并掌握了检修示波器振子等的复杂工艺。(3)培养了又红又专的干部:全系学生按计划来厂参加生产劳动,获得了政治思想、生产管理、劳动技能的全面锻炼,教学质量大大提高,例如工业企业电气化专业三年级学生,参加了一段电机生产后,在学电机学时,能够抓住主要问题,并在该课程设计中结合生产需要,设计并制成了双速电动机。”①1960 年,经校务会议通过,电机工程系电工厂铸铝工段、电工厂电工仪器车间穷棒子突击队、电工厂保尔冲剪突击队、高压工作队、电机工作队、电网工作队、企 0 班、企 1 班、高 4 班、发 0 班获技术革新及科学研究的先进集体称号,另有 50 人(教师 10 人、职工 20 人、学生 20 人)获技术革新及科学研究积极分子称号②。

图 6-48　电工厂职工大胆革新技术,将原一次只能加工一个电机底座的刨床进行改装后,一次可以加工 10 个,提高工作效率 10 多倍③

试验电厂:1958 年 7 月 24 日,清华大学动工兴建 2000 千瓦试验电厂④,电机系参与了“试验电厂的设计、安装及运行工作,设计及制造了 50

① 《清华大学一览》,1959 年。
② 《清华公报》,第 71 期,1960 年 6 月 10 日。
③ 《清华大学一览》,1960 年。
④ 《清华大学一览》,1959 年。

綜合利用電厂發電了

國家經委、水利电力部、北京市委委託我校建綜合利用电厂，已在10月10日晨5时52分發置在关帝庙里的功率为2,000瓩的汽輪机組，达到了3,000轉的轉速，运行情况正常。与此同工車間的干餾煤堆已經出焦、出油。由原油中油、柴油、瀝等物質的焦化釜开始試运行。

9月底鍋爐机組、汽輪机組試运行以来，参加的師生、師傅和工程師們，日夜奋战，克服了口漏水、汽机本体振动、主汽門不好使、主油損坏等一系列困难。國家經委水利电力局楊局几天在工地指導工作，水利电力部北京修造景山發电厂、北京技術改進局、北京基建局、三發电厂等單位都派來总工程師、工程師、車及老師傅等参加試运行及檢修工作。

康生同志7日来校参观。这是在看土电厂展览会

图 6-49 《新清华》对综合利用电厂发电的报道①

图 6-50 电机系工厂试制成 4.5kW 电动机（1959 年）②

多种产品"③，除本校用电得以保障外，"同时也支援了北京电力系统。先后有十三个国家的外宾和国内各厂矿、企业、兄弟院校等一万三千多人来厂参观，印发资料和小册子 4200 套"④。此外，试验电厂和综合电工厂不仅是生产单位，更是学校的一个三联基地，先后接受了许多学生来厂进行了结合教学的各项活动，学生在这里得到了从设计、施工、安装、调整、改装、试验、运行的实际锻炼，同时也开展了科学研究活动，如 1958 年 9 月 24 日清华大学第一台 200 周波交流计算台由电机工程系制造成功⑤。

---

① 《新清华》，第 358 期，1958 年 10 月 10 日。

② 清华大学档案馆提供。

③ 《获得先进集体称号的班级和团体的事迹简介》，载《新清华》，第 423 期，1959 年 3 月 28 日。

④ 《清华大学一览》，1959 年。

⑤ 《清华大学一览》，1959 年。

图 6-51 试验电厂在运行①

图 6-52 电机系 1958 年研制成功的交流计算台②

图 6-53 电机系师生试制“土油开关”，用水缸作油箱，用乒乓球作浮标（1958 年）③

① 《清华大学一览》，1959 年。

② 清华大学电机系：《清华电机系七十周年系庆纪念集》，56 页。

③ 清华大学档案馆提供。

内过电压模拟装置："'内过电压模拟装置'是研究电力系统内过电压现象的重要试验工具，在高压技术中它的发展历史还不是很长，很多问题正在进行研究。1958年底在党的教育方针鼓舞下，电机工程系高压教研组开始了这种装置的试制工作，当时资料十分缺乏，困难重重，经过师生的努力，学习了苏联的先进经验，终于制成了这一装置。它的特点是采用了国产的铁淦氧材料来做线路模拟的元件，大大节约了铜线，并把工作频率升高一倍，使现象可以重复发生，工作大为简化。"①1959年，电机工程系"五年级学生已在装置上进行江南系统的内过电压研究"②。

振荡回路第一期工程建成："电机工程系电器教研组建立了一座小型的振荡回路试验室。振荡回路是进行高压电器的开断容量试验的不可少的工具，它的建立将推动高压电器的教学、科学研究的开展。电器专业1960届应届毕业班的学生参加了这个试验基地的设计和建立工作，今天他们与北京开关厂合作的少油断路器的毕业设计，正在利用这个基地进行新设计的灭弧室的试验研究，以确定性能优良的断路器的结构。这个试验室还为高压电器的教学提供了良好的条件，学生们可以在这里进行高压电弧的试验研究，这对教学质量的提高是有力的保证。"③

图6-54　正在安装中的振荡回路实验室④

① 《清华大学一览》，1959年。
② 《清华大学一览》，1959年。
③ 《清华大学一览》，1959年。
④ 《清华大学一览》，1959年。

新型悬式绝缘子的研究：在广泛收集资料、征求意见及一系列试验的基础上，清华大学电机工程系高压教研组与西安电瓷研究所、西安电瓷厂合作试制成功 X2-8.5 型悬式绝缘子，“它的抗电破坏强度比旧型∏8.5 高很多，而结构高度反比∏8.5 小，重量亦比∏8.5 轻。据初步估算，如用于 65 万伏输电线杆塔上，共需绝缘子 23 ~ 25 个，约可减轻杆塔载重 600 公斤，降低杆塔高度 1.5 米”①。

图 6-55 高压专业教师和学生在准备做高压绝缘子耐压试验②

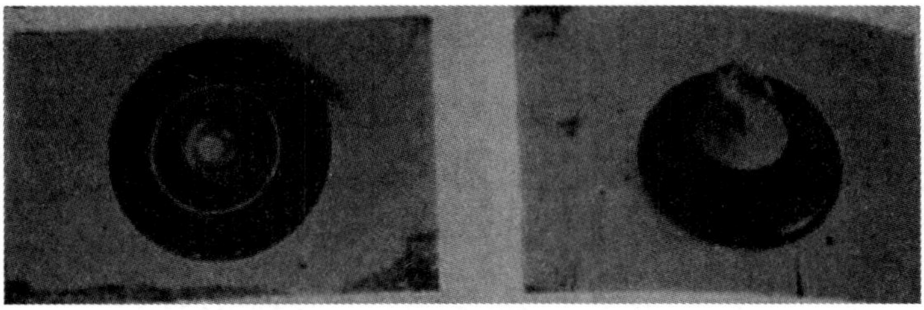

图 6-56 新型悬式绝缘子③

植物油浸渍的高压电容器试制成功：“1959 年电机工程系高压工程教研组部分教师和学生与该系电工厂高压车间研究并试制成功了用植物油变压器油浸渍的纸质 20 万伏 0.4 微法冲击高压电容器。这种电容器比用变压器油浸渍的同容量电容器体积缩小了约 30%，成本降低

① 《清华大学一览》，1959 年。

② 《新清华》，第 14 期，1953 年 10 月 13 日。

③ 《清华大学一览》，1959 年。

约25%。"[①]在当时，"为了试制这种新产品，高压教研组的教师和学生曾在南苑榨油厂的协助下，研究了植物油的精炼工艺，并精炼出多种植物油，对它们进行了电气性能的比较，最后选出一种合适的油类用以试制电容器，并对此种电容器的电气性能进行了较全面的试验研究，结果说明特种植物油浸渍的高压电容器能完全满足技术性能的指标要求"[②]。

图6-57　用植物油浸渍的20万伏0.4微法冲击高压电容器试制成功[③]

电力系统动态模拟实验室：动态模拟实验室对电力系统的研究具有重要意义，"它利用物理模拟原则来模拟电力系统。许多先进的技术和先进理论的应用，都需要利用它来研究。它和交流计算台的配合，是组成电力系统研究的基地"[④]，"1960年'电力系统动态模拟实验室'建成运行，这在当时世界上也是少有的。1961年研制了双水内冷发电机，在当时技术上是领先的。电工厂在试制交流台、模拟发电机和双水内冷发电机等过程中，都发挥了很大的作用"[⑤]。此外，"电机系利用动态模拟装置和交流台，对华东、华北、东北等电力系统的规划设计及运行进行了模拟实验研究；还研究了单相重合闸、相复励调节器、三相不对称负荷对运行的影

① 《清华大学一览》，1959年。
② 《清华大学一览》，1959年。
③ 《清华大学一览》，1959年。
④ 《清华大学一览》，1959年。
⑤ 清华大学电机系：《清华电机系七十周年系庆纪念集》，58页。

响,长距离输电的稳定性等;在电机方面开展了电机过渡过程的研究;在高压方面开展了染污绝缘子、高强度绝缘子和为东北电网进行的多项高压开关增容的研究;在自动化方面开展了首钢小型轧机自动控制的研究,以及继程控铣床研制之后,继续与机械系合作,进行其他程控机床的研究。这一阶段起电机系开始加强科研工作”①。

图 6-58 1965 年孙绍先教授(站立者,时任该室主任)在电机系新建的动模实验室指导工作②

六、政治活动

1948 年 12 月清华园解放,电机系师生积极响应党的号召,参加到迎接北平市及全国解放的宣传工作队伍之中。杨勤明回忆:“(12 月 23 日)晚间,亦榴找我,望我加入一个组织——中国新民主主义青年联盟,它成立于‘一二·一’事件后,其宗旨是‘团结民主青年开展民主运动,争取中国的独立,和平民主,为实现新民主主义而奋斗’。……(12 月 29 日)今天本应开始复课,但在下午,解放军文化工作团荣高棠与光未然两位先生来校演讲:北平很快就会解放,希望同学们进城去,协助解放军做宣传工作。……电一在校五十九人,组成一个中队,选出中队负责人,我担任学习干事。”③陈伯铨也回忆:“1948 年,心理系的刘天祜同学介绍我参加了

① 清华大学电机系:《清华电机系七十周年系庆纪念集》,58 页。

② 史际平、杨嘉实、陶中源等:《家在清华》,218 页。

③ 杨勤明:《60 年前的清华园日记——清华园解放前后》,见《轻舟已过万重山:清华大学电机系一九五二级》,169 页。

共产党的地下外围组织‘新民主主义青年联盟’。当年年底解放军包围了北京城，组织上派我去城郊外的海淀区配合部队做瓦解国民党士兵斗志的工作，即动员国民党士兵在城内的家属，进城去叫回他们的儿子或丈夫逃走、战场上投降或打仗时朝天开枪等。”①另外，该年电机系吴景新（一年级）、张厚琤（二年级）、沈武锟（二年级）、张作元（二年级）、胡长安（二年级）、唐释（二年级）、詹仁基（三年级）、王子乐（三年级）、张光辉（三年级）等也离校参加革命工作②。

清华园解放后，“清华南北二系地下党组织立即打通内部关系，1949年1月，在明斋117室召开了电机系51级第一次盟内部公开的会议，出席的盟员有20余人”③。为加强对革命知识的了解，当时“明斋117室的电机系同学一天一夜之内油印了毛泽东的《新民主主义论》数百册，供大家学习”④。此外，电机系同学还积极协助接管国民党旧政权的工作，如汪茂光当时被派往十二区，“先做兑换金圆券，收容国民党各部队的散兵游勇和摧毁伪保甲制度等一揽子工作”⑤，一个月后“又被分配到北平市总工会十二区办事处，担任店员工作组副组长”⑥。1949年1月30日北平解放后，清华积极进行党的政策宣传工作，“电50级和文法学院组成一个大队，正副大队长为谭重安（航空系）、李淑平。电51级和理学院合组一个大队，住在汇文中学。正副大队长是陶炳伦（化学系）、李维统、陈望祥、郭道晖为大队委；蒋企英、郑甲多为中队长”⑦。1949年2月3日，北平举行解放军入城式，电机系一部分同学在前门楼前欢迎解放军⑧。

---

① 陈伯铨：《回顾一生》，见《轻舟已过万重山：清华大学电机系一九五二级》，19页。

② 《清华大学1948学年度第二学期参加南下工作团准保学籍至1949学年终逾期仍未返校学生名单》，清华大学档案，全宗号2，目录号校3，案卷号078。

③ 《情系清华：清华电机系50·51级毕业五十周年纪念集》，54页。

④ 清华大学电机系：《清华电机系七十周年系庆纪念集》，52页。

⑤ 汪茂光：《我走过的人生道路》，见《轻舟已过万重山：清华大学电机系一九五二级》，101页。

⑥ 汪茂光：《我走过的人生道路》，见《轻舟已过万重山：清华大学电机系一九五二级》，101页。

⑦ 《情系清华：清华电机系50·51级毕业五十周年纪念集》，58页。

⑧ 清华大学电机系：《清华电机系七十周年系庆纪念集》，52页。

图 6-59　1949 年 2 月 3 日中国人民解放军举行进入北平正式入城式。电机系一年级（电一中队）在前门大街热烈欢迎解放军（前排戴圆形毛线帽的是凌瑞骥）①

图 6-60　电机系学生在青龙桥火车站②

1949 年 2 月，清华大学“地下党在青年学生中的外围组织合并为‘新民主主义青年联盟’，并在群众中公开。电机系的盟员很多，有的班大部分人都是”③。3 月，“电机系学生党员组成清华党总支第一分支部，有党员 30 余人，为全校各系中党员最多的。第一任支书为李淑平，副书记郭道晖；第二任支书为李维统。此前，陈望祥任全校青年团筹委会党组成员。3 月 20 日，清华新民主主义青年团总支部成立。全校举行新青联盟员集体转团和新团员宣誓大会。50、51 级分别成立团分支部”④。

① 凌瑞骥（1952 电机）：《清华党组织是怎样从秘密状态走向公开的》，载《校友文稿资料选编》，第 12 辑。

② 清华大学电机系：《清华电机系七十周年系庆纪念集》，53 页。

③ 清华大学电机系：《清华电机系七十周年系庆纪念集》，53 页。

④ 清华大学电机系：《清华电机系七十周年系庆纪念集》，52 页。

图6-61　1949年2月，清华大学电机系学生到育英中学宣传北平解放后的新社会形势①

1949年6月，清华地下党组织"正式向全校公开，在二校门前公布了全校185名党员的名单，电机系的党员有35名，是各系中最多的"②。同月27日，"清华党组织公开活动。电机系党支部也于这时公开活动，清华的党团组织从此由地下走到地上"③。该年暑期，电机系学生"听取中央领导人彭真、薄一波、罗瑞卿、胡乔木等同志宣讲社会发展史、新民主主义论和党的建设等问题，学习了毛主席在'七一'刚发表的《论人民民主专政》。少数党团骨干还参加了中学生暑期学园工作"④。暑假后，北京市委组织部通知"为了实施第一个五年建设计划的需要，调入北京城区参加工作的各大学学生干部，原为理工科大学二年级以上的一律回到原校复学；凡原为一年级学生和文法科大学的学生则留下来继续工作"⑤，电机系学生"回校后，一批原地下盟员纷纷被批准入党。顾廉楚、朱镕基、梁新国等同学先后分别当了50/51级总干事"⑥。1949年10月，电机系师生与全校师生一起参加了国庆大典等活动。当时，清华大学进城游行集会队伍"由工学院电机系、机械系打头，其次是理学院、文学院、法学院、农学院等"⑦。

---

① 清华大学校史馆提供。

② 清华大学电机系:《清华电机系七十周年系庆纪念集》,52页。

③ 《情系清华:清华电机系50·51级毕业五十周年纪念集》,54页。

④ 《情系清华:清华电机系50·51级毕业五十周年纪念集》,59页。

⑤ 汪茂光:《我走过的人生道路》,见《轻舟已过万重山:清华大学电机系一九五二级》,101页。

⑥ 《情系清华:清华电机系50·51级毕业五十周年纪念集》,59页。

⑦ 焦雄华(1952电机):《忆60年前国庆》,载《校友文稿资料选编》,第15辑。

1949年，电机系李馨树（一年级）、褚斌（一年级）、李代厚（二年级）、张明义（二年级）参加了北平市区保工作①，“陈明廉、陈述等随军南下工作”②。此外，“电50级陈绍炘、阮跃民、姚伦泽、雷渊超和赵以翔等同学先后于1949年春、秋参加了人民海军”③，“1950年又有电51级常振铮、陆建勋、张盖凡、陈业粒、周盘祥、吴治衡6位同学自愿报名到海军学校当教师。他们都是班上学习优秀的学生，为了保卫祖国，他们奋勇当先，后来都成为造诣很高的教授。陆建勋还当选为工程院院士，常振铮当了中央广播学院院长。”④

图6-62　参加人民海军学校的电51级同学

（前坐左起：周盘祥、陈业粒、陆建勋、吴治衡；后排左起：张盖凡、常振铮）⑤

图6-63　电51级欢送参军六同学⑥

① 《清华大学1948学年度第二学期高校参加革命工作准保留学籍至1949学年逾期仍未返校学生名单》，清华大学档案，全宗号2，目录号校3，案卷号078。

② 《情系清华：清华电机系50·51级毕业五十周年纪念集》，59～60页。

③ 《情系清华：清华电机系50·51级毕业五十周年纪念集》，59～60页。

④ 《情系清华：清华电机系50·51级毕业五十周年纪念集》，59～60页。

⑤ 《情系清华：清华电机系50·51级毕业五十周年纪念集》，60页。

⑥ 《情系清华：清华电机系50·51级毕业五十周年纪念集》，60页。

图 6-64　朱镕基为陈业粒参军赠他的自照和朱镕基在自照背面书写的临别赠言①

对于当时电 53 班学生积极的爱国行动，钱家骊（1953）回忆：“入学时，班上只有 3 名中国共产党员，他们是林英、董文达和刘迺泉。新民主主义青年团团员也不多，不会超过 25%。毕业时，则绝大多数都是党团员了。1950 年底，在抗美援朝运动中，我班曾分别到石景山钢铁厂、石景山发电厂、丰台黄土岗村和天桥等地参加宣传。1951 年暑假，部分同学在北京基建工地打工，为志愿军捐献飞机大炮。班上一些团员去京郊农村建立新民主主义青年团。1950 年底到 1951 年中，同学们响应号召，积极参军参干。我班先后有楼英崑、陈书鹄、田尧、程穆、吴辅仁、袁曾慰、程建宁、周曾德、周幼威、彭文怡、马文彬、马启平、张德江、张元良等 14 名同学光荣加入中国人民解放军。”②

一封家信

•歐陽鶴•

图 6-65　欧阳鹤申请参加中国人民志愿军给母亲的信③

① 陈业粒：《参军五十周年》，载《清华校友通讯》，复 43 期。

② 钱家骊（1953）：《我们的电 53 班/无 53 班》，载《清华校友通讯》，复 47 期。

③ 《情系清华：清华电机系 50 · 51 级毕业五十周年纪念集》，60 页。

图 6-66 参加清华园外暂安处农村识字班工作的电 51 班孙骆生等同学和农村小朋友[①]

1951 年,“电 51 届组织了强大的竞选团,为朱镕基竞选,继上届凌瑞骥(电 52)之后,朱镕基当选为学生会主席。他们在组织全校同学积极参加建国初期各项政治运动中起了重要作用”[②]。1953 年清华大学首创“双肩挑”政治辅导员制度,电机系刘迺泉、吕林、杨吟梅、唐泽圣、张芳榴、张慕葎等当选为首批政治辅导员,经过学生工作的锻炼,后来均成为政治和业务骨干。

从 20 世纪 50 年代中后期开始,电机系师生经历了一系列的政治运动,在此过程中也走过了一些曲折道路。如 1955 年暑假,“电机系教工学生参加了‘肃清一切暗藏的反革命分子的学习活动’(简称肃反)。在运动中,揭发批判了反革命活动,人们受到教育,但也伤了些人,所幸后果不严重。”[③]1957 年大鸣大放,“清华大学第一张大字报就出自电机系,当时不少引人注目的大字报也来自电机系。……经过大字报、大小斗争会的揭发批判,最后定下全系右派分子共计 53 人,占全校右派人数 1/10,其中教工 11 人,学生 42 人,并分别给他们党籍、团籍和行政处分,个别人受到更严厉的处理。电机系成为清华大学三个‘烂掉’的单位之一。电机系党总支书记、团总支和一些政治骨干被定为右派分子”[④]。

---

① 《情系清华:清华电机系 50 · 51 级毕业五十周年纪念集》,53 页。
② 《情系清华:清华电机系 50 · 51 级毕业五十周年纪念集》,59 页。
③ 清华大学电机系:《清华电机系七十周年系庆纪念集》,56 页。
④ 清华大学电机系:《清华电机系七十周年系庆纪念集》,56 页。

1958 年 3 月，“在全校师生中开展了‘反浪费、反保守’的双反运动，很快就引向了揭露师生中种种个人主义表现，批判资产阶级思想，护送‘西瓜’（即提意见，开展批评），开展了‘插红旗、拔白旗’的活动。系主任章名涛教授当时被重点批判，大字报铺天盖地。与此同时，电机系师生参加了大跃进、大炼钢铁等运动。在大跃进的日子里，教师学生经常日夜奋战，影响了正常教学秩序。同时，由于受‘左’的思想指导，政治问题、思想问题和学术问题的界限又常被混淆，一些教师被扣上‘资产阶级专家’、‘走白专道路’的帽子加以批判，甚至批判了被称为电机工程‘老祖宗’的麦克斯韦方程组。”①对于当时的情形，据蔡宣三（1950 电机）后来回忆：“‘反右’以后，1958 年，学校拔‘白旗’。先生（按：即章名涛）是全系的大白旗，这不会令人感到意外。不幸的我，也沦为电器教研室的白旗（当然，和先生比，还只能算小白旗）。那时，主要是用大字报的形式拔旗，许多是不实之词，‘白旗’也无权申辩。”②

动力系紅旗招展
大字报紅旗栏佈滿系館
电机系掀起插紅旗拔白旗高潮
土木系教师討論
什么是好教师的标准

图 6-67　《新清华》对电机系插红旗拔白旗的报道③

1962 年 3 月周恩来总理在广州召开的全国科学技术会议上作了《论知识分子问题》的报告，其中指出：“各级领导要以老老实实、实事求是的

① 清华大学电机系：《清华电机系七十周年系庆纪念集》，57 页。

② 蔡宣三（1950 电机）：《我们的心是相通的——纪念章名涛教授诞辰 100 周年》，载《清华校友通讯》，复 55 期。

③ 《新清华》，第 309 期，1958 年 6 月 16 日。

态度，承认错误，改正错误，有则改之，无则加勉。过去对同志们批评错了的、多了的、过了的，应该道歉。……凡是党和政府方面犯的错误都要改正。改要有实际行动。”①受周恩来总理的嘱托，陈毅在这次会议上做了为知识分子“脱帽加冕”的讲话，即知识分子“是人民的科学家、社会主义的科学家、无产阶级的科学家，是革命的知识分子，应该取消资产阶级知识分子的帽子”②。对于全国科学技术会议的讲话，清华大学及时进行了传达，并贯彻以切实的行动。据蔡宣三(1950电机)回忆：“1962年，广州会议后，根据上级指示，清华组织教授、副教授每周一次政治学习，先是‘吐瓜子’，提倡‘不抓辫子，不打棍子，不扣帽子’，简称‘神仙会’。我们系的‘神仙会’照例是在章先生家开……记得先生吐瓜子时，说过这样一段话，大意是：政治气氛给人的压力太大，使人感到犹如笼屉里的馒头，透不过气来，希望给知识分子一个轻松宽容的环境，等等。”③由上述可见，当时的政治气氛紧张，知识分子压力很大，对电机工程系教职员工及系里教学科研的发展造成了不利影响。

① 周恩来：《论知识分子问题》(1962年3月2日)，http://www.people.com.cn/GB/34948/34968/2619875.html，2012-03-14。

② 《全国科学技术会议》(1962年3月2日—26日)，http://dangshi.people.com.cn/GB/165617/166496/168117/10012186.html，2012-03-14。

③ 蔡宣三(1950电机)：《我们的心是相通的——纪念章名涛教授诞辰100周年》，载《清华校友通讯》，复55期。

7

“文革”时期清华大学电机工程学系的蒙难

1966 年 5 月 4 日至 26 日，中共中央政治局扩大会议在北京举行，并于 5 月 16 日通过了《中国共产党中央委员会通知》，即《五一六通知》，其中提出“全党必须遵照毛泽东同志的指示，高举无产阶级文化革命的大旗，彻底揭露那批反党反社会主义的所谓‘学术权威’的资产阶级反动立场，彻底批判学术界、教育界、新闻界、文艺界、出版界的资产阶级反动思想，夺取在这些文化领域中的领导权”①。自此，“文化大革命”全面展开②。这一时期，清华大学成为重灾区，电机系的教学与科研亦遭受了很大的破坏。

1966 年 6 月初，电机工程系和其他系一样，被迫停课和停止招生。1968 年 4 月 23 日，清华大学“井冈山兵团总部”（简称“团派”）和“四一四总部”（简称“四派”）发生了严重的武斗，其中“电机系高压实验室成为武斗据点，电机馆也展开了一场长矛攻防战。在科学馆，电机系一学生中弹身亡。科学馆顶楼被烧。此时，大批教师学生纷纷逃离学校”③。1968 年 7 月 27 日，中央派工人、解放军宣传队进入清华大学，“一方面制止了武斗，稳定了局势，另一方面全面接管了校、系领导权。”④此时，到校外避难的教师也陆续返校，但不久又遭到了清理，如“全校在大礼堂前召开了五次万人大会批斗蒋南翔等学校领导和一些教师。电机系原党总支书记王

① 《中共中央通知》（1966 年 5 月 16 日），见陈大白：《北京高等教育文献资料选编（1949—1976）》，878 页。

② 陈矩弘：《“文化大革命”时期福建教育革命研究》，15 页，福建师范大学硕士学位论文，2004。

③ 清华大学电机系：《清华电机系七十周年系庆纪念集》，59 页。

④ 清华大学电机工程与应用电子技术系，http://www.eea.tsinghua.edu.cn/publish/eea/1359/index.html，检索日期：2012-10-14。

遵华莫名其妙地在万人大会上被批斗;原系主任章名涛被定为反动学术权威,屡遭批斗。这些对广大干部、教师所造成的精神创伤难以估量。从1969 年 2 月到 4 月,又进行了开门整党即工宣队和群众整党,党员人人过关,只有被认为检讨‘深刻’才能过关。高景德(原校党委常委)也在此时被强制劝退出党”①。另外,电机系其他一些教师也受到了伤害,如蔡宣三(1950 电机)在当时“被编入‘教授学习班’,扫厕所,交代问题”②,施能民(1958 电机)“作为‘牛鬼蛇神’第一批被下放到福建省偏僻的山区接受贫下中农的再教育。一介书生披星戴月耕耘在田间地头,但工分不到普通社员的一半”③。自 1969 年 5 月起,清华大学全校 3000 多名教职工陆续被送往江西鲤鱼洲农场改造,电机系大多数教师也去了农场,参加生产劳动,部分教师染上了血吸虫病,身体受到了严重的损害④。

1970 年 6 月 27 日,中共中央批示了《关于北京大学、清华大学招生(试点)的请示报告》。“从 1970 年至 1976 年电机系共招收六届‘工农兵学员’917 名,每届约 150 名。还招收了非洲国家的 3 名留学生。招生专业为电力系统及其自动化、电机、高电压工程”⑤。学习内容包括:“遵照毛主席‘以学为主,兼学别样,即不但学文,也要学工、学农、学军,也要批判资产阶级’的教导,紧密结合三大革命运动实践,设置:以毛主席著作为基本教材的政治课;实行教学、科研、生产三结合的业务课;以备战为内容的军事体育课。文、理、工各科都要参加生产劳动”⑥。但由于“学生文化程度参差不齐,有的只有小学文化程度,给教学带来极大困难”⑦。此外,1975 年清华大学还成立了业余大学,设有普通电工等专业,“学制分为半

---

① 清华大学电机系:《清华电机系七十周年系庆纪念集》,60 页。

② 蔡宣三(1950 电机):《我们的心是相通的——纪念章名涛教授诞辰 100 周年》,载《清华校友通讯》,复 55 期。

③ 蔡宣三(1950 电机):《我们的心是相通的——纪念章名涛教授诞辰 100 周年》,载《清华校友通讯》,复 55 期。

④ 清华大学电机系:《清华电机系七十周年系庆纪念集》,60 页。

⑤ 清华大学电机工程与应用电子技术系,http://www.eea.tsinghua.edu.cn/publish/eea/1359/index.html,检索日期:2012-10-14。

⑥ 《中共中央关于北京大学、清华大学招生(试点)的请示报告的批示》(1970 年 6 月 27 日),见陈大白:《北京高等教育文献资料选编(1949—1976)》,934 页。

⑦ 清华大学电机工程与应用电子技术系,http://www.eea.tsinghua.edu.cn/publish/eea/1359/index.html,检索日期:2012-10-14。

年、一年或两年不等，每周学习两个晚上一个下午”①。1970—1976 年清华大学电机系入学人数分布如图 7-1 所示。

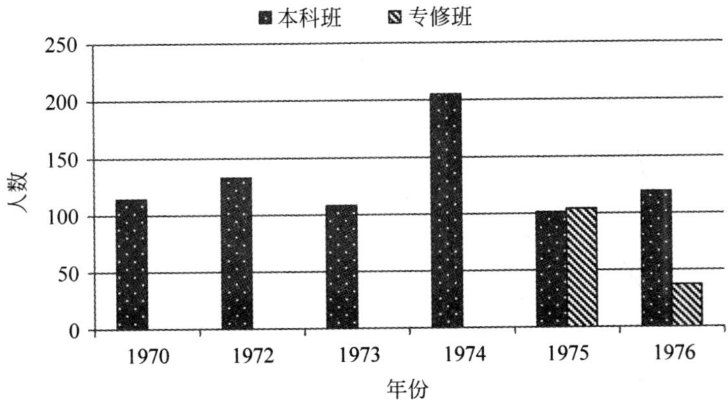

图 7-1　1970—1976 年清华大学电机系入学人数分布图

（资料来源：清华大学电机系：《清华电机系七十周年系庆纪念集》，78 页）

1970 年 8 月，清华大学“将原动力机械系的锅炉、燃气轮机等专业与原电机工程系的电机、发电、高压等专业合并成立电力工程系；将原电机工程系的电器、工业企业自动化专业与原动力机械系热能动力装置专业中的热力设备自动化专门化及热工测量专业等合并成立工业自动化系”②。“这一变化一直受到质疑。电力系的革命委员会和中共党总支委员会绝大部分为工宣队员组成。他们文化程度低、也不懂教育，更严重的是他们直接受迟群的亲自指挥，使电机系遭受一场苦难”③。“1970 年，电机系的自动装置教研组、电子学教研组和工业企业电气化教研组全部教师、实验员调入新成立的自动化系，其中自动装置教研组大部分教师在可控硅元件车间从事生产、教学和科研工作，这时部分教师已离校流失。1978 年可控硅元件车间解散，剩下的一部分教师转入自动化系新成立的

① 金富军：《‘文化大革命’期间的清华大学》，http://xs.tsinghua.edu.cn/docinfo/board/boarddetail.jsp?columnId=00301&parentColumnId=003&itemSeq=5759，2009-04-28/2011-12-10。

② 金富军：《‘文化大革命’期间的清华大学》，http://xs.tsinghua.edu.cn/docinfo/board/boarddetail.jsp?columnId=00301&parentColumnId=003&itemSeq=5759，2009-04-28/2011-12-10。

③ 清华大学电机系：《清华电机系七十周年系庆纪念集》，60 页。

信息处理教研组”①。

1971 年 4 月 15 日—7 月 31 日，全国教育工作会议在北京举行，会议提出“教育必须突出无产阶级政治，用政治统帅业务，把转变学生的思想放在首位。要坚持以学为主的原则，上好政治课和社会主义文化课，保证教学时间和质量。要把学文和兼学别样结合起来，坚持理论和实践的统一。工农兵学员在学习过程中仍要参加实践，在实践的基础上着重向理论方面学习。要重视基础理论课教学。反对单纯学理论和轻视理论学习的两种偏向”②。1972 年，“何东昌主持学校教改组工作后，着手整顿教学秩序，修订教学计划，对 1970 年入学的工农兵学员中文化程度低的学员集中补习数学等基础课，对 1972 年入学的学员试行半年预科以补习文化基础，并增加系统理论教学学时”③。1973 年，清华大学“制定关于安排‘以学为主，兼学别样’的试行意见，规定 3 年半共 182 周，教学活动（学文、学工）142 周，占 68%”④，具体如表 7-1 所示。

表 7-1　1973 年教学计划各类活动安排

	周数	百分比（%）	一年级	二年级	三年级	第七学期
教学活动（包括学工）	142	78	41 周	38 周	40 周	23 周
学农	4	2.2	1		3	
学军（包括拉练、民兵教育）	3	1.7		3		
战备施工	2	1.1		2		
入学教育、期中和毕业总结	3	1.7	1	1		1
建校劳动	2	1.1	1		1	
机动	7	3.8	2	2	2	1
节假日	19	10.4	6	6	6	1
总计	182	100	52	52	52	26

（资料来源：方惠坚、张思敬：《清华大学志》，上册，120 页）

但这一时期加强基础理论课教学的措施“被视为‘右倾回潮’的表现。1973 年 10 月到 1974 年 1 月开展了‘反击修正主义回潮’的运动（当

① 蔡宣三（1950 电机）、钱家骊（1953 电机）：《清华大学电器教研组的一段历史》，载《校友文稿资料选编》，第 13 辑。

② 《全国教育工作会议纪要》（1971 年 8 月 13 日中共中央批准），见陈大白：《北京高等教育文献资料选编（1949—1976）》，965 页。

③ 方惠坚、张思敬：《清华大学志》，上册，119 页。

④ 方惠坚、张思敬：《清华大学志》，上册，119 页。

时称为‘三个月运动’),上揪‘代表人物’,把矛头指向周总理,下扫‘社会基础’,对何东昌、艾知生、滕藤等校有关领导进行批斗,下放劳动。运动中,电机系电力系燃气轮教研组和高压教研组是全校的重点单位,派工农兵学员进驻。高压教研组7位教师因说了一些‘不合时宜’的话,被打小报告而受重点批判,被称为‘裴多菲俱乐部’(1956年波匈事件中匈牙利的著名组织)。原电机系中被列为校、系和教研组批判重点的共23人,其中有3人被定为敌我矛盾,在各种会议上、大字报上被批判的教师就更无法统计了”①。同时,“‘班办大学’是这一时期的重要特点。‘三个月运动’后,把教师和学生按专业建立了工宣队、教师、学生三结合的专业领导小组。解散了电工基础、电工学等基础课教研组,教师分散到各专业。教学上由几个教师负责一个班,承担由基础课到专业课的全部教学任务。接着又提出了工农兵学员‘上管改’的口号,即工农兵学员‘上大学、管大学、用毛泽东思想改造大学’;随后又开展了‘开门办学’,教师、学员组成小分队,分赴各地工厂。例如,高压专业就先后分布在沈阳高压开关厂、北京开关厂、北京互感器厂和天津电业局等地。教师白天上课,晚上又常成为批判的对象”②。1966—1978年电机系留校、分配、引进和调入教职员名单见表7-2。

表7-2　1966—1978年留校、分配、引进和调入电机系教职员名单

教　师	周双喜	杨振宜	王永县	李国柱	崔文进	陈　刚	王学恭	陈书君	童陆园	关志成
	徐国攻	杨学昌	杨心泉	李福祺	曹家喆	黄立培	邱阿瑞	瞿文龙	宫兴林	苏鹏声
	黄斐梨	王赞基	王树民	陆文娟	侯国屏	李志康	徐福媛	王建生	赵纯善	曹建中
	姜瑞宝	张贵生	高上凯	胡广书	王家森	唐　英	郁士瀛	邵会华	林　亨	张志广
	陈利建	沈永林	唐应武	唐庆玉	叶大田	卢瑞英	王士敏	刘廷文	尹传平	汪晓光
	王悦敏	杜彦从	齐秋根	夏志莹	高玉明	韩　旻	李芙英	张淑芝	王宝玲	窦玉芹
	孙天和	郑金龙	王宏升	李凤玲	何俊英	朱守真	赵国虹	张可聪	金显贺	蔡芝凤
	张　孝	金生阁	胡玉华	曹桂莲	杨学正	安　英	胡宝振	王叶滔	生　洁	王建强
	徐凤兰									

① 清华大学电机系:《清华电机系七十周年系庆纪念集》,60页。

② 清华大学电机系:《清华电机系七十周年系庆纪念集》,60~61页。

续表

实验员 职　员 职　工	刘秀华	王玉清	郝秀荣	侯明显	马颖琦	陈伯京	马贵月	程玉田	冉凡英	奎丽荣
	李莲子	丌立荣	孙月娜	程　明	郑振华	高秀芳	李砚芳	常建荣	谢　兵	李　风
	袁文玉	金丽英	李国富	郑竹茵	丁福祥	贾小齐	李虎胜	刘曙祥	董国成	熊月堂
	吴政新	何孔华	余本杰	储　华	沈美云	陶　甄	李慎龄	杨淑云	孙启元	崔国文
	杨淑琴	徐建一	魏瑞玲	阎秀峰	肖瑞华					

（资料来源：清华大学电机系：《清华电机系七十周年系庆纪念集》，76 页）

尽管这一时期电机系教授身处逆境，但仍致力于教学科研工作之中，"他们从学生的实际出发，编写了许多教材，研究教学方法，尽力使学生掌握更多的知识。因此，绝大多数学生经过努力，取得了相当大的进步。后来不少毕业生成长为一些部门的领导或骨干，为国家建设做出了重要贡献，有少数人还取得了国内外硕士或博士学位，在学术上也有了一定造诣。他们很多人在当时和以后与教师们都一直保持着亲密的关系。此外，许多教师仍潜心钻研业务，开展学术研究，如高景德、郭永基等从江西、青海、山西等地电力系统中的实际问题出发，在理论上做了深入的研究，有了新的创见，写出了《串联电容引起的电动机自激》的专著，解决了重要的技术问题。此书已被评为优秀著作，并在国内外发行。电机教研组还进行了异步电机同步化，特殊电机与节能技术方面的研究；发电教研组对北京、湖北、山西、东北东部、大庆和江西等电力系统中的运行稳定性，传输能力和电压质量等问题进行了研究，探索了计算机在电力系统中的应用，派教师进藏支援了羊八井地热电站；高压教研组开展了高压开关增容、新型高压熔断器，五十万伏精密直流高压分压器和静电电压表，白山地下电站防雷模拟以及东北、华北、华东首批五十万伏变电站防雷模拟和为国防部门研制的大功率脉冲装置等。正是在广大教师的不懈努力下，电机系科研工作仍取得了的一些进展，为改革开放后的更快发展奠定了基础"①。

① 清华大学电机系：《清华电机系七十周年系庆纪念集》，61 页。

8

改革开放以来清华大学电机工程学系的发展

十年“文革”动乱，给中国社会的发展带来了严重破坏，在其结束后，各项工作的重心开始转移到经济建设上来，迫切需要大量的科技人才。在此形势推动下，改革开放后，清华大学电机工程学系进入了快速发展时期，其学科设置根据社会发展需求及时进行了调整和完善，在师资队伍建设、教学科研发展以及人才培养等方面均取得了显著成就，在发展速度、规模和质量上，都呈现出强大的生命力和欣欣向荣的景象。

一、历史沿革

1977 年，清华大学拨乱反正，教学、科研等各项工作开始逐步恢复。根据国家发展及学校学科调整的需要，电机工程学系基层单位的结构以及名称等均发生了较大变化。如 1978 年 11 月，“原动力系的有关专业和教研组离开电力工程系，另组成热能工程系。电力系恢复了电机、发电、高电压、基本电工和电工学等五个教研组的建制。”①次年，电工学教研组又改名为“应用电子学及电工学教研组”②。1979 年，教育部直属工科重点院校专业调整会议确定了清华大学设置的专业，其中包括电力系统及其自动化（原发电厂及电力系统专业）、高电压技术及设备、电机，均为五年制③。1980 年 10 月，校长工作会议通过：“考虑到电力工程系的历史状况和目前专业设置的现实，以及今后的发展，确定将电力工程系恢复原电机工程系的名称。”④

这一时期，“电工学教研组的教师在面向全校非电类专业做好电工技术和电子技术课程教学的基础上，积极探索在生物医学工程领域开展科研并培养研究生，筹办新专业。”⑤如，1979 年清华大学电机工程系创建生

① 清华大学电机系：《清华电机系七十周年系庆纪念集》，62 页。
② 清华大学电机系：《清华电机系七十周年系庆纪念集》，64 页。
③ 《清华公报》，第 9 期，1979 年 8 月 20 日。
④ 《清华公报》，第 31 期，1980 年 10 月 15 日。
⑤ 清华大学电机系：《清华电机系七十周年系庆纪念集》，64 页。

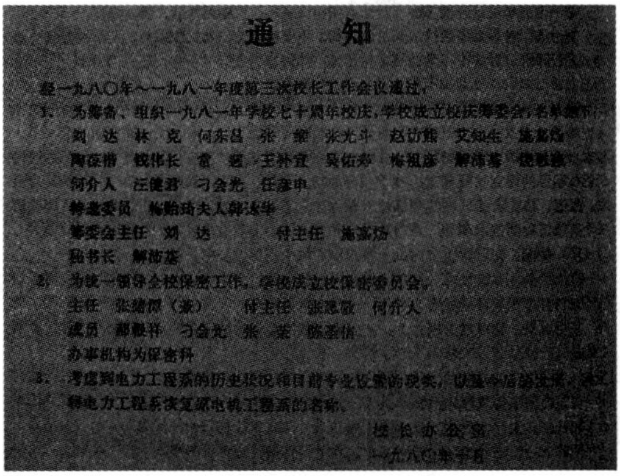

通　知

经一九八〇年～一九八一年度第三次校长工作会议通过：

1. 为筹备、组织一九八一年学校七十周年校庆，学校成立校庆筹委会，名单如下：

筹委会主任　刘　达　　付主任　施嘉炀

2. 为统一领导全校保密工作，学校成立校保密委员会。

办事机构为保密科

3. 考虑到电力工程系的历史状况和目前专业设置的现实，……将电力工程系恢复原电机工程系的名称。

校长办公室

图 8-1　1980—1981 学年度，第三次校长工作会议通过确定将电力工程系恢复原电机工程系的名称①

图 8-2　电机工程系系牌②

物医学工程学科，于当年招收硕士研究生；1982 年，该专业正式获得批准，开始招收本科生③。1984—1985 学年度，电机系专业设有电力系统及其自动化、高电压技术及设备、电机、生物医学工程与仪器，教研组包括有电力系统及其自动化、高电压技术、应用电子学及电工学、电机、基本电工④。

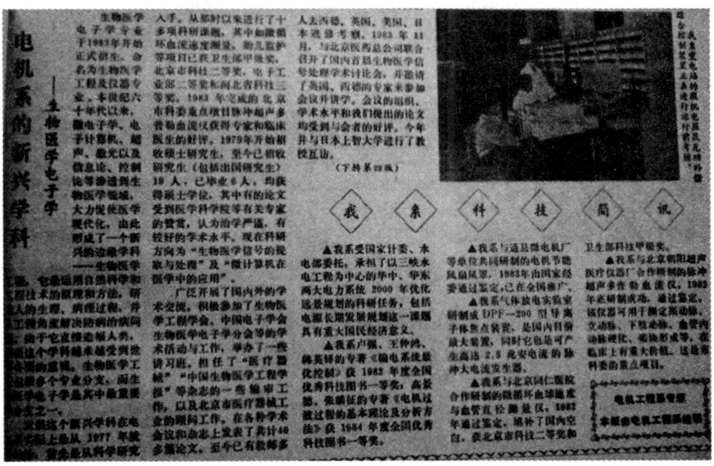

电机系的新兴学科

——生物医学电子学

我系科技简讯

图 8-3　电机系的新兴学科——生物医学电子学⑤

① 《清华公报》，第 31 期，1980 年 10 月 15 日。

② 清华大学电机系：《清华电机系七十周年系庆纪念集》，62 页。

③ 《清华大学医学院——生物医学工程》，http://www.tsinghua.edu.cn/publish/med/3143/index.html，检索日期：2011-10-28。

④ 《清华大学一览》，1984—1985 年。

⑤ 《新清华》，第 888 期，1984 年 11 月 15 日。

根据电机系的学科发展以及社会需求，1989 年 3 月 16 日，经校务会议通过，电机工程系改名为电机工程与应用电子技术系①，简称电机系，韩英铎任主任②。同时，“一方面，随着科学技术的迅速发展，电子、计算机、信息技术等新兴学科对传统电工学科的交叉渗透，使电工学科各个专业具有更广泛的共同基础，并且专业界限变得模糊；另一方面，随着社会主义市场经济的发展，用人单位也需要具有更宽专业口径的高层次电工学科人才。为此，自 20 世纪 80 年代初开始，电机系就不断进行专业改造，并于 1989 年正式将原电力系统自动化、高电压技术、电机三个专业合并为一个宽口径的电气工程及其自动化专业”③。

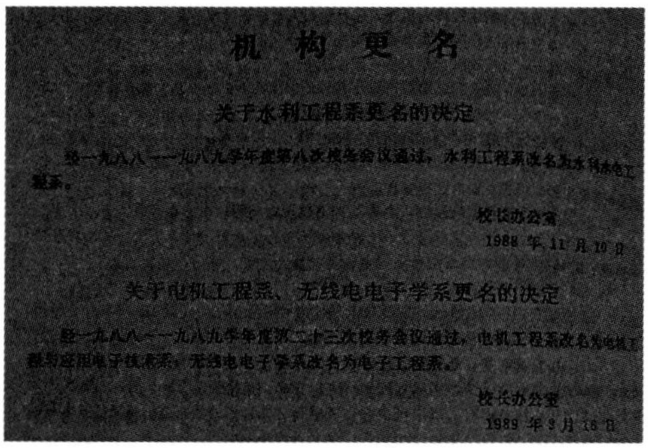

机 构 更 名

关于水利工程系更名的决定

经一九八八——一九八九学年度第八次校务会议通过，水利工程系改名为水利水电工程系。

校长办公室
1988 年 11 月 10 日

关于电机工程系、无线电电子学系更名的决定

经一九八八——一九八九学年度第二十三次校务会议通过，电机工程系改名为电机工程与应用电子技术系，无线电电子学系改名为电子工程系。

校长办公室
1989 年 3 月 16 日

图 8-4　电机工程系改名为电机工程与应用电子技术系④

图 8-5　电机工程与应用电子技术系系牌⑤

① 《清华公报》，第 147 期，1989 年 3 月 17 日。

② 《清华公报》，第 147 期，1989 年 3 月 17 日。

③ 清华大学电机工程与应用电子技术系，http://www.eea.tsinghua.edu.cn/publish/eea/1359/index.html。

④ 《清华公报》，第 147 期，1989 年 3 月 17 日。

⑤ 清华大学电机系：《清华电机系七十周年系庆纪念集》，62 页。

1993 年 8 月，清华大学在暑期党政干部会上提出，“到 2011 年，清华大学建校 100 周年时，争取把清华大学建设成为世界一流的、具有中国特色的社会主义大学”①，并相继制定了《清华大学“211 工程”的整体规划报告》②、《清华大学“九五”事业发展规划》③等，要求加强学科建设。1995 年，电机系“开始研究制定‘九五’学科发展规划”④，该年“电机系电工学科点在全国综合评估中，在学科建设、人才培养、科学研究和综合水平等各个分项的成绩均名列全国第一名”⑤。1996 年，“电机系电工学科点被国务院学位委员会宣布为全国首批按一级学科授权的试点单位”之一⑥。此外，1996 年“在完善‘九五’学科发展规划的基础上，电机系领导核心组织了‘211 工程’建设项目可行性报告的论证，提出了《扩建‘电力系统及大型发电设备安全控制与仿真’研究实验平台》的建设方案，把电力系统及其自动化、电力电子技术、电气设备在线检测和故障诊断等学科方向作为建设的重点。随后，该可行性报告获得了学校的批准。作为能源工程学科群‘211 工程’重点建设项目的主要部分，国家与学校实际共投入 520 万元，电机系自筹 170 万元作为配套，进行建设”⑦。在 1997 年进行的全国学科调整中，“‘电工’一级学科改名为‘电气工程’，下属的五个二级学科的名称分别调整为‘电机与电器’、‘电力系统及其自动化’、‘高电压与绝缘技术’、‘电力电子与电力传动’、‘电工理论与新技术’；‘生物医学工程与仪器’学科改名为‘生物医学工程’，并上升为一级学科。”⑧

2001 年，“全国再次按二级学科申报重点学科点，电机系的‘电力系统及其自动化’、‘高电压与绝缘技术’、‘电机与电器’、‘电工理论与新技术’再次被评为重点学科点，而且‘生物医学工程’学科点也榜上有名。”⑨

---

① 方惠坚、张思敬：《清华大学志》，下册，845 页。
② 清华大学校史研究室：《清华大学一百年》，457～458 页。
③ 方惠坚、张思敬：《清华大学志》，下册，847～848 页。
④ 清华大学电机系：《清华电机系七十周年系庆纪念集》，69 页。
⑤ 方惠坚、张思敬：《清华大学志》，下册，92 页。
⑥ 方惠坚、张思敬：《清华大学志》，下册，92 页。
⑦ 清华大学电机系：《清华电机系七十周年系庆纪念集》，69 页。
⑧ 清华大学电机系：《清华电机系七十周年系庆纪念集》，64 页。
⑨ 清华大学电机系：《清华电机系七十周年系庆纪念集》，64 页。

同年12月，生物医学工程专业和学科点由电机系改划入医学院。2003年，在“教育部高等学校与科研院所学位与研究生教育评估所”组织的一级学科评估中，“电机系电气工程学科不仅整体水平获评全国第一，并且在学术队伍、科研成果、人才培养、学术声誉所有4个单项中均名列全国第一”①。2006年，电机系的“电气工程学科又以满分100分的成绩获得一级学科评估全国第一”②。2007年，电气工程被评为首批国家一级学科重点学科点③。2010年，电气工程及其自动化专业被国家教育部、财政部批准为第六批高等学校特色专业建设点④。同年，电机系在首次进行的学科国际评估中，被评为“世界上电力工程领域顶级院系之一”⑤。

图8-6　2010年10月11日，电机系电气工程学科首次开展国际评估⑥

2011年后，正值清华大学迈入新百年之际，面对“双一流”建设的重要历史机遇，电机系迎来了新的发展契机。在国家教育部2012年组织开展的一级学科评估中，清华大学电气工程学科点名列第一。为进一步提

① 《电机系概况》，载《新清华》，总zk2007.3，2007年4月24日。

② 《电机系概况》，载《新清华》，总zk2007.3，2007年4月24日。

③ 梁曦东等：《清华大学电气工程高等教育的几点回顾》，见中国电气工程高等教育100周年纪念委员会：《百年回眸——中国电气工程高等教育100周年》，143页。

④ 《教育部 财政部关于批准第六批高等学校特色专业建设点的通知》，教高函[2010]15号。

⑤ 《电机系学科国际评估工作圆满结束》，载《清华大学每日动态信息》，第2385期，2010年。

⑥ 清华大学校史馆提供。

高教学、科研及人才培养质量，建设世界一流的电气工程学科，2014 年 1 月 13 日，校长陈吉宁到电机系调研，与教师代表就电机系的学科布局与发展战略进行了研讨。“听取教师代表发言后，陈吉宁充分肯定了电机系所取得的成绩，并希望电机系深入研究并处理好事关未来长远发展的重大问题，并对电机系提出了四点要求：一是要明确电气工程学科的战略定位；二是要处理好与产业界的关系；三是处理好国内与国际的关系；四是要强化协作、攻坚克难”①。为适应科技发展的需要，推动新兴学科的发展，这一时期，学校依托电机系成立了能源互联网创新研究院和清华大学-四川省能源互联网研究院等机构。“能源互联网是推动我国能源革命、提高能源利用效率的必然选择，是第三次工业革命的创新核心，涉及能源、电工、材料、信息、热动、数据科学等多个学科领域的科研和技术实现的交叉，是当今国际学术界前沿课题与产业界科技创新的新焦点之一”②。能源互联网创新研究院以及清华大学-四川省能源互联网研究院的设立，对充分发挥多方优势，拓宽电机系学科领域，促进能源学科高层次人才培养等均具有积极意义。2015 年 QS 大学学科排名中，清华大学的电气工程学科位居全球第 17 名，2016 年又上升至第 15 名。

2017 年 9 月 21 日，邱勇校长到电机系调研，就学科建设与布局、教育教学与人才培养、人才引进和教师队伍建设、科研创新和成果应用等，与电机系教师工作进行座谈。在调研座谈会上，邱勇对电机系把握能源领域革命机遇、抓住学校综合改革机会，在教学质量、学科布局、科研成果转化及推广等方面的工作成效予以充分肯定。他表示，“学校高度重视工科发展，近期成立工科建设领导小组，研讨制定‘强化工科优势行动计划’，希望进一步发挥工科在学校‘双一流’建设中的支撑作用。同时，学校面向国家战略和国际前沿制定并实施全球战略，加强基础文科建设，推行通识教育，培育‘更人文’的清华，以促进文理渗透，并进一步推动学科交叉创新”；“希望电机系在未来发展中把握三个要点。一是坚持重视教学的

① 《陈吉宁校长到我系调研》，《清华大学电机工程与应用电子技术系简报》，2014 年第 1 期(总第 86 期)。

② 《清华大学依托我系成立能源互联网创新研究院》，《清华大学电机工程与应用电子技术系简报》，2015 年第 1 期(总第 90 期)。

好传统，注重老、中、青教师的‘传帮带’，传递好‘为学与为人’的办系理念，强化育人效果。二是抓好人才培养工作，重视对学生、特别是对博士生创新能力的培养，做好就业引导、持续关注毕业生发展情况；重视团队建设，有效利用校内外科研平台，进一步优化资源配置，扩展人才发展的可能性，吸引更多优秀人才。三是坚持实施创新驱动发展，注重开发原创性核心技术，不断催生新的科研成果，提升行业影响力；聚焦学科‘皇冠级’问题，提前做好规划布局，提升国际影响力”①。12 月 14 日，清华大学与中国电机工程学会签署合作框架协议，并在签约仪式上成立中国电机工程学会清华大学会员中心。清华大学副校长薛其坤表示，“清华大学与中国电机工程学会素有渊源，电机系首任系主任顾毓琇教授是学会的创始人之一，双方长期以来保持着紧密合作。此次合作框架协议的签署，为清华大学能源、电气等相关学科在双一流的建设提供了非常好的契机，将进一步促进科技成果的产学研结合，更好地搭建国际化的交流与合作平台”②。

作为学校最老的工科院系之一，电机系在过去 80 多年发展历程中，始终围绕社会发展对高层次电气工程学科人才培养的需要，不断拓展和完善学科及育人能力。目前，在新的历史环境下，电机系紧紧抓住学科发展的战略机遇，正在确立从单一的电气工程到多种能源互联互补的大能源观指导下的人才培养和学科拓展的新机制。

图 8-7　2017 年 9 月 21 日，邱勇校长调研电机系③

① 《邱勇调研电机系强调：继承传统，抓住机遇，推进改革创新》，清华大学电机系资料。

② 《中国电机工程学会与清华大学签订合作框架协议并成立会员中心》，清华大学电机系资料。

③ 《邱勇调研电机系强调：继承传统，抓住机遇，推进改革创新》，清华大学电机系资料。

图 8-8　邱勇校长参观电机系教学实验室[①]

二、师资队伍

改革开放以来，为促进教学、科研工作的开展，电机系加强了教职工队伍的建设，如 1978 年晋升高级专业技术职称人员 2 名；1979 年晋升高级专业技术职称人员 25 名、中级职称人员 50 名、初级职称人员 50 名；1980 年晋升高级专业技术职称人员 4 名、初级职称人员 1 名[②]。1981 年，“电机系共有教职工 281 名，其中教授 11 名，副教授 34 名，讲师 70 名，助教 57 名，教辅人员和职工约 109 名”[③]；“高景德、黄眉、王宗淦、孙绍先、杨津基、王先冲、唐统一、肖达川等教授”当选为国内首批博士生指导教师[④]。在短短的几年内，电机系很快就形成了一支力量雄厚的师资队伍。如高景德教授是“我国第一位在原苏联获得博士学位的学者”[⑤]，同时也是“清华大学唯一的一位跨电机与电力系统两个二级学科的博士生指导教师”[⑥]，曾多次荣获国际、国家级科研及教学成果奖[⑦]，特别是在他担任

① 《邱勇调研电机系强调：继承传统，抓住机遇，推进改革创新》，清华大学电机系资料。

② 《清华公报》，1979—1980 年。

③ 方惠坚、张思敬：《清华大学志》，下册，95 页。

④ 清华大学电机系：《清华电机系七十周年系庆纪念集》，70 页。

⑤ 方惠坚：《高景德纪念文集》，3 页，北京，清华大学出版社，1999。

⑥ 方惠坚：《高景德纪念文集》，3 页。

⑦ 方惠坚：《高景德纪念文集》，4 页。

清华大学副校长和校长期间，在他的“倡议和主持下，清华成立了研究生院和继续教育学院，并在研究生招生、培养及管理等方面进行了系统性的改革，使在校硕士和博士研究生的数量在短短几年内，就由五、六百人增加到了近三千人，培养规模大幅度提高；同时，清华大学逐步探索并积累了一套多模式培养研究生的途径，使学校进入了成批培养高层次人才的新阶段。”①

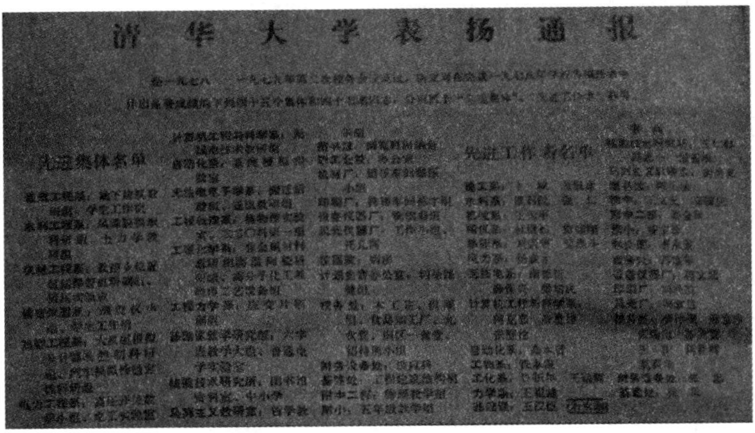

清华大学表扬通报

先进集体名单

先进工作者名单

图 8-9　电力工程系高压开关教学小组、电工实验室获清华大学 1979 年先进集体称号，杨成才获“先进工作者”称号②

图 8-10　原电机系主任章名涛教授退休后，在家辅导中青年教师学习英语③

① 方惠坚：《高景德纪念文集》，4 ~ 6 页。

② 《新清华》，第 794 期，1979 年 4 月 26 日。

③ 清华大学档案馆提供。

图8-11 1981年校庆，电机系老教授、老学友合影。前排左起为章名涛、马大猷、高景德、常迵；右二起为王宗淦、程式；二排左边起为黄眉、范崇武、孙绍先、王先冲等①

20世纪80年代中期以后，章名涛、孙绍先、黄眉等老教授相继去世，电机系师资队伍遭受了重大损失②。面对这种情况，电机系采取了多种方法补充、加强师资队伍，如“电机系自己培养的1990年以前毕业的优秀博士中，有10多名留校任教；从美国、日本、俄罗斯、法国、德国、比利时等国家获得博士学位的一些中青年博士也加入了电机系教师队伍，这在清华大学各院系中具有明显优势”③。此外，1985年11月电工博士后流动站获得国家批准建立④。“电工博士后流动站与一些大型国有企业建立了很好的科研及人才培养合作关系，不长的时间，就涌现出一批学术水平高、工作表现突出的博士后，充实了电机系的中、青年教师队伍，成为了科研的骨干力量”⑤。1981年至1997年，电机系教职工人数变化情况如图8-12所示；1979年至2001年，电机系留校、分配、引进和调入教职工名单，参见表8-1和表8-2。

① 清华大学电机系：《清华电机系七十周年系庆纪念集》，17页。
② 清华大学电机系：《清华电机系七十周年系庆纪念集》，70页。
③ 清华大学电机系：《清华电机系七十周年系庆纪念集》，70页。
④ 方惠坚、张思敬：《清华大学志》，下册，104页。
⑤ 方惠坚、张思敬：《清华大学志》，下册，104页。

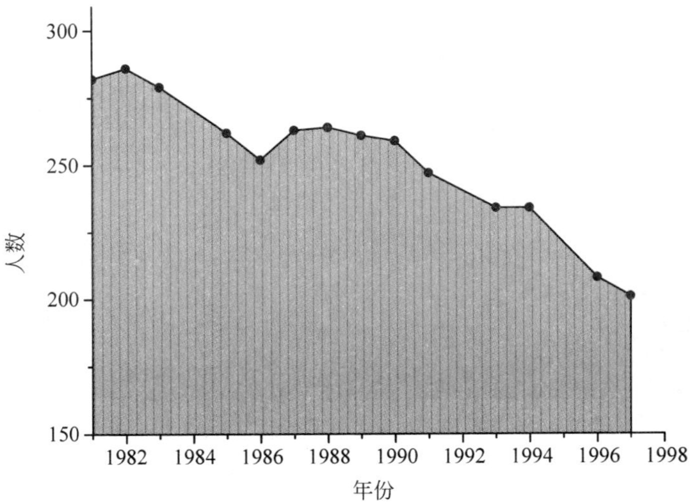

图 8-12　1981—1997 年电机系教职工人数变化曲线
（资料来源：1981—1997 年清华大学教职工统计资料，清华大学档案，全宗号，目录号 259，案卷号略）

表 8-1　1979—1990 年留校、分配、引进和调入电机系的教职员名单

教　师	张菊鹏	黄慎仪	何丽静	张族玲	张贵媛	李鸿庆	刘明哲	郭艾芳
	张唯真	杨孟琢	刘元元	夏仁平	王心丰	倪以信	刁颐民	费仁言
	王祥珩	王　佳	牛梦菊	赵　伟	王　平	王孙禺	王西生	杨　镭
	刘秀成	何　青	刘生义	安玉忠	苏　微	张立群	汪晓东	周　勤
	郑京生	张伯明	赵学东	陈基和	郝小欣	刘建政	王小波	吴绿林
	盛新富	杨先庆	韩可都	韦大同	翁　力	王　琳	卢　健	姜新建
	丁青青	郑志翔	孙元章	白　净	丁海曙	容观澳	王广志	白秀庭
	宋建宁	王百宽	赵　松	董　浩	李文平	朱　强	孙国胜	王永强
	杨　健	张智刚	夏　清	刘卫东	柴建云	曹立宇	王新新	梁曦东
	熊金虎	尹亚男	张贵新	赵铁滨	闵　勇	栾记源	郭　恒	李永东
	冯治鸿	张　学	郑汉楚	郝逢年	徐东民	杨建国		
实验员 职　员 职　工	闵家兰	吴庭奎	曹　宇	田　军	王辩琴	孙文达	陈永亭	蔡永生
	李雪冰	王德延	刘　淼	季　风	王　为	邢广军	董甲瑞	张丕进
	潘　苓	刘文武	梁作清	孙劲松	王英珍	向春秀	傅常服	慕　萍
	刘爱华	孙艳栋	李荣军	李聪河	孙晓瑛	邹　鸣	张司政	丁　辉
	林　榕	张习郑	魏　民	崔　灵	张　薇	王　瑛		

（资料来源：清华大学电机系：《清华电机系七十周年系庆纪念集》，76 页）

表 8-2 1991—2001 年留校、分配、引进和调入电机系的教职员名单

教师	段玉生	富耀宗	王春凤	唐全利	赵争鸣	张中华	袁 斌	王云华
	时恒平	黄瑜珑	陈 猛	王艳丹	陈建业	宋海丽	李国杰	周新胜
	李天亮	唐 旭	晏子飞	陈 莲	曹江涛	高小榕	吕鸿莉	王忠东
	汤存燕	何金良	李 克	郭小明	朱小梅	苏红娟	刘志林	张永红
	邓佑满	赵志宏	李庆民	周小强	王德增	宫 琴	吕俊银	唐长青
	胡 琳	刘 可	李 勇	王 健	卢海惟	刘 萍	杜 民	赵晓松
	王松岩	蒋晓华	胡振山	曹海翔	蓝 宁	吕文哲	袁建生	丁仁杰
	刘文华	姜齐荣	于庆广	梁 旭	曲荣海	孙旭东	刁勤华	郭静波
	孙宏斌	宋向东	黎 雄	张传利	梅生伟	董新洲	康重庆	张毅威
	王黎明	陈水明	刘 虹	朱桂萍	王卫舟	于 波	焦连伟	曾 嵘
	刘丛伟	高胜友	周远翔	徐 政	于歆杰	孟 朔	王善铭	程 林
	沈 瑜	郑竞宏	郭志刚	胡秉谊	许 宁	邹 军	杨得刚	刘瑛岩
	关永刚							
实验员	徐 云	张 颖	董 鸿	郭 松	李 胜	祁 硕	董振玲	袁 炜
职 员	郭 欣	刘 艳	朱 红	郑中华	周 红	吕 庚	刘 坤	赵 莹
职 工	段燕梅	李铁文	贾玉荣					

（资料来源：清华大学电机系：《清华电机系七十周年系庆纪念集》，76 页）

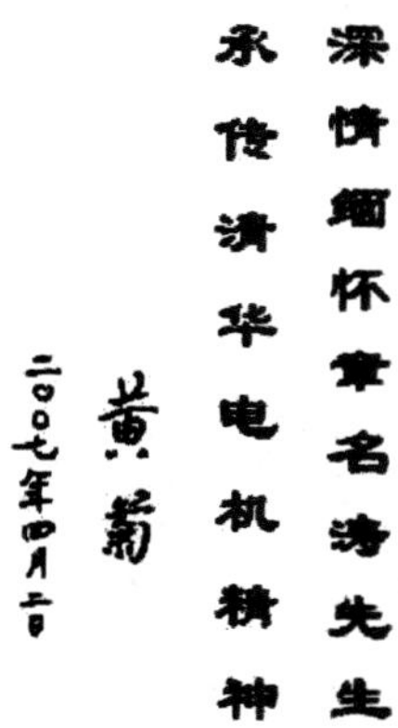

图 8-13 原中共中央政治局常委、国务院副总理、清华电机系系友黄菊为章名涛先生百年诞辰和电机系七十五周年系庆题词①

图 8-14 电机系 1951 级系友郭道晖为章名涛先生百年诞辰和电机系七十五周年系庆题词②

① 清华大学电机系资料。

② 清华大学电机系资料。

经过不懈努力,到20世纪末,电机系师资队伍初步形成了力量雄厚且结构较为合理的局面,其中,既有学术造诣深厚的老一辈知名学者,也有一批年富力强的中青年教师。1979年至1997年,电机工程系师资队伍结构如图8-15所示。

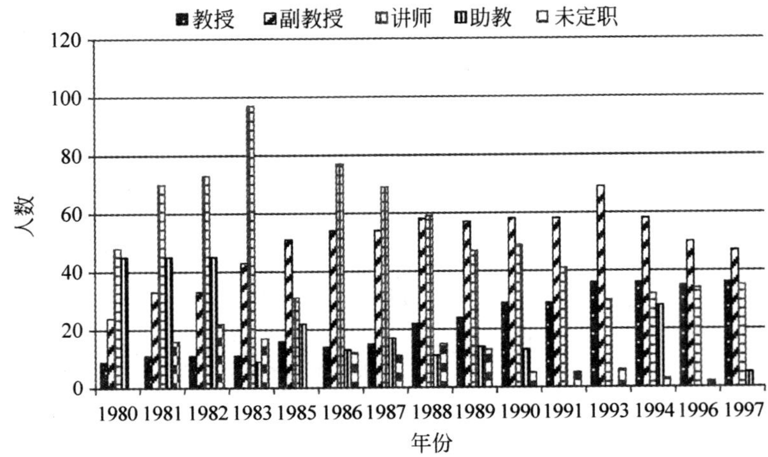

图8-15　1980—1997年清华大学电机系教师的组成结构
(资料来源:1980—1997年清华大学教职工统计资料,
清华大学档案,全宗号,目录号259,案卷号略)

1998年以后,清华进一步加大投入,引进国内外知名学者来校任教,同时注重提升高级职称教师的比例。据统计[①]:电机系1998年批准晋升高级专业技术职务人员14名、中级11名、初级10名;1999年,批准晋升高级专业技术职务人员15名;2000年,批准晋升高级专业技术职务人员11名、中级8名、初级4名;2001年,批准晋升高级专业技术职务人员10名、中级10名、初级3名;2002年,批准晋升高级专业技术职务人员10名、中级5名;2003年,批准晋升高级专业技术职务人员8名、中级8名;2004年,批准晋升高级专业技术职务人员8名、中级2名;2005年,批准晋升高级专业技术职务人员9名、中级3名、初级1名;2006年,批准晋升高级专业技术职务人员10名、中级3名;2007年,批准晋升高级专业技术职务人员10名、中级2名;2008年,批准晋升高级专业技术职务人员5名、

① 《清华公报》,1998—2010年。

中级1名、初级2名;2009年,批准晋升高级专业技术职务人员6名;2010年,批准晋升高级专业技术职务人员9名、中级3名。2010年底时,电机系共有教职员工127人,其中教师91人,超过87%的教师拥有博士学位,超过34%的教师拥有半年以上的出国经历。①

2011年学校迈入新百年发展征程后,为促进世界一流大学和世界一流学科建设,电机系在师资队伍建设上更为注重对高级人才的聘用,以及青年优秀人才的选拔和培养。如,2012年新聘副教授4名、高级工程师1名;2013年,引进青年教师3人,晋升教授2人、副教授4人;2014年,引进青年教师2人,晋升副教授3人、高工1人;2015年,新引进国内杰青1人、国外青年千人1人,引进青年教师2人,晋升教授1人、副教授2人、高工1人。2016年引进国外青年教师1名,晋升长聘副教授2名、准聘副教授2名;2017年引进国外青千1名、助理教授1名、助理研究员3名,晋升长聘教授1名、长聘副教授2名、准聘副教授1名,研究员1名、副研究员1名。截至2017年底,电机系在编教职工131人,共有教授、研究员37人,副教授、副研究员56人,高级工程师、高级实验师11人。2012年至2017年电机系教师人数见表8-3。

表8-3 2012—2017年电机系教师人数统计表

	教师	正高级			副高级			中级		
	合计	教授	研究员	合计	副教授	副研究员	合计	讲师	助研	合计
2012	95	29	3	32	34	14	48	1	14	15
2013	96	29	2	31	36	12	48	1	16	17
2014	95	31	2	33	34	17	51	0	11	11
2015	98	33	2	35	36	17	53	0	10	10
2016	99	32	3	35	30	23	56	1	7	8
2017	103	33	4	37	32	24	56	2	8	10

(资料来源:清华大学电机工程与应用电子技术系资料)

电机系师资力量雄厚,既有学术造诣高深的老一辈知名学者,也有一批年富力强的中青年教师。其中2012年,孙宏斌、康重庆、曾嵘三位教授

① 清华大学电机系资料。

当选英国工程技术学会会士（IET Fellow）；2013 年，于歆杰、肖曦获教育部新世纪人才；2014 年，梅生伟当选 IEEE Fellow，王赞基、梁曦东、闵勇当选 IET Fellow，康重庆被电力系统国际顶级期刊《IEEE Transactions on Power Systems》聘为编委；2015 年，何金良教授入选国家百千万人才工程，梁曦东教授当选中国电工技术学会副理事长，陈启鑫副教授入选北京市科技新星计划，周远翔、黄松岭教授当选 IET Fellow。2016 年，曾嵘入选长江学者特聘教授，陆超入选青年长江学者，陈启鑫获批优青，孙宏斌、康重庆入选万人计划，何金良获雷电防护国际会议鲁道夫·海因里希·戈尔德奖，何金良获批国务院政府特殊津贴，孙宏斌当选世界工程组织联合会（WFEO）能源委员会副主席，康重庆、董新洲当选 IEEE Fellow，吴文传当选 IET（IEE）Fellow，陈启鑫入选北京市科技新星计划并获霍英东教育基金会第十五届高等院校青年教师基金资助，袁建生当选为国际电磁场计算协会委员。2017 年，赵争鸣和孙宏斌教授获选 IEEE Fellow，张宁副教授入选中国科协青年人才托举工程，杨颖荣获北京高校第十届青年教师教学基本功比赛一等奖，李泽元院士获得“中国电源学会科学技术杰出贡献奖”，孙凯副教授获得“中国电源学会科学技术青年奖”，董新洲和孙宏斌教授荣获中国电力科学技术杰出贡献奖，郑泽东副教授获中达青年学者称号。

为充实师资队伍，培养优秀人才，电机系还吸引了大批博士后研究人员。如，2012 年进站 13 人、出站 14 人、在站 30 人；2013 年进站 18 人、出站 13 人、在站 45 人；2014 年进站 11 人、出站 11 人、在站 32 人；2015 年进站 22 人、出站 18 人、在站 36 人；2016 年进站 17 人、出站 12 人、在站 49 人；2017 年进站 15 人、出站 19 人、在站 60 人。博士后人员不仅对电机系的教学、科研、人才培养做出了重要贡献，而且也是优秀人才的后备军，其中有的出站博士后作为人才被引进留校。2015 年，电气工程博士后流动站评估优秀①。

另外，电机系还聘请了日本明治大学理工学部部长电机及控制专家松濑贡规、英国利物浦大学等离子体专家方大庆教授、美国弗吉亚州立大

① 《清华大学电机工程与应用电子技术系简报》，2015 年第 4 期（总第 94 期）。

学理工学院电力电子技术专家李泽元教授、西澳大学电机系系主任黄杰波教授、香港大学电力系统著名专家吴復立教授、美国弗吉尼亚理工大学电气与计算机工程系 James S. Thorp 教授、美国弗吉尼亚理工大学电气与计算机工程系 Arun G. Phadke 教授、美国电气和电子工程师协会电力电子学会主席谭东方教授、美国佐治亚理工大学 Miroslav M. Begovic 教授、韩国明知大学电力系统继电保护专家 S. J. Lee 教授、美国伊利诺伊理工大学首席教授 M. Shahidehpour 等为客座教授。在国内，电机系聘请了严陆光、周孝信、顾国彪、郑健超、马伟明、杨奇逊、程时杰、李立涅、程时杰、余贻鑫、张钟华、陈清泉、唐任远、沈国荣、雷清泉等院士和赵希正、李凤玲、袁懋振等专家为兼职教授。客座教授和兼职教授们对电机系的学科建设与教育教学改革等提出了许多宝贵建议，多次在电机系举办讲座、讲学，介绍电气工程学科的国际最新发展动态。①

电机系一向重视国际合作与交流，特别是自 2010 年开展学科国际评估以来，为拓展国际视野、提高声誉、让世界更了解电机系，电机系的教师出境学习、参加国际学术会议的次数和人数显著增加。据统计，2012 年，电机系教师出国/出境数量为 102 人次（约合每位教师每年出国/出境 1 次）②；2013 年，教师短期出国/出境 134 人次，其中长期出国 6 人③；2014 年，教师短期出国/出境 164 人次，其中长期出国 7 人④；2015 年，教师短期出国/出境 148 人次，其中长期出国 3 人。⑤ 与此同时，电机系还聘请了多位国外知名专家教授来系里访问。如 2012 年，美国华盛顿州立大学 Anjan Bose（美国工程院院士）、美国普渡大学科学学院建筑工程管理系主任罗伯特·考克斯等⑥；2013 年，美国工程院院士、国际电气电子工程师学会会士、得克萨斯州立大学达拉斯分校教授考希克·拉贾沙卡拉（Kaushik Rajashekara）、英国巴斯大学外事副校长科林·格兰特、英国工

① 《人事工作概述》，《清华大学电机工程与应用电子技术系年鉴》，2016 年。

② 《外事工作概述》，《清华大学电机工程与应用电子技术系年鉴》，2013 年。

③ 《外事工作概述》，《清华大学电机工程与应用电子技术系年鉴》，2014 年。

④ 《外事工作概述》，《清华大学电机工程与应用电子技术系年鉴》，2015 年。

⑤ 《外事工作概述》，《清华大学电机工程与应用电子技术系年鉴》，2016 年。

⑥ 《做好外事接待和日常外事工作，加强国际间交流与合作》，《清华大学电机工程与应用电子技术系年鉴》，2013 年。

程技术学会（IET）主席安迪·霍珀（Andy Hopper）、英国斯特拉斯克莱德大学（University of Strathclyde）校长吉姆·麦可唐纳（Jim McDonald）、意大利博洛尼亚大学校长 Ivano Dionigi 及英国伯明翰大学副校长 Richard A Williams 教授等①；2014 年，英国斯特拉思克莱德大学（University of Strathclyde）校长吉姆·麦克唐纳（Sir Jim McDonald）、法国国家高等航空航天学院（ISAE）招生与合同办公室主任、硕士课程主管教师 Philippe GALAUP（菲利普·盖劳普）、国际大电网会议（CIGRE）前主席安德鲁·梅林（André Merlin）、加拿大 The University of British Columbia（英属哥伦比亚大学，UBC）Department of Electrical and Computer Engineering 系主任 Pro. Andre Ivanov、美国弗吉尼亚理工大学电机与计算机工程系主任卢克·莱斯特（Pro. Luke F Lester）、英国伦敦帝国理工学院（Imperial College London, UK）物理系教授谢尔盖·列别捷夫（Sergey Lebedev）、华盛顿大学（University of Washington, UW）电气工程系教授丹尼尔·克斯群（Prof. Daniel Kirschen）、丹麦技术大学（Technical University of Denmark，DTU）电机系教授皮埃尔·皮松（Prof. Pierre Pinson）、副教授丁一（Asso. Prof. Yi Ding）、副教授罗伯特·埃瑞克森（Asso. Prof. Robert Eriksson）、麦吉尔大学（McGill University）教授布恩泰克·欧依（Boon-Teck Ooi）、英国诺丁汉大学（The University of Nottingham，UoN）电气工程学院教授、IET Fellow、欧盟框架协议多电飞机技术负责人帕特里克·维勒（Prof. Patrick Wheeler）和教授克里斯·杰拉达（Prof. Chris Gerada）、韩国电气工程师学会会长金豪溶和当选会长金熙俊、埃因霍温理工大学（Eindhoven University of Technology）电机系教授，IEEE Fellow，DNL GL 能源及 KEMA 实验室负责人 Rene Smeets、IEEE PES 主席 Miroslav M. Begovic 等；2015 年，美国国家可再生能源实验室（National Renewable Energy Laboratory, NREL）专家本杰明-卡洛珀斯奇博士（Dr. Benjamin Kroposki）；美国加州理工学院（California Institute of Technology）教授 Steven H. Low；美国通用电气（GE）专家、国际电气和电子工程师协会动力与能源分会（IEEE PES）前任主席约翰·麦克唐纳（John D. McDonald）；美国田纳西大学，美国国家科学基

① 《做好外事接待和日常外事工作，加强国际间交流与合作》，《清华大学电机工程与应用电子技术系年鉴》，2014 年。

金会能源部工程研究中心(NSF-DOE Engineering Research Center, CURENT)Chien-fei Chen 教授;英国伯明翰大学的 Xiao-Ping Zhang(张小平)教授;英国 Brunel 大学 Geoff Rodgers 副校长、Gareth Taylor 教授、Maozhen Li 教授;美国杜克(Duke)大学教授、能源创新研究院首席科学家理查德·纽维尔(Richard Newell);日本东京大学电气工程教授阿部力也(Rikiya Abe);瑞典皇家理工学院(KTH Royal Institute of Technology)教授、电力系统稳定与控制研究组负责人穆赫戴德·甘德哈里(Mehrdad Ghandhari);美国弗吉尼亚理工大学教授 A. G. Phadke 和 James S. Thorp;丹麦科技大学(DTU)大学教授、电力技术研究中心主任 Jacob Østergaard;澳大利亚南威尔士大学的 Georgios Konstantinou 博士;康奈尔大学终身教授江晓东。来访专家就各自的人才培养理念、办学特色,如何促进校级和电类各领域的合作与交流进行探讨,并为电机系师生作了精彩的学术报告。

2014 年 9 月 18 日,电机系召开人事制度改革动员会。校人事处处长王希勤详细介绍了学校人事制度改革的背景、基本原则和基本思路,分析了分系列制度的规定和要求,剖析了教师所关心的过渡办法、薪酬体系、学术标准等方面的问题,介绍了若干院系的改革方案和经验,对电机系的人事制度改工作提出了要求。系主任曾嵘分析了电机系开展人事制度改革面临的形势和必要性,对比分析了国内外相关院系的学科状况,介绍了电机系的学科规划与发展目标,提出了电机系人事制度改革的工作思路。副系主任康重庆介绍了电机系人事制度改革工作的初步安排,同时鼓励全体教职工积极参与海外人才的推荐和引进工作,争取在几年之内使教师队伍结构得到明显优化。最后系党委书记赵伟作会议总结,强调了电机系人事制度改革的紧迫性,希望全体教师针对人事制度改革工作提出有建设性的意见和建议,使电机系将借助人事制度改革促进各项工作的全面发展。①

随后,按照学校的总体部署,电机系积极稳重地推进系人事制度改革工作。经过多次召开系内讨论会、与校人事处沟通之后,获得学校通过并

① 《电机系召开人事制度改革动员会》,《清华大学电机工程与应用电子技术系简报》,2014 年第 3 期(总第 88 期)。

形成了系人事制度改革方案，并于2015年12月1日召开了系人事制度改革工作启动会。启动仪式上，校党委副书记、副校长姜胜耀分析了清华大学推行人事制度改革的必要性，指出“这是一次使命驱动的改革”，“学校希望以人事制度改革为突破口，带动学校的综合改革，切实在学科发展、人才培养、教学科研等方面取得新突破。电机系必须意识到肩上的责任，建立高水平的师资队伍，确立学科创新发展意识，与清华新百年使命驱动的自我改革认识保持高度一致。”姜胜耀副校长同时还指出，“电机系全体教师必须高度认识人事制度改革是电机系发展的新契机。电机系是有着83年历史的传统工科院系，推进人事制度改革，是电机系继往开来的必由之路。电机系党政班子能紧密结合国家战略需求，面向我国能源电力主战场，提出以能源互联网为代表的学科发展新思路，为今后一段时期电机系的发展做出了准确的定位。”①在学校的大力支持下，电机系抓住机遇，迎接新挑战，积极推进人事制度改革、优化教师队伍，引进青年优秀教师，如2014年，电力系统研究所博士后林今、张宁留校，聘任为讲师。② 2015年，北京科技大学国家杰出青年科学基金获得者党智敏进校，聘任为教授；引进美国通用电气全球研发中心的张品佳进校为青年千人，聘任为副教授；电力系统研究所博士后钟海旺留校，聘任为讲师；电力系统研究所博士后魏韡留校，聘任为助理研究员。③ 2016年引进美国宾夕法尼亚州立大学博士后李琦，聘任为教研系列准聘副教授 。2017年引进瑞士洛桑联邦理工大学博士后易成谊进校为青年千人，聘任为教研系列准聘副教授；美国弗吉尼亚理工大学博士后赵彪进校，聘任为教研系列助理教授；电力电子研究所博士后陈凯楠、电力系统研究所博士后薛小代、柔性输配电研究所李笑倩留校，均聘任为研究系列助理研究员。

---

① 《电机系人事制度改革正式启动》，《清华大学电机工程与应用电子技术系简报》，2015年第4期（总第93期）。

② 《博士后林今和张宁留校》，《清华大学电机工程与应用电子技术系简报》，2014年第3期（总第88期）。

③ 《电机系人才引进党智敏、张品佳、钟海旺和魏韡报到》，《电机工程与应用电子技术系简报》，2015年第2期（总第91期）。

图 8-16 2015 年 12 月 1 日，电机系在主楼接待厅召开人事制度改革启动仪式①

图 8-17 校党委副书记、副校长姜胜耀在电机系人事制度改革启动仪式上讲话②

图 8-18 高电压与绝缘技术研究所教职工合影③

① 《电机系人事制度改革正式启动》，《清华大学电机工程与应用电子技术系简报》，2015 年第 4 期(总第 93 期)。

② 《电机系人事制度改革正式启动》，《清华大学电机工程与应用电子技术系简报》，2015 年第 4 期(总第 93 期)。

③ 清华大学电机系：《清华电机系七十周年系庆纪念集》，38 页。

图 8-19　电力系统及其自动化研究所教职工合影①

图 8-20　电力电子与电机系统研究所教职工合影②

图 8-21　电工新技术研究所教职工合影③

① 清华大学电机系:《清华电机系七十周年系庆纪念集》,38 页。
② 清华大学电机系:《清华电机系七十周年系庆纪念集》,39 页。
③ 清华大学电机系:《清华电机系七十周年系庆纪念集》,39 页。

图 8-22　计算机硬件及应用教学组教职工合影①

图 8-23　柔性输配电系统研究所教职工合影②

电机系历来重视师资队伍的建设和教学水平的提高。“电机系具有优良的教学传统，教师和实验技术人员都十分敬业，特别是在技术基础课的教学中，重视教学内容和方法的研讨、师资队伍的培训”③，目前已形成了以多位学科、学术带头人为核心的教师梯队。2017 年，电机系教师中有中科院院士 1 位（卢强，瑞典皇家工程科学院外籍院士），中国工程院院士 1 位（韩英铎），英国皇家工程院院士 1 位（宋永华（双聘）），IEEE Fellow 10 位（卢强、何金良、宋永华（双聘）、王善祥（短期）、张伯明、梅生伟、康重

① 清华大学电机系：《清华电机系七十周年系庆纪念集》，39 页。

② 清华大学电机系：《清华电机系七十周年系庆纪念集》，40 页。

③ 《清华大学电机工程与应用电子技术系年鉴》，2007 年。

图 8-24　电工学教学组、生物医学工程研究所教职工合影[①]

庆、董新洲、赵争鸣、孙宏斌），IET（IEE） Fellow 16 名（关志成、董新洲、宋永华（双聘）、赵争鸣、何金良、梅生伟、孙宏斌、康重庆、曾嵘、闵勇、王赞基、梁曦东、黄松岭、周远翔、吴文传、党智敏），国家级教学名师 1 位（孙宏斌），国家“千人计划”教授 2 名（宋永华（双聘）、王善祥（短期）），长江学者特聘教授 4 位（何金良、梅生伟、孙宏斌、曾嵘），国家杰出青年基金获得者 8 位（梁曦东、何金良、梅生伟，孙宏斌、康重庆、曾嵘、党智敏、吴文传），国家万人计划科技创新领军人才 3 位（孙宏斌、康重庆、曾嵘），教育部跨世纪优秀人才 1 位（袁建生），教育部新世纪优秀人才 11 位（周远翔、孙宏斌、曾嵘、刘文华、康重庆、姜齐荣、党智敏、沈沉、吴文传、于歆杰、肖曦），优青 5 位（谢小荣、张波、郭庆来、陈启鑫、杨颖），青年千人计划 3 位（张品佳、易陈谊、李琦），青年长江学者 1 位（陆超），国家万人计划青年拔尖人才 1 位（陈启鑫）。改革开放以来，电机系教职工在教学工作中取得优异成绩，曾获得多项奖励，部分获奖名单参见表 8-4。

表 8-4　1979—2017 年电机系教职工部分获奖名单

序号	获奖人(团队)	获奖名称	获奖时间
1	高压开关教学小组、电工实验室	清华大学先进集体	1979 年
2	杨成才	清华大学先进工作者	1979 年
3	王鸿明等 22 人	清华大学教学工作优良人员	1980 年

① 清华大学电机系：《清华电机系七十周年系庆纪念集》，40 页。

续表

序号	获奖人(团队)	获奖名称	获奖时间
4	电路分系教学组及计算机室	清华大学先进集体	1980 年
5	杨津基、江缉光	清华大学先进工作者	1980 年
6	王叶滔、张济世、邵会华、韩毅、王维俭、张节容、黄炜纲、韩旻	清华大学科研工作优良人员	1980 年
7	张宝霖、卢强、张仁豫、马信山、张麟征、姜建国、阎俊卿	清华大学研究生教学工作优良人员	1980 年
8	动态模拟实验室,基本电工电路理论自动化教学小组	清华大学先进集体	1982 年
9	杨福生、侯明显、李凤玲	清华大学先进工作者	1982 年
10	发电教研组微处理机应用组,脉冲超声多普勒血流仪科研组	清华大学先进集体	1983 年
11	陈秉中、魏瑞玲、阎俊卿	清华大学先进工作者	1983 年
12	崔国文等 7 人	清华大学工会积极分子	1983 年
13	肖瑞华、李隆年、李英文、崔文进、李承仪、杨淑云、王建生	清华大学工会积极分子	1985 年
14	微循环科研小组、电路教学小组	清华大学先进集体	1985 年
15	李凤玲、张仁豫、陈允康	清华大学先进工作者	1985 年
16	王先冲、杨福生	清华大学教学工作优秀一等奖	1985 年
17	肖达川	清华大学教学工作优秀奖二等奖	1985 年
18	张宝霖	清华大学教学改革成果奖二等奖	1985 年
19	王鸿明	清华大学教学工作优秀奖三等奖	1985 年
20	《电机学》教学小组(黄斐梨等)、朱泽煌、《应用电子学》教学实验(张唯真等)	清华大学教学改革成果奖三等奖	1985 年
21	王先冲	北京市高教系统教书育人、服务育人先进个人	1985 年
22	邓泰林	1986 年市委决定予以表扬的共产党员	1986 年

续表

序号	获奖人（团队）	获奖名称	获奖时间
23	电机工程系仪3应用电子学课程教学小组，基本电工实验室	清华大学教职工先进集体	1986年
24	朱德恒、邓泰林、沈美云	清华大学先进工作者	1986年
25	王维俭	清华大学教学工作优秀奖一等奖	1986年
26	电磁场教学实验改革小组（电机工程系 王先冲、王建生、宫莲、王平、马信山）	清华大学教学改革成果奖一等奖	1986年
27	张唯真，杨福生	清华大学教学工作优秀奖二等奖	1986年
28	精密仪器与机械学系83级《应用电子学与电工学》课程改革小组（电机工程系 周礼杲 唐英等）、《电机量测》课程及实验小组（电机工程系 徐伯雄 窦玉琴 陈宜林）	清华大学教学改革成果奖二等奖	1986年
29	邓泰林	北京市高等学校实验室先进个人	1986年
30	基本电工实验室	清华大学实验室工作先进集体	1986年
31	邓泰林、钟长华（女）、沈飞英	清华大学实验室工作先进个人	1986年
32	朱东起、陈刚、韩可都	清华大学教职工先进工作者	1987年
33	周荣光	清华大学教学工作优秀奖一等奖	1987年
34	吉嘉琴、陆文娟、胡广书	清华大学教学工作优秀奖二等奖	1987年
35	金启玫	清华大学班主任工作优秀奖	1987年
36	电力系统及其自动化教研组	清华大学继续教育工作先进单位	1987年
37	电机工程系全国电力设计院院长总工研修班教学组	清华大学1987年教职工先进集体	1988年

续表

序号	获奖人(团队)	获奖名称	获奖时间
38	薛家麒、朱守珍、胡广书	清华大学1987年先进工作者	1988年
39	白秀庭	清华大学1987年教学工作优秀奖一等奖	1988年
40	《电路原理》课程改革组,“应用电子学”选修实验(李鸿庆、钟长华、刘文武),电力系统实验师改革组,高压实验课改革组	清华大学1987年教学改革成果奖二等奖	1988年
41	陈刚	清华大学“一二・九”青年教师奖	1988年
42	倪以信、窦玉琴、马颖琦	清华大学1988年教职工先进工作者	1989年
43	电机系本科教学管理(倪以信、王伯翰、陈刚等);电路原理课程建设(江缉光、陈允康、陆文娟等);信号处理课程教学(宗孔德、胡广书);金显贺—班主任工作优秀;专业实践教学改革(黄慎仪、邓泰林、秦荃华);刘明哲—班主任工作优秀;张贵媛—教学工作优秀;研究生教学管理(胡广书、阎俊卿、王英珍);论文博士培养工作优秀(钱家骊、杨津基、江缉光)	清华大学1988、1989年教学工作优秀成果二等奖	1990年
44	在培养高水平人才方面的探索(白净)	北京市高校优秀教学成果奖一等奖	1993年
45	谈克雄、孙元章、王广志	清华大学1992年教职工先进工作者	1993年
46	王鸿明	1993年北京市优秀教师	1993年
47	“电路原理”教学组、“电工技术与电子技术”课程组	清华大学1993年教职工先进集体	1994年
48	生医专业教学改革及教学管理(唐庆玉、梁毓厚、王云华)	清华大学1992、1993年本科生教学工作优秀成果奖一等奖	1994年

续表

序号	获奖人（团队）	获奖名称	获奖时间
49	李慎岭	北京市优秀教育工作者	1995 年
50	郭永基	北京市“爱国立功”竞赛标兵	1995 年
51	电机工程与应用电子技术系工会委员会	北京市教育工会先进工会集体	1995 年
52	崔国文	北京市教育工会优秀工会工作者	1995 年
53	唐庆玉、王树民、赵伟	清华大学 1994 年教职工先进工作者	1995 年
54	马信山、白净	清华大学 1995 年教职工先进工作者	1996 年
55	电气工程及其自动化专业建设（姜建国、王伯翰、崔文进）	清华大学 1994、1995 年教学工作优秀及优秀教学成果奖一等奖	1996 年
56	高景德	1996 年孺子牛金球奖“杰出奖”	1996 年
57	关志成	1996 年有突出贡献的中青年专家	1996 年
58	白净	国家杰出青年科学基金	1996 年
59	赵伟	清华大学 1996 年“学术新人奖”	1996 年
60	面向国民经济建设主战场 培养高质量电工学科高层次人才（高景德、韩英铎、卢强、张仁豫、肖达川）	全国高校国家级教学成果奖特等奖；北京市教学成果奖一等奖	1997 年
61	电气工程及自动化专业的建设（姜建国、王伯翰、崔文进）	全国高校国家级教学成果奖二等奖；北京市教学成果奖一等奖	1997 年
62	持续有效办好高层次继续教育（陈寿孙、郭永基、周双喜、杨钺等）	北京市教学成果奖二等奖	1997 年
63	电工技术与电子技术课程改革与建设（高上凯、王鸿明、何丽静、王家森、王士敏）	北京市教学成果奖二等奖	1997 年
64	曹建中	北京市优秀教师	1997 年

续表

序号	获奖人(团队)	获奖名称	获奖时间
65	梁曦东	清华大学1997年度学术新人奖	1997年
66	孙旭东	清华大学1997年“青年教师教学优秀奖”	1997年
67	姜建国、张济世	清华大学1996年度先进工作者	1997年
68	朱守真	北京市德育工作先进个人	1998年
69	有机外绝缘课题组	清华大学1997年度先进集体	1998年
70	何丽静、王仲鸿	清华大学1997年度先进工作者	1998年
71	吴维韩	清华大学1997年度“老有所为”先进个人	1998年
72	数字信号处理课程的建设(胡广书)	清华大学1996、1997年教学工作优秀及优秀教学成果一等奖	1998年
73	孙晓瑛	1998年度“清华之友——优秀实验技术人员”	1999年
74	夏清、刘卫东	清华大学1998年度先进工作者	1999年
75	夏清	清华大学1999年学术新人奖	1999年
76	邓佑满	第五届“茅以升北京青年科技奖”	1999年
77	张仁豫	1999年度何梁何利基金科学与技术进步奖	1999年
78	王赞基	1999年宝钢教育基金优秀教师奖	1999年
79	孙晓英	1998年度“清华之友——优秀实验技术人员”	1999年
80	夏清、刘卫东	清华大学1998年度先进工作者	1999年
81	朱守真、夏清	清华大学1999年教职工先进工作者	2000年
82	赵争鸣	清华大学2000年度“学术新人奖”	2000年

续表

序号	获奖人(团队)	获奖名称	获奖时间
83	电力电子与电机系统研究所	清华大学2000年教职工先进集体	2001年
84	谈克雄、高上凯	清华大学2000年教职工先进工作者	2001年
85	袁建生	清华大学2001年“学术新人奖”	2001年
86	朱小梅、王赞基	清华大学2001年度先进工作者	2002年
87	《信号处理》课程教学	清华大学2002年教学优秀成果奖一等奖	2002年
88	《电力系统继电保护》课程教学	清华大学2002年教学优秀成果奖二等奖	2002年
89	“电路原理”教学组	清华大学2002年度先进集体	2003年
90	曾嵘、康重庆	清华大学2002年先进工作者	2003年
91	奎丽荣（电工电子学实验教学中心）	清华大学2001—2002年清华之友——优秀实验技术人员	2003年
92	陆文娟、王祥珩、王赞基、梅生伟	清华大学教书育人奖	2003年
93	电工学教学组	清华大学2003年度教职工先进集体	2004年
94	卢强、邱阿瑞	清华大学2003年度教职工先进工作者	2004年
95	王仲鸿	清华大学2003年度“老有所为”先进个人	2004年
96	电力系统本科系列课程的教改及大型数字化实验基地建设	清华大学2004年教学优秀成果奖一等奖	2004年
97	《电路原理》课程建设；电工与电子技术课程教学改革	清华大学2004年教学优秀成果奖二等奖	2004年
98	孙宏斌	清华大学2004年度先进工作者	2005年
99	孙宏斌	清华大学2004年青年教师教学优秀奖	2005年

续表

序号	获奖人(团队)	获奖名称	获奖时间
100	曹海翔	清华大学林枫辅导员奖	2006年
101	孙宏斌	清华大学2005年度学术新人奖	2006年
102	刘瑛岩	清华大学2005年度青年教师教学优秀奖	2006年
103	鲁宗相	清华大学林枫辅导员奖	2006年
104	电机工程与应用电子技术系团委	北京市“五四”红旗团委	2007年
105	陆文娟	2006年宝钢教育基金优秀教师奖获得者	2007年
106	刘秀成	清华大学2006年度先进工作者	2007年
107	王祥珩	清华大学2006年度“老有所为”先进个人	2007年
108	于歆杰	清华大学2006年青年教师教学优秀奖	2007年
109	沈瑜	清华大学林枫辅导员奖	2007年
110	电路原理和电路实验教学组	清华大学2007年度先进集体	2008年
111	张伯明、何金良	清华大学2007年度先进工作者	2008年
112	康重庆	清华大学2007年度“学术新人奖”	2008年
113	朱桂萍	清华大学2007年度“青年教师教学优秀奖”	2008年
114	发挥实验中心资源优势-建设探究式学研并进人才培养环境(电子系、自动化系、电机系:任勇、唐光荣、高文焕、段玉生、张丕进);《电路原理》课程教学队伍建设与教学内容改革(陆文娟、朱桂萍、于歆杰、刘秀成、沈瑜);《高等电力网络分析》研究生学位课重基础研究型教学方法(张伯明)	清华大学2008年教学成果一等奖	2008年

续表

序号	获奖人（团队）	获奖名称	获奖时间
115	《电机学》课程教学内容体系建设（孙旭东、王善铭）	清华大学2008年教学成果二等奖	2008年
116	丁青青	北京奥运会 残奥会清华大学先进个人	2008年
117	电工学课程教学组	清华大学2008年度先进集体	2009年
118	卢强、曹海翔	清华大学2008年度先进工作者	2009年
119	沈沉	清华大学2008年度“青年教师教学优秀奖”	2009年
120	董博	国庆60周年庆祝工作清华大学先进个人	2009年
121	夏清	清华大学2009年度先进工作者	2010年
122	夏清	全国优秀科技工作者	2010年
123	鲁宗相	清华大学2009年度青年教师教学优秀奖	2010年
124	依托行业背景，建设有电气工程特色的拔尖创新人才培养体系（康重庆、于歆杰、于庆广、曹海翔、董嘉佳）；《电力电子与电机集成系统》研究生双语专业课程建设（赵争鸣、袁立强）	清华大学2010年教学成果奖一等奖	2010年
125	刘瑛岩	清华大学百年校庆工作先进个人	2011年
126	电力系统研究所	清华大学2010年度先进集体	2011年
127	徐国政	清华大学2010年度先进个人	2011年
128	吴文传	2011年度中国电机工程杰出青年工程师奖	2011年
129	王善铭	清华大学2011年度“青年教师教学优秀奖”	2012年
130	电工新技术研究所党支部	清华大学创先争优先进党支部	2012年

续表

序号	获奖人(团队)	获奖名称	获奖时间
131	郭静波	清华大学优秀教工党支部书记	2012 年
132	何金良	清华大学先进个人	2012 年
133	王德延	北京市“万名孝星”	2012 年
134	高压研究所	清华大学先进集体	2012 年
135	电机系	2012 年度清华大学优秀分工会	2012 年
136	电机系	2012 年度清华大学分工会特色工作成果一等奖	2012 年
137	电力系统研究所工会小组,电工新技术研究所工会小组	2012 年度清华大学先进工会小组	2012 年
138	刘瑛岩、刘文武、蔡永生、刘艳	2012 年度清华大学工会积极分子	2012 年
139	贾玉荣、张毅威、王鹏、慕萍、骆娇、崔爱芳、毕大强、亓立荣、王德延	2012 年电机系工会积极分子	2012 年
140	陈启鑫	世界杰出青年创新家(MIT Technology Review, 35 Top Innovators under 35 (TR 35))荣誉称号	2012 年
141	曾嵘	茅以升北京青年科技奖	2012 年
142	郭庆来	清华大学 2012 年度青年教师教学优秀奖	2013 年
143	牛犇	2012—2013 学年度林枫辅导员奖	2013 年
144	王祥珩	2013 年度顾毓琇电机工程奖	2013 年
145	于歆杰	宝钢优秀教师奖	2013 年
146	郭庆来	清华大学青年教师教学优秀奖	2013 年
147	孙旭东	2013 届毕业生心目中的好教师	2013 年
148	于庆广	清华大学优秀班(级)主任一等奖	2013 年

续表

序号	获奖人（团队）	获奖名称	获奖时间
149	胡泽春	清华大学优秀班（级）主任二等奖	2013 年
150	汪芙平、陆海峰	清华大学第五届青年教师教学大赛二等奖	2013 年
151	康重庆	研究生“良师益友”	2014 年
152	刘瑛岩	清华大学第五届“清韵烛光 · 我最喜爱的教师”称号	2014 年
153	胡伟	2013 年度清华大学青年教师教学优秀奖	2014 年
154	乔颖	清华大学优秀班（级）主任一等奖	2014 年
155	许烈	清华大学优秀班（级）主任二等奖	2014 年
156	张伯明	2013 年度中国电力科学技术杰出贡献奖	2014 年
157	肖曦	中国电工技术学会“电工行业正泰科技成就奖”	2014 年
158	张伯明	2015 年顾毓琇电机工程奖	2015 年
159	黄松岭	中国发明协会第九届“发明创业奖 · 人物奖”特等奖	2015 年
160	郭庆来	第 18 届茅以升北京青年科技奖	2015 年
161	王宾	2015 年中国电力优秀青年工程师奖	2015 年
162	袁立强	清华大学 2014 年度青年教师教学优秀奖	2015 年
163	电路原理教学组	2014 年度清华大学先进集体	2015 年
164	赵争鸣	2014 年度清华大学先进工作者	2015 年
165	于歆杰	第十二届北京市高等学校教学名师奖	2016 年

续表

序号	获奖人(团队)	获奖名称	获奖时间
166	何金良	鲁道夫·海因里希·戈尔德(Rudolf Heinrich Golde)奖	2016年
167	电力系统研究所	2015年度清华大学先进集体	2016年
168	何金良、毕大强	2015年度清华大学先进工作者	2016年
169	何金良	美国电气电子工程师协会赫尔曼·霍尔珀林电力传输和配电奖	2017年
170	杨颖	北京高校第十届青年教师教学基本功比赛一等奖	2017年
171	李泽元(Fred C. Lee)	第四届中国电源学会科学技术杰出贡献奖	2017年
172	孙凯	第四届中国电源学会科学技术青年奖	2017年
173	郑泽东	中达青年学者	2017年
174	董新洲、孙宏斌	中国电力科学技术杰出贡献奖	2017年

(资料来源:《清华公报》,1979—2010年;《清华大学一览》,1985—1996年;《清华大学年鉴》,1998—2001年,2006年,2007年;清华大学电机工程与应用电子技术系资料)

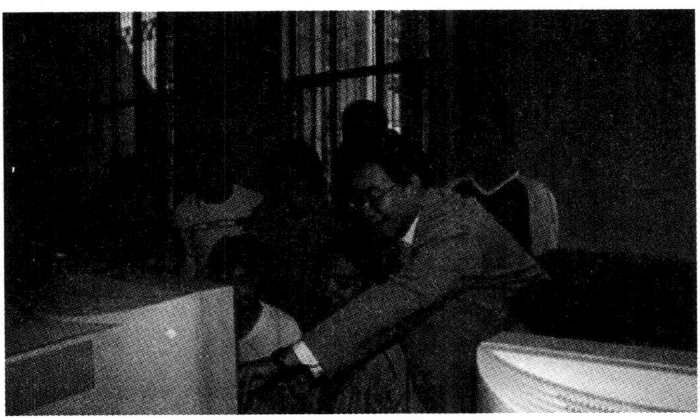

图8-25　国家级教学名师奖获得者、电机系教授孙宏斌在指导学生①

① 《三尺讲台演绎的精彩——记国家级教学名师奖获得者、电机系教授孙宏斌》,http://news.tsinghua.edu.cn,2009-09-21/2012-08-14。

图 8-26　2015 年 7 月，张伯明教授获顾毓琇电机工程奖①

图 8-27　2016 年 9 月，何金良教授获鲁道夫・海因里希・戈尔德 (Rudolf Heinrich Golde) 奖②

此外，离退休教职工党员是党的一笔宝贵财富，他们中的很多人在职期间做出过重要贡献，其中一些虽然已退休，却仍然在以不同的形式发挥着余热，因此，离退休工作一直是电机系党委的一项重要工作。电机系长期注意营造良好系内氛围，十分重视离退休教职工的党组织生活及每一位离退休教职员工的生活冷暖及身体健康。一方面，电机系党委积极创造各种条件，给予经费和场地的支持，鼓励离退休党支部按期开展形式多样的党组织生活活动，力争让每一位离退休教职工感受到党组织的关怀，从而保持党组织在广大离退休教职工中的凝聚力。另一方面，对于个别

① 《电机系张伯明教授获 2015 年顾毓琇电机工程奖》，《清华大学电机工程与应用电子技术系简报》，2015 年第 3 期(总第 92 期)。

② 《何金良教授获雷电防护国际会议鲁道夫・海因里希・戈尔德奖》，清华大学电机系资料。

（a）电机系60届校友方大庆教授——英国利物浦大学电机与电子系主任，长期与电机系进行科研合作并为电机系人才培养做出了重要贡献

（b）中国工程院院士、东北电力公司总工程师黄其励被聘为电机系和热能系双聘教授

（c）中国工程院院士顾国彪受聘为兼职教授

（d）日本明治大学理工学部部长松濑贡规先生受聘为客座教授

（e）美国弗吉尼亚州立大学电力电子中心（VPEC）主任李泽元（左）和清华大学副校长关志成在受聘客座教授仪式上

（f）莫斯科动力学院高电压教研组主任维列夏金教授与电机系多名教师有密切的教学科研交往

图8-28　电机系部分兼职教授、客座教授等①

① 清华大学电机系:《清华电机系七十周年系庆纪念集》,42页。

(g) 韩国明知大学 S. J. Lee 受聘电力系统国家重点实验室客座教授①

(h) 美国伊利诺伊理工大学 M. Shahidehpour 受聘电力系统国家重点实验室客座教授②

(i) 国际大电网会议(CIGRE)主席 Prof. Klaus Froehlich(克劳斯·弗罗里赫)受聘电力系统国家重点实验室客座教授③

(j) IEEE PES 候任主席 Saifur Rahman 受聘客座教授④

图 8-28(续)

因病、因家庭变故等原因造成生活上出现特殊困难的离退休教职工，电机系党委通过家庭走访、经济资助等形式，对他们给予重点帮扶，确保了这些出现特殊困难的离退休人员老有所依、出现各种问题能及时得到系里的帮助和照顾。⑤ 例如，2012 年，组织离退休教职工去顺义“国际花卉港”赏花，到怀柔“圣泉山”“香草园”秋游；在重阳节，电机系为 70 岁、80 岁离

---

① 《电力系统国家重点实验室聘请客座教授》，《清华大学电机工程与应用电子技术系简报》，2015 年第 3 期(总第 92 期)。

② 《电力系统国家重点实验室聘请客座教授》，《清华大学电机工程与应用电子技术系简报》，2015 年第 3 期(总第 92 期)。

③ 《电机系举行国家重点实验室客座教授聘任仪式暨学术报告会》，清华大学电机系资料。

④ 《IEEE PES 候任主席 Saifur Rahman 受聘客座教授并举行学术报告会》，清华大学电机系资料。

⑤ 《清华大学电机工程与应用电子技术系年鉴》，2014 年。

退休教职工举行祝寿活动；该年度有8位得大病的离退休教工获得电机系“安老基金”补助。2014年，电机系党委通过各教职工党支部及时了解患病、生活相对困难等需要帮扶的教职工的生活状况，和各个研究所党政领导一起，到家中或医院看望他们，并捐献或提供必要的生活补助金；同时，为离退休教职工、在职教职工组织了较丰富的各类活动，包括乒乓球赛、经常性的乒乓球队活动、歌咏比赛、运动会、冬季长跑比赛、春秋游活动，等等，丰富了大家的业余文化生活，促进了大家相互之间的理解和互帮互助，营造了健康向上、团结友爱的系内文化氛围。2015年，电机系党委听取建议，改进离退休教师集体过生日活动形式，把为70、80、90周岁老同志过生日的聚会规模，从过去只邀请值年老教职工，扩大为70岁以上的老同志自愿参加的形式，增进了更多老同志之间的接触机会和相互关照，受到了老同志们的欢迎和肯定。此外，2015年是抗日战争胜利70周年，9月3日在天安门广场举行了隆重纪念抗战胜利70周年阅兵活动，国共两党抗战老兵的代表共同乘车，率先通过天安门广场接受党和国家领导人的检阅，场面令人动容。电机系经过仔细核查，基本确认宗孔德先生在1944年1月至1945年底在国民党第60军服役并参与对日作战和赴越南参与对日受降工作的事实，特向学校党委有关部门报告，并申请学校相关部门启动甄别和确认离休教授宗孔德先生为抗战老兵的工作。2016年，在重阳节尊老敬老的气氛中，电机系专门为80岁，70岁教师举行生日会，到场的寿星包括4名80岁教师，14名70岁教师，出席的老师还有多名退休教师，离退休支部书记和委员，各小组联系老师和分工会委员，安排了系党委书记康重庆老师讲话并介绍近期系内教学和科研的新情况，工会主席总结回顾离退休工作、各位老教师自由交流等环节，大家或者久别的老师互致祝福，或者三五成群聊着感兴趣的话题，场面其乐融融。2017年，为纪念建党96周年，电机系使用校留党费、院系自留党费开展一次集中的走访慰问老党员和生活困难党员、群众活动；组织离退休教职工外出参观等。2017年国庆节期间，电机系组织离退休老师及其他党员50多人，前往北京展览馆参观了“砥砺奋进的五年”大型成就展。队伍中许多退休教师，不顾雨天路滑，坚持现场观看这场展览，纷纷激动表示国家过去五年的发展，不管是经济、政治还是军事、外交等各方面的进步，都令人震撼。作为中国人，我们感到无比骄傲和自豪，今后将一如既往，发挥余热，努力为党的事业增加正能量。

三、课程设置

电机系不断根据科技发展的新形式、新特点，以及电气工程行业对高端人才能力素质的新需求，及时地对本科生课程教学等进行相应调整，即“根据电子技术、计算机和信息技术学科的迅速发展，以及广泛渗透到电气工程学科的各个领域的实际需要，自20世纪80年代初起，就将上述学科的若干课程引入到电气工程学科本科生的课程教学中去”①。此外，1982年，电机系设立了生物医学工程与仪器专业，并针对其专业特点及人才需求，“先后开设出生物医学测量与传感器、医用电子仪器、微计算机在生物医学中的应用、信号与系统、数字信号处理、随机信号分析、医学模式识别、人体运动信号检测、工程生理学、医学图像处理等10多门专业基础课和专业课。”②

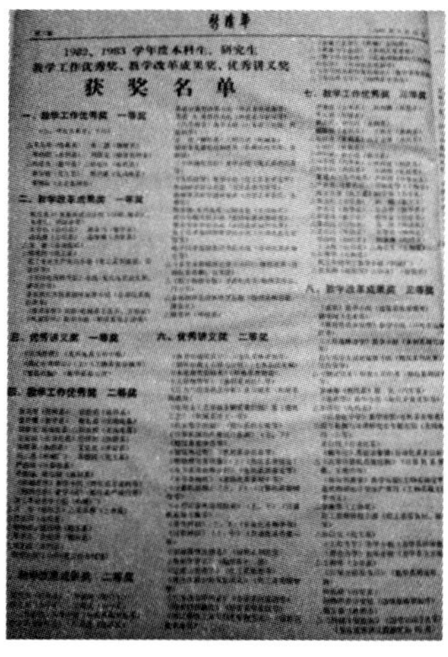

1982、1983 学年度本科生、研究生
教学工作优秀奖、教学改革成果奖、优秀讲义奖
获奖名单

图8-29 《新清华》报道电机系等获奖情况③

1989年，针对传统的专业面过窄、学生掌握知识面受限的问题，电机系“在全国率先将原电力系统及其自动化、高电压技术、电机三个专业合并为宽口径的‘电气工程及其自动化’专业，实现了一个系办一个专

① 方惠坚、张思敬：《清华大学志》，下册，98页。
② 清华大学电机系：《清华电机系七十周年系庆纪念集》，64页。
③ 《新清华》，第893期，1985年3月25日。

业”①。与此相适应,电机系在课程设置等方面也同步地进行了较大的调整,如,“除全校统一的人文社会科学、外语、数理化三类公共基础课外,电气工程及其自动化专业的专业基础课还包括三类:一是电工技术基础课,有电路原理、电磁场、电磁测量、电机学、自动控制原理、可靠性原理、现代电磁检测等课程;二是电子技术基础课,具体有电子技术与计算机、信号分析两个系列的多门新增课程;三是机械类基础课程,有工程制图与机械设计、工程力学、金属工艺实习等。电机系对专业课程的设置,采取的是两段式结构,覆盖了原三个专业更宽广的领域。其中,第一段有6门公共专业课,即电力系统稳态分析、电力系统暂态分析、电力传动与控制、电力电子技术、电绝缘及测试技术、电器原理与应用;第二段为原三个专业的各以工程设计和以实验测试为主的2门课程。此外,还有一组以扩大专业知识面和介绍学科新技术、学术新进展为主的任选课程。毕业设计的时间为一个学期。”②同时,为配合专业改革的需要,“教研组撤销,改为研究所。电气工程及其自动化专业的教学,按照课程设置内容分成了‘计算机类’、‘信号与控制类’、‘电磁场类’、‘电力系统分析与控制类’、‘电机与电力电子类’、‘高电压工程类’、‘实践类’等7个教学课组,由主管教学的副系主任和系业务办公室直接管理,且在教学业务上,接受系教学指导委员会的指导。”③这一时期,“电机系本科教学的一个突出特点,是学生在学习过程中能较早地参加科研实践活动。多数学生在大学三年级时,就已进入科研组去参与科研基础能力实践训练。本科生的毕业设计,绝大多数是结合教师承接的科研项目开展的。学生业余科技活动也搞得十分活跃。学生科技协会组织低年级学生开展科技培训和实践活动,组织高年级学生参加一些科技开发工作。系里派教师担任学生课外科技活动的辅导员。电机系学生在历年学生业余科技活动成果评比中名列前茅。”④

此外,“电机系不但承担了电子、计算机、自动化、电机等电类系20多个行政班的《电路原理》课程教学任务,还承担了机械、精仪、汽车、力学、

① 陈刚等:《电气工程及其自动化专业建设》,见《行胜于言——清华大学改革与发展纪实》编写组:《行胜于言——清华大学改革与发展纪实》,58页,北京,清华大学出版社,2011。

② 方惠坚、张思敬:《清华大学志》,下册,98页。

③ 清华大学电机系:《清华电机系七十周年系庆纪念集》,63~64页。

④ 方惠坚、张思敬:《清华大学志》,下册,98页。

热能、工物、化工等系每年50多个行政班的《电工技术与电子技术》的教学任务。”①1992年，电机系“在承担本系单片机、微机硬件教学的基础上，正式成立了微机硬件教学组，由此，逐步承担起全校非电类系的微机硬件技术基础类课程的教学任务，一直发展到现在每年都有50多个行政班的学生选修该课程”②。同时，电机系“还承担了工物系的《信号与系统》、自动化系的《电机与电力拖动基础》等课程”③，“成为清华大学面向全校开课的大系之一”④。

1993年，基本电工教研组开设的《电路原理》以及电工学教研组开设的《电工技术与电子技术》课程，被批准为校级一类课程⑤。同年，根据学校教育改革的要求，电机系对其教学计划又进行了全面修订，电气工程及其自动化专业教学进程计划，如表8-5所示。

表8-5　电气工程及其自动化专业教学进程计划（1993年修订）

课程编号	课程名称	学分数	总学时	各学期课内周学时分配								
				一	二	三	四	五	六	七	八	九
	校定必修课											
062B0101-2	中国革命史	4	64	2	2							
062B0201	当代资本主义	2	32					2				
062B0202	中国社会主义建设	2	32					2				
062B0301-2	马克思主义哲学原理	4	64							2	2	
064B0101-4	英语	16	256	4	4	4	4					
054B0501	法律基础	2	32		2							
209B0001	军事理论	2	32	2								
072B0001-6	体育	6	192	2	2	2	2	2	2			
044B0102	普通化学	4	56	3.5								

① 清华大学电机系：《清华电机系七十周年系庆纪念集》，65页。
② 清华大学电机系：《清华电机系七十周年系庆纪念集》，65页。
③ 清华大学电机系：《清华电机系七十周年系庆纪念集》，65页。
④ 清华大学电机系：《清华电机系七十周年系庆纪念集》，65页。
⑤ 方惠坚、张思敬：《清华大学志》，下册，100页。

续表

课程编号	课程名称	学分数	总学时	各学期课内周学时分配								
				一	二	三	四	五	六	七	八	九
043B0211,23	普通物理	9	144		5	4						
043B0311-2	普通物理实验	5	80			2.5	2.5					
042B0001-2	微积分	12	192	6	6							
042B0005	线性代数	4	56			3.5						
	系定必修课											
042B0012	场论与复变函数	3	48				3					
042B0011	概率与数理统计	3	48						3			
042B0014	计算方法	4	56							3.5		
013B0113-4	工程制图与机械基础	8	128	4	4							
033B0608	工程力学	4	64					4				
054B0601	技术经济概论	2	32								2	
151B0101	金工实习	3						16天				
022B2201	FORTRAN 语言	2	32	2								
022B1225.27	电路原理	8	128			4	4					
022B1221.23	电磁测量	4	64			1	3					
022B1217	电磁场	4	64					4				
022B0667.69	电机学	7	112					3	4			
025B0202	模拟电子技术基础	6	88				5.5					
025B0201	数字电子技术基础	6	88					5.5				
022B2303	微机原理与应用	4	64						4			
022B2205	软件技术基础	4	56								3.5	
022B1219	信号与系统	3	48						3			

续表

课程编号	课程名称	学分数	总学时	各学期课内周学时分配								
				一	二	三	四	五	六	七	八	九
022B0231	自动控制原理	4	64							4		
限定性选修课		23	352					2	5	9	6	
任选课		23	200								8	15
人文社科限选		8	128		2	2	2		2			
夏季学期		17	19 周									
毕业设计		20	20 周									
总计		242	3096	26	27	23	26	22	25	18	21	15

(1) 夏季学期安排

学年	内容	周数	学分	备注
1	军训	4	2	
2	电子工艺实习	2	2	
	公益劳动	1	1	
	计算机实践	2	2	
3	认识实习	1	1	
	电子专题实践	3	3	
	热工学	1	1	
4	生产实习	5	5	

(2) 限定性选修课

分组	序号	课程编号	课程名称	总学时	学期分配	周学时	学分
A	1	064B0107-8	科技英语(1)(2)	64	5,6	2,2	4
	2	064B0659-60	英美文学(1)(2)	64	5,6	2,2	4
	3		第二外语(1)(2)	128	5,6	4,4	8
	4	064B0507-8	俄语提高班(1)(2)	64	5,6	2,2	4
	5	064B0207-8	日语提高班(1)(2)	64	5,6	2,2	4
	6	064B0111-2	英语六级阅读(1)(2)	64	5,6	2,2	4
	7	064B0113-4	英语六级后(1)(2)	64	5,6	2,2	4

续表

分组	序号	课程编号	课程名称	总学时	学期分配	周学时	学分
B	1		人文社会科学	128	2,3,4,6	2,2,2,2	4
C	1	022B2207	优化原理	48	7	3	3
	2	022B0233	可靠性原理	48	7	3	3
	3	022B0671	随机信号分析	48	7	3	3
	4	022B0445	现代电磁测量	48	7	3	3
D	1	022B0201	电力系统稳态分析	48	6	3	3
	2	022B0203	电力系统暂态分析	48	7	3	3
	3	022B0673	电力电子技术	48	7	3	3
	4	022B0661	电力传动与控制	56	8	3.5	4
	5	022B0401	电绝缘及测试技术	48	7	3	3
	6	022B0405	电器原理及应用	40	8	2.5	3

说明:① A、C 组,每人每组必选一门;

② B 组共四类,每人每类必修一门;

③ D 组为专业选修课,每人选修五门;

④ 对 C、D 组课程允许超额选修,学分计入任选课学分。

(3) 方向任选课组

分组	序号	课程编号	课程名称	总学时	学期分配	周学时	学分
A	1	022B0209	电力系统继电保护	48	8	3	3
	2	022B0247	电力系统自动装置	32	9	2	2
	3	022B0207	发电厂工程	48	9	3	3
	4	022B0211	发电系统实验	32	9	2	2
	5	022B0213	继电保护设计	16	9	1	1
B	1	022B0421	电场数值分析及应用	48	9	3	3
	2	022B0409	过电压及其防护	48	8	3	3
	3	022B0451	绝缘诊断技术	48	8	3	3
	4	022B0403	现代试验技术专题	64	9	4	4
C	1	022B0601	电机设计(1)	64	9	4	4
	2	022B0609	电机电磁场	64	9	2.5	3
	3	022B0605	电机过渡过程	40	9	2.5	3
	4	022B0613	电机量测	32	9	2	2
	5	022B0611	电机控制系统	40	9	2.5	3

续表

分组	序号	课程编号	课程名称	总学时	学期分配	周学时	学分
D	1	022B0605	电机过渡过程	40	9	2.5	3
	2	022B1001	电力电子系统的微机控制	32	9	2	2
	3	022B1003	电力电子系统的建模与仿真	32	8	2	2
	4	022B1005	现代变流技术	32	8	2	2
	5	022B0611	电机控制系统	40	9	2.5	3

说明：A、B、C、D 组，每人必须选其中一组的四门课程，并任选一门其他组课程；

A 组为电力系统及其自动化方向；

B 组为高电压技术及其信息处理方向；

C 组为电机及其控制方向；

D 组为电力电子技术方向。

（4）任选课

序号	课程编号	课程名称	总学时	学期分配	周学时	学分	备注
1	022B2213,15	英语听力训练	64	1,2	2,2	4	
2	022B9005-6	专业英语	64	7,8	2,2	4	
3	022B2223	科技英语听力与写作	40	7	2.5	2	
4	022B0443	物理与技术的新发展（英语）	40	8	2.5	2	
5	022B0235	最优控制原理与应用（英语）	32	9	2	2	
6	022B2219,17	计算机语言（C，PASCAL）	48	6	3	3	
7	022B2221	计算机辅助绘图	48	8	3	3	
8	022B0227	通讯与信息技术	48	9	3	3	
9	022B0821	医学模式识别	48	8	3	3	
10	022B0677	新能源利用	40	9	2.5	2	
11	022B0101	文献检索	16	9	1	1	
12	022B0242	电力系统调度自动化与经济运行	32	9	2	2	
13	022B2231	现代电工技术讲座	32	8	2	2	
14	022B0205	电力系统动态学	32	9	2	2	

续表

序号	课程编号	课程名称	总学时	学期分配	周学时	学分	备注
15	022B0419	电气工程中的数理统计	32	9	2	2	
16	022B0425	强电流脉冲放电技术	32	9	2	2	
17	022B0663	机辅电机优化设计	32	9	2	2	
18	022B0621	电机技术的新发展	32	9	2	2	
19	022B2229	电磁兼容性原理	32	9	2	2	
20	022B0615	微电机	32	8	2	2	
21	033B0525	工程动力学	48	8	3	3	
22	022B2227	计算机文化基础	16	8	4	4	
23	023B0417	激光与激光技术	64	8	4	4	
24	022B0603	电机设计(2)	32	9	2	2	

说明:①每人至少选22学分,在限定性选修课C、D组和方向任选课组中超过规定选修学分数,可计入任选课学分;②连续两年达不到开课人数的任选课将自动从教学计划中删除。

(资料来源:方惠坚、张思敬:《清华大学志》,上册,129～133页)

图8-30　1991年电机系学生在北京微电机厂考察①

在研究生课程方面,这一时期"电工学科开出的学位课及其学分(括号内数字)如下:电路分析(4)、电磁场数值计算(4)、数字信号处理(4)、

① 清华大学档案馆提供。

高等电力网络分析(3)、随机信号的统计处理(4)、动态电力系统(3)、气体放电(3)、电磁暂态的数值计算(3)、电磁测量选论(3)、现代电力电子学(4)、交流电机及其系统暂态(3)、一外专业阅读(1)、电工学科前沿讲座(2)。还有其他专业的选修课约10门"①。"生物医学工程与仪器学科开出的学位课程及其学分如下:生理系统仿真与建模(3)、数字信号处理(4)、现代信号处理(3)、随机信号的统计处理(4)、医学成像系统(3)、生物医学前沿动态讲座(1)。还有其他任选的专业课程3门"②。

进入21世纪后,电机系根据学校实施的"通识教育基础上的宽口径专业教育",以及培养"高素质、高层次、多样化、创造性"拔尖创新人才的总体目标③,不断探索新的教学模式,"确立了培养掌握电工、电子、信息、控制与计算机应用技术专业知识,具有宽广的人文社会科学、经济管理等社会科学知识,具有较强的创新能力,能够承担相关专业领域的科研与开发和技术经济管理的高层次、高素质人才的培养目标,采取了适当压缩计算机和外语类课程学时、加强专业基础与专业选修课、建立横向和纵向课组等改革和调整措施。"④上述教学指导思想,在2007年新修订的培养方案中得到了很好的体现,如"电机系本科总学分175,除去夏季学期实践环节17学分和综合论文训练15学分外,春、秋季学期课程总学分143,其中的人文社会科学类课程(35学分)和自然科学基础课程(38学分),均属于公共基础课"⑤。同时,"在系里可调控的70个学分中","设立了12门技术基础课(工程图学基础、电路原理、电磁场、微机原理与应用、计算机程序设计基础、数字电子技术基础、模拟电子技术基础、信号与系统、自动控制原理等),共计34学分";"几乎每个二级学科均开设一门必修的专业基础课:电力系统分析、电机学、高电压工程、电力电子技术,共计16学

---

① 方惠坚、张思敬:《清华大学志》,下册,100页。

② 方惠坚、张思敬:《清华大学志》,下册,100页。

③ 梁曦东等:《清华大学电气工程高等教育的几点回顾》,见中国电气工程高等教育100周年纪念委员会:《百年回眸——中国电气工程高等教育100周年》,141~142页。

④ 梁曦东等:《清华大学电气工程高等教育的几点回顾》,见中国电气工程高等教育100周年纪念委员会:《百年回眸——中国电气工程高等教育100周年》,142页。

⑤ 梁曦东等:《清华大学电气工程高等教育的几点回顾》,见中国电气工程高等教育100周年纪念委员会:《百年回眸——中国电气工程高等教育100周年》,142页。

分。要求学生通过学习一门专业基础课,掌握一个二级学科的主要内容、专业特点,研究和分析问题的特点与方法";"剩余的20学分,为专业选修课,要求学生在电路、信号与控制、电力系统、高电压、电机与电力电子和计算机等课组开设的44门课程中进行选修。"[①]2007年电气工程及其自动化专业的教学计划,具体见表8-6。

表8-6　电机工程与应用电子技术系电气工程及其自动化专业教学计划(2007年)

第一学年				
课程编号	课程名称	学分	周学时	说明及主要先修课
12090043	军事理论与技能训练	3	3	
秋季学期				
课程编号	课程名称	学分	周学时	说明及主要先修课
10720011	体育(1)	1	2	
10420743	微积分(1)	3	3	
10420684	几何与代数(1)	4	4	
20130412	工程图学基础	2	2	
10610183	思想道德修养与法律基础	3	2	
10440012	大学化学B*	2	2	
10450012	现代生物学导论*	2	2	
10440111	大学化学实验B*	1	1	
20740042	计算机文化基础	2	1	
10640532	英语(1)	2	2	
	文化素质选修课	2	2	
	合计	2	2	
春季学期				
课程编号	课程名称	学分	周学时	说明及主要先修课
10720021	体育(2)	1	2	
10610193	中国近现代史纲要	3	2	
10420692	微积分(3)	4	4	先修微积分(1)
10420692	几何与代数(2)	2	2	先修几何与代数(1)

① 梁曦东等:《清华大学电气工程高等教育的几点回顾》,见中国电气工程高等教育100周年纪念委员会:《百年回眸——中国电气工程高等教育100周年》,142页。

续表

第一学年				
春季学期				
课程编号	课程名称	学分	周学时	说明及主要先修课
10430484	大学物理 B(1)	4	4	
20220174	电路原理 A(1)	4	4	
20220162	电路原理实验	2(1)	2(1)	
30220382	计算机程序设计基础	2	2	
10450021	现代生物学导论实验*	1	1	
10640682	英语(2)	2	2	
	合计	23	23	
夏季学期				
课程编号	课程名称	学分	周学时	说明及主要先修课
21510082	金工实习 C(集中)	2		2 周
30220372	软件编程项目训练	2		2 周
	合计	4		
第二学年				
秋季学期				
课程编号	课程名称	学分	周学时	说明及主要先修课
10720031	体育(3)	1	2	
10610204	马克思主义基本原理	4	3	
10420753	微积分(2)	3	3	先修微积分(1)
10430494	大学物理 B(2)	4	4	
10430782	物理实验 A(1)	2	2	先修大学物理
20220332	电路原理 A(2)	2	2	先修电路原理 A(1)
20220162	电路原理实验	2(1)	2(1)	
20250064	模拟电子技术基础	4	4	先修电路原理 A(1)
21550022	电子电路实验	2(1)	3	跨学期课程
	合计	22	24	
春季学期				
课程编号	课程名称	学分	周学时	说明及主要先修课
10720041	体育(4)	1	2	

续表

第二学年

春季学期

课程编号	课程名称	学分	周学时	说明及主要先修课
10420854	数学实验	4	4	
10430811	物理实验 B(2)	1	1	先修物理实验(1)
30220334	电机学	4	4	先修电路原理
30220351	电机学实验	1	1	
40220653	信号与系统	3	3	先修电路原理
20250103	数字电子技术基础	3	3	先修电路原理
	工程数学方法	2	2	先修微积分、代数
10610214	毛泽东思想、邓小平理论和“三个代表”重要思想概论	4	3	
20110022	电子电路实验	2(1)	3	跨学期课程
	合计	24	26	

夏季学期

课程编号	课程名称	学分	周学时	说明及主要先修课
40250082	电子技术课程设计	2		2 周
22650022	电子工艺实习(集中)	2		2 周
	专业导入课	1		1 周
	合计	5		

第三学年

秋季学期

课程编号	课程名称	学分	周学时	说明及主要先修课
10720110	体育专项(1)	1	2	
20220353	电磁场	3	3	先修电路与普物
20220124	微机原理与应用	4	4	先修数字电路
30220143	电力电子技术基础	3	3	电路、电子、电机
30220343	自动控制原理	3	3	先修电路原理
	专业课	2	2	
	文化素质选修课	4	4	
	合计	21	22	

续表

第三学年				
春季学期				
课程编号	课程名称	学分	周学时	说明及主要先修课
10720120	体育专项(2)	1	2	
40220723	电力系统分析	4	4	先修电路、电机学
30220323	高电压工程	3	3	
10420243	随机数学方法	3	3	
40220732	电力传动与控制	2	2	电机学、自动控制原理
	专业课	6	6	
	文化素质选修课	2	2	
	合计	21	22	
夏季学期				
课程编号	课程名称	学分	周学时	说明及主要先修课
40220562	电子专题实践	2	2 周	
40220353	生产实习	3	3 周	
	合计	5		
第四学年				
秋季学期				
课程编号	课程名称	学分	周学时	说明及主要先修课
20310323	工程力学 B	3	3	先修微积分
10720130	体育专项(3)	1	2	
	专业课	7	7	
	文化素质选修课	5	5	见全校选课手册
	合计	16	17	
春季学期				
课程编号	课程名称	学分	周学时	说明及主要先修课
10720140	体育专项(4)		2	
40220590	综合论文训练	15	18 周	
	合计	15		

注：标“ * ”课程，必修≥2 学分。

(资料来源：清华大学教务处：《清华大学本科指导性教学计划》，167 ~ 170 页，2007)

学校百年校庆后，在新的历史环境下，电机系又根据新的人才培养需求积极对课程教学内容等进行了调整。2012 年 7 月，电机系组织召开了教学研讨会，围绕“985”三期电机系教学项目、研究生培养新类型等教学热点事件、特色课程教学的经验交流、改善本科生学风和研究生培养等专题，就开展高水平实践教学、培育国际化电气工程课程体系的措施、本科生学风问题的产生根源和解决办法、研究生尤其是博士生培养环节中存在的问题等，进行了深入的讨论和分析。

由于传统能源供应紧张及环保压力增大等，开发利用新能源已经成为国家重要的能源发展战略。为适应培养能源领域人才的需要，2013 年 3 月，电机系组织召开了新能源学科课程建设教学讨论会，对新能源学科计划开设 10 门课程的教学大纲进行了讨论和修编。① 2015 年，电机系对本科生的人才培养目标又进行了调整，即：“本专业面向与电能产生、传输、分配和使用相关的电力系统和电工设备制造业，培养基础扎实、创新能力突出、有国际视野的电气工程专业人才。”②本科四年期间，培养总学分 173，其中，春、秋季学期课程总学分 142，实践环节 16 学分，综合论文训练 15 学分。2015 年修订的电气工程及其自动化专业本科课程设置与学分分布，具体见表 8-7。

表 8-7 2015 年电气工程及其自动化专业本科课程设置及学分

1. 公共基础课程(26 学分)	
(1)思想政治理论课(4 门,14 学分)	
思想道德修养与法律基础(3 学分)	中国近现代史纲要(3 学分)
马克思主义基本原理(4 学分)	毛泽东思想和中国特色社会主义理论体系概论(4 学分)
(2)体育(4 学分)	
(3)外语(8 学分)	
2. 文化素质课(13 学分)	

① 《电机系召开新能源学科课程建设教学研讨会》,《清华大学电机工程与应用电子技术系简报》,2013 年第 2 期(总第 82 期)。

② 《清华大学电机工程与应用电子技术系年鉴》,2015 年。

续表

3. 数学和自然科学基础课程(36 学分)	
(1)数学课(7 门,24 学分)	
微积分 B(1)(5 学分)	微积分 B(2)(4 学分)
线性代数(1)(4 学分)	线性代数(2)(2 学分)
复变函数引论(2 学分)	数学实验(4 学分)
概率论与数理统计(3 学分)	
(2)物理课(4 门,10 学分)	
大学物理 B(1)(4 学分)	大学物理 B(2)(4 学分)
大学物理(1)(英)(4 学分)	大学物理(2)(英)(4 学分)
物理实验 B(1)(1 学分)	物理实验 B(2)(1 学分)
可选修高档课(数学、物理等理科系)代替低档课。大学物理 B(1)和大学物理(1)(英)二选一,大学物理 B(2)和大学物理(2)(英)二选一。	
(3)生物/化学(1 门,2 学分)	
大学化学 B(2 学分)	大学化学实验 B(1 学分)
现代生物学导论(2 学分)	现代生物学导论实验(1 学分)
4. 专业相关课程(67 学分)	
(1)学科核心课(12 门,34 学分)	
工程图学基础(2 学分)	计算机程序设计基础(2 学分)
电路原理 A(1)(4 学分)	电路原理 A(2)(2 学分)
模拟电子技术基础(4 学分)	数字电子技术基础(3 学分)
信号与系统(3 学分)	电磁场(3 学分)
微机原理与应用(4 学分)	自动控制原理(3 学分,限选(2 选 1))
自动控制原理(英)(3 学分,限选(2 选 1))	电路原理实验(2 学分(跨学期课))
电子电路实验(2 学分(跨学期课))	
(2)专业核心课(5 门,15 学分)	
电机学(4 学分)	电机学实验(1 学分)
电力电子技术基础(4 学分,限选(2 选 1))	电力电子技术基础(英文)(4 学分,限选(2 选 1))
电力系统分析(3 学分)	高电压工程(3 学分)
(3)专业选修课(18 学分)	
A 组(16 分)	
通用:	
电气工程导论(1 学分)	电气工程技术发展讲座(2 学分)

续表

4. 专业相关课程(67 学分)	
(3)专业选修课(18 学分)	
A 组(16 分)	
信号控制课组:	
数字信号处理(2 学分)	通信系统原理(3 学分)
电力系统课组:	
电力系统预测技术(2 学分)	低碳电力技术基础(2 学分)
智能电网概论(2 学分)	电力系统运行和管理基础(2 学分)
电力系统可靠性评估与应用(2 学分)	发电厂工程(2 学分)
电力系统稳定与控制(2 学分)	电力系统调度自动化(2 学分)
电力系统预测技术(3 学分)	电力系统继电保护(3 学分)
继电保护实验(1 学分)	微机继电保护与控制(英)(2 学分)
电力市场概论(2 学分)	电能质量基础(2 学分)
新能源发电与并网(1 学分)	信息论与电力系统(2 学分)
电力系统实验(2 学分)	现代配电系统分析(2 学分)
高电压课组:	
我们身边的高电压(1 学分)	输配电技术(2 学分)
现代电气测量(2 学分)	电气设备在线监测(2 学分)
大电流能量技术(1 学分)	数字化变电站(2 学分)
电器原理及应用(2 学分)	过电压及其防护(2 学分)
电介质材料与绝缘技术(2 学分)	直流输电技术(3 学分)
高电压工程与数值计算(1 学分)	电气绝缘结构设计原理(2 学分)
电机与电力电子课组:	
超导体在电气工程中的应用(2 学分)	电机分析(2 学分)
电力传动与控制(2 学分)	电子电机设计与分析(2 学分)
可再生能源与未来电力技术(1 学分)	太阳能光伏发电及其应用(2 学分)
电力电子仿真设计(2 学分)	电力电子技术专题(2 学分)
微特电机(2 学分)	电力传动系统设计(2 学分)
智能电网中的储能技术(2 学分)	工程电力电子技术与新型电力电子拓扑(2 学分)
B 组(不少于 2 学分)	
计算机课组:	
面向对象程序设计(2 学分)	数字信号处理 DSP 实验(2 学分)
可编程控制器及变频器系统(2 学分)	
注:SRT 可替代最多 2 学分专业课。	

续表

5. 实践环节(16 学分)	
军事理论与技能训练(3 学分)	电气工程专业英语实践(2 学分)
金工实习 C(集中)(2 学分)	电子技术课程设计(1 学分)
认识实习(1 学分)	电子工艺实习(集中)(2 学分)
电子专题实践(2 学分)	生产实习(3 学分)
大型电站机电设备简介(1 学分(任选))	
6. 综合论文训练(15 学分)	
综合论文训练(15 学分)	
开设全校任选课	
计算机网络技术基础(3 学分)	虚拟仪器基础(2 学分)
高档单片机原理及应用(2 学分)	16 位单片机原理及其用(2 学分)
现代声光电测量技术在电气工程领域中的应用(2 学分)	电路原理(4 学分)
可编程控制器及变频器系统(2 学分)	电路原理(4 学分)

根据调整后的培养方案,电机系分别开设了电工、电子技术、电路原理、电路原理实验、计算机硬件技术基础、微机原理等技术基础课程,以及专业必修课、专业任选课、全校性选修课等。据统计,2013—2014 春季,开设 37 门课程,开设课堂 48 个,任课教师 49 人;2014—2015 春季,开设 39 门课程,开设课堂 50 个,任课教师 53 人;2014—2015 秋季,开设 44 门课程,开设课堂 53 个,任课教师 51 位;2015—2016 秋季,开设 48 门课程,开设课堂 58 个,任课教师 61 人。① 其中,2013 年,由于歆杰副教授作为课程负责人的“电路原理”课程作为首批上线课程,在 edX 和学堂在线两个平台上同时进行 MOOC 授课,其中在 edX 平台上的选修人数超过了 11000 人,在学堂在线上的选修人数超过了 6000 人,选修者来源于 150 多个国家和地区。2014 年,以“电路原理”课程牵头,电机系继续推进 MOOC 课程建设,《电工技术与电子技术》获批 2015 年校级大规模开放在线课程。② 同时,电机系加强学生实践环节教学环境和条件的建设,建立了 4 个校级学生生产实习基地,实现了大部分本科学生都能够到生产现场实地进行实习,取得了较好的实践教学效果。

① 《清华大学电机工程与应用电子技术系年鉴》,2015—2016 年。

② 《清华大学电机工程与应用电子技术系年鉴》,2015 年。

为了给本科生提供参加科学研究训练的机会，自1996年起，清华大学开始创建并实施了SRT(Student Research Training)计划，即大学生研究训练计划。电机系积极参与SRT计划的实施，如2012年，电机系教师共计提出48项SRT项目(均由教师承担)，参加学生96人;2013年，共计提出25项(均由教师承担)，参加学生61人;2014年，共计提出25项，包括教师20项、学生5项，参加学生86人;2015年，共计提出53项，包括教师49项、学生4项，参加学生90人;2016年，共计提出66项，包括教师47项、学生19项，参加学生110人;2017年，共计提出58项，包括教师45项、学生13项，参加学生98人。其中，梁悠南完成的SRT项目《微波等离子体技术在材料、节能环保领域的应用与发展前景》(指导教师:张贵新)，获2014年SRT计划优秀项目二等奖;电31班的郑泽天、贾鑫、王晨馨、丁驰宇共同完成的SRT项目《采用静电法的火电厂锅炉风粉调平节能与优化系统》(指导教师:于庆广)，获2015年SRT计划优秀项目一等奖;甘达华完成的《基于大数据的分层概率性负荷预测技术》(指导教师:康重庆、张宁、王毅)，获2017年SRT计划优秀项目一等奖。

此外，为提升教学质量，电机系还积极探索教学改革。如2014年，电机系获批本科教学改革立项支持项目共4项;2015年，获批本科教学改革立项支持项目共3项;2016年获批本科教学改革立项支持项目共4项，2017年获批本科教学改革立项支持项目共7项。

配合学校的教育教学改革、大类招生、博士生招生制度改革、学生评价体系改革以及人事制度改革等各项工作的推进，2017年1月16日，电机系召开教育教学研讨会，对教育教学工作中出现的新问题进行了专题讨论。根据学校的初步规划，电机系与热能系(部分)、工物系(能源实验班)组合在一起，按能源大类进行本科生招生。据此，电机系教师针对目前教学工作现状、存在的问题等，围绕课程建设、学生实践能力培养以及研究生培养等主题进行了研讨，提出了多条相关建议，制定了近期教学工作重点。① 2017年5月，按照学校要求，电机系完成了本科培养方案的新一轮修订，自下学年新生开始执行。②

---

① 《电机系召开“2017教育教学研讨会”》，清华大学电机系资料。

② 《电机系完成本科培养方案首轮修订》，《清华大学电机工程与应用电子技术系信息简报》，2017年第4期(总第103期)。

图 8-31　2017 年 1 月 16 日，电机系召开教育教学研讨会①

2017 年 6 月 16 日，校副教务长、教务处处长彭刚一行到电机系进行本科教学工作调研。电机系教学主管副主任朱桂萍在汇报中，对本科教学概况、培养方案修订进展、大类培养准备情况以及电机系目前教学工作中存在的主要困难等进行了汇报，并提出："电机系目前不仅开设本专业的大量课程，还承担着全校的电类基础课程，属于教学大系。电机系的本科培养方案修订中，秉承了 OBE（基于产出的教育）、SOE（立足学生的教育）和三位一体的修订理念，坚持'与时俱进、目标引领、能力优先、自主发展'的修订原则，结合国内工程教育认证要求，依靠顾问委员会、教学委员会和专项工作组，比较规范地完成了本科培养方案修订的第一阶段工作。新培养方案培养目标更清晰，培养成效可评估，学分分布更柔性，课程设置更合理。确定了 13 门课程参与培养成效评估，并且制定了教学质量保障计划，以保障本科教学质量能得到持续改进。大类培养第一年的教学计划已制定完成，未来，会与大类内其他院系一起建设更多的大类平台课。"②校副教务长、教务处处长彭刚在总结讲话中，"充分肯定了电机系本科培养方案的修订理念，指出电机系的本科培养方案修订工作，得到了学校评审专家的一致认可。其中，大类培养的想法与学校建设大类的初衷一致，值得推广"③。

在研究生教学方面，2014 年 6 月 17 日，电机系召开电气工程学位分

① 《电机系召开"2017 教育教学研讨会"》，清华大学电机系资料。
② 《教务处到电机系调研》，清华大学电机系资料。
③ 《教务处到电机系调研》，清华大学电机系资料。

委员会，审议通过了修订的电气工程学科博士生、硕士生、电气工程领域全日制工程硕士专业学位、新能源学科硕士生等培养方案。[①] 其中，对于博士生，要求知识结构上，"应掌握电气工程学科所必需的坚实宽广的基础理论和专业基础知识。在硕士研究生学习的基础上，着重要求：A）数学方面：进一步掌握现代工程数学的基础知识，具备用它来解决本学科科学技术问题的能力。B）计算机技术方面：进一步提高应用计算机技术解决本学科科学技术问题的能力。C）专业基础方面：熟练掌握与电气工程学科发展密切相关的专业基础知识，具备创造性解决问题的能力"；"应掌握电气工程学科前沿动态，大量阅读文献并参加相应的学术活动"；"应具备一定的交叉学科知识，拓宽知识面，应尽可能在信息、材料、环境、生物医学、机械、经济管理等领域掌握基本知识，以开展跨学科内容的研究。"[②]课程学习及学分组成方面，普博生总学分不少于13学分，直博生总学分不少于28学分。博士生培养的具体课程设置，见表8-8。

表8-8　2014年博士研究生课程设置及学分（电气工程学科）

<table>
<tr><td colspan="2">一、普博生课程设置</td></tr>
<tr><td colspan="2">1. 公共必修课程（4学分）</td></tr>
<tr><td>中国马克思主义与当代（2）</td><td>第一外国语（2）</td></tr>
<tr><td colspan="2">2. 学科专业课程（不少于4学分）</td></tr>
<tr><td>从直博生学科专业课程中任选1-2门考试课程（2-3学分）</td><td>电工技术和电力系统新进展（必修）（2学分）</td></tr>
<tr><td colspan="2">3. 必修环节（5学分）</td></tr>
<tr><td>资格考试（1）</td><td>文献综述与选题报告（1）</td></tr>
<tr><td>学术活动与学术报告（2）</td><td>社会实践（1）</td></tr>
<tr><td colspan="2">4. 补修课</td></tr>
<tr><td colspan="2">凡在本门学科上欠缺硕士学位层次业务基础的博士研究生，应在导师指导下补修有关课程，不计入博士生阶段的总学分。</td></tr>
<tr><td colspan="2">5. 在满足学位要求总学分外，可选修学术与职业素养课程及全校各系所开设的研究生课程。</td></tr>
</table>

① 《电机系召开学位委员会工作会议》，《清华大学电机工程与应用电子技术系简报》，2014年第2期（总第87期）。

② 《电机工程与应用电子技术系攻读博士研究生培养方案》，《清华大学电机工程与应用电子技术系年鉴》，2014年。

续表

二、直博生课程设置	
1. 公共必修课程（5 学分）	
中国马克思主义与当代（2）	自然辩证法概论（1）
第一外国语（2）	
2. 学科专业课程（不少于 18 学分）	
（1）基础理论课程（4 学分）	
高等数值分析（4）	基础泛函分析（4）
偏微分方程数值解（4）	最优化方法（4）
其他数学公共学位课（不能选数值分析 A 或 C）	
（2）本系专业课程（不少于 11 学分）	
电路与系统（3）	数字信号处理（3）
现代控制理论（2）	现代电力电子学（3）
电磁场数值计算（2）	高等电力网络分析（2）
随机信号的统计处理（3）	气体放电（2）
电磁暂态分析（2）	电磁测量选论（2）
交流电机及其系统暂态（2）	微型计算机原理及应用技术（3）
现代高电压实验技术（3）	脉冲功率技术基础（2）
演化计算及其应用（2）	电工技术和电力系统新进展（必修）（2）
辨识技术（2）	电磁兼容（2）
现代电力通信（2013—2014 学年暂停）（2）	电力电子与电机系统集成（2）
FACTS/DFACTS 的原理及应用（2）	继电保护（2）
LabVIEW 编程及虚拟仪器设计（2）	电力系统不确定性分析（2）
高电压外绝缘（1）	现代能量管理系统（2）
电气设备可靠性工程（2）	电气工程仿真技术（1）
电力系统广域监测与控制（2）	电力电子器件原理与应用（2）
磁性物理与电磁检测（1）	高压输电技术（2）
电力系统理论与分析（2）	磁测量原理与技术（2）
现代电力系统规划（2）	电能质量（2013—2014 学年暂停）（2）
电力系统复杂性与大电网安全技术（2）	工程博弈论（2）
检测与估计（3）	

续表

二、直博生课程设置	
2. 学科专业课程（不少于18学分）	
（3）跨学科专业课程（3学分）	
一般选信息、经管、材料、环境、生物医学等方面的专业课程（不含文科和外语类）。	
如不选跨学科专业课程，可用本系专业课程3学分代替。	
3. 必修环节（5学分）	
文献综述与选题报告（1）	学术活动与学术报告（2）
资格考试（1）	社会实践（1）

（资料来源：《电机工程与应用电子技术系攻读博士研究生培养方案》，《电机工程与应用电子技术系年鉴》，2014年）

对于硕士研究生培养，学位要求学分不少于23学分（其中考试学分不少于17），其中公共必修课程5学分，学科专业课程不少于16学分，必修环节2学分。硕士生培养的具体课程要求，见表8-9。

表8-9　2014年硕士研究生课程设置及学分（电气工程学科）

1. 公共必修课程（5学分）	
中国特色社会主义理论与实践研究（2）	自然辩证法概论（1）
第一外国语（2）	
2. 学科专业课程（不少于16学分，其中考试学分不少于12学分）	
（1）基础理论课（4学分）	
数值分析A（4）	高等数值分析（4）
基础泛函分析（4）	偏微分方程数值解（4）
最优化方法（4）	其他数学公共学位课
（2）本系专业课程（不少于10学分）	
电路与系统（3）	数字信号处理（3）
现代控制理论（2）	现代电力电子学（3）
电磁场数值计算（2）	高等电力网络分析（2）
随机信号的统计处理（3）	动态电力系统$^{\triangle}$（2）
气体放电（2）	电磁暂态分析（2）
电磁测量选论（2）	交流电机及其系统暂态（2）
微型计算机原理及应用技术（3）	现代高电压实验技术（3）
脉冲功率技术基础（2）	演化计算及其应用（2）
电工技术和电力系统新进展（必修）（2）	辨识技术（2）

续表

2. 学科专业课程（不少于16学分，其中考试学分不少于12学分）	
（2）本系专业课程（不少于10学分）	
电磁兼容（2）	现代电力通信（2013—2014学年暂停）（2）
电力电子与电机系统集成（2）	FACTS/DFACTS的原理及应用（2）
继电保护（2）	LabVIEW编程及虚拟仪器设计（2）
电力系统不确定性分析（2）	高电压外绝缘（1）
现代能量管理系统（2）	电气设备可靠性工程（2）
电气工程仿真技术（1）	电力系统广域监测与控制（2）
电力电子器件原理与应用（2）	磁性物理与电磁检测（1）
高压输电技术（2）	现代电力系统优化方法△（2）
现代电力电子学△（2）	电力系统理论与分析（2）
磁测量原理与技术（2）	现代电力系统规划（2）
电能质量（2013—2014学年暂停）（2）	电力系统复杂性与大电网安全技术（2）
工程博弈论（2）	检测与估计（3）
注：标△为只在深研院开设的课程，限深研院学生选。	
（3）跨学科专业课程（2学分）	
一般选信息、经管、材料、环境、生物医学等方面的专业课程（不含文科和外语类）。	
如不选跨学科专业课程，可用本系专业课程2学分代替。	
3. 必修环节（2学分）	
文献综述与选题报告（1）	学术活动（1）

（资料来源：《电机工程与应用电子技术系攻读硕士研究生培养方案》，《电机工程与应用电子技术系年鉴》，2014年）

近年来，随着新能源等战略性新兴产业的迅速发展，电机系适时招生培养新能源交叉学科工学硕士，制定培养方案。其培养目标为："面向新能源产业需求，培养具有多学科交叉的新能源技术领域国际化创新创业型复合式高层次人才。""培养硕士研究生在跨学科研究和交流中的方法和手段，使学生具备更宽广的学术视野，提高对交叉性前沿知识的理解和深入研究的能力。"学习年限一般为2-3年，攻读新能源交叉学科工学硕士学位期间，获得的总学分应不少于28学分。① 2014年攻读新能源交叉

① 《新能源交叉学科工学硕士学位培养方案》，《清华大学电机工程与应用电子技术系年鉴》，2014年。

学科工学硕士学位的具体课程设置及学分分布见表8-10。2017年8月8日，清华大学电机系系主任曾嵘教授、系学位分委会主席夏清教授带领系学位分委会代表、科研团队代表等一行20余人赴清华四川能源互联网研究院考察调研，并召开电机系能源互联网专业硕士培养研讨会。根据大家的建议，初步决定建设5门与能源互联网相关的基础课程。课程建设将统筹"能源互联网国际班"的需求。实践环节充分利用外派院和校友会资源，采用多种形式，突出特色，提高人才培养质量。① 9月27日，电机系召开电气工程学位委员会，对电气工程（能源互联网方向）专业学位硕士的新开课程、培养方案进行了审议，经讨论决定成立专项小组，系统修改课程建设方案。

表8-10　2014年新能源交叉学科工学硕士生课程设置及学分

（电气工程、材料科学与工程）

1. 公共必修课程(5学分)	
自然辩证法概论(1)	中国特色社会主义理论与实践研究(2)
英语(第一外国语)(2)	
2. 学科专业要求课程(不少于17学分)	
(1)数学类课程(不少于3学分)	
高等数值分析(4)	实验设计与数据处理(3)
(2)宏观能源类课程(不少于5学分)	
新能源技术导论(3)	能源经济学(2)
新能源生命周期分析(2)	新能源产业政策与规划管理(2)
(3)专业方向研究生课程(不少于9学分，不少于5门)	
科技论文写作与学术规范(1)	实验室安全学(1)
材料学基础(3)	能源转化与能量存储：材料与器件(3)
纳米能源材料和技术(2)	电子器件与封装(2)
材料分析与表征(3)	节能技术与热管理工程(2)
新能源材料化学(2)	核能利用与材料(2)
低碳经济与低碳技术(2)	功能高分子材料(2)

① 《电机系"能源互联网"专业硕士培养研讨会在清华四川能源互联网研究院召开》，《清华大学电机工程与应用电子技术系简报》，2017年第6期（总第105期）。

续表

2. 学科专业要求课程（不少于 17 学分）	
（3）专业方向研究生课程（不少于 9 学分，不少于 5 门）	
电化学原理与电源系统（2）	新能源材料物理基础（2）
计算材料学（2）	智能电网（2）
电工理论基础及应用（2）	分布式发电与微电网（2）
大规模新能源并网运行与控制（2）	太阳能光伏发电系统（2）
储能技术及其在新能源系统中的应用（2）	工程电介质导论（3）
动态电力系统（2）	现代电力系统优化方法（2）
现代电力电子学（2）	电磁兼容（2）
现代高电压实验技术（3）	
3. 职业素质课程（不少于 2 学分）	
创业管理（2）	高新企业的创办与管理（2）
交叉学科研究的前沿热点（2）	
4. 必修环节课程（1 学分）	
文献综述与选题报告（1）	
5. 专业实践训练（3 学分）	
专业实践（3）	

（资料来源：《新能源交叉学科工学硕士学位培养方案》，《清华大学电机工程与应用电子技术系年鉴》，2014 年）

“工程硕士专业学位是与工程领域任职资格相联系的专业性学位。”其中，对于全日制工程硕士研究生，“主要是培养掌握某一领域坚实的基础理论和宽广的专业知识、具有较强的解决实际问题的能力，能够承担专业技术或管理工作、具有良好的职业素养的高层次应用型专门人才”；具体“采取全脱产的培养方式，课程学习主要在校内完成，论文答辩须在校内完成；学习年限一般为 2 年”；①要求修够的学分数不少于 25 个学分，具体课程设置及学分分布见表 8-11。

① 《攻读全日制工程硕士专业学位研究生培养方案》，《清华大学电机工程与应用电子技术系年鉴》，2014 年。

表 8-11 2014 年全日制工程硕士课程设置及学分(电气工程)

1. 公共必修课程(3 学分)	
自然辩证法概论(1)	英语(第一外国语)(2)
2. 学科专业要求课程(不少于 18 学分,其中考试学分不少于 14 学分)	
(1)基础理论课程(4 学分)	
数值分析 A(4)	最优化方法(4)
工程硕士数学(4)	
(2)专业选修课程(不少于 10 学分)	
动态电力系统(2)	现代高电压实验技术(3)
电磁兼容(2)	高电压外绝缘(1)
现代电力系统优化方法(2)	现代电力电子学(2)
(3)职业素质课程(深研院)(不少于 4 学分)	
创业管理(2)	高新企业的创办与管理(2)
风险投资决策与技巧(1)	项目管理(1)
服务管理(1)	职业能力拓展与训练(1)
品牌形象战略与设计(1)	文献检索与论文写作(1)
交叉学科研究的前沿热点(2)	工程师素质拓展(2)
3. 必修环节(不少于 4 学分)	
专业实践(3/6)	文献综述与选题报告(1)

(资料来源:《攻读全日制工程硕士专业学位研究生培养方案》,《清华大学电机工程与应用电子技术系年鉴》,2014 年)

而“工程管理硕士专业学位项目,依托工业工程系、热能系、环境系、电机系、自动化系、工物系、精仪系、核研院、软件学院共 9 个院系协同共建,研究生院负责统筹协调,工业工程系负责协调公共必修课程、核心课程和限选课程。本学位项目下设能源环境管理(热能系、电机系、工物系、核研院、环境系共建)、设计制造管理(工业工程系、自动化系、精仪系共建)、信息管理(软件学院、自动化系共建)三个方向。”其培养目标是:“培养具备良好的政治思想素质和职业道德素养,掌握系统的管理理论、现代管理方法,以及相关工程领域的专门知识,能独立担负工程管理工作,具有计划、组织、协调和决策能力的高层次、应用型工程管理专门人才。”“采用理论学习、实践教学和现场专题研究相结合的培养方式。学制一般为 2

年。教学安排可采用在职学习和脱产学习两种方式。”①总学分数不少于41学分。课程设置及学分分布见表8-12。

表8-12　2014年工程管理硕士（MEM）课程设置及学分

1. 公共必修课程(3学分)	
自然辩证法概论(1)	英语(第一外国语)(2)
2. 工程管理核心课程(≥13学分)	
工程师的领导力(2)	战略管理(2)
管理经济学(2)	定量分析与决策方法(2)
财务和投资(2)	市场和营销(2)
工程管理前沿讲座(1)	
3. 工程管理限选课程(≥6学分)	
管理模块(≥2学分)	
精益运营和持续改善(2)	软件项目管理(2)
工程管理导引(2)	
商科模块(≥2学分)	
公司组织与治理(2)	
商务法律模块(≥2学分)	
工程师的法律(2)	
4. 领域方向课程(≥13学分)	
最佳工程管理实践(必修)(1)	
(1)能源环境管理方向(≥12学分)	
1)宏观能源类课程(≥4学分)	
能源工程和技术方向(≥2学分)	
可持续能源发展战略(2)	能源系统工程(2)
能源政策和管理方向(≥2学分)	
能源环境经济学(2)	能源与资源管理学(2)
能源与环境评价方法学(2)	
2)宏观环境课程(≥2学分)	
能源与环境(2)	可持续发展引论(2)

① 《工程管理硕士专业学位(MEM)培养方案》,《清华大学电机工程与应用电子技术系年鉴》,2014年。

续表

4. 领域方向课程(≥13 学分)	
(1)能源环境管理方向(≥12 学分)	
3)参与院系专业基础及专业课(≥6 学分)	
环境学院专业基础及专业课(≥6 学分)	
环境与市政工程实践与案例分析(1)(2)	水环境污染控制工程与管理案例分析(2)
大气污染控制工程案例分析(2)	固体废物处理处置工程案例分析(2)
在导师指导下选择相关的专业基础及专业课	
(2)设计制造管理方向(≥12 学分)	
产品开发管理类课程	
产品开发管理(2)	
生产管理类课程	
生产与运作管理(2)	物流分析与设施规划(3)
高等质量管理学(2)	物流概论(2)
管理信息系统(2)	现代安全工程(2)
先进制造专业类课程	
先进制造技术(2)	机械故障诊断(2)
现代智能信息处理(2)	科技论文写作方法与实践(2)
在导师指导下选择相关的专业基础及专业课,自动化系学生可以选择自动化系开设的工学和工程硕士研究生课程。	
(3)信息管理方向(≥12 学分)	
信息管理概论(2)	业务流程与信息资产管理(3)
专业基础及专业课(7 学分)	
软件工程前沿技术(2)	服务系统构建与最佳实践(2)
企业 IT 架构管理(2)	云计算与新商业模式(1)
在导师指导下选择相关的专业基础及专业课,自动化系学生可以选择自动化系开设的工学和工程硕士研究生课程。	
补修课程	
凡缺少如下课程知识的硕士研究生,应在导师指导下进行补修,补修课程学分不计入学位要求学分。	
工程经济学	

(资料来源:《工程管理硕士专业学位(MEM)培养方案》,《清华大学电机工程与应用电子技术系年鉴》,2014 年)

根据培养方案，电机系开设了相关研究生课程。据统计，2013—2014学年，电机系开设的研究生（全日制）课程43门①；2014—2015学年，开设研究生（全日制）课程44门②；2015—2016学年，开设研究生（全日制）课程43门③。2017年1月16日，电机系召开了教育教学工作研讨会。会上，校研究生院副院长张伟介绍了学校在研究生招生规模、招生类型和招生办法上拟做出的一系列重大变化。电机系学位委员会主席夏清"着重向老师们介绍了目前电机系研究生培养工作中存在的主要问题，包括个别研究生学术失范、论文写作水平普遍有待提高、学位论文的创新性不够、个别导师在研究生指导方面投入不足，等等，既敲响了警钟，也对老师们提出了殷切期望"；优秀博士学位论文导师赵争鸣"结合自己培养指导研究生的经历，指出博士生的学术志趣远比其学分积排名重要，导师要着力培养博士生的三个重要品质，能'深入思考'，有'团队精神'和做事'精准坚韧'；导师应做到和做好三件事，即：指明方向（开题），解决难题，判断优劣；导师还应做到了解每一位研究生的特点，并采用有效的方式与之交流沟通；而且要身先士卒，一定要坚持亲自做科研、亲自写论文，与博士生共同成长。"④

多年来，电机系本科专业的改革和建设取得了显著成效。如1993年，"电路原理"、"电工技术与电子技术"课程荣获校级"一类课程"称号⑤。1997年，"面向国民经济建设主战场，培养高质量电工学科高层次人才"教育教学改革成果（高景德、韩英铎、卢强、张仁豫、肖达川）荣获国家级教学成果特等奖⑥；"电气工程及其自动化专业建设"（姜建国、崔文进、黄立培、陈刚、王伯翰）荣获国家级教学成果二等奖⑦；"持续有效办好高层次继续教育"（陈寿孙、郭永基、周双喜、杨钺、李志强）、"《电工技术

---

① 《研究生工作概述》，《清华大学电机工程与应用电子技术系年鉴》，2014年。

② 《研究生工作概述》，《清华大学电机工程与应用电子技术系年鉴》，2015年。

③ 《研究生工作概述》，《清华大学电机工程与应用电子技术系年鉴》，2016年。

④ 《电机系召开"2017教育教学研讨会"》，清华大学电机系资料。

⑤ 《清华公报》，第188期，1993年9月10日。

⑥ 王赞基：《坚持高层次人才培养与关键科研相结合》，载《教学与教材研究》，1998年第2期，14页。

⑦ 陈刚等：《电气工程及其自动化专业建设》，见《行胜于言——清华大学改革与发展纪实》编写组：《行胜于言——清华大学改革与发展纪实》，60页。

和电子技术》课程改革与建设”(高上凯、王鸿明、何丽静、王家森、王士敏)荣获北京市教学成果二等奖①。2003年,唐庆玉教授负责的“电工技术与电子技术”课程被评为北京市精品课程②。2005年,孙宏斌、孙元章、陈永亭、姜齐荣和童陆园共同完成的教学成果“优化理论课程,强化实践环节——电力系统本科专业课改革”,荣获第五届国家级教学成果一等奖③;陆文娟教授负责的《电路原理》课程,被评为北京市精品课程④。同年,电机系共开设研究生课程48门(其中工程硕士课程18门),其中校级立项的精品课程5门,系级立项的精品课程6门⑤。2006年,孙宏斌教授开设的《电力系统分析》课程荣获国家级精品课程称号⑥。同年,电机系共开设研究生课程53门(其中工程硕士课程18门),其中校级精品课程5门、系级精品课程6门⑦。2007年,陆文娟教授负责的《电路原理》课程、梁曦东教授负责的《高电压工程》课程,均荣获了国家级精品课程称号⑧。

此外,2007年至2011年,电机系的“现代电力电子学”(李永东)、“高等电力网络分析”(张伯明)、“现代控制理论”(梅生伟)、“电力系统调度自动化”(吴文传)、“电机学”(孙旭东)、“电力电子与电机系统集成”(赵争鸣)、“电磁兼容”(何金良)等课程,也先后入选了清华大学精品课程⑨。

2012年,袁立强讲授的《电力电子器件原理与应用》,梅生伟讲授的“现代控制理论”(复审)获批授予“清华大学精品课程”称号。⑩ 该年,电

---

① 清华大学电机系:《清华电机系七十周年系庆纪念集》,65页。

② 《清华大学精品课程建设工程》,http://qcourse. tsinghua. edu. cn/index. jsp? null,检索日期:2011-01-20。

③ 陈刚等:《电气工程及其自动化专业建设》,见《行胜于言——清华大学改革与发展纪实》编写组:《行胜于言——清华大学改革与发展纪实》,第60页。

④ 《清华大学精品课程建设工程》,http://qcourse. tsinghua. edu. cn/index. jsp? null,检索日期:2011-01-20。

⑤ 《清华大学年鉴》,2006年。

⑥ 《清华大学精品课程建设工程》,http://qcourse. tsinghua. edu. cn/index. jsp? null,检索日期:2011-01-20。

⑦ 《清华大学年鉴》,2007年。

⑧ 《清华大学精品课程建设工程》,http://qcourse. tsinghua. edu. cn/index. jsp? null,检索日期:2011-01-20。

⑨ 《清华公报》,2007—2011年。

⑩ 《2012年清华大学研究生精品课程评选揭晓》,《清华大学电机工程与应用电子技术系简报》,2012年第4期(总第80期)。

机系7项成果荣获“清华大学教学成果奖”，其中，于歆杰、康重庆、徐飞、赵伟、董嘉佳共同完成的教学成果《构建电气工程学科“三足鼎立”的实践教学体系》荣获一等奖；梅生伟、张雪敏共同完成的《〈现代控制理论〉精品课建设》，于歆杰、朱桂萍、刘秀成、郭静波、赵伟共同完成的《多措并举，构建电路原理课程完善的学习环境》，何金良、余占清、张波、胡军共同完成的《基础知识与实践技能并重的〈电磁兼容〉课程教学》荣获清华大学教学成果二等奖。[①] 同时，2个项目荣获清华大学优秀教学软件奖，其中，朱桂萍、刘秀成、于歆杰、沈瑜、陆文娟共同完成的《实现教学资源共享的电路原理教学网站》荣获一等奖；郝丽、邹军、董甲瑞、袁建生共同完成的《电磁场实验辅助软件》荣获二等奖。[②] 还有2本教材入选了普通高等教育“十二五”国家级规划教材，分别是王鸿明等编写的《电工与电子技术》上、下册(第二版)，于歆杰等编写的《电路原理》《电路原理电子课件》《电路原理导学导教及习题解答》。2013—2014学年，赵争鸣主讲的《电力电子与电机系统集成》(复审)等5门研究生课程获得“清华大学精品课程”称号。[③] 董新洲主编的教材《电力系统继电保护》入选“985”三期校级第二批名优教材建设项目。[④] 2014年，6门本科生课程、1门研究生课程通过了校级精品课的复审。[⑤] 由康重庆、于歆杰、赵伟、于庆广、董嘉佳共同完成的教学成果“瞄准国家新需求，适应行业大变革，构建电气工程学科拔尖创新人才培养体系”教育教学成果，荣获了2014高等教育国家级教学成果二等奖。[⑥] 2015—2016学年，5门研究生课程获得了“清华大学精品课程”称号[⑦]；黄松岭、于歆杰、王珅、郝丽、赵伟共同完成的《以虚拟仪器课程教学为载体创新人才培养新模式的十六年探索与实践》课程

---

① 《电机系七个项目荣获清华大学教学成果奖》，《清华大学电机工程与应用电子技术系年鉴》，2013年。

② 《我系两个项目荣获2012年清华大学优秀教学软件奖》，《清华大学电机工程与应用电子技术系简报》，2013年第1期(总第81期)。

③ 《研究生工作概述》，《清华大学电机工程与应用电子技术系年鉴》，2014年。

④ 《清华大学电机工程与应用电子技术系年鉴》，2014年。

⑤ 《清华大学电机工程与应用电子技术系年鉴》，2015年。

⑥ 《电机系荣获2014年高等教育国家教学成果二等奖》，《清华大学电机工程与应用电子技术系简报》，2014年第4期(总第89期)。

⑦ 《研究生工作概述》，《清华大学电机工程与应用电子技术系年鉴》，2016年。

教学成果，荣获了清华大学教学成果一等奖；蒋晓华、孙凯、陆海峰、孙旭东、肖曦共同完成的《电力电子技术基础课程改革：推行自主学习和自主实验，激发求知渴望和探索热情》教学成果，荣获了清华大学教学成果二等奖。[①] 2016 年，于歆杰、朱桂萍、刘秀成、赵伟、沈瑜共同完成的教学成果《建设电路原理在线开放课程，实现以学生为中心的教与学》，荣获了清华大学教育教学成果特等奖[②]；研究生课程《高等电力网络分析》（郭庆来）、《电磁兼容》（何金良），荣获了“清华大学研究生精品课程”称号[③]。

图 8-32 《电路原理》教学组全体成员及“一类课程”奖状和证书[④]

图 8-33 《电工技术与电子技术》课教学组全体成员及“一类课程”奖状和证书[⑤]

① 《清华大学电机工程与应用电子技术系年鉴》，2016 年。

② 《清华公报》，2016 年。

③ 《清华公报》，2016 年。

④ 清华大学电机系：《清华电机系七十周年系庆纪念集》，87 页。

⑤ 清华大学电机系：《清华电机系七十周年系庆纪念集》，88 页。

图 8-34 “面向国民经济建设主战场,培养高质量电工学科高层次人才”获国家教学成果特等奖①

图 8-35 “电气工程及其自动化专业建设”获国家教学成果二等奖②

电机系在积极开展教学改革、加强课程建设的同时,通过成立教学督导组、聘请老教师随堂听课等方式,从组织结构上保证了课堂教学的质量③。例如,在全校 2003 年秋本科生及 2006 年秋研究生的教学评估中,电机系总分均排名第一④。2008 年,电气工程实验教学中心获批为国家级实验教学示范中心建设单位⑤。2010 年,由孙宏斌教授领衔的“电力系

---

① 清华大学电机系:《清华电机系七十周年系庆纪念集》,86 页。

② 清华大学电机系:《清华电机系七十周年系庆纪念集》,86 页。

③ 《清华大学年鉴》,2006 年。

④ 《电机系概况》,载《新清华》,zk2007.3,2007 年 4 月 24 日。

⑤ 《教育部 财政部关于批准 2008 年度国家级实验教学示范中心建设单位的通知》,教高函[2009]5 号。

统及其自动化专业教学团队”入选了国家级教学团队①。2011—2012 学年度春季学期，电机系的研究生课程在全校课堂教学评估中，得分名列第7位。本科生课程课堂教学评估，孙旭东、孙宏斌老师主讲的课程，在2010—2012 年春季学期的全校课程教学评估中，连续三次位列前 5%。2012—2013 学年度秋季学期本科生课程课堂教学质量评估中，电机系的评估结果位列全校第三；春季学期本科生课程课堂教学质量评估中，电机系的总成绩荣列第二。在基础课教师的评估中，《电路原理 A(1)》授课团队荣列全校第一。2014 年秋季学期，本科生课程教学质量评估结果，电机系位列全校第一，春季学期位列全校第三。②

四、人才培养

1977 年恢复高考那年，“电机系招收了电工师资班一个班，于 1978 年3 月初入学，学制为四年半。1978 年秋季起，电机系的电力系统、电机、高电压专业开始招收本科生，其中，电力系统及其自动化专业招收 2 个班，电机、高电压专业各招 1 个班，每班约 30 名，共 120 多名，学制为五年。”③同时，“1978 年全国恢复研究生招生制度，电机系当年就招收了研究生 22名。”④1979 年 7 月，校务会议通过了《关于五年制教学计划若干问题的规定》，“从一九七九届开始，实行本科五年制。一九七八届原四年半的学制也改为了五年制。一九七七届仍为四年半学制。（个别专业学制可另行规定）。”⑤该年，清华大学电力工程系拟定了近几年的本科招生人数计划方案，包括：电力系统及其自动化 2 个班、电机 1 个班、高电压技术及设备1 个班⑥。

1982 年，改革开放后清华电机系培养的第一批本科生毕业，曾经的坎

① 《清华 7 门本科课程入选 2010 年国家精品课程 4 个教学团队入选 2010 年国家级教学团队》，载《清华校友通讯》，复 62 期；《教育部、财政部关于立项建设 2010 年国家级教学团队的通知》，教高函[2010]12 号。

② 《清华大学电机工程与应用电子技术系年鉴》，2013—2015 年。

③ 清华大学电机系：《清华电机系七十周年系庆纪念集》，63 页。

④ 清华大学电机系：《清华电机系七十周年系庆纪念集》，64 页。

⑤ 《清华公报》，第 10 期，1979 年 9 月 3 日。

⑥ 《清华公报》，第 9 期，1979 年 8 月 20 日。

图 8-36　1980 年 12 月电机系研究生毕业纪念
（“文革”后恢复了研究生制度，1980 年第一次有了硕士毕业生）①

坷历程，更使得这批学生对学校及社会有着强烈的责任感和使命感，他们中的不少人，在后来的工作岗位上做出了突出成绩。正如王孙禺（1977 级）所言："1982 年，我们 77 级毕业了。我们给学校留下的纪念，是主楼前一块石头台阶，上面刻着‘1977 级 1017 名同学，1982 年’。这个创意，反映了我们 77 级同学永远甘做铺路石的愿望和决心，让一批一批的清华学子从我们身上踏过去，天天上台阶，天天有进步。……77 级是承上启下的一代，这是一个人才辈出的时代。20 多年过去了，我们当中有人已经很有出息，很有成就；也有很多人依然在默默地耕耘，依然默默地甘当台阶。大家都在努力。我们要做的，仍然是，做事要做好每一件事，不管大事小事，有困难带头去干，有责任主动担当，还要能忍辱负重。人民培养了我们，给了我们机会、给了我们时间、给了我们所有能给的条件。即使我们今天进入了市场经济，进入了‘知识经济’时代，但是作为一种资源的知识、能力，仍然属于党和人民。我们还是老老实实地把自己的一切，‘还给’国家和人民。”②

1979 年，电机系创建了生物医学工程专业，并于当年就招收了硕士研究生。1981 年，“生物医学工程与仪器”学科点获得了硕士学位授予权③。

① 清华大学电机工程与应用电子技术系，http://www.eea.tsinghua.edu.cn/publish/eea/1362/index.html。

② 王孙禺（1977 级）：《把一切还给国家和人民》，载《清华校友通讯》，复 50 期。

③ 清华大学电机系：《清华电机系七十周年系庆纪念集》，64 页。

图 8-37 1981 年全校先进集体和三好学生合影
（前排蹲坐左 4 为赵伟，站立第 1 排右 3 为王孙禺）①

图 8-38 清华电机系 1982 届毕业生合影，他们是恢复高考后的首届毕业生②

同时，电机系的电机、电力系统及其自动化、高电压工程、理论电工等二级学科点获得了国务院首批博士学位授予权和首批硕士学位授予权③。尔后，“1982 年，电机系设立了‘生物医学工程与仪器’专业并获得批准，1983 年起，每年招生一个班，30 多名学生。”④

① 王孙禺教授提供。
② 清华大学电机系：《清华电机系七十周年系庆纪念集》，27 页。
③ 《清华公报》，第 52 期，1982 年 4 月 2 日。
④ 清华大学电机系：《清华电机系七十周年系庆纪念集》，64 页。

图 8-39　1977 级毕业学生留念（清华大学主楼前阶梯）

图 8-40　电师 7 班毕业生获教育部高等工科院校优秀毕业设计[①]

图 8-41　电机系高电压技术专业 1984 届毕业生合影[②]

---

① 王孙禺教授提供。

② 清华大学电机系：《清华电机系七十周年系庆纪念集》，27 页。

为加强学生的思想政治教育,改革开放后,电机系设有学生政治辅导员制度,如1982—1983年度第二学期,有李凤玲、何俊英、金显贺、卢瑞英、赵伟、王孙禺、汪晓东、张立群、韦大同、韩可都、周良洛等担任学生政治辅导员①。另外,电机系还设有年级主任、班主任等。

图8-42 高景德教授指导倪以信博士②

图8-43 电机系女博士倪以信通过博士学位论文答辩③

① 《清华公报》,第74期,1983年3月28日。

② 清华大学档案馆提供。

③ 清华大学档案馆提供。

1986 年，电机系的“生物医学工程与仪器”学科点获得了博士学位授予权①。1989 年，电机系的“电力系统及其自动化”“电机及其控制”“高电压技术”“理论电工”等 4 个博士点，被评为全国重点学科点，并且名列全国同类学科点的第一名②。1991 年，“电力电子技术”学科点，获得了硕士学位授予权③。同年，“国家教委首次表彰在工作中做出突出贡献的 695 名中国博士学位、硕士学位获得者中，电机系培养的博士学位获得者倪以信、关志成、王祥珩、罗飞路、戴先中、张伯明和硕士学位获得者李凤玲等榜上有名。”④1996 年，“电机系成为国家首批一级学科博士学位授权的试点单位”⑤。同年，电力电子技术学科点，获得了博士学位授予权⑥。1997 年，电机系的“研究生入学人数达到 150 多名，首次与本科生招生人数持平。”⑦1981 年至 2001 年，电机系的本科生、研究生毕业人数分布，如图 8-44 所示。

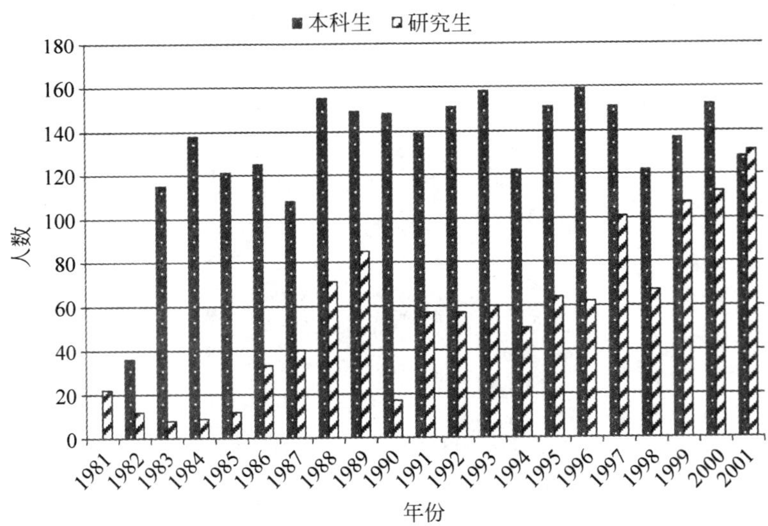

图 8-44　1981—2001 年电机系本科生、研究生毕业人数分布图
（资料来源：清华大学电机系：《清华电机系七十周年系庆纪念集》，78～79 页）

① 清华大学电机系：《清华电机系七十周年系庆纪念集》，64 页。
② 清华大学电机系：《清华电机系七十周年系庆纪念集》，64 页。
③ 清华大学电机系：《清华电机系七十周年系庆纪念集》，64 页。
④ 清华大学电机系：《清华电机系七十周年系庆纪念集》，64 页。
⑤ 《电机系概况》，《新清华》，zk2007.3，2007 年 4 月 24 日。
⑥ 清华大学电机系：《清华电机系七十周年系庆纪念集》，64 页。
⑦ 方惠坚、张思敬：《清华大学志》，下册，92 页。

倪以信

罗飞路

关志成

王祥珩

张伯明

戴先中

李凤玲

图 8-45　全国首批表彰的做出突出贡献的电机系博士和硕士①

图 8-46　电机系电力系统及其自动化专业 1992 届毕业生合影②

① 清华大学电机系:《清华电机系七十周年系庆纪念集》,30 页。

② 清华大学电机系:《清华电机系七十周年系庆纪念集》,27 页。

图 8-47　1998 级电机系毕业生合影①

图 8-48　1999 级电机系毕业生合影②

图 8-49　2000 级电机系毕业生合影③

① 清华大学电机系资料。

② 清华大学电机系资料。

③ 清华大学电机系资料。

图 8-50　2001 级电机系毕业生合影①

1998 年,电机系根据学校的总体规划,开始实施本硕统筹培养,即"本科专业实行分阶段、有统筹的培养模式,即大约一半的本科生,用 4 年左右的时间完成本科阶段的学习,然后直接进入研究生学习阶段,用两年至两年半的时间,完成硕士学位阶段的学习,或四年至四年半的时间,完成博士学位阶段的学习。没有直接进入本专业研究生阶段学习的学生,可以用四年时间完成本科学业毕业,或者用五年时间完成本科双学位毕业,或者到外专业、其他高校或研究院所攻读研究生学位。"②

2001 年 12 月,学校做出调整,生物医学工程专业离开电机系,划归医学院所属。"自 1983 年以来,电机系的生物医学工程专业每年招收一个班的学生。1998 年从电机系入学的生物医学工程专业学生,2002 年夏季仍从电机系毕业,成为电机系该专业的最后一届毕业生。"③据统计,2000 年至 2011 年,电机系各类学生人数如图 8-51 所示。2003 年至 2010 年,电机系本科生、研究生(统招)招生及毕业人数如图 8-52 所示。据统计,电机系毕业学生多进入电力行业工作,如 2007 年至 2011 年度,约占总就业人数的 70% ~85%④,具体如图 8-53 所示。同时,自 1997 年后,电机系开

① 清华大学电机系资料。

② 清华大学电机系:《清华电机系七十周年系庆纪念集》,63 页。

③ 《电机工程与应用电子技术系:2002—2006 概览》,46 页,北京,出版者不详。

④ 《电气工程及自动化(电机工程与应用电子技术系)》,http://www.tsinghua.edu.cn/publish/bzw/7551/index.html,2012-08-14。

始招生工程硕士研究生，至2011年，共计培养出了600多名工程硕士①。

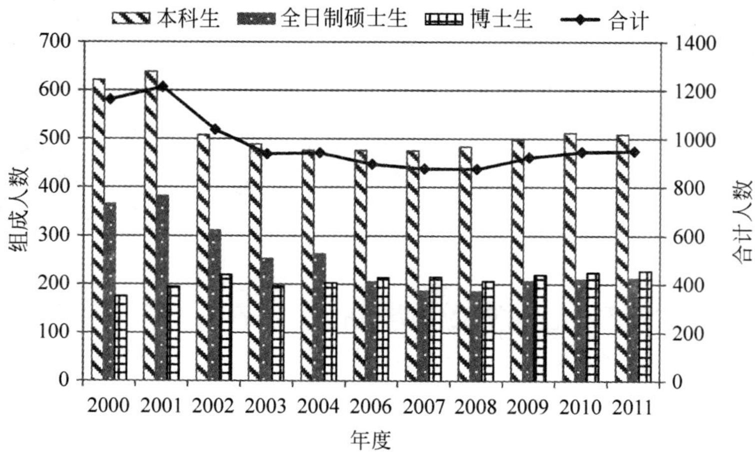

图8-51　2000—2011年度清华大学电机系各类学生人数分布图
（资料来源：《清华大学统计资料简编》，2000—2011年；注：缺2005年度数据）

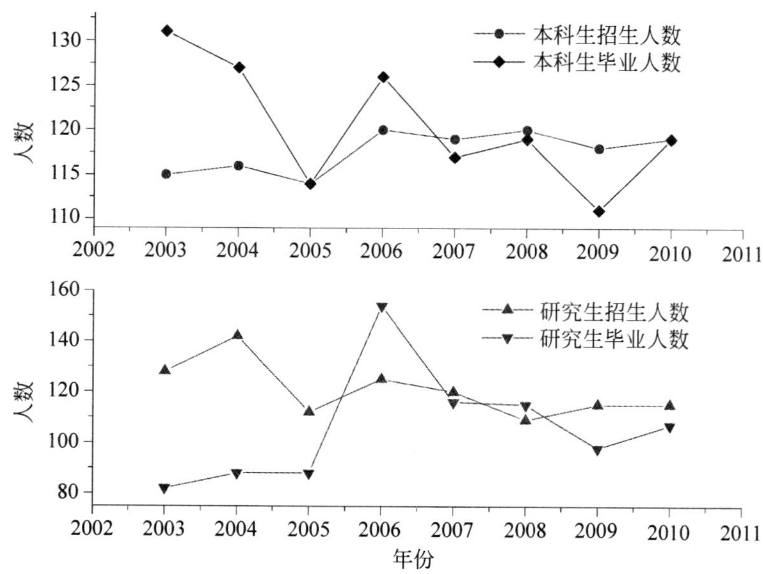

图8-52　2003—2010年电机系本科生、研究生招生毕业人数及变化曲线图
（资料来源：清华大学2003—2010学年初高等教育基层统计报表，清华大学档案，全宗号2，目录号252，案卷号略）

① 清华大学电机系：《清华电机系八十周年纪念文集》，249～251页，北京，出版者不详，2012。

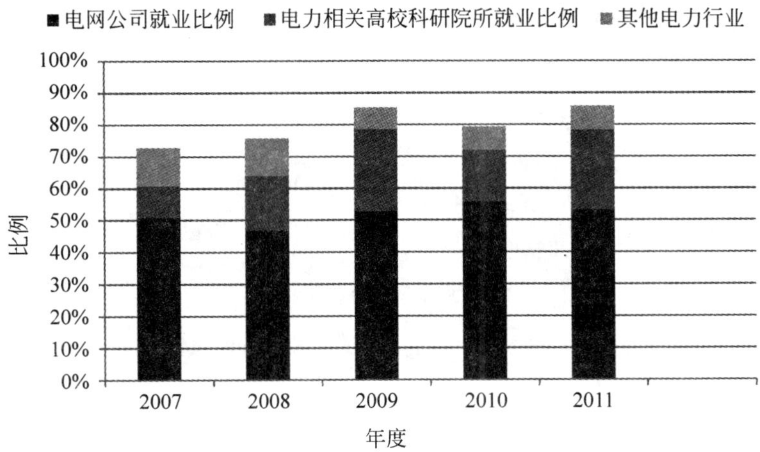

图 8-53　2007—2011 年度清华大学电机系本科生进入电力行业人数比例分布图
（资料来源：《电气工程及自动化（电机工程与应用电子技术系）》，
http://www.tsinghua.edu.cn/publish/bzw/7551/index.html，检索日期：2012-08-14）

2012 年，电机系迎来建系 80 周年。新的历史时期和新的发展阶段中，对于学生教育，电机系一直注意"为人为学"理念的提倡和宣贯，本着"引领学生成才、聚焦学生所需、整合优势资源、革新工作方式"的工作理念，扎实做好党员教育工作和团支部思想建设工作，注重党员和后备军思想认识和理论水平的提高；坚持高标准抓好学风建设，学术理想与学术道德建设，提供学术交流平台，促进整体学术科研氛围的提升；探索全新的人才培养模式，借助系友资源，设立学生人才培养基金项目，为同学提供国际交流，梦想催化的机会，实现第二课堂的因材施教，全面培养；扎实做好学生的实践、就业等工作，引导形成正确的择业观；进一步加强宣传工作力度，扩大品牌活动、典型人物的影响力；实现学生事务工作的充分协调，提升工作效率，挖掘工作潜能，做到可持续发展等，取得了良好的工作成效和新的进展。① 据统计，本科生方面，2012 年招生 123 人、毕业 125 人、在校 518 人；2013 年招生 125 人、毕业 127 人、在校 518 人；2014 年招生 124 人、毕业 125 人、在校 533 人；2015 年招生 125 人、毕业 118 人、在校 546 人。特别是 2017 年，根据学校的规划，电机系和热能系（部分）、工物系（能源实验班）组合在一起，按照能源大类进行本科生招生，共计招生

① 《清华大学电机工程与应用电子技术系年鉴》，2014 年。

252人（含工物系核定向生60人），其中，国际学生8人。按能源大类招收学生的做法，不仅得到了家长和学生的高度认可，也为未来按能源大类培养人才奠定了坚实的基础。从2017级开始，学生在大一结束做专业确认时，将通过择优录取，进入新成立的“能源互联网国际班”。“能源互联网国际班针对传统能源、可再生能源与互联网日益深度融合这一全球能源革命的发展趋势，依托清华大学电机工程与应用电子技术系的雄厚师资而开设，旨在培养具有大能源观，掌握将信息技术与能源产业深度融合的关键知识与技能，具备解决当代日益复杂的国际能源问题能力的能源互联网领域的领袖人才。”①

研究生方面，2012年招收博士生63人，全日制硕士生74人、非学历教育、在职工程硕士53人；授予博士学位38人，工学硕士学位77人，工程硕士学位52人（全日制13人、在职39人）；在校博士生243人、全日制硕士生226人、在职工程硕士生218人。2013年招收博士生69人，全日制工学硕士生52人、工程硕士23人，非学历教育、在职工程硕士49人；授予博士学位51人，全日制工学硕士学位54人、工程硕士26人，非学历教育、在职工程硕士学位21人；在校博士生254人、全日制工学硕士生129人、工程硕士41人，非学历教育、在职工程硕士生238人。② 2014年招收博士生56人，全日制工学硕士生57人、工程硕士25人，非学历教育、在职工程硕士45人；授予博士学位41人，全日制工学硕士学位48人、工程硕士14人，非学历教育、在职工程硕士学位30人；在校博士生264人、全日制工学硕士生144人、工程硕士53人，非学历教育、在职工程硕士生241人。③ 2015年招收博士生61人，全日制工学硕士生59人、工程硕士25人，非学历教育、在职工程硕士9人；授予博士学位53人，全日制工学硕士学位52人、工程硕士12人，非学历教育、在职工程硕士学位17人；在校博士生269人、全日制工学硕士生158人、工程硕士66人，非学历教育、在职工程硕士生208人。④ 2016年报到研究生新生146名，包括留学生及港澳台籍

① 《电机系完成能源互联网国际班培养方案的制定》，《清华大学电机工程与应用电子技术系信息简报》，2017年第4期（总第103期）。

② 《研究生工作概述》，《清华大学电机工程与应用电子技术系年鉴》，2014年。

③ 《研究生工作概述》，《清华大学电机工程与应用电子技术系年鉴》，2015年。

④ 《研究生工作概述》，《清华大学电机工程与应用电子技术系年鉴》，2016年。

学生6名,其中在本部报到的研究生新生共计118名,包括硕士生58名、博士生60名,在深圳报到28名[①]。2017年报到研究生新生126名,包括留学生及港澳台学生2名,其中在本部报到的研究生新生有99名,包括博士生59名、硕士生40名,在深圳报到的硕士生27名[②]。

为拓展学生的国际化培养,电机系积极促进学生出国交换学习、考察访问,参加竞赛、学术会议,开展文化交流等。据统计,2012年,电机系研究生出国/出境109人(其中博士生95人),本科生出国/出境47人。[③] 2013年,研究生短期出国/出境97人(博士82人,硕士15人),本科生出国/出境39人。[④] 2014年,研究生短期出国/出境130人(博士105人,硕士25人),长期出国/出境为31人;本科生短期出国/出境50人,长期出国8人。[⑤] 2015年,研究生短期出国/出境134人(博士101人,硕士33人),长期出国/出境27人;本科生短期出国/出境49人,长期出国7人。[⑥] 2016年,研究生短期出国/出境142人(博士111人,硕士31人),长期出国/出境25人。2017年,研究生短期出国/出境123人(博士81人,硕士42人),长期出国/出境21人。

图8-54 电机系2002级本科毕业生合影[⑦]

① 《电机系举行2016级研究生新生迎新系列活动》,清华大学电机系资料。
② 《电机系2017级研究生新生迎新系列活动顺利开展》,清华大学电机系资料。
③ 《外事工作概述》,《清华大学电机工程与应用电子技术系年鉴》,2013年。
④ 《外事工作概述》,《清华大学电机工程与应用电子技术系年鉴》,2014年。
⑤ 《外事工作概述》,《清华大学电机工程与应用电子技术系年鉴》,2015年。
⑥ 《外事工作概述》,《清华大学电机工程与应用电子技术系年鉴》,2016年。
⑦ 清华大学电机系资料。

图 8-55　电机系 2005 届研究生毕业留念①

图 8-56　电机系 2006 届研究生毕业留念②

图 8-57　电机系 2006 年秋季研究生毕业合影③

① 清华大学电机系资料。
② 清华大学电机系资料。
③ 清华大学电机系资料。

图 8-58　电机系 2007 届研究生毕业留念①

图 8-59　电机系 2007 工硕 011 班②

图 8-60　电机系 2017 届学生毕业典礼③

---

① 清华大学电机系资料。

② 清华大学电机系资料。

③ 《2017 届电机系毕业典礼举行》,《清华大学电机工程与应用电子技术系信息简报》,2017 年第 5 期(总第 104 期)。

对于研究生教育，电机系“坚持人才培养与科研工作紧密结合，特别是高层次人才培养与经济建设中的关键科研相结合，形成了电工学科点学科发展和人才培养模式的明显特点”①，“一大批优秀的，在电气工程领域获得推广应用的科研成果，都是在博士论文研究工作中形成的，如电力系统的状态估计（张伯明等），交流电机多回路分析方法（王祥珩等）、超高压电力变压器波过程计算（王赞基）、沿染污介质表面放电（关志成）、有机合成绝缘子（梁曦东等）、多大区互联系统动态过程分析及低频减载的整定（闵勇）、新型静止无功补偿装置（刘文华、姜齐荣等），等等。一些科研、生产单位和高校选送的论文博士生、在职博士生，结合本单位急需解决的科研难题开展博士论文研究工作，也做出了高水平的成果，如中国计量科学研究院的陆祖良、冶金部自动化院的李崇坚、哈尔滨电机厂的苗立杰、保定变压器厂的程志光、海军工程学院的马伟明，等等。”②这些毕业研究生走向社会后，继续秉承电机系的育人理念，在各自的工作岗位上勤奋不懈地进行科学研究工作，取得了重要的学术和技术创新成就。如马伟明带领其团队“长期致力于独立系统集成化发电、电力电子、电力系统电磁兼容、舰船综合电力系统技术等领域的研究”，并“成功研制出了一系列适合我国海军装备和民用船舶使用的电力电气产品，相关产品和技术达到或超越了世界先进水平，为国家电力工程装备的研发、国防建设的发展等做出了突出贡献，先后获得多项国家科技进步奖、国家发明奖和军队科技进步奖。”③

此外，电机系于1996年“在总结博士生培养经验过程中，提出了‘工科博士生的培养既要“立地”也要“顶天”’的思想。‘立地’，就是要面向经济建设主战场，‘顶天’，就是要出高水平的博士论文和高水平的博士毕业生。这个思想，得到学校领导和有关方面的充分肯定。”④1997年，“电机系的《面向国民经济建设主战场　培养高质量电工学科高层次人才》获得当年全国唯一的国家级教学成果特等奖、北京市教学成果一等奖，主要

---

① 清华大学电机系：《清华电机系七十周年系庆纪念集》，64～65页。

② 清华大学电机系：《清华电机系七十周年系庆纪念集》，64～65页。

③ 《马伟明院士谈科技创新驱动下的军民融合、技术整合、产研结合》，载《中国船舶报》，2014年1月9日。

④ 清华大学电机系：《清华电机系七十周年系庆纪念集》，64～65页。

图 8-61 马伟明 41 岁时成为中国工程院最年轻的院士①

获奖人是高景德、韩英铎、卢强、张仁豫、肖达川,有关经验,先后在《中国高等教育》《教学与教材研究》《学位与研究生教育》等刊物上刊登。"②1999 年和 2000 年,电机系博士生程志光的"电力变压器电磁场分析与验证"(陈丕璋、马信山共同指导)、涂愈明的"超高压变压器油流静电带电的计算模型及实验研究"(肖达川、江缉光共同指导),先后获评为全国百篇优秀博士论文③。2003 年,王绍武的博士学位论文"污秽地区有机外绝缘特性的研究"(指导教师关志成、梁曦东)获全国百篇优秀博士学位论文提名④。2004 年,汪芙平的博士学位论文"混沌背景下信号盲分离及其在混沌通信中的应用研究"(指导教师王赞基)获全国百篇优秀博士学位论文提名⑤。2006 年,邹晓兵的博士学位论文"喷气式 Z 箍缩等离子体实验研究"(指导教师罗承沐)获全国百篇优秀博士学位论文⑥。2012 年,罗海云的博士学位论文"大气压介质阻挡均匀放电的研究"(指导教师王新新)获全国百篇优秀博士生学位论文。2013 年,陈启鑫的博士学位论文"低碳电力系统的理论与方法研究"(指导教师夏清)获全国优秀博士学

① 卢麒元:《含泪读完,马伟明院士的获奖感言》,http://bbs1.people.com.cn/post/2/1/2/136938107.html,2014-01-27/2014-03-06。

② 清华大学电机系:《清华电机系七十周年系庆纪念集》,64 ~ 65 页。

③ 清华大学电机系:《清华电机系七十周年系庆纪念集》,64 页。

④ 《电机工程与应用电子技术系:2002—2006 概览》,47 页。

⑤ 《电机工程与应用电子技术系:2002—2006 概览》,48 页。

⑥ 《电机工程与应用电子技术系:2002—2006 概览》,49 页。

位论文提名。

电机系的研究生工作，也具有良好的工作传统，注重将育人有机地融入丰富多彩的学生活动之中，并努力为有各种兴趣爱好的学生创造更好的陶冶情操、培养技能、提高鉴赏水平的条件和可能性，取得了良好的成效，并获得了学生的普遍认可，具体在学生干部培养、学生集体建设、学生个人多方面素质训练等方面均取得了优异成绩，不少学生多次获得了国家级、北京市级以及校一级的各种奖励。1979 年至 2017 年，电机系学生部分获奖名单见表 8-13。

表 8-13　1979—2017 年电机系学生部分获奖名单

序号	获奖人（班级）	获奖名称	获奖时间
1	邹守宝	清华大学优秀本科毕业生	1979 年
2	邹守宝、王昆生、冯巨祥、张建峰	清华大学优良本科毕业生	1979 年
3	电工师资七班	清华大学 1979 年度先进集体	1979 年
4	李志华、斐远航、吕桂宝、苏微、沈维聪、田晓光	清华大学 1979 年度三好学生	1979 年
5	李志华	清华大学优秀毕业生	1980 年
6	安铁民、黄继昌、汤为民、裴远航、周晓露	清华大学优良本科毕业生	1980 年
7	电工师资七班	清华大学 1981 年度先进集体	1981 年
8	发九二班	清华大学 1981—1982 年度班级先进集体	1982 年
9	王百宽等 15 人	清华大学三好学生	1982 年
10	顾立基	清华大学 1977 级优秀本科毕业生	1982 年
11	韩可都、韦大同、王孙禺、赵学东	清华大学 1977 级优良本科毕业生	1982 年
12	苏微、王孙禺、王丽 （指导教师　梁毓厚、叶大田）	获教育部高等工科院校优秀毕业设计（1977 级）	1982 年
13	电 0 班团支部	清华大学先进团支部	1983 年
14	电 1 班团支部	清华大学通报表扬的团支部	1983 年
15	方洪斌等 15 人	清华大学优秀共青团员	1983 年
16	发九二班	清华大学 1982—1983 年度学生班级先进集体	1983 年

续表

序号	获奖人(班级)	获奖名称	获奖时间
17	白金霞、陈霖、邴旭卫、王锦辉、梁曦东、姚旭升、郭梁、王小平	清华大学三好学生	1983 年
18	王晓涛、田晓光、谌志豪	清华大学 1983 届优秀本科毕业生	1983 年
19	王辛等 13 人	清华大学优良本科毕业生	1983 年
20	倪以信	清华大学 1984—1985 年度优秀博士生	1985 年
21	生医 4 班	清华大学 1984—1985 年度学生班级先进集体	1985 年
22	王小平等 10 人	清华大学三好学生	1985 年
23	魏勤华、刘京娟、胡林之	清华大学 1985 届优秀本科毕业生	1985 年
24	张文翔等 13 人	清华大学优良本科毕业生	1985 年
25	生医 4 班	清华大学 1985—1986 年度先进集体	1986 年
26	陈凯	清华大学三好学生标兵	1986 年
27	齐联等 11 人	清华大学三好学生	1986 年
28	王小平、周红、韩平	清华大学 1986 届优秀本科毕业生	1986 年
29	刘可等 14 人	清华大学 1986 届优良本科毕业生	1986 年
30	电 4 班	清华大学 1986—1987 年度先进集体	1987 年
31	毕晓阳等 12 人	清华大学校级三好学生	1987 年
32	徐景海	清华大学 1987 届优秀本科毕业生	1987 年
33	董辉等 13 人	清华大学优良本科毕业生	1987 年
34	梁曦东(研究生)、罗本东、金学成、李国华	清华大学“一二·九”奖学金	1988 年
35	生医 5 班	清华大学 1987—1988 学年度学生班级先进集体	1988 年
36	汤和松等 9 人	清华大学三好学生	1988 年
37	王颖等 5 人	清华大学“优秀学生奖学金”一等奖	1988 年
38	蒋蕨、陈凯、田铁勇	清华大学 1988 届优秀毕业生	1988 年
39	朱文纯等 17 人	清华大学 1988 届优良毕业生	1988 年
40	于军	清华大学特等奖学金	1990 年

续表

序号	获奖人(班级)	获奖名称	获奖时间
41	姜威、金学成、齐联	清华大学1990届优秀本科毕业生	1990年
42	朱晋湘等15人	清华大学1990届优良本科毕业生	1990年
43	生医8班、生医6班	清华大学1989—1990学年度先进班集体	1991年
44	王忠东、李勇、于军	清华大学1991届优秀本科毕业生	1991年
45	李克等15人	清华大学1991届优良毕业生	1991年
46	祁锦毅	清华大学特等奖学金	1992年
47	宋长宏、刁勤华、黄从利	清华大学1992届优秀本科毕业生	1992年
48	孙宏斌等15名	清华大学1992届优良本科毕业生	1992年
49	王赞基、吴壬华	清华大学1989、1990年优秀博士生	1992年
50	周卫东、祁锦毅	北京市三好学生	1993年
51	电02班	北京市先进集体	1993年
52	电02班团支部	首都高校“先锋杯”优秀团支部	1993年
53	电02班	清华大学1991—1992学年度先进班集体	1993年
54	生医8*、电92、电02*、电14等班	清华大学优良学风班(带*的班级是复审合格班)	1993年
55	黎雄、周卫东、祁锦毅、赉金锋	清华大学1993届优秀本科、专科毕业生	1993年
56	韩冬梅等15人	清华大学优良本科毕业生	1993年
57	电研1班、电02班	北京市先进集体	1993年
58	东伟(电93班)	北京市三好学生	1993年
59	电02班	清华大学1992—1993学年度先进班集体	1994年
60	电02*、电14*、电12、生医0、电24等班	清华大学1992—1993学年度优良学风班(有“*”者为通过复审列入名单的班级)	1994年
61	东伟、王超、彭喜明、孙宇航	清华大学1994届本、专科毕业班优秀毕业生	1994年
62	沈东等11人	清华大学优良本科毕业生	1994年
63	王旭、姚芳	清华大学优良专科毕业生	1994年

续表

序号	获奖人(班级)	获奖名称	获奖时间
64	王云华	清华大学1993—1994学年度优秀博士毕业生	1994年
65	生医1、电24、电34、电14等班	清华大学1993—1994学年度优良学风班	1995年
66	电21班	清华大学学风建设进步显著班	1995年
67	电02班	清华大学1995届本科、专科毕业班先进集体	1995年
69	赵志勇、曾嵘、陆武	清华大学优秀本科毕业生	1995年
70	王亚军等15人	清华大学本科优良毕业生	1995年
71	王琦、朱红、于洪涛、逄彩虹	清华大学专科优良毕业生	1995年
72	何青	清华大学1994—1995学年度优秀硕士毕业生	1995年
73	林建武	清华大学1994—1995学年度特等奖学金	1995年
74	电34	清华大学1994—1996学年度先进班集体	1996年
75	电34、电21、电43、生医1等班	清华大学1994—1995学年度优良学风班	1996年
76	生医2班	清华大学学风建设进步显著班	1996年
77	生医1班	清华大学1996届本科毕业班先进集体	1996年
78	谭西梅、翁海清、吴蓉晖	清华大学优秀本科毕业生	1996年
79	孙郁松等17人	清华大学优良毕业生	1996年
80	邓佑满(导师:相年德)	清华大学优秀博士毕业生	1996年
81	电研五班	清华大学1995—1996学年度研究生先进班集体	1996年
82	电31、生医4班	清华大学1995—1996学年度优良学风班	1997年
83	马伟明	清华大学1996—1997学年度优秀博士毕业生	1997年
84	陈文晖	清华大学优秀硕士毕业生	1997年
85	陈杰、赵继江	清华大学1997届优秀本科毕业生	1997年
86	时伯年等16人	清华大学优良毕业生	1997年

续表

序号	获奖人（班级）	获奖名称	获奖时间
87	李永东、王培勇	清华大学 1997 年优秀博士后	1997 年
88	雷健生	清华大学 1996—1997 学年度特等奖学金	1997 年
89	电博 6 班	清华大学 1996—1997 学年度研究生先进班集体	1997 年
90	电博 6	1996—1997 学年度市级先进班集体	1997 年
91	雷健生、朱磊、潘哲龙、钱骅	清华大学 1998 届优秀本科毕业生	1998 年
92	叶万兴、吴继雄、邱阳、谢忻、刘启新、王蔚宏、高国栋、李建洲、胡飞雄、胡军、耿俊成、何晓威、胡旸、张坚、王铁、吴热冰、陈煜辉、刘铁、赵正毅	清华大学优良毕业生	1998 年
93	林健武、倚鹏	清华大学优秀硕士毕业生	1998 年
94	电 41 班	1997—1998 学年度市级先进班集体	1998 年
95	电博 8 班	清华大学 1998—1999 学年度研究生校级先进班集体	1999 年
96	王乔晨、王文聪、何立汉	清华大学 1999 届本科生毕业班优秀毕业生	1999 年
97	李非等 13 人	清华大学优良毕业生	1999 年
98	曾嵘	清华大学 1998—1999 学年度优秀博士毕业生	1999 年
99	李晓娟、陈杰	清华大学优秀硕士毕业生	1999 年
100	任晓娟、陆超、徐升、韩光、孙凯、宋婷、李熊	清华大学 2000 届本科生毕业班优秀毕业生	2000 年
101	李旋华、曹明、张剑辉、曾海波、贺徽廷、白玮、孙涓涓、陈菊明、关天祺、胡明亮、杨钟皓、郁哲亮、杜淑言、刘明霞、孟飞、唐志、段琪、腾铁超、郭庆来、刘崇茹、庚忻、高峰、乐祖晖、严剑峰、韩业辉、刘珊珊、覃慧芳、卢军锋、梁艳、张韶峰、邓毅晟	清华大学优良毕业生	2000 年

续表

序号	获奖人(班级)	获奖名称	获奖时间
102	龙英	清华大学2000届优秀博士毕业生	2000年
103	黄强	清华大学1999—2000学年度特等奖学金	2000年
104	王绍武、于歆杰、洪波	清华大学2001年优秀博士毕业生	2001年
105	孙勇	清华大学2001年优秀硕士毕业生	2001年
106	黄强、羌铁枫、刘晨光	清华大学2001届优秀毕业生	2001年
107	周剑、陈颖、张键、许征、张雪敏、张海涛、王昀、吕建升、刘逊、文珺、胡颖、刘永衡、邢杰、胡东辰、关添	清华大学2001届优良毕业生	2001年
107	电92班	清华大学2002年"先进班集体"	2002年
108	朱磊、方星豪、刘明	清华大学2002年优秀毕业生	2002年
109	肖峰、陆洋、俞涛、赖日新、张旭、刘智超、张隽、杨妍、高敬、黄兴亮、刘晓薇、姚建实、曹林、何京、窦鑫	清华大学2002年优良毕业生	2002年
110	汪芙平	清华大学2002年优秀毕业生(博士研究生)	2002年
111	任晓娟、李雄、王海鹏	清华大学2002年优秀毕业生(硕士研究生)	2002年
112	电91班	清华大学2003届本科生毕业班先进集体	2003年
113	陈磊、贾宇、柳铮	清华大学2003届本科生优秀毕业生	2003年
114	李锫、宋嘉瑜、郑泽东、丁子哲、张柏乐、朱晓敏、吴春晖、乔嘉赓、孔鹏举、刘鑫、胡爱军、杨高峰、王之皓、赵铁夫	清华大学2003届本科生优良毕业生	2003年
115	罗怡、千金、李立理	清华大学2004年优秀毕业生(本科)	2004年
116	谢乐、郑艳文、杨方、莫逆、张怀晟、马超、张迪、章宇军、陈亮、马静(女)、刘洪清、贾政、王昕蕾	清华大学2004年优良毕业生(本科)	2004年
117	刘智超、赵杏花	清华大学2004年优秀硕士毕业生	2004年

续表

序号	获奖人（班级）	获奖名称	获奖时间
118	庞浩、曾毅	清华大学2004年优秀博士毕业生	2004年
119	电24班	清华大学2003—2004年度本科生先进班集体	2005年
120	常晓伟、汪孟	清华大学2005年优秀毕业生（本科）	2005年
121	陈启鑫、刘硕、叶艳珠、何剑、鲁挺、张俊燕、李谦、刘琚华、陈佳、张宁、曹彬、刘文博	清华大学2005年优良毕业生（本科）	2005年
122	郭剑	清华大学2005年优秀博士毕业生	2005年
123	卜丹、李文书	清华大学2005年优秀硕士毕业生	2005年
124	周洁、方陈	清华大学2006年优秀毕业生（本科）	2006年
125	衡量等9人	清华大学2006年优良毕业生（本科）	2006年
126	电研41班	清华大学2005—2006学年度研究生先进集体	2006年
127	戴建军、冯永青	清华大学2006年优秀博士毕业生	2006年
128	张伯乐、徐蕴婕	清华大学2006年优秀硕士毕业生	2006年
129	周洁、方陈	清华大学2006年优秀毕业生（本科）	2006年
130	衡量、吴潇文、冯丽超、陈守川、刘葵、朱宇元、刘莉飞、王奎、耿屹楠	清华大学2006年优良毕业生（本科）	2006年
131	电研11班	清华大学2006—2007学年度先进集体（研究生）	2007年
132	电53	清华大学2006—2007学年度先进班集体	2007年
133	宋宇超、程思为	清华大学2007年优秀毕业生（本科）	2007年
134	陈征、张旭宁、韩灼、梁嘉祺、张宁、叶骏、王康、麻闽政、皮俊波、林今	清华大学2007年优良毕业生（本科）	2007年
135	白华	清华大学2007年优秀博士毕业生	2007年
136	王灿林、汪孟	清华大学2007年优秀硕士毕业生	2007年

续表

序号	获奖人(班级)	获奖名称	获奖时间
137	电研11、电博7班	清华大学2007—2008学年度先进集体(研究生)	2008年
138	电74班	2007—2008北京市“先锋杯”优秀团支部	2008年
139	杨颖、陈磊	清华大学优秀博士毕业生	2008年
140	马宏彬	清华大学优秀硕士毕业生	2008年
141	孟博文、徐博	清华大学优秀毕业生	2008年
142	吴浩然、孙敏、余峰、钟海旺、许寅、李颖、黄天啸、郭彦、张俊勃、薛靖、马艳、潘思铭	清华大学优良毕业生	2008年
143	电博8班	清华大学2008—2009学年度先进集体(研究生)	2009年
144	电84班	国庆60周年庆祝工作清华大学先进集体	2009年
145	电72班	清华大学2008—2009学年度先进班集体(本科生)	2010年
146	张放、郭文涛	清华大学2010届本科生优秀毕业生	2010年
147	赖晓文、牟佳男、王希、唐叶、徐曼、张笑、赵敏、贺大玮	清华大学2010届本科生优良毕业生	2010年
148	陈启鑫、鲁挺	清华大学2010届优秀博士毕业生	2010年
149	王康	清华大学2010届优秀硕士毕业生	2010年
150	电博08、电博09班	清华大学2009—2010学年度先进集体(研究生)	2010年
151	电72班	2009—2010年度北京市先锋杯优秀团支部	2010年
152	徐立	2009—2010年度北京市先锋杯优秀团干部	2010年
153	贺力君	2009—2010年度北京市先锋杯优秀团员	2010年
154	电84班	清华大学2009—2010学年度先进班集体	2011年
155	李辰	清华大学2011年特等奖学金	2011年
156	电72班	清华大学2010年度毕业班先进集体	2011年

续表

序号	获奖人（班级）	获奖名称	获奖时间
157	徐智威、姚锐	清华大学2010年度优秀毕业生	2011年
158	白杨、丁华杰、高海翔、季震、贾龙、李剑楠、李正烁、李志刚、张欣然、张艺明、赵翔宇、杨代铭	清华大学2010年度优良毕业生	2011年
159	汪洋、刘俊	清华大学优秀博士毕业生	2011年
160	魏乔苑、董晋阳	清华大学优秀硕士毕业生	2011年
161	电84班	清华大学2009—2010学年度先进集体（本科生）	2011年
162	电84班	北京市"先锋杯"优秀团支部	2011年
163	电91、电92、电02、电博08、电硕101班	清华大学2010—2011学年度甲级团支部	2011年
164	电硕101、电博08班	清华大学先进班集体	2011年
165	赵翔宇	清华大学2010—2011学年度本科生优秀共产党员	2011年
166	耿照为	清华大学2010—2011学年度优秀本科生党支部书记	2011年
167	钟海旺	清华大学2010—2011学年度优秀党建辅导员	2011年
168	王彬	2012年度IBM博士生英才计划奖	2012年
169	电91班	清华大学2010—2011学年度先进班集体 北京市高校"十佳示范班集体"	2012年
170	周天睿	2012年教育部"博士研究生学术新人奖"	2012年
171	贺凡波、张宁	2012年清华大学优秀博士毕业生	2012年
172	李辰、田琦、贾文昭	2012年清华大学优秀硕士毕业生	2012年
173	电02、电13班	2010—2011学年度优良学风班	2012年
174	电硕零九一班	2011—2012启航奖集体奖	2012年
175	王敏	2011—2012启航奖金奖	2012年
176	邵冲、雷一、马文长	2011—2012启航奖银奖	2012年
177	彭功茂、杨浚文、李立、黄璐璐、曹政、林圣耀、王富春、解婷、胡巍、孙阳、王尧	2011—2012启航奖铜奖	2012年

续表

序号	获奖人(班级)	获奖名称	获奖时间
178	电02班	2011—2012学年度清华大学本科生先进班集体	2012年
179	电机系	2011—2012学年度清华大学毕业生就业工作先进集体综合奖	2012年
180	张杰	2011—2012学年度清华大学毕业生就业工作先进个人	2012年
181	郑泽东	2011—2012学年度林枫辅导员奖	2012年
182	王希、吴锦鹏、尹晗	一二·九辅导员奖	2012年
183	唐可翾	2012年度五星志愿者	2012年
184	贾龙	十佳研究生志愿者	2012年
185	郑泽东、祁硕、郝丽	2011—2012学年度节能奖教金	2012年
186	电91班	2013届本科生"毕业班先进集体"	2013年
187	杨知方、何畅、王旭东	2013届本科生优秀毕业生	2013年
188	常丰祺、赵博石、汤蕾、潘昭光、林炜譞、薛芬、戴远航、郑伟业、张洪财、周瑜、徐洋、雷傲宇	2013届本科生优良毕业生	2013年
189	杨知方、王旭东、常丰祺、汤蕾、何畅、薛芬、赵博石	2013届本科生"北京市优秀毕业生"	2013年
190	吴锦鹏	2012—2013学年度林枫辅导员奖	2013年
191	刘满君、蔡宇、蔡元纪	2012—2013学年度一二·九辅导员奖	2013年
192	电机系	2012—2013学年度清华大学毕业生就业工作先进集体综合奖	2013年
193	陈启鑫	2012—2013学年度清华大学毕业生就业工作先进个人	2013年
194	桂林、王德延、骆娇	2012—2013年度节能奖教金	2013年
195	于心宇、王剑晓、包维宁、邢学韬、刘蒙、江曦源、汤蕾、孙铭、李旭、李少华、杨经纬、陈浩、范博然、尚宇炜、周一凡、钱盾、徐小琴、郭万方、龚莺飞、葛怀畅、韩禹歆	2012—2013学年度清华大学优秀共青团员	2013年
196	赵博石	2012—2013学年清华大学优秀学生干部标兵	2013年

续表

序号	获奖人（班级）	获奖名称	获奖时间
197	丁健民、高雷、郭鸿业、刘瀚波、刘璋玮、肖勇、张铁山、赵杨阳、朱亚楠	2012—2013学年度清华大学优秀学生干部	2013年
198	电11、电23班	2012—2013学年度校级优良学风班	2013年
199	电02班	2012—2013学年度清华大学本科生先进班集体	2013年
200	电机系TMS分会	2013年清华大学TMS协会优秀分会	2013年
201	电03党课小组、电14党课小组	2013年清华大学优秀党课小组	2013年
202	电0第一党支部	2013年清华大学创优争先进党支部	2013年
203	朱童	2013年清华大学TMS协会优秀分会长	2013年
204	潘昭光	2013年清华大学优秀共产党员	2013年
205	赵彪	2013年第十八届清华大学研究生“学术新秀”	2013年
206	博士：张俊勃、钟海旺、孟晓波、郭烨；硕士：万树伟	2013届清华大学“北京市优秀毕业生”	2013年
207	兰江、钟海旺	2012—2013学年度清华大学优秀博士毕业生	2013年
208	李燕、李晶晶	2012—2013学年度清华大学优秀硕士毕业生	2013年
209	电博10班	2013年北京市“十佳”优秀班集体、2012—2013学年度清华大学研究生先进集体、2012—2013学年度清华大学先进集体	2013年
210	电博08班	2013年启航奖集体奖	2013年
211	赵翔宇	2013年启航奖个人金奖	2013年
212	韩子娇、邵明松	2013年启航奖个人银奖	2013年
213	丁登伟、陈刚、李桐、邹高域	2013年启航奖个人铜奖	2013年
214	尹晗	2013年优秀共产党员	2013年
215	尹晗、张铁山、李扬	2012—2013学年度清华大学优秀研究生共产党员	2013年

续表

序号	获奖人(班级)	获奖名称	获奖时间
216	肖勇、张杰	2012—2013 学年度清华大学优秀研究生党支部书记	2013 年
217	电博 10 党支部	2013 年清华大学先进党支部	2013 年
218	电博 10 党支部、电硕 121 党支部	清华大学研究生党支部特色组织生活基金项目实效奖	2013 年
219	陈天瑞	2013 年"五星志愿者"荣誉称号	2013 年
220	研究生志愿者支队	2013 学年度清华大学"十佳志愿者支队"	2013 年
221	电 02 班	2014 届本科生"毕业班先进集体"	2014 年
222	周一凡、陈晓爽、王璨	2014 届清华大学本科生优秀毕业生	2014 年
223	唐可翾、郭万方、陈天一、黄天恩、周垚、黄政荣、陆元园、刘璋玮、牛涛、燕思旻、王中旭	2014 届清华大学本科生优良毕业生	2014 年
224	周一凡、陈晓爽、王璨、唐可翾、郭万方、陈天一、刘显壮	2014 届本科生"北京市优秀毕业生"	2014 年
225	于松泰、张洪财、张欣然、贾龙	2013—2014 学年度一二·九辅导员奖	2014 年
226	骆娇	2013—2014 学年度一二·九学生工作助理	2014 年
227	王家福	2013—2014 学年度清华大学毕业生就业工作先进个人	2014 年
228	李臻、蔡永生、董嘉佳	2013—2014 年度节能奖教金	2014 年
229	贾龙	2013—2014 学年清华大学优秀学生干部标兵	2014 年
230	仵超、邬锦波、刘蒙、汪韧、张艺明、张婧宇、罗浩成、段小宇、韩冰、韩禹歆、樊慧娴、魏大博	2013—2014 学年度清华大学优秀学生干部	2014 年
231	电 11、电 31 班	2013—2014 学年度校级优良学风班	2014 年
232	电 12、电 24、电 31、电博 13、电硕 132 班	2013—2014 学年度清华大学甲级团支部	2014 年
233	唐可翾、陈晓爽	2013 年"五星志愿者"荣誉称号	2014 年

续表

序号	获奖人（班级）	获奖名称	获奖时间
234	电机系 TMS 分会	2014 年清华大学 TMS 协会标兵分会、2014 年清华大学 TMS 协会优秀分会	2014 年
235	电 21 党课小组，电 22 党课小组，电 34 党课小组	2014 年清华大学优秀党课小组	2014 年
236	马子明	2014 年清华大学 TMS 协会优秀分会长	2014 年
237	李振	2014 年第十九届清华大学研究生“学术新秀”	2014 年
238	季震	2014 届春季清华大学“北京市优秀毕业生”（研究生）硕士、2013—2014 学年度清华大学优秀硕士毕业生	2014 年
239	赵彪、李世松、尹晗、陈新宇、左鹏、李杨	2014 届清华大学“北京市优秀毕业生”（研究生）	2014 年
240	赵彪、李世松	2013—2014 学年度清华大学优秀博士毕业生	2014 年
241	电硕 132 班	2013—2014 学年度清华大学研究生先进集体	2014 年
242	韩金池	2014 年研究生特等奖学金	2014 年
243	刘微粒、曾丕江、黄杨、邢玉辉	2014 年启航奖个人铜奖	2014 年
244	电 11 班	2013—2014 学年度清华大学本科生先进班集体	2015 年
245	电 3 党支部	2014—2015 学年度本本科生先进党支部	2015 年
246	陈玥、邢学韬	2015 届清华大学本科生优秀毕业生	2015 年
247	郭鸿业、秦建、郭泽宣、李忠曦、赵文禄、陈坤金、蔺晨晖	2015 届清华大学本科生优良毕业生	2015 年
248	陈玥、邢学韬、郭鸿业、秦建、郭泽宣、李忠曦	2015 届本科生“北京市优秀毕业生”	2015 年
249	贾龙	2014—2015 学年度林枫辅导员	2015 年
250	刘静琨、耿照为、张艺明	2014—2015 学年度一二·九辅导员奖	2015 年
251	电 21 班	2014—2015 学年度清华大学本科生先进班集体	2015 年

续表

序号	获奖人(班级)	获奖名称	获奖时间
252	电机系	2014—2015 学年度清华大学毕业生就业工作先进集体综合奖	2015 年
253	郑泽东	2014—2015 学年度清华大学毕业生就业工作先进个人	2015 年
254	王鹏、于歆杰、慕萍	2014—2015 年度节能奖教金	2015 年
255	王浩宗、王毅、牛涛、朴冠宇、刘昊、刘康宁、孙欣、李自帅、杨硕、张婧宇、段任之、郭大卫、傅晨、黎晗东	2014—2015 学年度清华大学优秀共青团员	2015 年
256	仵超	2014—2015 学年清华大学优秀学生干部标兵	2015 年
257	于心宇、王乾、邓磊、李少华、施博辰、莫雅俊、顾小程、郭岩、郭欣然、彭思敏	2014—2015 学年度清华大学优秀学生干部	2015 年
258	电机系志愿者支队	2014—2015 年度清华大学“十佳志愿者支队(研究生)”	2015 年
259	电 43、电 21 班	2014—2015 学年度校级优良学风班	2015 年
260	电机系 TMS 分会	2015 年清华大学 TMS 协会优秀分会	2015 年
261	电 41 党课小组、电 42 党课小组、电 33 党课小组、电 22 党课小组	2015 年清华大学优秀党课小组	2015 年
262	电 22 党课小组	2015 年清华大学标兵党课小组	2015 年
263	刘豫航	2015 年清华大学优秀共产党员	2015 年
264	钱盾	2015 年清华大学 TMS 协会优秀分会长	2015 年
265	电 3 党支部	2015 年清华大学先进党支部	2015 年
266	博士:丁涛、付洋洋、吴锦鹏、陈赦;硕士:韩金池	2015 届清华大学“北京市优秀毕业生”	2015 年
267	付洋洋、丁涛	2014—2015 学年度清华大学优秀博士毕业生	2015 年
268	汤蕾、韩金池	2014—2015 学年度清华大学优秀硕士毕业生	2015 年

续表

序号	获奖人（班级）	获奖名称	获奖时间
269	电硕 132、电博 11 班	2014—2015 学年度清华大学研究生先进集体	2015 年
270	电博 11 班	2014—2015 学年度清华大学先进集体	2015 年
271	黄震、张飞	2015 年启航奖个人银奖	2015 年
272	丁涛、胡悠维、刘华、叶希	2015 年启航奖个人铜奖	2015 年
273	阎志鹏、赵杨阳、肖勇	2014—2015 学年度清华大学优秀研究生德育工作助理	2015 年
274	韦尊、王明渊、高海翔、贾龙	2015 年清华大学优秀党员	2015 年
275	仵超	2015 年清华大学优秀党支书、清华大学优秀学生干部标兵	2015 年
276	电硕 132 班	2015 年清华大学先进党支部	2015 年
277	电博 10 党支部、电硕 121 党支部	清华大学研究生党支部特色组织生活基金项目实效奖	2015 年
278	电博 11 班	2015 年北京市甲级团支部、清华大学博士生必修环节社会实践优秀组织工作二等奖	2015 年
279	郑天文	2015 年清华大学研究生暑期社会实践校级银奖	2015 年
280	美极联队（电机系与美术学院研究生合组）	2015 年研究生“一二·九”革命歌曲演唱会综合金奖、艺术水准一等奖、优秀宣传奖及优秀领队奖	2015 年
281	杨天宇（电机系）	2016 年度 IEEE PES 优秀学生论文奖	2016 年
282	博士生李正烁、辛蜀骏及硕士生陈欣	国际电气与电子工程师协会电力与能源协会年会最佳论文	2016 年
283	博士生耿照	西贝尔学者（Siebel Scholars）称号	2016 年
284	博士生毛重阳	杰出年轻研究者奖（Outstanding Young Researcher Awards）	2016 年
285	电博 13 班	北京市高校“十佳示范班集体”	2016 年
286	郭岩	清华大学优秀毕业生	2016 年
287	阮广春、侯灵犀（女）、段小宇、王超、孙铭、姜廷域、昝鑫、边万聪、陈瑜玮、陈明、王迪、栗子豪	清华大学优良毕业生	2016 年

续表

序号	获奖人(班级)	获奖名称	获奖时间
288	电博 13	2015—2016 学年度清华大学先进集体	2016 年
289	李志刚(导师张伯明)、程晨璐(何金良)	清华大学优秀博士毕业生	2016 年
290	朱童(余占清)、何冠楠(康重庆)	清华大学优秀硕士毕业生	2016 年
291	电 32 班	2015—2016 学年度清华大学先进班集体	2016 年
292	毛重阳、杨知方	电机系学术新秀	2017 年
293	刘旭堃	脉冲功率会议优秀学生论文奖	2017 年
294	电机系研究生会	校优秀研究生分会	2017 年
295	施博辰、王志晟、谭振飞	清华大学优秀毕业生	2017 年
296	曹阳、郭欣然、李欣阳、杨鹏、朱义诚、孙嘉伟、林哲、谢睿、郑可迪、吴阳、黄欣、苏莘、孙欣、程将南	清华大学优良毕业生	2017 年
297	施博辰、王志晟、谭振飞、曹阳、朱义诚、孙嘉伟、郑可迪、林哲	北京市优秀毕业生	2017 年
298	耿照为、毛重阳	清华大学优秀博士	2017 年
299	陈欣、杨滚	清华大学优秀硕士	2017 年
300	张欣然、耿照为、陈润泽、毛重阳、张宇、吴翔宇、程雪坤	北京市优秀毕业生	2017 年

(资料来源:《清华公报》,1979—2010 年;《清华大学一览》,1985—1996 年;《清华大学年鉴》,1998—2001 年,2006 年,2007 年;2011—2017 年清华大学电机工程与应用电子技术系资料)

为给学生的全面发展营造更优越的外部条件,近年来,电机系还接受了国内外其他多家单位或著名校友的资助和捐赠等,设立了多种奖助学金,如“清华之友-东方意德奖助学金”“清华校友-吴中习励学金”“清华之友-长园集团奖学金”“清华之友-富士电机奖学金”“清华之友-中国石油奖学金”“清华之友-IBM 奖学金”“清华之友-东方电气奖学金”“清华校友—康世恩专项奖学金”等;电机系还自行设立了社工、科技、文艺、实践等多个单项奖学金项目,对全面发展,或某一方面有突出表现的学生都给予鼓励和奖励。

图 8-62　2011 年 4 月 2 日清华之友-东方意德奖助学金颁奖会①

图 8-63　2011 年 4 月 2 日电机系举行了清华校友吴中习励学金颁奖会②

图 8-64　2011 年 3 月 4 日，"清华之友-长园集团奖学金"签约仪式在电机系举行③

---

① 《电机系、医学院"清华之友-东方意德奖助学金"颁奖会召开》，http://www.eea.tsinghua.edu.cn/publish/eea/1392/index_5.html，2011-04-08/2012-04-02。

② 《电机系校友周孝信院士出席清华校友—吴中习励学金颁奖会》，http://www.eea.tsinghua.edu.cn/publish/eea/1392/index_5.html，2011-04-08/2012-04-02。

③ 《"清华之友-长园集团奖学金"签约仪式举行》，http://www.eea.tsinghua.edu.cn/publish/eea/1392/index_5.html，2011-03-09/2012-04-02。

图 8-65　2012 年 6 月 29 日，电机系"清华之友-富士电机奖学金"签约仪式举行①

(a) 左侧为获得全国首批百篇优秀博士论文奖（1999年）的程志光博士，右侧为导师马信山教授

(b) 左起第六人为获得全国第二批百篇优秀博士论文奖（2000年）的涂愈明博士，第七人为导师肖达川教授，另一位导师是江缉光教授

图 8-66　获得全国优秀博士论文奖的博士②

除理论课教学外，电机系非常注重对学生动手实践能力的训练和培养，鼓励学生参加各种课外科技竞赛及社会实践等，并取得了优异成绩。如 2012 年，电机系在北京团市委、北京市教委、北京市科委、北京市科协、北京市学联组织举办的第 6 届"挑战杯"首都大学生课外学术科技作品竞赛中，荣获特等奖 1 项；共青团中央、中国科协、教育部、全国学联、辽宁省政府组织举办的第 12 届"挑战杯"全国大学生课外学术科技作品竞赛中，荣获二等奖 1 项；教育部高等教育司、中国工业与应用数学学会组织的全

---

① 《电机系"清华之友-富士电机奖学金"签约仪式在西主楼举行》，http://www.eea.tsinghua.edu.cn/publish/eea/1392/index_3.html，2012-07-09/2012-10-11。

② 清华大学电机系：《清华电机系七十周年系庆纪念集》，30 页。

图 8-67　2016 年 7 月，电机系研究生杨天宇与电子系研究生徐祥祥合著的文章《EV Charging Behavior Analysis and Modeling Based on Networked Sensory Data》获 IEEE PES 优秀学生论文奖①

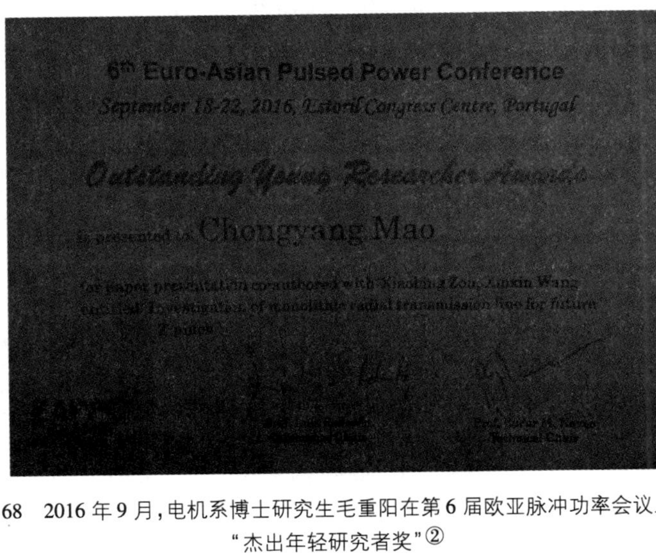

图 8-68　2016 年 9 月，电机系博士研究生毛重阳在第 6 届欧亚脉冲功率会议上获评“杰出年轻研究者奖”②

① 《我系研究生与电子系研究生获 2016 IEEE PES Student Prize Paper Award》，清华大学电机系资料。

② 《我系博士研究生获评“杰出年轻研究者奖”》，清华大学电机系资料。

图 8-69　2017 年 6 月，博士研究生刘旭堃获“脉冲功率会议优秀学生论文奖”①

国大学生数学建模竞赛中荣获二等奖一项；美国数学及其应用联合会组织的美国大学生数学建模竞赛中，荣获一等奖 1 项、二等奖 3 项；中国航空工业集团公司、中国航空学会主办的 2011 国际无人飞行器创新大奖赛中，一项作品获奖；2011 ATMEL AVR 校园设计大赛中，分获一等奖、三等奖各 1 项；在第三十届清华大学“挑战杯”学生课外学术科技作品竞赛中，荣获特等奖、一等奖、二等奖各 1 项，三等奖 3 项，荣获团体总分第二名，被授予“优胜杯”。该年研究生暑期社会实践中，共有 41 名博士生奔赴山东、浙江、广东、新疆、四川等多个省、自治区进行为期 6 周的实践活动。在研究生就业实践方面，电机系共有六支暑期实践支队出行，分别为赴东方电气集团公司实践支队、赴甘肃电力公司实践支队、赴南方电网公司实践支队、赴山东电力集团公司就业实践支队、赴湖北电力公司支队、赴内蒙古电力公司就业实践支队。这其中，赴甘肃电力公司实践支队获得金奖，赴东方电气集团公司实践支队获得银奖，赴南方电网公司实践支队获得铜奖。此外，我系首次组织了研究生寒假实践，10 余名同学利用返乡的机会对电力行业从业人员情况进行了调研，得到了很有意义的调研

① 《电机系 2016 级博士研究生刘旭堃获得第 21 届“脉冲功率会议优秀学生论文奖”》，《清华大学电机工程与应用电子技术系信息简报》，2017 年第 5 期（总第 104 期）。

结果。①

2013 年，电机系在共青团中央、中国科协、教育部、全国学联组织的第 13 届“挑战杯”全国大学生课外学术科技作品竞赛中，荣获一等奖 1 项；美国数学及其应用联合会组织的美国大学生数学建模竞赛中，有一等奖 1 项，二等奖 4 项；在第三十一届清华大学“挑战杯”学生课外学术科技作品竞赛中，荣获二等奖、三等奖各 3 项，荣获团体总分第四名，连续第二年被授予“优胜杯”。该年研究生暑期社会实践中，共有 50 名博士生奔赴山东、浙江、广东、新疆、四川等多个省、自治区进行为期 6 周的实践活动。在研究生就业实践方面，电机系共有 4 支暑期实践支队出行，分别为赴甘肃电力公司实践支队、赴南方电网公司实践支队、赴山东电力集团公司就业实践支队、赴湖北电力公司支队。这其中，赴山东电力集团公司就业实践支队获得银奖，赴甘肃电力公司实践支队获得铜奖。此外，电机系组织了研究生寒假实践，10 余名同学利用返乡的机会对电力行业从业人员的工作情况进行了调研，得到了很有意义的调研结果。②

2014 年，电机系在共青团中央、中国科协、教育部、全国学联组织的“挑战杯”首都大学生学生课外学术科技竞赛中，荣获二等奖 1 项；美国数学及其应用联合会组织的美国大学生数学建模竞赛中，荣获一等奖 1 项，二等奖 8 项；第十八届全国机器人锦标赛暨第七届国际仿人机器人奥林匹克大赛中，荣获一等奖 3 项；第三十二届清华大学“挑战杯”学生课外科技作品竞赛中，荣获一等奖 1 项、二等奖 2 项、三等奖 1 项。该年研究生暑期社会实践中，41 名博士生分赴 25 个实践单位，独立或合作完成了 33 个实践项目；研究生暑期就业实践方面共 5 个支队、61 人次参与，该年在基地选取上，建立了“3+2”的实践模式：涵盖行业前沿的电网公司和发电集团，在服务就业的同时，引领就业的潮流；在具体开展模式上，延续了上一年“分支队”的实践模式，优化实践资源分配，取得了良好的成效。③

2015 年，电机系在共青团中央、中国科协、教育部、全国学联组织的第八届“挑战杯”首都大学生学生课外学术科技竞赛中，荣获二等奖 1 项；美

① 《清华大学电机工程与应用电子技术系年鉴》，2013 年。

② 《清华大学电机工程与应用电子技术系年鉴》，2014 年。

③ 《清华大学电机工程与应用电子技术系年鉴》，2015 年。

国数学及其应用联合会组织的美国大学生数学建模竞赛中，有四星级 1 项、M 级 1 项；第三十三届清华大学"挑战杯"学生课外科技作品竞赛中，荣获特等奖 1 项、一等奖 2 项，二等奖 1 项，三等奖 1 项，全校总分排名第一，再次捧回"挑战杯"。在研究生就业实践方面，电机系共有 6 支暑期实践支队出行，分别为赴甘肃电力公司就业实践支队、赴南方电网公司就业实践支队、赴上海电气公司就业实践支队、赴四川东方电气公司就业实践支队、赴山东电网公司就业实践支队、赴株洲南车就业实践支队，参与实践的研究生人数累计 53 人。这其中，郑天文获得校级银奖个人。此外，先后组织 30 余名本科生、研究生赴索英电气、清软创新等高新技术企业进行实践与走访，首次将创新科技民营企业带入电机系，为研究生们提供更多元的就业导向。①

表 8-14　2012—2017 年电机系本科生学生课外学术科技竞赛获奖情况统计表

<table>
<tr><th colspan="4">2012 年</th></tr>
<tr><th>赛事名称</th><th>获奖等级</th><th>第一作者</th><th>赛事主办方</th></tr>
<tr><td rowspan="6">第三十届清华大学"挑战杯"学生课外科技作品竞赛</td><td>特等奖</td><td>黄杰</td><td rowspan="6">清华大学</td></tr>
<tr><td>一等奖</td><td>舒德兀</td></tr>
<tr><td>二等奖</td><td>韩金池</td></tr>
<tr><td>三等奖</td><td>仵超</td></tr>
<tr><td>三等奖</td><td>张哨菠</td></tr>
<tr><td>三等奖</td><td>师喻</td></tr>
<tr><td>第 6 届"挑战杯"首都大学生课外学术科技作品竞赛</td><td>特等奖</td><td>项顶</td><td>北京团市委、北京市教委、北京市科委、北京市科协、北京市学联</td></tr>
<tr><td>第 12 届"挑战杯"全国大学生课外学术科技作品竞赛</td><td>二等奖</td><td>项顶</td><td>共青团中央、中国科协、教育部、全国学联、辽宁省政府</td></tr>
<tr><td>全国大学生数学建模竞赛</td><td>二等奖</td><td>郑伟业</td><td>教育部高等教育司、中国工业与应用数学学会</td></tr>
<tr><td>2011 国际无人飞行器创新大奖赛</td><td>参赛作品奖</td><td>翁昉倞</td><td>中国航空工业集团公司、中国航空学会</td></tr>
<tr><td rowspan="2">2011 ATMEL AVR 校园设计大赛</td><td>一等奖</td><td>严金俊</td><td rowspan="2">ATMEL(爱特梅尔)公司</td></tr>
<tr><td>三等奖</td><td>黄建文</td></tr>
</table>

① 《清华大学电机工程与应用电子技术系年鉴》,2016 年。

续表

2012 年

赛事名称	获奖等级	第一作者	赛事主办方
美国大学生数学建模竞赛	一等奖	孙昕炜	美国数学及其应用联合会
	二等奖	阎志鹏	
	二等奖	师喻	
	二等奖	郑伟业	
	参与奖	杜尔顺	
	参与奖	王明渊	

2013 年

赛事名称	获奖等级	第一作者	赛事主办方
第三十一届清华大学“挑战杯”学生课外科技作品竞赛	二等奖	杨洋	清华大学
	二等奖	王凯琳	
	二等奖	翁昉倞	
	三等奖	于智同	
	三等奖	陈政宇	
	三等奖	李博	
全国大学生数学建模竞赛	二等奖	王印峰	教育部高等教育司、中国工业与应用数学学会
第七届全国大学生智能车竞赛华北赛	二等奖	陈晓爽	教育部高等自动化专业教学指导分委员会
第十四届清华大学电子设计大赛	二等奖	郏琨琪	自动化系、电子系学生科协
第七届清华大学智能车竞赛	第一名	班瑞	工物系学生科协
	第三名	邓磊	
美国大学生数学建模竞赛	一等奖	吴迪	美国数学及其应用联合会
	二等奖	于智同	
	二等奖	黄天恩	
	二等奖	陈政宇	
	二等奖	刘璋玮	

2014 年

赛事名称	获奖等级	第一作者	赛事主办方
第三十二届清华大学“挑战杯”学生课外科技作品竞赛	一等奖	刘佳鹏	清华大学
	二等奖	邓磊	
	二等奖	邢学韬	
	三等奖	蔺晨辉	

续表

2014 年

赛事名称	获奖等级	第一作者	赛事主办方
第十五届清华大学电子设计大赛	二等奖	崔小帆	自动化系、电子系学生科协
	二等奖	王沁	
	三等奖	刘佳鹏	
	三等奖	邓磊	
	三等奖	陈瑜玮	
第八届清华大学智能车竞赛	二等奖	刘佳鹏	工物系学生科协
	二等奖	陈瑜玮	
美国大学生数学建模竞赛	一等奖	石冰清	美国数学及其应用联合会
	一等奖	张立嘉	
	二等奖	魏大博	
	二等奖	李婧	
北京市大学生人文知识竞赛	一等奖	张宸宸	北京市
清华大学人文知识竞赛	第二名	张宸宸	清华大学
第二届清华大学公共政策案例分析大赛	三等奖	孟德旺	清华大学
清华大学第三届创意优化实践赛	二等奖	刘佳鹏	清华大学校科协
	三等奖	邓磊	
宝洁精英挑战赛	三等奖	王天宇	宝洁集团

2015 年

赛事名称	获奖等级	第一作者	赛事主办方
第三十三届清华大学“挑战杯”学生课外科技作品竞赛	特等奖	郑泽天	清华大学
	一等奖	刘昊	
	一等奖	刘晓鹏	
	二等奖	阮广春	
	三等奖	王超	
第八届“挑战杯”首都大学生学生课外学术科技竞赛	二等奖	郑泽天	共青团北京市委员会等
2015 年清华大学“华罗庚杯”数学建模竞赛	一等奖	方诗卉	清华大学
清华大学数学建模大赛	二等奖	段任之	清华大学
美国大学生数学建模竞赛（MCM/ICM）	四星级	赵荔	美国数学及其应用联合会

续表

2016 年			
赛事名称	获奖等级	第一作者	赛事主办方
第三十四届清华大学“挑战杯”学生课外科技作品竞赛	特等奖	朱义诚	清华大学
	二等奖	郑泽天	
	三等奖	林臻	
	三等奖	莫桐	
全国大学生数学建模竞赛	省一等奖/国三等奖	魏寒宇	教育部高等教育司、中国工业与应用数学学会
“挑战杯”首都大学生学生课外学术科技竞赛	二等奖	郑泽天	共青团北京市委员会等
Ti 杯数字系统设计创新大赛	A 组三等奖	方诗卉	清华大学
	B 组一等奖	黎晗东	
	一等奖	陈欢	
	二等奖	马悦	
	三等奖	丁嘉靖	
清华大学智能车大赛	第三名	李芳宇	清华大学
美国大学生数学建模竞赛(MSM/ICM)	M 奖	杨硕	美国数学及其应用联合会
	M 奖	张宇精	
	M 奖	徐瀚伟	
深圳杯数学建模夏令营	三等奖	贾鑫	数学建模竞赛组委会、深圳市科协
	三等奖	方诗卉	
	三等奖	谭振飞	
第十八届全国机器人锦标赛暨第七届国际仿人机器人奥林匹克大赛	一等奖(三项)	刘昊天	中国人工智能学会机器人足球工作委员会
清华大学能源动力设计大赛	第三名	刘洋	清华大学
	三等奖	王轲	
	三等奖	许书畅	
清华大学“华罗庚杯”数学建模竞赛	二等奖	许书畅	清华大学

续表

2017 年			
赛事名称	获奖等级	第一作者	赛事主办方
第三十五届清华大学“挑战杯”学生课外科技作品竞赛	二等奖	陈欢	清华大学
	二等奖	刁锐	
	三等奖	尚杰	
	三等奖	胡泽远	
	三等奖	黄诗洋	
全国大学生数学建模竞赛	全国二等奖	唐庆虎	教育部高等教育司、中国工业与应用数学学会
	全国二等奖	王思远	
“挑战杯”首都大学生学生课外学术科技竞赛	二等奖	杨海韬	共青团北京市委员会等
Ti 杯数字系统设计创新大赛	A 组一等奖	熊宇峰	清华大学
	A 组二等奖	毕俊达	
	A 组三等奖	戚若玫	
	A 组三等奖	严鑫	
	B 组一等奖	刘超	
	B 组二等奖	陈欢	
	B 组三等奖	贾圣钰	
	B 组三等奖	郇钰	
美国大学生数学建模竞赛(MSM/ICM)	M 奖	余昕越	美国数学及其应用联合会
	M 奖	刘昊天	
	M 奖	黄云舒	
2017 年机器人世界杯足球锦标赛(Robocup 2017)	2nd Place Adult-Size Humanoid Soccer League Technical Challenge	杨海韬	Robocup 国际委员会
清华大学电子设计大赛	三等奖	虞竹珺	清华大学
清华大学“华罗庚杯”数学建模竞赛	二等奖	唐庆虎	清华大学
	二等奖	周鑫	

(资料来源:《清华大学电机工程与应用电子技术系年鉴》,2013—2017 年)

图 8-70　2005 年清华大学第二十三届“挑战杯”夺魁①

图 8-71　学生开展的暑期社会实践连续两年获清华大学学生社会实践标兵分团委(2005—2006)②

图 8-72　电机系足球队实现“马杯”三连冠(2002—2004)③

① 《新清华》,2007 年,电机系专刊。
② 《新清华》,2007 年,电机系专刊。
③ 《新清华》,2007 年,电机系专刊。

图 8-73　2017 年 5 月，第八届“TI”数创大赛圆满结束①

图 8-74　2017 年 9 月，能源大类班学生蔡漫锋获新生创意大赛三等奖②

改革开放后，除培养本科生和研究生外，电机系还与校继续教育学院、夜大学等合作办学③，形成了自己的成人教育体系。如 1985 年，电机系“与夜大部合作开办了‘电气工程及应用电子技术’专业三年制成人脱

① 《第八届“TI”数创大赛圆满结束》，《清华大学电机工程与应用电子技术系信息简报》，2017 年第 4 期（总第 103 期）。

② 《新生创意大赛完美落幕》，《清华大学电机工程与应用电子技术系信息简报》，2017 年第 6 期（总第 105 期）。

③ 《我们一起走过——电机系成人教育 20 年回顾》，http://news. tsinghua. edu. cn，2005-05-17/2012-08-14。

产大专班”[1]，至2000年，共计招收学生900多名[2]。同年，“受水利电力部的委托，电机系连续举办了五期电力设计院院长、总工程师研修班，共有168名学员参加了学习”[3]。1988年起，电机系“连续开办了4期电力系统调度员研讨班，以及电力系统调度科长研讨班1期，共有130人参加了学习”[4]。1991年，电机系“受多家企事业单位的委托，从普通高考学生中招收了‘电气工程及应用电子技术’专业的两年制大专班”[5]。1996年，电机系开始举办研究生课程进修班，至2002年“共举办了11个班，学员370多名。每期学习一年，研究生课程进修班的课程设置和教学内容，均严格按照清华大学为工程硕士培养制定和多次修订的培养方案执行。研究生课程进修班的大部分学生，在学习过程中或结业后都参加了研究生入学考试，成绩合格后，直接进入工程硕士论文工作。”[6]1999年，电机系“从参加全国成人高考的学生中招收了‘电子技术’专业的三年制高中起点成人脱产大专班”[7]。2000年，“又从专科生中招收了‘电气工程及自动化’专业、两年制成人脱产专升本班”[8]。通过多年的不懈努力，清华大学电机系开展的成人教育工作，共培养了几千名工程技术人员，他们在国家的经济建设及电气工程领域发挥了重要作用。

近年来，电机系进一步发挥社会服务作用。如2013年，电机系为电网公司、电力生产和电器制造企业等举办技术及管理培训班10余期，培训一线工程技术人员及管理干部500余名；为内蒙古电力公司、宁夏电力公司等开办工程硕士班2个，为电网公司、电工制造企业培养工程硕士生

---

① 《我们一起走过——电机系成人教育20年回顾》，http://news.tsinghua.edu.cn，2005-05-17/2012-08-14。

② 清华大学电机系：《清华电机系八十周年纪念文集》，246～248页。

③ 《我们一起走过——电机系成人教育20年回顾》，http://news.tsinghua.edu.cn，2005-05-17/2012-08-14。

④ 《我们一起走过——电机系成人教育20年回顾》，http://news.tsinghua.edu.cn，2005-05-17/2012-08-14。

⑤ 《我们一起走过——电机系成人教育20年回顾》，http://news.tsinghua.edu.cn，2005-05-17/2012-08-14。

⑥ 《我们一起走过——电机系成人教育20年回顾》，http://news.tsinghua.edu.cn，2005-05-17/2012-08-14。

⑦ 《我们一起走过——电机系成人教育20年回顾》，http://news.tsinghua.edu.cn，2005-05-17/2012-08-14。

⑧ 《我们一起走过——电机系成人教育20年回顾》，http://news.tsinghua.edu.cn，2005-05-17/2012-08-14。

50余名。[①] 2014年,为电网公司、电力生产和电器制造企业举办技术及管理培训班10余期,培训一线工程技术人员及管理干部300余名;为国网甘肃、宁夏电力公司,内蒙古电力公司、陕西地方电力公司等培养工程硕士生近百人。[②] 2015年,为电力生产和电器制造企业举办课程班10余期,培训工程技术人员等500余名;为国网甘肃、宁夏电力公司,内蒙古电力公司,陕西地方电力公司等培养工程硕士生近百人。[③] 2016年,为电力生产和电器制造企业举办培训班10余期,培训工程技术人员等600余名;为国网甘肃、内蒙古电力公司等培养工程硕士生五十余人,获得工程硕士学位27人。2017年,为国网交易中心等单位举办培训班10余期,培训工程技术人员等1000余名;为国网冀北电力公司等培养工程硕士生四十余人,获得工程硕士学位22人。

图8-75 电机系061班[④]

五、科研设施及成果

改革开放后,电机系在国家和学校的大力支持下,根据学科发展和国家经济发展的需要,瞄准国际科技前沿,增设了一批实验室、研究所等基础设施,在教学、科研中发挥了重大作用。

---

① 《清华大学电机工程与应用电子技术系年鉴》,2014年。
② 《清华大学电机工程与应用电子技术系年鉴》,2015年。
③ 《清华大学电机工程与应用电子技术系年鉴》,2016年。
④ 清华大学电机系资料。

图 8-76　电机系工硕 053 班[①]

图 8-77　电机系 2006115 工厂 051 班[②]

(一)基础设施

改革开放后，清华大学部分实验室及仪器设备开始逐步增设。其中

① 清华大学电机系资料。

② 清华大学电机系资料。

1979年电力工程系实验室情况如表8-15所示。另外还设立了电工研究所,其下设有电力系统研究室、电机研究室、高电压技术和气体放电研究室、理论电工研究室①。

表8-15 清华大学电力工程系实验室及其正、副主任名单(1979年)

	主任	副主任
电力系统实验室	郭叔英	韩毅
高压实验室	王昌长	徐光宝
电机实验室	郑逢时	
基本电工实验室	陆瑶海	邓泰林
电工计量室	陆瑶海(兼)	
气体放电实验室	王克超	
应用电子学及电工学实验室	钟长华	梁毓厚

(资料来源:《清华公报》第13期,1979年10月9日)

图8-78 电机系基本电工实验室副主任邓泰林②

1982年,电机系生物医学工程与仪器专业设立,同年10月7日,校长工作会议讨论决定成立近代生物学及生物医学工程研究所,下设生物物理、生物化学、生物医学电子学三个研究室,任命陆祖荫为所长,周昕、周

① 《清华大学一览》,1984—1985年。

② 清华大学档案馆提供。

礼杲为副所长①。此外,这一时期还建成了微机在生物医学工程中的应用、数字信号处理、电生理学、工程生理学等实验室②。

1989 年,经国家计委批准,依托清华大学电机系和热能系,开始建立"电力系统及大型发电设备安全控制和仿真"国家重点实验室③。1992 年 12 月 31 日,经校务会议讨论决定,"成立微机硬件及应用实验室,归属电机工程与应用电子技术系"④,"将电机工程与应用电子技术系人体运动信息检测实验室和应用电工学及电子学实验室中有关生物医学工程与仪器的部分合并,改名为生物工程与仪器实验室"⑤。1993 年 3 月 4 日,经校务会议讨论通过,"决定将近代生物学与生物医学工程研究所撤销,成立生物医学工程研究所和生物科学与技术研究所"(由赵南明担任所长)⑥。1994 年,"基本电工实验室"和"应用电子学与电工学实验室"荣获"清华大学一类实验室"称号⑦。

1995 年,"电力系统及大型发电设备安全控制和仿真"国家重点实验室正式开放运行⑧,1998 年,由原来有 5 个分室调整为"电力系统辨识、监测及控制""电力系统分析、仿真和调度自动化""柔性交流输电""电力电子及电机控制""在线检测及故障诊断""热力系统控制""火电厂仿真"等 7 个分室⑨。1999 年,电机系"与自动化系、核研院、微电子所等单位共同建立了'电力电子工程研究中心'"⑩。同年,"电机工程系废除了 1953 年开始的教研室组织体制,建立了六个研究所:包括电力系统、柔性输配电系统、高电压与绝缘技术、电力电子与电机系统、电工新技术、生物医学工

---

① 《清华公报》,第 67 期,1982 年 12 月 30 日。

② 清华大学电机系:《清华电机系七十周年系庆纪念集》,66 页。

③ 《电机工程与应用电子技术系:2002—2006 概览》,17 页。

④ 《清华公报》,第 185 期,1993 年 1 月 17 日。

⑤ 《清华公报》,第 185 期,1993 年 1 月 17 日。

⑥ 《清华公报》,第 186 期,1993 年 4 月 20 日。

⑦ 清华大学电机系:《清华电机系七十周年系庆纪念集》,65 页。

⑧ 卢强、韩英铎、刘卫东、梅生伟:《电力系统及发电设备安全控制和仿真国家重点实验室》,载《中国基础科学》,2004 年第 5 期,22 页。

⑨ 清华大学电机系:《清华电机系七十周年系庆纪念集》,70 页。

⑩ 清华大学电机工程与应用电子技术系,http://www.eea.tsinghua.edu.cn/publish/eea/1359/index.html。

程等研究所。”①2000 年，“清华大学决定成立‘电工电子实验中心’，电机系的‘基本电工实验室’、‘应用电子学与电工学实验室’的主要部分并入该中心。‘电工电子实验中心’挂靠信息技术学院，地点设在西主楼三区和四区的一部分。电路原理、电工技术与电子技术、微机硬件基础三个教学组，仍保持为电机系相对独立的教研单位。”②

2003 年 3 月 20 日，经校务会议讨论通过，“自动化系‘热工计量室’与电机系‘电工计量室’合并建立‘清华大学电工与热工计量实验室’（校、系管），下设‘电工计量室’和‘热工计量室’两个分室，挂靠在电机系。”③同年，“清华大学-阿尔斯通继电保护与控制研究中心在电机系成立”④。

图 8-79　清华大学-阿尔斯通继电保护与控制研究中心成立揭牌仪式⑤

2004 年，“教育部科技司主持召开了‘电力系统及发电设备控制和仿真’国家重点实验室设备更新改造可行性论证会，国家科技部拨款 700 万元，用于国家重点实验室设备的更新改造。”⑥同年，“电力系统及发电设备控制和仿真”国家重点实验室荣获国家重点实验室计划先进集体，卢强

---

① 《建系史略》，见《情系清华：清华电机系 50 · 51 级毕业五十周年纪念集》，19 页。

② 清华大学电机系：《清华电机系七十周年系庆纪念集》，65 页。

③ 《清华公报》，2003 年。

④ 《电机工程与应用电子技术系：2002—2006 概览》，47 页。

⑤ 《清华大学-阿尔斯通继电保护与控制研究中心挂牌》，http://news.tsinghua.edu.cn，2003-9-23/2014-01-12。

⑥ 《电机工程与应用电子技术系：2002—2006 概览》，47 页。

院士荣获国家重点实验室计划先进个人称号①。2005 年 7 月 11 日，“教育部教技函[2005]68 号文下达了《教育部关于部分国家重点实验室主任和学术委员会主任聘任的通知》，聘任梁曦东教授为电力系统及发电设备控制和仿真国家重点实验室主任、卢强院士为学术委员会主任，同时聘任了新一届国家重点实验室的副主任、学术委员会成员、主任助理和秘书。”②

近年来，“随着科学技术的发展，电机系早已突破传统的学科范围，在电气工程的基础上，扩展到信息科学、计算机技术、电子技术、自动控制、系统工程、新能源应用、超导应用、生物医学工程等多个领域”③。如 2008 年 3 月 5 日，“校务会议讨论通过，决定成立清华大学中国车用能源研究中心，简称车用能源中心，该中心为低碳能源实验室与核研院、热能系、汽车系和电机系等共同建设的非实体跨学科科研机构，挂靠低碳能源实验室。”④2008 年 4 月 3 日，“校务会议讨论通过，决定成立清华大学电气工程实验教学中心”（挂靠电机系）⑤。2012 年 1 月，电机系与江西省电力科学研究院联合成立“低碳电力技术联合研究中心”⑥；同年 3 月，电机系和长园集团联合成立“智能配电网调度自动化联合研究所”⑦；同年 4 月，电机系又与远景能源科技有限公司共建“智慧风电技术联合研究所”⑧。2013 年 9 月 12 日，经校务会议讨论通过，决定批准与平高集团有限公司合作建立“清华大学（电机系）-平高集团有限公司电气技术联合研究中心”。⑨ 2014 年 1 月，经系务会讨论通过，原“电工新技术研究所”改名“电气新技术研究所”⑩。

---

① 《电机工程与应用电子技术系：2002—2006 概览》，47 页。

② 《电机工程与应用电子技术系：2002—2006 概览》，47 页。

③ 《清华大学年鉴》，2007 年。

④ 《清华公报》，2008 年。

⑤ 《清华大学校务会议公告》，第 380 期。

⑥ 《清华大学电机工程与应用电子技术系简报》，2012 年第 1 期。

⑦ 《清华大学电机工程与应用电子技术系简报》，2012 年第 1 期。

⑧ 《清华大学电机系与远景能源举行“智慧风电技术联合研究所”揭牌仪式暨智慧风电圆桌会议》，http://www. eea. tsinghua. edu. cn/publish/eea/1392/index. html，2012-05-21/2012-08-14。

⑨ 《关于批准与平高集团有限公司签署协议合作建立清华大学（电机系）-平高集团有限公司电气技术联合研究中心的决定》（2013 年 9 月 12 日），《清华公报》，2013 年。

⑩ 《电工新技术研究所更名》，《清华大学电机工程与应用电子技术系简报》，2014 年第 1 期（总第 86 期）。

图 8-80 微机实验室一角①

图 8-81 电力系统动态模拟实验室控制台②

图 8-82 电力系统及其发电设备安全控制和仿真国家重点实验室(简称电力系统国家实验室)③

① 清华大学电机系:《清华电机系七十周年系庆纪念集》,89 页。
② 清华大学电机系:《清华电机系七十周年系庆纪念集》,91 页。
③ 朱晓光:《清华之旅》,223 页,杭州,浙江人民出版社,2004。

图 8-83　电力系统动态模拟实验室①

图 8-84　2012 年 3 月 2 日，清华大学电机系与长园集团联合成立的“智能配电网调度自动化联合研究所”举行揭牌仪式②

图 8-85　2012 年 5 月 20 日，清华大学电机系与远景能源科技有限公司联合成立的“清华大学（电机系）-远景能源智慧风电技术联合研究所”举行揭牌仪式③

---

① 清华大学校史馆资料。

② 《“智能配电网调度自动化联合研究所”在清华大学成立》，http://www.eea.tsinghua.edu.cn/publish/eea/1392/index.html，2012-03-05/2012-08-15。

③ 《清华大学电机系与远景能源举行“智慧风电技术联合研究所”揭牌仪式暨智慧风电圆桌会议》，http://www.eea.tsinghua.edu.cn/publish/eea/1392/index.html，2012-05-21/2012-08-14。

图 8-86　2016 年 11 月 22 日，中国电力国际有限公司（中电国际）与清华大学电机系联合成立“多能互补综合能量管理联合研究中心”①

图 8-87　2017 年 12 月 14 日，清华大学与中国电机工程学会签署合作框架协议并成立中国电机工程学会清华大学会员中心②

（二）研究成果

改革开放以来，电机系紧密结合国家经济建设的需要及自身特色，开展了一系列基础研究和重大工程技术研究工作，其主要研究方向为“电力系统分析与控制、电力系统运筹学、电站自动化、柔性交流输电、过电压和绝缘配合、有机外绝缘、电气设备在线监测与故障诊断、高压电器、气体放电与等离子、电机分析与控制、电机电子系统、电力电子技术、电磁场理论

① 《清华大学与中电国际共建多能互补综合能量管理联合研究中心》，清华大学电机工程与应用电子技术系。

② 《中国电机工程学会与清华大学签订合作框架协议并成立会员中心》，清华大学电机工程与应用电子技术系资料。

与应用、电路理论及其应用、谐波治理与无功补偿、生理系统建模与仿真、医学超声和图像、人体运动医学、康复工程、微机在生物医学工程中的应用等”①。具体而言，取得的部分重大科技成果包括：

20 世纪八九十年代，“高景德、卢强与发电、电机教研组几位教授，先后指导一批博士研究生在电机和电力系统动态分析领域开展深入研究，提出了多种在线辨识测算电机参数新方法以及改善参数辨识收敛性的新措施，精确了电机的数学模型，提出了电力系统故障暂态全过程数字仿真多种数模衔接的新方法，等等。这些理论研究成果，形成了比较完整的学术体系，出版了多部学术专著，获得了 1988 年国家自然科学二等奖”②。王先冲教授领导的科研组，在低频电磁场三维边值问题的理论及分析方法领域开展深入研究，发展了电磁场广义能量概念，相应的研究成果被电机专业应用于永磁式电动机和永磁式同步发电机的优化设计，取得了可喜的结果和很大的经济效益（1991 年荣获国家自然科学四等奖）③。“高压教研组张仁豫、薛家麒等教授长期展开沿染污介质表面放电的研究，并且先后带领一批博士研究生开展了新型绝缘材料的跨学科基础研究和应用基础研究，研制出了 RTV 涂料和硅橡胶合成绝缘子，极大地提高了高电压外绝缘的耐污水平，减少了电力系统污闪事故，被电力部门列为防污闪的主要技术措施在全国推广应用，并创造了巨大的经济效益。有关成果，获得了 1993 年国家自然科学三等奖、1992 年国家科技进步三等奖、1997 年国家科技进步二等奖、2001 年国家科技进步二等奖。④

该时期的研究成果还包括：陈丕璋教授等完成的“75kVA 稀土钴永磁发电机”（1985 年）和“电机电磁场数值计算”（1988 年）；俞鑫昌等人完成的“电机节能风扇、风罩”（1985 年）；陈允康等人完成的“第二级大规模集成电路计算机辅助设计系统”（1988 年）；张伯明等人完成的“东北电网实时状态估计”（1992 年）；顾永昌等人完成的“东北电网仿真系统”（1992 年）、韩英铎等人完成的“多大区互联系统频率动态过程的分析及低频减

① 方惠坚、张思敬：《清华大学志》，下册，102 页。

② 清华大学电机系：《清华电机系七十周年系庆纪念集》，66 页。

③ 清华大学电机系：《清华电机系七十周年系庆纪念集》，66 页。

④ 清华大学电机系：《清华电机系七十周年系庆纪念集》，66 ~ 67 页。

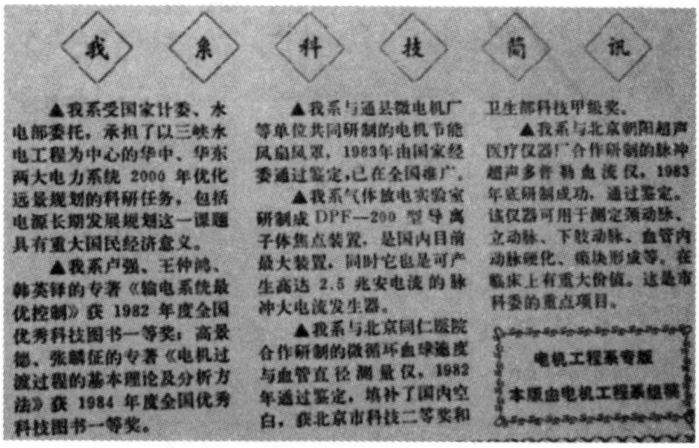

我系科技简讯

▲我系受国家计委、水电部委托，承担了以三峡水电工程为中心的华中、华东两大电力系统 2000 年优化远景规划的科研任务，包括电源长期发展规划这一课题具有重大国民经济意义。

▲我系卢强、王仲鸿、韩英铎的专著《输电系统最优控制》获 1982 年度全国优秀科技图书一等奖；高景德、张麟征的专著《电机过渡过程的基本理论及分析方法》获 1984 年度全国优秀科技图书一等奖。

▲我系与通县微电机厂等单位共同研制的电机节能风扇风罩，1983年由国家经委通过鉴定，已在全国推广。

▲我系气体放电实验室研制成 DPF—200 型导离子体焦点装置，是国内目前最大装置，同时它也是可产生高达 2.5 兆安电流的脉冲大电流发生器。

▲我系与北京同仁医院合作研制的微循环血球流速度与血管直径测量仪，1982 年通过鉴定，填补了国内空白，获北京市科技二等奖和卫生部科技甲级奖。

▲我系与北京朝阳超声医疗仪器厂合作研制的脉冲超声多普勒血流仪，1983 年底研制成功，通过鉴定。该仪器可用于测定颈动脉、立动脉、下肢动脉、血管内动脉硬化、瘢块形成等，在临床上有重大价值。这是市科委的重点项目。

电机工程系专版

本版由电机工程系组稿

图 8-88　电机系科技简讯①

图 8-89　高景德院士与卢强院士讨论科研工作②

图 8-90　由高景德教授等完成的“电机与电力系统过渡过程分析和控制”成果，1987 年荣获国家自然科学二等奖③

① 《新清华》，第 888 期，1984 年 11 月 15 日。

② 清华大学电机系：《清华电机系七十周年系庆纪念集》，10 页。

③ 清华大学校史馆提供。

图 8-91　高景德教授出版的学术著作[①]

载装置的整定”（1992 年）；李发海等人完成的“2500kW 轧机主传动同步电机交交变频调速系统”（1995 年）等科研成果，先后荣获了国家科技进步二等奖。王仲鸿等人完成的“多变量优化励磁控制系统”（1990）；宫莲等人完成的“雷击发射塔分流模拟试验”（1989 年）；胡元德等人完成的“YLT 低噪声 12 级系列 YDDL 系列低噪声双速三相异步电动机”（1992 年）；丁海曙等人完成的“HF-Ⅱ红外光点运动分析系统”；沈善德等人完成的“大型汽轮机及调速系统在线参数辨识技术”（1995 年）、唐统一等人完成的“供电系统谐波检测与治理”（1996 年）；沈善德等人完成的“大型发电机稳定安全监视与无刷励磁检测系统”（1997）；张伟钹等人完成的“全封闭组合电器绝缘配合的研究及应用”（1997）；容观澳等人完成的“新型 CCD 摄像终点计时及判读系统”（1998 年）等科研成果，先后荣获了国家科技进步三等奖。沈以鸿等人完成的“超声波普勒畜妊娠检查仪”（1988 年）、王仲鸿等人完成的“并联柴油发电机组的电压、转速和均分功率的最优控制系统”（1992 年）等科研成果，也先后获得了国家发明四等奖。[②] 另外，以杨津基教授为首的一支老中青结合的教师队伍，长期坚持等离子物理和气体放电的基础性研究，取得了一批优秀的科研成果，在等离子焦点物理过程的理论和实验研究中，在国内唯一的喷气式 Z 箍缩装

---

① 清华大学档案馆提供。

② 清华大学电机系：《清华电机系七十周年系庆纪念集》，67 页。

置上首次用激光干涉法多次观察到了箍缩现象;提出了 MC-PIC 理论;为国防科工委研制的 DPF-200 脉冲 X 射线源属国内首创,是在亚洲建成的第一个 DPF 中型装置。①

同时,电机系很多教师都积极将研究成果应用于教学,该时期,部分电机系教师编写的学术著作或教材获得了国家级奖励,例如高景德、张麟征出版的专著《电机过渡过程的基本理论及分析方法》,荣获了 1983 年全国优秀科技图书一等奖、1988 年全国高校优秀教材奖;章名涛、俞鑫昌合著的《异步电机中谐波磁场的作用》一书,获得了 1984 年全国优秀科技图书二等奖;李发海、陈汤铭、郑逢时、张麟征、朱东起合编的《电机学》教材,获得了 1987 年全国优秀教材二等奖,1988 年国家机械委优秀教材二等奖;陈丕璋、严烈通、姚若萍合著的《电机电磁场理论与计算》一书,获得了 1988 年全国优秀科技图书一等奖;高景德、王祥珩、李发海合著的《交流电机及其系统的分析》一书,获得了 1995 年全国优秀科技图书一等奖;卢强、王仲鸿、韩英铎合著的《输电系统最优控制》一书,获得了全国优秀科技图书一等奖;杨福生编著的《电子技术(Ⅱ)》教材,获得了国家优秀教材奖等。②

电机系教师既做基础性科学研究,也积极承担具有行业影响力的工程技术研发项目,即所承担的纵向科研与横向科研兼顾,并且使其在推动学科发展和教师队伍成长中起到相得益彰的作用。总体而言,20 世纪 90 年代中期以前,电机系的科研主要以承担横向项目为主③,当时,全系 90% 以上的科研经费来自工业企业部门。当时重大的横向科研项目(经费 100 万元以上的),主要分布在水电厂和变电站的仿真系统、电力系统调度自动化/能量管理系统(EMS)、调度员培训仿真系统(DTS)、变电站自动化、元宝山发电厂技术改造、黑龙江省东部电网安全稳定控制装置、电力市场、太阳能抽水和照明综合系统、配电网自动化等领域和方面。④其中,1994 年,韩英铎、王仲鸿负责的国家电力部和河南省电力局共同立

① 清华大学电机系:《清华电机系七十周年系庆纪念集》,67 页。

② 清华大学电机系:《清华电机系七十周年系庆纪念集》,67 页。

③ 清华大学电机系:《清华电机系七十周年系庆纪念集》,67 页。

④ 清华大学电机系:《清华电机系七十周年系庆纪念集》,67 页。

项的重点项目“±20Mvar 电力系统新型静止无功发生器研制（ASVG）”，成为当时清华大学最大的横向科研课题之一，总经费达 1688 万元。该项目经过 5 年多的艰苦攻关，先后完成了±300kvar 和±20Mvar 静止无功发生器的研发，并将它们分别安装在郑州和洛阳。2000 年 6 月 27—28 日，所研制的 20Mvar ASVG 装置通过了国家电力公司组织的技术鉴定。[①]

这一阶段，尽管横向科研项目占据了电机系科研的主要部分，但是基础研究和应用基础研究，仍然是推动电机系科研方向发展的动力[②]，如 1994 年，由高景德教授任首席专家，以“电力系统及发电设备安全控制与仿真”国家重点实验室为主体，电机系承担了国家基础性研究重大项目（攀登 B）《现代电能系统运行与控制的新理论与新技术》，当时该项目的经费就达到了 500 万元。该项目以现代电能系统（发电、输电、用电）的高效、安全优质运行、故障诊断和控制为主线而开展基础性研究，旨在为现代电能系统提供最新的应用理论和技术。[③]

图 8-92　1988 年第二届国际电介质性能与应用会议（2nd ICPADM）在清华大学举行，与会者近 300 人，其中境外参会人员近 100 人，是当时清华校内召开的规模最大的国际会议之一。图为顾问委员会会议[④]

20 世纪 90 年代中期以后，电机系的科研结构有了很大的改变，一方面，“211 工程”和“985”学科建设项目的实施，大大改善了科研环境，增强

① 清华大学电机系：《清华电机系七十周年系庆纪念集》，67～68 页。

② 清华大学电机系：《清华电机系七十周年系庆纪念集》，68 页。

③ 清华大学电机系：《清华电机系七十周年系庆纪念集》，68 页。

④ 清华大学电机系：《清华电机系七十周年系庆纪念集》，44 页。

图 8-93 1992 年电机系组织的 ICDMP（Internati-onal Center of Dense Magnized Plasma）会议，有 15 个国家的科学家出席（照片中包括俄罗斯、法国、日本、英国、阿根廷、智利、马来西亚、意大利、美国、波兰、德国、罗马尼亚、捷克和中国的专家）①

了支持基础研究和应用基础研究的力度；另一方面，由于获得了一批国家自然科学基金项目和国家重大基础性研究项目的支持，有力地推动了电气工程领域基础研究和应用基础研究的不断深入，而且反过来，又增强了争取基础研究项目的实力。② 例如，1997 年，"211 工程"能源工程学科群电气工程学科建设项目正式启动。该项目由王赞基和刘卫东总体负责③，主要内容包括改造和扩建电力系统动态模拟实验室、构建电机系西主楼系网、建设电力电子技术研究开发环境、建设电气设备监测与故障诊断研究环境、购置高档公用测量仪器和电器设备等，经过全系教师的积极努力，电机系荣获了学校颁发的"211"建设 1997 年度优秀建设项目奖。④ 同时，在承担国家自然科学基金重点项目方面，1996 年，作为第二完成单位，电机系承担了"超高压输电系统中灵活交流输电（可控串补）技术"重点项目（1996—1999 年），项目负责人是王仲鸿教授。1997 年，电机系主持并承担了"大型发电机与变压器放电性等故障的在线监测与故障诊断"重点项目（1997—2000 年），经费达 170 万元，项目负责人是朱德恒教授。⑤

① 清华大学电机系：《清华电机系七十周年系庆纪念集》，44 页。
② 清华大学电机系：《清华电机系七十周年系庆纪念集》，68 页。
③ 清华大学电机系：《清华电机系七十周年系庆纪念集》，69 页。
④ 清华大学电机系：《清华电机系七十周年系庆纪念集》，69 页。
⑤ 清华大学电机系：《清华电机系七十周年系庆纪念集》，68 页。

图 8-94　国际电力系统及新技术研讨会全体与会者合影留念①

1998 年,国家开始实施重点基础研究发展规划(“973”计划),以卢强教授为首席科学家提出建议的科研项目“我国电力大系统灾变防治和经济运行的重大科学问题研究”首批获得了批准,总经费为 3000 万元。该项目的主要研究内容,包括电力大系统的稳定性理论、非线性控制理论和优化调度理论、大型汽轮机组灾变防治和安全运行理论及实时仿真决策系统。②

1999 年,电机系在调整改组系学术委员会后,动员全系教师参与制定和实施了“985”发展规划,并经过综合与归纳,提出了 2 个校重点项目和 4 个系重点项目。其中,两个校重点项目分别是“电力系统安全检测与稳定控制的新理论与新方法”(基础性研究)和“大容量电力电子及柔性交流输电的理论和技术”(攻关项目);四个系重点项目则分别是“高性能的电力电子与电机集成一体化”“等离子体与脉冲功率技术”“电磁环境技术”“电能质量(绿色电力)技术”。这些项目中,大多数是跨二级学科组织科研团队来联合攻关的。这个学科建设规划,经过系学术委员会讨论通过后,上报学校并得到了批准,获得支持的总经费达 2000 万元。③

2001 年,国家启动第二期“863”计划,电机系在电动汽车、风力发电

① 清华大学电机系:《清华电机系七十周年系庆纪念集》,44 页。

② 清华大学电机系:《清华电机系七十周年系庆纪念集》,68 页。

③ 清华大学电机系:《清华电机系七十周年系庆纪念集》,69 页。

等方面提出的科研项目，也获得了批准。同时，在国家重大电力、电工工程中，电机系承担了一批重要的攻关项目，如“±500kV 棒形悬式直流复合绝缘子技术条件的研究”“变频调速高效异步电机系列产品的开发与产业化”“三峡机组保护方案的研究”“高海拔区 750kV 输变电设备外绝缘选取方法及绝缘子选型的研究”“高海拔地区 750kV 输电线路导线结构优化设计以及提高线路输送功率的研究”“500kV 直流输电工程用交直流侧滤波器的研究”，等等。①

至 21 世纪初期，电机系承担“七五”“八五”“九五”“十五”国家科技攻关项目共 40 多项；国家自然科学基金课题 90 项左右，其中，重点基金课题 6 项，各部委科学基金课题 60 多项；还承担了直接为企业服务的横向科技合作项目 800 多项，其中课题经费超过 100 万元的有 30 多项。

1986 年至 2001 年，电机系共获得国家级科技三大奖 26 项，省部级科技奖 100 多项，获得国家发明专利授权 60 多项。② 1986 年至 2001 年电机系科研经费变化趋势如图 8-95 所示。

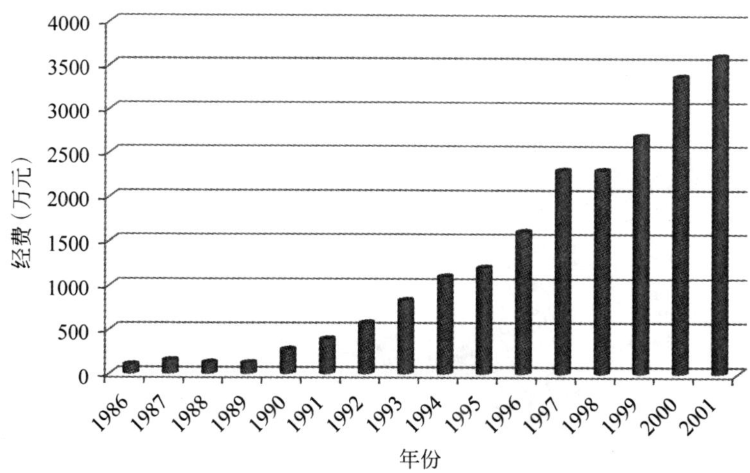

图 8-95　1986—2001 年电机系科研经费分布图

（资料来源：清华大学电机系：《清华电机系七十周年系庆纪念集》，66 页）

① 清华大学电机系：《清华电机系七十周年系庆纪念集》，68 页。

② 清华大学电机系：《清华电机系七十周年系庆纪念集》，66 页。

图 8-96　高景德院士荣获第二届“孺子牛”金球奖证书及奖杯（1996 年）①

图 8-97　2001 年度，电机系黄炜纲等参与完成的“500kV 紧凑型输电线路关键技术及实验工程”项目获国家科技进步二等奖。图为昌平—房山紧凑型线路实景②

---

① 清华大学档案馆提供。

② 《清华校友通讯》，复 45 期；清华大学电机系：《清华电机系七十周年系庆纪念集》，106 页。

图 8-98　1011W 脉冲功率实验平台(国内高校输出功率最大的强流脉冲功率装置)①

图 8-99　电机系自行研制的 32kW 太阳能扬水与照明系统在新疆和田地区得到应用，该项成果荣获中国高校 2001 年科技进步一等奖②

2004 年,以周孝信院士为首席科学家,电机系全面参与申请的新一轮“973”课题“提高大型互联电网运行可靠性的基础研究”,以及由孙元章教授牵头申请的国家自然科学重大基金项目“电力系统广域安全防御基

① 《新清华》,2007 年,电机系专刊。
② 《新清华》,2007 年,电机系专刊。

图 8-100　基于 IGCT 的高压大容量三电平变频调速系统①

图 8-101　±50MVAR 的 STATCOM 装置②

础理论及关键技术研究”获得批准立项③。2005 年，经学校批准，电机系“985 二期”建设项目“资源环境友好的输电和用电示范研究平台”正式启

① 《新清华》，2007 年，电机系专刊。

② 《新清华》，2007 年，电机系专刊。

③ 《电机工程与应用电子技术系：2002—2006 概览》，47 页。

动[①]。2006年，经系核心组提议，电机系学术委员会讨论通过了《电机系青年创新基金项目实施方案》。毕大强、桂林、郑竞宏3位青年教师首批获得了“电机系青年科研创新基金”的资助[②]。2007年，电机系张伯明教授等完成的“三维协调的新一代电网能量管理系统、关键技术及应用”入选“2007年度中国高等学校十大科技进展”，即在国际上首次提出(空间、时间、目标)三维协调的新一代电网能量管理系统，将传统的人工分析型变革为自动预警型；将静态分析变革为动态分析；将基于断面的分析变革为连续跟踪递归分析，首创了事故前预警和预防控制技术，可将电网事故抑止在发生之前、萌芽之中，以避免大停电；首创提出了全局优化闭环控制方法，可有效地优化电网运行，降低网损，其节能降耗效益明显。[③]

图8-102　电网能量管理和培训仿真(EMSDTS)一体化系统获北京市科学技术一等奖证书[④]

在全系教师和研究生等的共同努力下，2001年至2010年，电机系在科研科目、科研经费、科研成果等方面不断取得新的进展。如2005年，电机系科研经费实际到款4700万元，承担省部委重点资助科研项目17项，国家自然基金资助项目11项，签订国内外横向协作项目94项，获得5项

① 《电机工程与应用电子技术系：2002—2006概览》，48页。

② 《电机工程与应用电子技术系：2002—2006概览》，49页。

③ 《“2007年度中国高等学校十大科技进展”揭晓》，http://www.sipo.gov.cn/mtjj/2007/200804/t20080401_361718.html，2007-12-21/2012-11-07。

④ 清华大学电机系资料。

省部级奖，取得国家发明专利授权14项，发表研究成果论文392篇，其中被SCI收录26篇，出版专著5部[①]；此外，还签订国际合作项目12项，合同金额达200多万元[②]。2006年，电机系签署纵向课题23项，国际合作课题19项，横向课题85项，到账科研经费总额4531万元，全系发表研究成果论文348篇，其中被SCI收录35篇，获得国家发明专利授权13项，获省部级及各类专项科研成果奖11项[③]。2007年，电机系共承担国际"863"计划项目4项，"973"计划项目1项，教育部新世纪人才支持计划项目2项，教育部博士点基金项目1项，国家自然基金项目14项，科研经费达6000多万元，获得省部级奖27项，获得国家发明专利授权34项[④]。

2010年9月，由来自美、日、英、澳等国家以及香港地区著名高校的9位专家，对清华大学电机系进行了国际学科评估，最后，专家组给出的评估意见是："清华大学电机系的大多数课题组具有世界一流的学术水平"[⑤]。

2012年，电机系科研经费的实际到款增加到1.86亿，新承担的国家科技部"973""863""科技支撑"等课题共12项，国家自然科学基金课题18项；新签订横向合作课题177项；获得国家奖2项、省部级奖13项；获得国家发明专利授权50项、实用新型授权6项、软件著作权13项；发表科研成果论文604篇，其中被SCI收录的论文68篇；出版专著和编著15部。[⑥] 2013年，电机系科研到款1.72亿，新签各类纵向项目50项，其中"973""863""科技支撑"等项目19项，国家自然科学基金资助项目23项；新签订横向科研合作课题170项；获教育部技术发明二等奖1项、中国机械工业科技进步二等奖1项、中国电工技术学会技术发明一等奖1项、中国电力科技一等奖1项（清华大学为第七完成单位）、中国电力科技

① 《清华大学年鉴》，2006年。

② 《清华大学年鉴》，2006年。

③ 《清华大学年鉴》，2007年。

④ 清华大学电机系资料。

⑤ 陈刚等：《电气工程及其自动化专业建设》，见《行胜于言——清华大学改革与发展纪实》编写组：《行胜于言——清华大学改革与发展纪实》，60页。

⑥ 《科研工作概述》，《清华大学电机工程与应用电子技术系年鉴》，2013年。

二等奖 1 项①;获国家发明专利授权 64 个、实用新型授权 7 个、软件著作权 21 个;发表研究成果论文 745 篇,其中被 SCI 收录论文 115 篇;出版专著和教材等 13 部。2014 年,电机系科研实际到款超过了 2 亿元,新签各类纵向科研项目 27 项(包括国家自然科学基金课题),其中"863"计划项目 11 项,"973"计划项目 5 项;横向科研合作项目 144 项;11 项科研成果获得了省部委级和行业科技奖励;获得了日内瓦国际发明金奖、银奖各 1 项;获得国家发明专利授权 76 个、新型实用专利 16 个、软件著作权 5 个;发表研究成果论文 619 篇,其中被 SCI 收录论文 115 篇;出版专著和教材 8 部。② 2015 年,电机系科研到款 1.94 亿,其中纵向经费 8000 万元,占比超过 40%,实现了科研结构的进一步优化;新签各类纵向课题 39 项,其中"国家科技支撑计划"资助项目 1 项,国家科技部"863"计划资助项目 4 项,国家自然科学基金资助项目 18 项;新签横向科研合作项目 160 项;18 个科研项目成果荣获了国家和省部级以及行业的科技奖励,其中国家奖 3 项,教育部一等奖 3 项;获得国家发明专利授权 78 个、实用新型专利 10 个、软件著作权 10 个;发表研究成果论文 833 篇,其中被 SCI 收录论文 163 篇;出版专著和教材共 10 部。

2007 年至 2016 年,电机系的科研经费、专利授权、发表著作及论文数量,分别见图 8-103、图 8-104、图 8-105 和图 8-106。

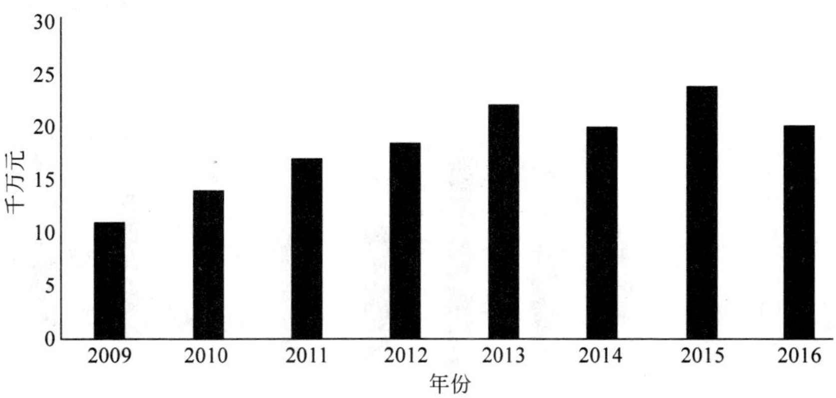

图 8-103 2009—2016 年电机系科研经费③

① 《科研工作概述》,《清华大学电机工程与应用电子技术系年鉴》,2014 年。

② 《科研工作概述》,《清华大学电机工程与应用电子技术系年鉴》,2015 年。

③ 清华大学电机系资料。

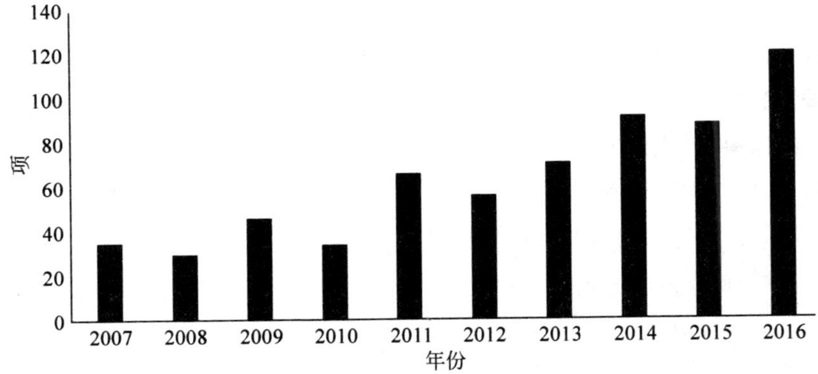

图 8-104　2007—2016 年获得专利授权的数量统计[①]

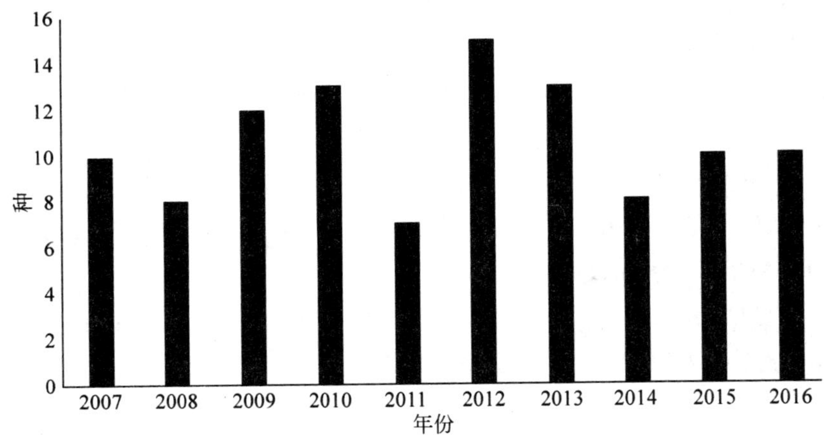

图 8-105　2007—2016 年出版著作及教材的数量统计[②]

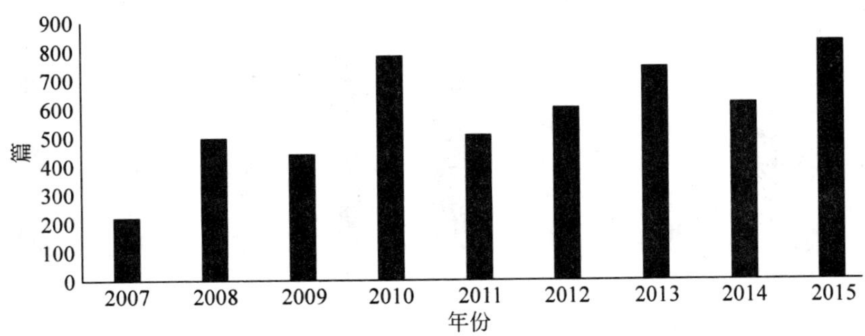

图 8-106　2007—2015 年发表论文的数量统计[③]

---

① 清华大学电机系资料。

② 清华大学电机系资料。

③ 清华大学电机系资料。

改革开放以来电机系科研成果的部分获奖名单,见表8-16。

表8-16 1979—2017年电机系部分科研成果获奖名单

序号	获奖人(团队)	获奖名称	获奖时间
1	110千伏六氟化硫组合电器(协作完成)	北京市科技成果二等奖	1980年
2	电机过渡过程的基本理论分析方法(上、下册)(高景德、张麟征)	全国优秀科技图书一等奖	1984年
3	异步电机中谐波磁场的作用(章名涛、俞鑫昌)	全国优秀科技图书二等奖	1984年
4	电机节能风扇风罩,电机工程系等	国家科学技术进步二等奖	1985年
5	75千伏安稀土钴永磁发动机,电机工程系等	国家科学技术进步二等奖	1985年
6	断路器油的研制	水电部、核工业部、机械部、冶金部、中汽公司等科技成果二等奖	1985年
7	大型发电机失磁异步运行的试验研究	水电部、核工业部、机械部、冶金部、中汽公司等科技成果四等奖	1985年
8	MC-Ⅱ型微循环多参数综合监测系统的研制奖,电机工程系等	北京市科技成果奖、协作二等奖	1985年
9	双速高效电机,电机工程系等	北京市科技成果奖、协作二等奖	1985年
10	FJ-45型自校式0.1级直流高压分压器,电机工程系等	北京市科技成果奖、协作二等奖	1985年
11	ZRP型阻尼式两用电容分压器,电机系、热能系	国家教委科技进步二等奖	1986年
12	ZRP型阻尼式两用电容分压器,电机系等	北京市科技进步三等奖	1986年
13	MVR-1型微机电压无功综合控制装置,电机系等	北京市科技进步三等奖	1986年
14	MC-1型微循环多参数综合监测系统研究,电机系等	其他部委省市科技进步部甲级奖	1986年
15	三项扼流磁放大器整流电源的优化设计计程序,电机	北京市科学技术进步三等奖	1987年
16	500kV高压静电电压表	北京市科学技术进步三等奖	1987年

续表

序号	获奖人（团队）	获奖名称	获奖时间
17	电力系统状态估计中的多重坏数据估计辨识理论与方法	北京市科学技术进步学术奖	1987 年
18	污染绝缘子在直流电压下的污闪条件分析	中国电机工程学会优秀论文奖	1987 年
19	电机过渡过程的基本理论及分析方法（编著者：高景德、张麟征，科学出版社）	国家级优秀教材	1987 年
20	电机过渡过程的基本理论及分析方法（编著者：高景德、张麟征，科学出版社）	国家机械工业委员会部委级优秀教材	1987 年
21	电机学（编著者：李发海、陈汤铭、郑逢时、张麟征、朱东起，科学出版社）	国家机械工业委员会部委级优秀教材；全国优秀教材二等奖	1987 年
22	电机及电力系统过渡过程分析和控制（高景德、卢强、刘取、张麟征、郑逢时、郭永基、顾永昌、王仲鸿、倪以信、王祥珩、费仁言等）	国家自然科学二等奖	1988 年
23	电机及电力系统过渡过程分析和控制（高景德、卢强、刘取、张麟征、郑逢时、郭永基、顾永昌、王仲鸿、倪以信、王祥珩、费仁言等）	国家教委科技进步一等奖	1988 年
24	等离子体焦点中物理过程的理论和实验研究	国家教委科技进步二等奖	1988 年
25	电机电磁场数值计算（陈丕璋、胡显承、严烈通、姚若萍、张济世等）	机械委科技进步二等奖	1988 年
26	大型水火联合电力系统经济调度的研究，电机系等	水电部科技进步二等奖	1988 年
27	直流永磁微电机及生产线，电机系等	北京市科技进步三等奖	1988 年
28	永磁直流盘式扁电机，电机系等	北京市星火三等奖	1988 年
29	电机电磁场理论与计算（陈丕璋、严烈通、姚若萍）	全国优秀科技图书一等奖	1988 年
30	倪以信	霍英东青年教师奖	1988 年
31	输电系统的最优控制（著者：卢强、王仲鸿、韩英铎，科学出版社）	清华大学优秀奖教材一等奖	1988 年

续表

序号	获奖人(团队)	获奖名称	获奖时间
32	高电压实验技术(主编:张仁豫,参编:陈昌渔、王昌长、陈秉中,清华大学出版社)	清华大学优秀奖教材一等奖	1988 年
33	电路分析(编者:肖达川,科学出版社)	清华大学优秀奖教材二等奖	1988 年
34	气体放电(编者:杨津基,科学出版社)	清华大学优秀奖教材二等奖	1988 年
35	电机电磁场数值计算(陈丕璋、胡显承、严烈通、姚若萍、张济世等)	国家科技进步二等奖	1989 年
36	超声多普勒牲畜妊娠检诊仪,电机系等	国家发明四等奖	1989 年
37	35 千伏变电站微机保护监控综合系统,电机系等	国家教委科技进步一等奖	1989 年
38	超大规模集成电路布图设计中的通道布线研究,电机系等	国家教委科技进步二等奖	1989 年
39	SF6 气体绝缘变压器,电机系等	国家教委科技进步三等奖	1989 年
40	电力系统分析-同步电机理论,主编:张宝霖,参编:倪以信	清华大学优秀讲义校级二等奖	1989 年
41	电力系统稳态分系,编者:周荣光、陈刚	清华大学优秀讲义校级二等奖	1989 年
42	Introduction to Recent Development in Physics & Technology,编者:白秀庭;	清华大学优秀讲义校级二等奖	1989 年
43	信号与系统,主编:姜建国,参编:曹建中、高玉明	清华大学优秀讲义校级二等奖	1989 年
44	医学成像系统,编者:高上凯;软件技术与应用,编者:沈永林	清华大学优秀讲义系级奖	1989 年
45	高压放电实验表演系统	清华大学首届实验技术成果一等奖	1990 年
46	数字电路实验箱与模拟运算放大器实验箱;KLM 模拟励磁调节器	清华大学首届实验技术成果二等奖	1990 年
47	光电行程测量技术;单板机控制普通电子扫描示波器实现多次扫描	清华大学首届实验技术成果三等奖	1990 年
48	生理信号提取	清华大学首届实验技术成果三等奖	1990 年

续表

序号	获奖人(团队)	获奖名称	获奖时间
49	模拟发电机组的原动机系统模拟	清华大学首届实验技术成果三等奖	1990 年
50	雷击发射塔架分流模拟实验，电机系等	国家科学技术进步三等奖	1990 年
51	多变量优化励磁控制系统，电机系等	国家科学技术进步三等奖	1990 年
52	多变量优化励磁控制系统，电机系等	国家教委科学技术进步一等奖	1990 年
53	大型发电机励磁系统参数在线测试技术，电机系等	国家教委科学技术进步二等奖	1990 年
54	北京什刹海历史文化风景区保护开发规划，电机系等;60 兆周永磁式核磁共振波谱仪永磁元件研制	国家教委科学技术进步三等奖	1990 年
55	雷击发射塔架分流模拟试验(宫莲、王树民、周国富等)	国防科工委科学技术进步一等奖	1990 年
56	袖珍式 SCD-2 兽医用多普勒检测仪，电机系等	中国人民解放军总后勤部科技进步二等奖	1990 年
57	高景德	全国高等院校科技工作先进工作者	1990 年
58	王叶滔	北京市企业优秀科技人员一等奖	1990 年
59	白净	中国科协青年科技奖	1990 年
60	低频电磁场三维边值问题的理论及分析方法研究(王先冲、陈丕璋、马信山、宫莲、江缉光、张济世、罗飞路、黄大陆、陈培元、王百宽等)	清华大学基础性研究成果奖	1991 年
61	低频电磁场三维边值问题的分析和计算方法的研究(王先冲、陈丕璋、马信山、宫莲、江缉光、张济世、罗飞路、黄大陆、陈培元、王百宽等)	国家自然科学四等奖	1991 年
62	低频电磁场三维边值问题的分析和计算方法的研究(王先冲、陈丕璋、马信山、宫莲、江缉光、张济世、罗飞路、黄大陆、陈培元、王百宽等)	国家教委科学技术进步一等奖	1991 年
63	高压大电流合成试验设备，电机系等	国家重大技术装备成果一等奖	1991 年

续表

序号	获奖人(团队)	获奖名称	获奖时间
64	《电子技术》(电工学Ⅱ),主编:杨福生,参编:张贵媛、王士敏、何丽静,高等教育出版社	国家优秀教材奖	1992 年
65	YLT 低噪声 12 级系列 YDDL 系列低噪声双速三相异步电动机(胡元德、金启玫等)	清华大学科研成果推广应用效益显著奖	1992 年
66	并联柴油发电机组的电压、转速和均分功率的最优控制系统(王仲鸿、吴壬华、韩英铎、刘文华等)	国家发明奖四等奖	1993 年
67	东北电网实时状态估计(张伯明、王世缨、相年德、邓佑满等)	国家级科学技术进步奖二等奖	1993 年
68	东北电网仿真系统(顾永昌、王心丰、李文平等)	国家级科学技术进步奖二等奖	1993 年
69	多大区互联系统频率动态过程的分析及低频减载装置的整定	国家级科学技术进步奖二等奖	1993 年
70	HF-Ⅱ红外光点运动分析系统(丁海曙、王广志、容观澳、丁辉等)	国家级科学技术进步奖三等奖	1993 年
71	高海拔外绝缘及电晕特性研究	国家级科学技术进步奖三等奖	1993 年
72	YLT 低噪声 12 级系列 YDDL 系列低噪声双速三相异步电动机(胡元德、金启玫等)	国家级科学技术进步奖三等奖	1993 年
73	输电网优化规划及软件包	国家教委科学技术进步奖一等奖	1993 年
74	东北电网实时状态估计(张伯明、王世缨、相年德、邓佑满等)	国家教委科学技术进步奖一等奖	1993 年
75	东北电网仿真系统(顾永昌、王心丰、李文平等)	能源部科学技术进步奖一等奖	1993 年
76	《电机及拖动基础》(上、下),主编李发海,参编王岩(中央广播电视大学),中央广播电视大学出版	清华大学第二届优秀教材一等奖	1993 年
77	沿染污介质表面放电的研究(张仁豫、关志成、薛家麒、朱德恒、谈克雄等)	国家自然科学奖三等奖	1994 年
78	沿染污介质表面放电的研究(张仁豫、关志成、薛家麒、朱德恒、谈克雄等)	国家教委科技进步一等奖	1994 年

续表

序号	获奖人（团队）	获奖名称	获奖时间
79	电力系统非线性分布协调控制理论及其应用（主要完成人：卢强）	清华大学基础性研究成果奖	1994 年
80	水火联合电力系统年、月、日优化运行计划的研究	清华大学科研成果推广应用效益显著奖	1994 年
81	东北电网实时静态安全分析的最优潮流	清华大学科研成果推广应用效益显著奖	1994 年
82	MVR-IIE 微机电压无功综合控制装置	清华大学科研成果推广应用效益显著奖	1994 年
83	ZKI-1 开关型多功能励磁调节装置	清华大学科研成果推广应用效益显著奖	1994 年
84	大型汽轮机及调整系统在线参数辨识技术（沈善德、朱守真等）	清华大学科研成果推广应用效益显著奖	1994 年
85	应用电子学及电工学实验室、基本电工实验室	荣获清华大学“一级实验室”称号	1994 年
86	高压瞬态量的光电测量方法，白秀庭等	清华大学基础性研究成果奖	1995 年
87	绝缘子防污闪憎水长效涂料，关志成等	清华大学科研成果推广应用效益显著奖	1995 年
88	交流电机及其系统的分析（高景德、王祥珩、李发海）	全国优秀科技图书一等奖	1995 年
89	2500kW 轧机主传动同步电机交交变频调速系统（李发海等，合作单位冶金部自动化院）	国家级科学技术进步奖二等奖	1996 年
90	大型汽轮机及调速系统在线参数辨识技术（沈善德、朱守真等）	国家级科学技术进步奖三等奖	1996 年
91	同步电机阻尼磁链定向控制理论及其在大功率交交变频系统中的应用	国家教委科学技术进步一等奖	1996 年
92	张伯明	国防科工委光华科技基金奖一等奖	1996 年
93	辉光放电低温等离子体理论和实验研究	清华大学基础性研究成果奖	1996 年
94	潜油电泵变频调整装置	清华大学科技成果推广应用效益显著奖	1996 年
95	供电系统谐波检测与治理（唐统一、孙树勤、潘隐萱、戴先中、陆祖良、杨仁刚、李志康、徐福媛、王树民、赵学东、赵伟）	国家教委科学技术进步二等奖	1996 年

续表

序号	获奖人(团队)	获奖名称	获奖时间
96	供电系统谐波检测与治理(唐统一、孙树勤、潘隐萱、戴先中、陆祖良)	国家级科技进步奖三等奖	1996年
97	轨迹分析方法理论研究	电力工业部科技进步一等奖	1996年
98	BHG-3000型横流薄膜式玻璃钢冷却塔和CFNL-800节能型方形逆流式玻璃钢冷却塔	广东省阳江市科技进步一等奖	1996年
99	电力系统及设备的可靠性理论的研究	清华大学基础性研究成果奖	1997年
100	大型发电机安全监视与无刷励磁检测系统(沈善德、朱守真等)	清华大学科技成果推广应用效益显著奖	1997年
101	大型发电机稳定安全监视与无刷励磁检测系统(沈善德、朱守真等)	国家级科学技术进步奖三等奖	1997年
102	超高压合成绝缘子(张仁豫、薛家麒、梁曦东、李京、关志成、王黎明、卢颀明、石伟、邢广军,第二完成单位清华紫光集团)	国家级科学技术进步奖二等奖	1997年
103	神经系统异常运动功能信息检测及综合定量分析(电机工程与应用电子技术系、工程力学系)	北京市科技进步二等奖	1998年
104	8031/8098单片机扩展接口通用教学实验箱(唐庆玉、梁作清、崔子经)	清华大学第五届实验技术成果奖二等奖	1998年
105	快脉冲高温高密等离子体诊断激光差分干涉仪(王新新、韩旻、杨津基、罗承沐、李成榕、吕铭方)	清华大学第五届实验技术成果奖二等奖	1998年
106	数字信号处理实验室的网络规划与建设(林榕、崔子经、丁辉)	清华大学第五届实验技术成果奖三等奖	1998年
107	60kV开关型高压直流电源,肖如泉、王琰、曾嵘、程天强、李军、李伟光	清华大学第五届实验技术成果奖三等奖	1998年
108	SZ-2型数字电路学习机(冉凡英、刘艳、李胜)	清华大学第五届实验技术成果奖三等奖	1998年
109	数据库设备管理系统(李胜、王士敏、刘艳)	清华大学第五届实验技术成果奖三等奖	1998年
110	可编程控制器演示系统在电工学教学中的应用(孙晓英、刘文武、王艳丹)	清华大学第五届实验技术成果奖三等奖	1998年

续表

序号	获奖人(团队)	获奖名称	获奖时间
111	MD-2 型模拟电路学习机(刘艳、冉凡英、李胜)	清华大学第五届实验技术成果奖三等奖	1998 年
112	录波仪(电机工程与应用电子技术系电力系统及发电设备安全控制和仿真国家重点实验室)	清华大学大型仪器设备使用效益奖二等奖	1998 年
113	可控串补动模装置(电机工程与应用电子技术系电力系统及发电设备安全控制和仿真国家重点实验室)	清华大学大型仪器设备使用效益奖三等奖	1998 年
114	数字存储示波器(电机工程与应用电子技术系气体放电与等离子体实验室)	清华大学大型仪器设备使用效益奖三等奖	1998 年
115	新型高效高浓度臭氧发生器，电机工程与应用电子技术系等	清华大学科技成果推广应用效益显著奖	1999 年
116	黑龙江省东部电网区域稳定控制装置研制	清华大学科技研成果推广应用效益显著奖	2000 年
117	TCSC 动模实验装置(童陆园、陈永亭、王德延、尹忠东)	清华大学第 6 届实验技术成果奖	2000 年
118	系列化新型实验教学仪器设备开发与研制(徐云、张丕进、奎丽荣、周红、吕庚)	清华大学第 6 届实验技术成果奖	2000 年
119	500kV 紧凑型输电线路关键技术及实验工程(黄炜纲等，合作单位华北电力集团公司，中国电力科学研究院等)	国家科技进步二等奖	2001 年
120	虚拟仪器技术在教学实验中的应用：电力系统实时决策系统	清华大学第七届实验技术成果奖二等奖	2002 年
121	可编程控制器(PLC)工控网络的建立及开发	清华大学第七届实验技术成果奖二等奖	2002 年
122	电力系统新型静止无功发生器(ASVG)的研制(王仲鸿、刘文华、姜齐荣、韩英铎、梁旭)	国家科学技术进步奖二等奖	2002 年
123	中长期电力需求分析与预测系统(夏清、康重庆、刘梅、宁波、沈瑜)	国家科学技术进步二等奖	2002 年
124	电力系统四大参数建模和参数数据库建立(朱守真、沈善德)	北京市科技进步二等奖	2002 年

续表

序号	获奖人(团队)	获奖名称	获奖时间
125	运行合成绝缘子检测技术和耐雷电冲击特性的试验研究(梁曦东、周远翔、王绍武、范矩)	山东省科技进步二等奖	2002 年
126	电厂报价辅助决策系统(何光宇、陈雪青)	北京市科技进步三等奖	2002 年
127	贵阳市北电网 EMS 系统(孙宏斌)	贵州省科技进步三等奖	2002 年
128	中长期电力需求分析与预测系统(夏清、康重庆、刘梅、宁波、沈瑜)	清华大学科研成果推广应用效益显著奖	2003 年
129	电力系统四大参数建模和参数数据库建立(朱守真、沈善德)	2002 年度清华大学科研成果推广应用效益显著奖	2003 年
130	大型发电机与变压器放电性等故障的在线监测与诊断技术(朱德恒、谈克雄、姜建国、李福祺、高文胜、高胜友)	国家科学技术进步二等奖	2003 年
131	基于小波变换的输电线路暂态行波分析和故障测距理论研究	北京市科技进步二等奖	2003 年
132	电力系统实验室监控系统的研制与改造	清华大学第八届实验技术成果奖二等奖	2004 年
133	电力系统非线性鲁棒控制理论及工程应用(卢强、梅生伟、孙元章、黎雄、胡伟)	国家科学技术进步一等奖	2004 年
134	电网能量管理和培训仿真一体化系统(张伯明、孙宏斌、吴文传、邓佑满、相年德)	北京市科技进步一等奖	2004 年
135	大型发电机定子绕组内部故障分析及其主保护的定量化设计(王维俭、王祥珩、桂林、孙宇光、王善铭、毕大强、苏鹏声)	国家科学技术进步二等奖	2004 年
136	低压三电平变频调速系统(赵争鸣、孟朔、刘建政、孙晓瑛)	北京市科技进步二等奖	2004 年
137	三峡输变电前期科研-三峡 500kV 双回同塔新技术研究(黄炜纲)	中国电力科技进步三等奖	2004 年
138	电力市场交易与电网调度管理技术支持系统(夏清、康重庆、张伯明)	中国电力科技进步三等奖	2004 年

续表

序号	获奖人（团队）	获奖名称	获奖时间
139	序列运算理论研究及其在电力系统中的应用（康重庆、夏清、相年德）	北京市科学技术奖二等奖	2005 年
140	广东省地区电网外网等值自动生成系统（张伯明、张海涛）	中国电力科学技术奖三等奖	2005 年
141	大型风力发电场接入电力系统问题的研究（周双喜、陈寿孙）	中国电力科学技术奖三等奖	2005 年
142	南方电网电压稳定性分析与控制	中国南方电网公司科学技术奖二等奖	2005 年
143	体外特高频（UHF）传感的 GIS 局部放电在线检测、定位和诊断（刘卫东）	陕西省科技进步二等奖	2005 年
144	HVDC 系统地中回流对交流系统影响的机理分析及防范措施研究	高等学校科学技术奖二等奖	2006 年
145	体外特高频（UHF）传感的 GIS 局部放电在线检测、定位和诊断（电机系等，非第一完成单位）	高等学校科学技术奖二等奖	2006 年
146	国家电网 750kV 输变电示范工程及其关键技术研究（电机系等，非第一完成单位）	国家电网公司科学技术进步奖特等奖	2006 年
147	上海电网黄渡分区±50MvarSTATCOM 装置的研制（电机系等，非第一完成单位）	国家电网公司科学技术进步奖一等奖	2006 年
148	江苏电网无功电压优化控制系统（电机系等，非第一完成单位）	国家电网公司科学技术进步奖二等奖	2006 年
149	故障电流对城市通信设施的影响和工频磁场测量的研究（电机系等，非第一完成单位）	国家电网公司科学技术进步奖二等奖	2006 年
150	330kV 紧凑型输电线路关键技术试验研究工程应用	国家电网公司科学技术进步奖三等奖	2006 年
151	HVDC 系统地中电流对交流系统的影响及防范措施研究（电机系曾嵘、何金良、张波等，非第一完成单位）	中国南方电网公司科学技术奖二等奖	2006 年
152	大型地网状态评估研究（电机系等，非第一完成单位）	中国南方电网公司科学技术奖三等奖	2006 年
153	广东电网电压稳定性及控制策略研究（何金良、张波、曾嵘等，非第一完成单位）	中国南方电网公司科学技术奖三等奖	2006 年

续表

序号	获奖人(团队)	获奖名称	获奖时间
154	我国第一条 750kV 输变电示范工程(关志成)	中国电力科技进步一等奖	2006 年
155	基于软分区的网省级电网无功电压优化控制系统(孙宏斌、张伯明)	中国电力科技进步二等奖	2006 年
156	±500kV 直流输电外绝缘特性研究(关志成)	中国电力科技进步二等奖	2006 年
157	±800kV 特高压直流合成绝缘子研制(梁曦东)	中国电力科技进步三等奖	2006 年
158	故障电流对城市通信设施的影响和工频磁场测量的研究(袁建生)	中国电力科技进步三等奖	2006 年
159	基于行波原理的电力线路在线故障测距技术(董新洲(2))	国际技术发明二等奖	2007 年
160	三维协调的新一代电网能量管理系统关键技术及应用(张伯明、孙宏斌、吴文传、郭庆来、汤磊、王鹏)	中国高等学校十大科技进展	2007 年
161	关于太阳能应用于 2008 年北京奥运会的建议(赵争鸣(1))	北京市科协优秀建议特等奖	2007 年
162	基于 IGCT 的高压大容量三电平变频器调速系统(赵争鸣(1)、袁立强(3)、白华(5)、孙海涛(7)、孙晓瑛(9))	中国电工技术学会科学技术一等奖	2007 年
163	变电所电磁环境评估技术及防护的研究(何金良(1)、张波(2)、陈水明(4)、邹军(5)、曾嵘(6))	北京市科技进步奖	2007 年
164	基于 IGCT 的高压大容量三电平变频调速系统(赵争鸣(1)、袁立强(3)、孙晓瑛(9))	北京市科技进步奖	2007 年
165	国产化容量变速恒频双馈异步风力发电机系统(姜新建(1)、柴建云(2)、李永东(3))	北京市科技进步奖	2007 年
166	国防项目(赵争鸣(1)、孙晓瑛(9))	中国人民解放军总装备部军队科技进步二等奖	2007 年
167	配电网 10kV 架空绝缘导线雷击断线机理及防护措施研究(何金良(1)、谷山强(12))	中国电力科技进步二等奖	2007 年

续表

序号	获奖人（团队）	获奖名称	获奖时间
168	上海电网黄渡分区±Mvar STATCOM装置的研制（刘文华(1)、宋强(4)）	中国电力科技进步二等奖	2007年
169	线路卷源自饱和污秽度下耐污耐受电压特性及复合绝缘子老化性能研究（梁曦东(3)）	中国电力科技进步二等奖	2007年
170	基于高压IGCT的新型大容量变频调速系统（ASD6000T）（赵争鸣(1)、袁立强(5)、张海涛(7)）	中国电力科技进步二等奖	2007年
171	±800kV直流外绝缘技术开发及设备研制（梁曦东(3)）	中国电力科技进步二等奖	2007年
172	江苏电网无功电压优化控制系统（孙宏斌(1)、张伯明(3)）	江苏省科技进步二等奖	2007年
173	静止无功补偿装置SVC研发（刘秀成(4)、陈建业(6)、庞浩(8)）	广东省科技进步二等奖	2007年
174	基于广域信息的多回直流自适应协调控制技术研究与实施（陆超(2)、韩英铎(12)）	中国电力科技进步一等奖	2008年
175	时序递进式协调优化的电力系统调度决策技术（康重庆(2)）	山东省科技进步一等奖	2008年
176	电力系统中基于软分区的电压控制方法（孙宏斌(1)）	北京市发明专利二等奖	2008年
177	改善变电所接地系统安全性能的研究（何金良(1)、曾嵘(2)、张波(4)、邹军(5)、陈水明(6)）	中国电力科技进步二等奖	2008年
178	输电系统中灵活交流输电（可控串补）关键技术研究和推广应用（清华大学）	国际技术发明二等奖	2008年
179	电力大系统非线性控制学（卢强、梅生伟、孙元章、刘锋）	国家自然科学二等奖	2008年
180	三维协调的新一代电网能量管理系统关键技术及应用（张伯明、孙宏斌、吴文传、郭庆来、汤磊、王鹏）	国际技术发明二等奖	2008年
181	防止配电网雷击断线用穿刺型防弧金具、箝位绝缘子和带间隙雷器（何金良(5)）	国际技术发明二等奖	2008年

续表

序号	获奖人(团队)	获奖名称	获奖时间
182	采用附件励磁阻尼控制和扭振保护抑制次同步谐振的研究及工程应用(谢小荣(3)、韩英铎(11))	中国电力科技进步一等奖	2009年
183	交流电机的多回路理论及其工程应用(王祥珩(1)、王维俭(2)、王善铭(4)、孙宇光(5)、桂林(6)、毕大强(7))	北京市科技进步二等奖	2009年
184	高清晰度储罐底板缺陷可视化检测设备(黄松岭(1)、赵伟(2))	教育部科技进步二等奖	2009年
185	大电流互感器屏蔽防护及测试新方法研究(赵伟(2)、黄松岭(4))	国家能源科技进步三等奖	2010年
186	大电流互感器屏蔽防护及测试新方法研究(赵伟(2)、黄松岭(4))	中国电力科学技术奖三等奖	2010年
187	省地一体化的智能短期电力负荷预测系统及工程应用(夏清(1)、康重庆(2))	教育部科技进步二等奖	2010年
188	一种具有防窃电功能的电子式互感器(张贵新(1))	第十九届全国发明展览会银奖	2010年
189	甘肃酒泉风电基地前期接入及送出技术研究(李国杰(8))	甘肃省科技进步二等奖	2010年
190	700MW水轮发电机继电保护配置研究及应用(桂林(5)、孙宇光(9))	中国电力科技进步二等奖	2010年
191	混流式机组水电厂运行仿真机(郝小欣(12))	吉林省科技进步二等奖	2010年
192	X-pinch软X射线辐射点源及应用基础研究(邹晓兵、王新新)	2011年度教育部高等学校自然科学奖二等奖	2011年
193	电磁超声导波结构缺陷快速检测和健康监测技术研究及应用(黄松岭、赵伟)	石油工业联合会科技进步二等奖	2011年
194	油气管道变形内检测设备开发及应用(郭静波)	2011年北京市科技进步一等奖	2012年
195	特高压交流输电关键技术、成套设备及工程应用	国家科技进步奖特等奖	2012年
196	交流电机系统的多回路分析技术及应用(王祥珩、王维俭、王善铭、桂林、孙宇光、毕大强)	国家技术发明奖二等奖	2012年

续表

序号	获奖人（团队）	获奖名称	获奖时间
197	电力系统接地基础理论、关键技术及工程应用（何金良、曾嵘、张波、胡军、余占清、庄池杰、邹军、吴维韩、盛新富）	中国电力科学技术奖一等奖	2012 年
198	高海拔±800kV 特高压直流外绝缘特性研究及应用（梁曦东（3））	中国电力科学技术奖二等奖	2012 年
199	±500kV 同塔双回直流输电线路设计技术研究（袁建生（7）、田冀焕（8））	中国电力科学技术奖二等奖	2012 年
200	兆瓦级电池储能站关键技术研究及应用（袁志昌（6）、陆超（17）、刘建政（18））	中国电力科学技术奖三等奖	2012 年
201	±800kV 直流输电对系统的影响及仿真技术的研究（陆超（7））	中国电力科学技术奖三等奖	2012 年
202	动态稳定分析用同步发电机模型与参数辨识研究（郑竞宏（5）、朱守真（10）、沈沉（11））	中国电力科学技术奖三等奖	2012 年
203	大气压介质阻挡均匀放电的研究（王新新（1）、关志成（4）、罗海云（5））	教育部自然科学奖二等奖	2012 年
204	电力系统接地基础理论、关键技术及工程应用（何金良（1）、曾嵘（2）、张波（3）、胡军（7）、余占清（10）、庄池杰（11）、邹军（13）、吴维韩（14）、盛新富（15））	教育部科学技术进步奖二等奖	2012 年
205	一种四维自适应绝缘件表面电荷测量装置（王强（1）、张贵新（2））	第七届国际发明展览会银奖	2012 年
206	内燃发动机用微波等离子体点火耦合装置（王强（1）、张贵新（3））	第七届国际发明展览会铜奖	2012 年
207	湖北省电网规划辅助决策系统（康重庆（3））	湖北省科技进步奖三等奖	2012 年
208	百兆伏安级动态无功补偿装置（STATCOM）关键技术研究及应用（姜齐荣（2）、袁志昌（11））	中国南方电网公司科学技术奖特等奖	2012 年
209	兆瓦级电池储能站关键技术研究及应用（袁志昌（6）、陆超（13）、刘建政（18））	中国南方电网公司科学技术奖一等奖	2012 年

续表

序号	获奖人(团队)	获奖名称	获奖时间
210	高性能三相光伏并网逆变器及其系统(赵争鸣(1)、袁立强(3)、贺凡波(5)、孙晓瑛(9)、鲁挺(10))	中国电工技术学会科学技术进步奖一等奖	2012年
211	环锭纺智能落纱机(于庆广(2/5))	中国纺织工业联合会科学技术奖二等奖	2012年
212	电磁超声导波结构缺陷快速检测和健康监测技术研究及应用(黄松岭(1)、赵伟(2)、王珅(3)、侯国屏(10)、董甲瑞(11)、叶朝锋(13))	中国机械工业科学技术奖二等奖	2012年
213	动态稳定分析用同步发电机模型与参数辨识研究(郑竞宏(5)、朱守真(10)沈沉(11))	广东电网公司科学技术奖一等奖	2012年
214	广东电网海上风电消纳能力研究(康重庆(3))	广东电网公司科技进步奖三等奖	2012年
215	S9型环锭纺智能落纱机(于庆广(1))	铜陵市科技进步奖一等奖	2013年
216	永磁同步电机高性能控制方法及其伺服应用(肖曦(1)、孙凯(2)、郑泽东(3)、李永东(4)、黄立培(5)、柴建云(7))	中国电工技术学会科学技术奖一等奖	2013年
217	油气管道缺陷检测系统(黄松岭(1)、赵伟(4)、王珅(5))	中国产学研合作创新成果奖	2013年
218	交直流大电网高拟真跨平台全景实时仿真技术的集成研究与开发应用(韩英铎(10))	中国电力科学技术奖二等奖	2013年
219	油气输送管道及储罐底板缺陷检测关键技术与应用(黄松岭(1)、赵伟(2)、王珅(3))	教育部技术发明奖二等奖	2013年
220	±800kV特高压直流输电技术开发、装备研制及工程应用	中国电力科学技术奖一等奖	2013年
221	超/特高压输变电工程绝缘间隙试验技术研究及工程应用(曾嵘(8))	中国电力科学技术奖三等奖	2013年
222	环锭纺智能落纱机(于庆广(1))	中国机械工业科学技术奖三等奖	2013年
223	高效高压三相异步电动机的研究与应用(赵争鸣(2)、孙晓瑛(10)、袁立强(12))	中国机械工业科学技术奖二等奖	2013年

续表

序号	获奖人(团队)	获奖名称	获奖时间
224	电网自动电压控制系统间的协调量设计方法及其实施方法(梅生伟(2)、张雪敏(4)、何光宇(6))	国家电网公司专利奖二等奖	2013 年
225	暂态行波保护测试仪(董新洲(1)、施慎行(2)、王宾(4))	发明展览会奖金奖	2014 年
226	中性点非有效接地配电网行波选线技术(董新洲(1)、施慎行(2)、王宾(6))	发明展览会奖银奖	2014 年
227	基于暂态故障行波的输配电线路保护技术(董新洲(1)、施慎行(2)、王宾(3))	中国电力科学技术奖一等奖	2014 年
228	基于电压源变流器的±200MVA 静止同步补偿装置关键技术开发及工程应用(袁志昌(1)、姜齐荣(6))	中国电力科学技术奖一等奖	2014 年
229	油气管道缺陷在线检测关键技术与应用(黄松岭(1)、赵伟(2)、王珅(3)、于歆杰(4)、董甲瑞(10))	北京市科学技术奖一等奖	2014 年
230	电网雷击防护关键技术研究与工程应用(曾嵘(3))	中国电力科学技术奖一等奖	2014 年
231	通信局(站)系统防雷接地理论创新及技术突破与国内外应用(何金良(7))	中国通信学会科学技术奖一等奖	2014 年
232	电力系统自组织临界特性与大电网安全(梅生伟(1)、张雪敏(3))	中国机械工业科学技术奖二等奖	2014 年
233	百兆伏安级静止同步补偿装置关键技术开发及工程应用(姜齐荣(2)、袁志昌(11))	中国机械工业科学技术奖二等奖	2014 年
234	港口电子式供电装备系统绿色变换技术及应用(毕大强(2))	中国电子学会电子信息科学技术奖二等奖	2014 年
235	高海拔特高压直流线路电磁环境特性及抑制措施研究(曾嵘(2)、余占清(4)、张波(5))	中国电力科学技术奖二等奖	2014 年
236	电网友好型大型风电场关键技术研究与示范(闵勇(7))	中国电力科学技术奖二等奖	2014 年
237	节能发电调度体系和关键技术研究及试点应用(夏清(4)、康重庆(16))	中国电力科学技术奖三等奖	2014 年

续表

序号	获奖人(团队)	获奖名称	获奖时间
238	雷击导致的直流系统闭锁机理及防护技术(何金良(4)、余占清(6)、曾嵘(10))	中国电力科学技术奖三等奖	2014年
239	基于三维有限元神经网络的缺陷识别和量化评价方法(黄松岭(1)、赵伟(2))	中国专利奖优秀奖	2014年
240	光纤复合相线(OPPC)在电网中应用的关键技术研究(程林(12))	北京市科学技术奖三等奖	2014年
241	电网雷击防护关键技术与应用(曾嵘(3))	国家科学技术进步奖二等奖	2015年
242	通信局(站)系统防雷接地理论创新及技术突破与国内外应用(何金良(6))	国家科学技术进步奖二等奖	2015年
243	大型互联电网阻尼特性在线分析与控制技术及应用(闵勇、陆超、谢小荣、陈磊、韩英铎、徐飞)	教育部技术发明奖一等奖	2015年
244	电力系统连锁故障机理分析与大停电事故阻断方法(梅生伟、刘锋、张雪敏、沈沉、陈颖、薛安成、卢强)	教育部自然科学奖一等奖	2015年
245	海岸工程兆瓦级特种变流电源关键技术及应用(毕大强(2))	教育部科学技术进步奖一等奖	2015年
246	高压变电站与云数据中心共站危险影响及电磁防护关键技术与应用(何金良(1))	河南省科学技术进步奖一等奖	2015年
247	电网大面积污闪事故防治关键技术及工程应用(梁曦东(2))	中国电力科学技术奖一等奖	2015年
248	基于广域信息的电力系统动态监测与控制关键技术及应用(程林(2)、张放(5))	湖北省技术发明奖一等奖	2015年
249	含大规模风电接入的电网发电调度模式与关键性技术研究与应用(钟海旺(2)、夏清(3))	山东省科技进步奖二等奖	2015年
250	风电场、光伏电站集群控制系统研究与开发(鲁宗相(4)、乔颖(11))	中国电力科学技术奖二等奖	2015年
251	特高压直流线路宽频域电晕电流测量技术研究及应用(何金良(7))	北京市科学技术奖二等奖	2015年

续表

序号	获奖人(团队)	获奖名称	获奖时间
252	千万千瓦级风电汇集系统无功电压管控技术研究及应用(郭庆来(2)、孙宏斌(10))	中国电力科学技术奖三等奖	2015年
253	防范特大风电基地连锁脱网的无功电压多层级控制技术研究及应用(郭庆来(5))	河北省科学技术进步奖三等奖	2015年
254	交直流电网运行控制动态全过程仿真演练平台研发与应用(吴文传(9))	中国电力科学技术奖三等奖	2015年
255	适应大规模新能源集中并网的调度运行控制系统关键技术研究及应用(鲁宗相(10))	中国电力科学技术奖三等奖	2015年
256	行波故障测距装置(董新洲(1))	韩国BIXPO电力技术国际展览尖端技术奖金奖	2015年
257	输电线路行波纵联方向保护(董新洲、施慎行、王宾)	第43届日内瓦国际发明展泰国代表团特别大奖金奖	2015年
258	500kV电力电缆智能化运维关键技术研究及应用(周远翔(8))	国家电网公司科学技术进步奖二等奖	2015年
259	一种500kV终端变电站可综合可靠性评估方法(鲁宗相(8))	广东电网公司科学技术奖三等奖	2015年
260	电网大面积污闪事故防治关键技术及工程应用	国家科学技术进步奖二等奖	2016年
261	大型汽轮发电机组次同步谐振/振荡的控制与保护技术、装备及应用	国家科学技术进步奖二等奖	2016年
262	复杂电网自律-协同无功电压自动控制系统关键技术及应用	中国高校十大科技进展	2016年
263	复杂电网自律-协同无功电压自动控制系统关键技术及应用	教育部技术发明奖一等奖	2016年
264	智能高压开关设备关键技术及其应用	教育部科技进步奖一等奖	2016年
265	电力线路行波保护关键技术及装置开发应用	北京市科技进步奖一等奖	2016年
266	源网协同的大规模风电优先调度与安全防御技术及应用	吉林省科技进步奖一等奖	2016年

续表

序号	获奖人(团队)	获奖名称	获奖时间
267	风电场、光伏电站集群控制系统研究与开发	甘肃省科技进步奖一等奖	2016 年
268	特高压交直流混联受端电网安全风险及防控关键技术研究与应用	河南省科技进步奖一等奖	2016 年
269	智能高压开关设备研制及工程应用	中国电力科学技术奖一等奖	2016 年
270	高压大容量多端柔性直流输电关键技术开发、装备研制及工程应用	中国电力科学技术奖一等奖	2016 年
271	南方电网功率振荡的广域监视和防御决策系统研究与应用	中国电力科学技术奖二等奖	2016 年
272	源网友好型大规模风电运行控制关键技术及应用	中国电力科学技术奖三等奖	2016 年
273	以电网低碳化为特征的智能电网综合集成技术研究与示范	中国电力科学技术奖三等奖	2016 年
274	集群风电-串补输电系统次同步谐振机理及治理对策研究和应用	北京市科技进步奖三等奖	2016 年
275	防范特大风电基地连锁脱网的无功电压多层级控制技术研究及应用	河北省科学技术进步奖三等奖	2016 年
276	电力系统节能减排优化调度技术及其应用(钟海旺、夏清等)	第 44 届日内瓦国际发明展览会金奖	2016 年
277	电力系统多时间尺度风电消纳能力辨识技术(张宁、康重庆等)	第 44 届日内瓦国际发明展览会银奖	2016 年
278	电力规划决策支持系统 GOPT	北京发明创新大赛银奖	2016 年
279	基于合作博弈理论的安全和经济协调的自动电压控制方法	中国专利奖优秀奖	2016 年
280	南方电网功率振荡的广域监视和防御决策系统研究与应用	中国南方电网公司科学技术奖二等奖	2016 年
281	多回路分析法在水电站发电机励磁绕组匝间短路在线监测研究与应用	国网新源公司项目奖二等奖	2016 年
282	“互联网+”智慧能源助推中国能源革命战略研究	国家能源局软科学研究优秀成果奖二等奖	2016 年
283	中国科协青年人才托举工程	中国电机工程学会个人奖	2016 年

续表

序号	获奖人(团队)	获奖名称	获奖时间
284	基于 MARS 的参数辨识方法及其在无差拍直接转矩控制当中的应用(孙嘉伟)	第十八届全国电气自动化与电控系统学术年会优秀论文	2017 年
285	一种基于载波交叠 PWM 的四电平 NPC 变换器中点电压平衡控制方法(王奎)	第十八届全国电气自动化与电控系统学术年会优秀论文	2017 年
286	一种电磁轨道炮速度控制方案(常馨月、于歆杰、刘旭堃、李臻)	第八届全国电磁发射技术研讨会优秀论文	2017 年
287	开关电容接入的多电平直流链直流变压器及其演变(清华大学/深圳供电局,赵彪、赵宇明、刘国伟)	第三届“直流输电与电力电子创新杯大赛”一等奖	2017 年
288	考虑旋转激磁及畴壁运动过程的电工钢片铁心损耗建模及验证(李劲松博士后)	中国电机工程学会年会优秀论文	2017 年
289	大型互联电网阻尼特性在线分析与控制技术及应用	国家技术发明奖二等奖	2017 年
290	电力线路行波保护关键技术及装置	国家技术发明奖二等奖	2017 年
291	特高压±800kV 直流输电工程	国家科学技术进步奖特等奖	2017 年
292	特大型交直流电网技术创新及其在国家西电东送中的应用	国家科学技术进步奖二等奖	2017 年
293	大规模风电联网高效规划与脱网防御关键技术及应用	国家科学技术进步奖二等奖	2017 年
294	新能源电力系统需求侧灵活资源的优化与控制理论	教育部自然科学奖一等奖	2017 年
295	高性能级联型高压大容量变频调速系统研发与应用	教育部科学技术进步奖二等奖	2017 年
296	变流器限流保护系统控制装置及其限流控制方法	中国专利奖优秀奖	2017 年
297	复合绝缘子长期运行性能检测及寿命评估与运维方法	山东省科学技术进步奖二等奖	2017 年
298	500kV 电力电缆线路智能化运维监控技术研究项目	上海市科技进步奖二等奖	2017 年
299	800kV 智能断路器的研制	河南省科学技术进步奖二等奖	2017 年

续表

序号	获奖人(团队)	获奖名称	获奖时间
300	特高压交流输变电工程 GIS 设备 VFTO 特性试验与仿真及工程应用	湖北省科技进步奖二等奖	2017 年
301	考虑资源和电网适应性的风电优化规划与运行控制技术及应用	辽宁省科学技术奖二等奖	2017 年
302	网源友好的多维协同有功调控系统关键技术及其应用	中国电工技术学会科学技术奖一等奖	2017 年
303	海上油田群智能电网关键技术及其应用	中国石油工程建设协会科学技术奖一等奖	2017 年
304	特高压 GIS 变电站特快速瞬态过电压防护关键技术及应用	中国电力科学技术奖一等奖	2017 年
305	电动汽车及充电设施建设运营关键技术研究与应用	中国电力科学技术奖二等奖	2017 年
306	电动汽车与电网互动技术与应用	中国电力科学技术奖二等奖	2017 年
307	新能源多层级接入的弱外联区域智能电网技术研究和集成应用	中国电力科学技术奖二等奖	2017 年
308	以多环节综合互动为特征的智能电网综合示范工程	电力建设科学技术进步奖二等奖	2017 年
309	储能系统提高风电接纳能力关键技术与应用	中国电子学会电子信息科学技术奖二等奖	2017 年
310	大型接地网多维度评价关键技术研究及应用	中国电力科学技术进步奖三等奖	2017 年
311	基于气象大数据的光伏功率预测及智能采暖系统	发明展览会奖金奖	2017 年
312	特高压 GIS 变电站特快速瞬态过电压防护关键技术及应用	国家电网公司科学技术进步奖一等奖	2017 年
313	电力系统无功补偿设备绝缘性能检测关键技术研究与应用	国网冀北电力公司科技进步奖一等奖	2017 年
314	设备状态评价信息化关键技术研究与实现	中国南方电网有限责任公司技术改进贡献奖一等奖	2017 年
315	考虑多元能源协调优化的大电网多级调度计划关键技术与应用	国家电网公司科技进步奖二等奖	2017 年
316	互感器及套管带电局部放电检测与定位系统的研制开发及应用研究	中国南方电网公司科学技术奖三等奖	2017 年

续表

序号	获奖人(团队)	获奖名称	获奖时间
317	以电网低碳化为特征的智能电网综合集成技术研究与示范	国家电网公司科学技术进步奖三等奖	2017 年
318	智能电网多环节综合互动运行关键技术及应用	国家电网公司科技进步奖三等奖	2017 年
319	储能电站的优化布局方法及广域协调控制技术	第 45 届国际发明博览会金奖	2017 年

（资料来源:《清华公报》,1979—2010 年;《清华大学一览》,1984—1996 年;《清华大学年鉴》,1998—2001 年,2006 年,2007 年;清华大学电机系资料;清华大学电机系:《清华电机系七十周年系庆纪念集》）

图 8-107　张伯明教授（中）与团队成员进行讨论①

图 8-108　“三维协调的新一代电网能量管理系统、关键技术及应用”获 2008 年国家技术发明奖二等奖。图为张伯明（右二）和团队成员在国家科技奖励大会上②

① 《新清华》,第 1763 期。

② 《新清华》,第 1821 期。

图 8-109 电机系获得的国家级、省部级各项奖励证书①

此外,改革开放以来,电机系积极参与国际学术交流活动,通过走出去、请进来等方式,与世界多所著名高校及研究单位等展开了卓有成效的科研与人才培养的合作。2000 年至 2007 年,电机系开展的部分国际合作项目见表 8-17。

表 8-17 2000—2007 年电机系承担的主要国际合作项目情况统计

序号	项目名称	项目负责人	合作方
1	清华-AREVA 继电保护与控制研究中心	董新洲	AREVA 公司
2	台达电力电子科教发展基金	黄立培	台达电子工业股份有限公司
3	电力变压器和气体绝缘变电站局部放电的综合检测	刘卫东	新加坡电网有限公司
4	中国互联电网	卢 强	ABB(中国)有限公司
5	新智能型无功补偿器	李国杰	新加坡 SMB 公司
6	便携式局部放电带电检测仪	刘卫东	香港电力研究院公司
7	雷直击建筑物时室内不同场所的雷电参数研究	陈水明 何金良	施耐德电气(中国)投资有限公司

① 清华大学电机系:《清华电机系七十周年系庆纪念集》,41 页。

续表

序号	项目名称	项目负责人	合作方
8	大功率风力发电接入的孤立电子系统：Ⅰ风力发电机	李永东	通用电气中国研发中心
9	大功率风力发电接入的孤立电力子系统：Ⅱ电力系统	张伯明	通用电气中国研发中心
10	松下单片机开发套件与教学	沈永林	日本松下电器公司
11	基于非传统互感器合并单元的电流差动保护的实验	董新洲	英国 AREVA 输配电公司
12	EMP 耦合线缆瞬态分析	邹　军	韩国电气研究所
13	无传感器永磁同步风力发电机控制研究	李永东	通用电气上海研发中心
14	GTCC 电站与电网的关系	梁　旭	通用电气公司（GE）
15	电网安全在线早期预警系统的设计	卢　强	微软公司
16	清华电机系与瑞萨合作协议	刘建政	瑞萨半导体（香港）有限公司
17	基于广域测量系统（WAMS）的电力系统安全评估和增强	张伯明	AREVA T&D UK Ltd
18	以 X 箍缩等离子体作为 x 射线源对高密度 Z 箍缩等离子体进行背光照相	王新新	国际原子能机构（IAEA）
19	永磁同步电机的涡流损耗分析	蒋晓华	日本三菱重工
20	高速永磁同步电机转子温度测量方法	黄松岭	日本三菱重工
21	大容量调速电机脉动转矩的估计方法	黄立培	日本三菱重工高砂研究所
22	永磁同步电机磁场定向控制无传感器过调制策略	黄立培	日本三菱重工名古屋研究所
23	风力发电系统参数辨识和控制器调节方法的实现	姜新建	日本三菱重工
24	逆变器传导电磁干扰分析方法的开发	孙旭东	三菱重工
25	直驱高压永磁风力发电机系统关键技术研究	柴建云	台达电力电子科教发展基金会

续表

序号	项目名称	项目负责人	合作方
26	应用于清洁能源发电的轻型直流输电技术研究	宋　强	台达环境与教育基金会
27	分布式小型异步风力发电机系统研究	孙旭东	台达电力电子科教发展基金会
28	环境友好的区域独立电力系统(第一期)	闵　勇	东芝公司
29	一、雷电沿与建筑物相连的管线侵入时建筑物内部不同场所的雷电参数研究；二、建筑物内雷电过电压的绝缘配合研究	陈水明/何金良	施耐德电气(中国)投资有限公司
30	3.3kVIGBT 驱动模块的研发协议	刘文华	英飞凌科技亚太私人有限公司
31	节能应用中的大功率变换器特性研究	赵争鸣	英飞凌科技亚太私人有限公司
32	SH7709S Start Kit 开发板	刘建政	瑞萨电子(上海)有限公司

新时期，电机系进一步加强与国外高校、科研机构及企业的实质性科研合作，并且产生了很好的经济和社会效益。其中，2012 年共签订国际合作项目 18 项，2013 年新签国际合作项目 18 项，2014 年新签国际合作项目 22 项，2015 年新签国际合作项目 13 项，2016 年新签国际合作项目 11 项，2017 年新签国际合作项目 6 项，具体见表 8-18。

表 8-18　2012—2017 年电机系承担的主要国际合作项目情况统计

序号	项目名称	负责人	甲方单位	时间
1	采用地面电场测量数据进行雷电预警的算法研究	邹　军	KERI 韩国电工研究所	2012 年
2	减小漏电流的脉宽调制策略研究	赵争鸣	三菱电机株式会社(先端技术综合研究所)	2012 年
3	高压串联电容装置的快速旁路保护装置的基础研究	曾　嵘	Siemens Aktiengesellschaft	2012 年
4	清华大学/瑞萨电子 MCU 研究开发的合作	刘建政	瑞萨电子(中国)有限公司	2012 年
5	光伏逆变器开发	赵争鸣	欧姆龙集团	2012 年
6	面向智能电网应用的高速窄带电力线通信收发器的物理层电路	郭静波	罗姆株式会社	2012 年

续表

序号	项目名称	负责人	甲方单位	时间
7	智能配电系统分析与仿真系统研究（二期）	吴文传	日立（中国）研究开发有限公司	2012 年
8	应用于光伏发电的 T 型三电平逆变器研究与比较	孙　凯	富士电机公司	2012 年
9	安谷电站发电机内部短路分析计算及其主保护配置方案研究	孙宇光	东芝水电设备（杭州）有限公司	2012 年
10	基于碳化硅器件的智能功率变换系统的研究	宋　强	ROHM CO.，LTD.	2012 年
11	三相 V 连接三电平光伏逆变器设计与实现	赵争鸣	欧姆龙集团	2012 年
12	IEC61850 技术开发	盛新富	西门子（中国）有限公司	2012 年
13	永磁同步电机无传感器矢量控制系统中控制参数的自整定方法开发	孙　凯	Mitsubishi Heavy Industries, LTD	2012 年
14	碳化硅逆变器的高效率开关控制技术开发	孙　凯	Mitsubishi Heavy Industries, LTD	2012 年
15	电池充放电变流器电路类型评价及效率估算方法研究	蒋晓华	Mitsubishi Heavy Industries, LTD	2012 年
16	大规模风电的技术解决方案和商务调研	闵　勇	东芝集团公司	2012 年
17	基于实时电机和变换器模型的控制器算法验证开发	毕大强	Mitsubishi Heavy Industries, Ltd.	2012 年
18	智能电网技术的研究与开发	乔　颖	埃森哲（中国）有限公司	2012 年
19	分层大地上方雷电辐射场计算的研究	邹　军	韩国电科院	2013 年
20	满足工业电力系统中可再生能源高比例接入的智能微电网技术	宋永华	丹麦王国驻华大使馆	2013 年
21	无线电力传输的技术动向调查	赵争鸣	欧姆龙传感控制研究开发（上海）有限公司	2013 年
22	电力电子节能系统研究	赵争鸣	富士电机株式会社	2013 年
23	清华大学/瑞萨电子 MCU 研究开发的合作	刘建政	瑞萨电子（中国）有限公司	2013 年

续表

序号	项目名称	负责人	甲方单位	时间
24	面向智能电网应用的高速窄带电力线通信收发器媒质接入层电路	郭静波	罗姆株式会社	2013 年
25	马来西亚电网协调电压控制研究	孙宏斌	Utility Automation Sdn Bhd	2013 年
26	中国铁路市场的下一代机车技术	朱桂萍	TOSHIBA CORPORATION	2013 年
27	低品质热电发电系统中的电力电子技术研究	孙　凯	台达环境与教育基金会	2013 年
28	高压 IGBT 串联主电路与控制集成技术研究	鲁　挺	台达环境与教育基金会	2013 年
29	减小漏电流的脉宽调制策略研究-2 期	赵争鸣	三菱电机株式会社(先端技术综合研究所)	2013 年
30	大规模风电的技术解决方案和商务调研(1.5 阶段)	闵　勇	东芝集团公司	2013 年
31	10kW 隔离式三相光伏逆变器的研制	赵争鸣	欧姆龙集团	2013 年
32	变压器中不同屏蔽方式的比较	袁建生	Siemens Tranformer(Jinan) Co. Ltd.	2013 年
33	矩阵变换器的谐波电流分析和效率预测方法	蒋晓华	Mitsubishi Heavy Industries, Ltd.	2013 年
34	高频率开关逆变器漏电流预测方法开发	孙　凯	三菱重工业株式会社	2013 年
35	三电平逆变器电机调速系统分析技术的开发与验证	孙　凯	Mitsubishi Heavy Industries, Ltd.	2013 年
36	新拓扑结构中压变频器原理样机的研究项目	李永东	北京利德华福电气技术有限公司	2013 年
37	面向智能电网应用的微电网技术研究与示范	孙　凯	科技部	2014 年
38	适应可再生能源分布式接入的主动配电网技术联合研究	宋永华	科技部	2014 年
39	基于暂态行波信息的风电场故障预警系统建设合同	董新洲	乾安网新风电有限公司	2014 年
40	雷电电磁脉冲对地下导体系统感应干扰研究	邹　军	Korea Electrotechnology Research Institute	2014 年

续表

序号	项目名称	负责人	甲方单位	时间
41	用于铁道的联合供电系统的研发	朱桂萍	Toshiba Corporation	2014 年
42	325(12″)口径油气管道缺陷内检测器	黄松岭	北京埃彼咨石化科技有限公司	2014 年
43	清华大学/瑞萨电子 MCU 研究开发的合作	刘建政	瑞萨电子(中国)有限公司	2014 年
44	屏蔽计算高效高精度计算方法及其在变压器中的应用	袁建生	Siemens Tranformer(Jinan) Co. Ltd.	2014 年
45	电力电子节能系统研究(二期)	赵争鸣	富士电机株式会社	2014 年
46	273 口径油气管道缺陷内检测器	黄松岭	北京埃彼咨石化科技有限公司	2014 年
47	苏布雷水电站发电机内部短路分析计算及其主保护配置方案研究	桂　林	阿尔斯通水电设备(中国)有限公司	2014 年
48	机车牵引控制器研发	李永东	日立永济电气设备(西安)有限公司	2014 年
49	“智能电涌保护器用巨磁电阻(GMR)电流传感器”“电涌保护器使用寿命判断”	胡　军	施耐德电气(中国)有限公司上海分公司	2014 年
50	新型五电平有源中点箝位型变换器拓扑及控制策略研究	王　奎	台达环境与教育基金会	2014 年
51	交直流混合输入多电平车载控制器与层叠式电池能量管理系统研究	许　烈	台达环境与教育基金会	2014 年
52	应用于高频开关功率电源的高频变压器的非线性特性预测方法研究	蒋晓华	Mitsubishi Heavy Industries, Ltd.	2014 年
53	大规模风电的技术解决方案和商务调研(2 阶段)	鲁宗相	东芝集团公司	2014 年
54	共模电压抑制 PWM 驱动下电机损耗评估	赵争鸣	三菱电机先端技术综合研究所	2014 年
55	BC Hydro 电网自动电压控制研究	孙宏斌	BC Hydro	2014 年
56	“十二五”期间蒙西地区风电发展、配套电网建设和消纳方案研究	鲁宗相	中国可再生能源规模化发展项目管理办公室	2014 年

续表

序号	项目名称	负责人	甲方单位	时间
57	多电平逆变器电机调速系统分析技术的开发与验证	孙　凯	三菱重工业株式会社	2014 年
58	分布式电力系统谐波预测方法的研究	姜新建	Mitsubishi Heavy Industries, Ltd.	2014 年
59	超宽带高空电磁脉冲与电力线路耦合分析	邹　军	Korea Electrotechnology Research Institute	2015 年
60	风机轴状态实时监控系统	黄松岭	University of Durham	2015 年
61	含多组件及控制器的大型系统的数值分析、建模与仿真技术开发	林　今	Mitsubishi Heavy Industries, Ltd.	2015 年
62	电力电子节能系统研究(三期)	赵争鸣	富士电机株式会社	2015 年
63	叠片式屏蔽仿真及其在变压器屏蔽设计中的应用	袁建生	Siemens(Siemens Tranformer (Jinan) Co. Ltd.)	2015 年
64	柔性直流输配电系统直流故障穿越技术研究	魏应冬	台达电力电子科教发展计划实施委员会	2015 年
65	清华大学/瑞萨电子 MCU 项目合作	刘建政	瑞萨电子(中国)有限公司	2015 年
66	含光伏和电动汽车的微电网能量管理研究	朱桂萍	日本东芝株式会社	2015 年
67	减少电解电容的电机驱动系统瞬时电压控制方法研究	肖　曦	Mitsubishi Heavy Industries	2015 年
68	清华大学大学生创新训练项目	朱小梅	德州仪器半导体技术(上海)有限公司	2015 年
69	乌东德水电站 ALSTOM 发电机内部短路分析计算及其主保护配置方案研究	桂　林	阿尔斯通水电设备(中国)有限公司	2015 年
70	乌东德水电站 VOITH 发电机内部短路分析计算及其主保护配置方案研究	桂　林	上海福伊特水电设备有限公司	2015 年
71	琼中抽水蓄能电站发电电动机内部短路分析计算及其主保护配置方案研究	桂　林	阿尔斯通水电设备(中国)有限公司	2015 年
72	电动汽车用铜转子电动机及驱动系统研究	柴建云	美国国际铜专业协会上海代表处	2016 年
73	减少电解电容的电机控制方法研究	肖曦	Mitsubishi Heavy Industries, Ltd.(日本三菱重工集团)	2016 年

续表

序号	项目名称	负责人	甲方单位	时间
74	电力电子变压器装置的设计与实现	孙凯	Siemens Ltd., China 西门子	2016 年
75	输电线路故障定位方法的研究和基于行波的控制技术	董新洲	Siemens 西门子（中国）有限公司	2016 年
76	基于串联变换器直流输电的海上风电场接入电网技术研究	宋强	台达环境与教育基金会	2016 年
77	清华大学/瑞萨电子 MCU 项目合作	刘建政	Renesas Electronics（瑞萨电子（中国）有限公司）	2016 年
78	电压矢量控制方法改进的实验验证	赵争鸣	Fuji Electric（富士电机株式会社）	2016 年
79	永磁电机故障状态分析方法研究	蒋晓华	Mitsubishi Heavy Industries, Ltd.	2016 年
80	电磁脉冲作用下多导体系统的电磁响应快速计算	邹军	KERI 韩国电工研究所	2016 年
81	大功率器件 IEGT 器件应用研究	赵争鸣	东芝株式会社	2016 年
82	（投标）欧盟-中国研究与创新合作项目：城市可再生能源、能源效率与可持续能源解决方案	康重庆	The University of Manchester（曼彻斯特大学）	2016 年
83	计及预测不确定性和需求响应的数据驱动式主动配电网低碳运行	康重庆	The University of California, Berkeley Foundation	2017 年
84	赞比亚下凯富峡项目发电机内部短路分析计算及其主保护配置方案研究	桂林	阿尔斯通水电设备（中国）有限公司	2017 年
85	清华大学/瑞萨电子 MCU 项目合作	刘建政	瑞萨电子（中国）有限公司	2017 年
86	新型沟槽栅碳化硅功率模块在电动汽车无线充电中的应用	赵争鸣	Fuji Electric（富士电机株式会社）	2017 年
87	智能化数字变电站 HEMP 的耦合分析	邹军	Korea Electrotechnology Research Institute	2017 年
88	分布式能源多情景技术经济动态评价模型研究	孙宏斌	中国电力国际有限公司	2017 年

（资料来源：清华大学电机系资料）

图 8-110　自 1997 年以来，清华大学电机系与三菱电机产业系统研究所开展长期科研合作；图为 1998 年三菱电机产业系统研究所所长与电机系主任签署协议后合影①

图 8-111　2000 年 9 月电机系主任王赞基访问美国 MIT 电机系，居中者为该系电磁与电子系统实验室主任——John G. Kassakian 教授②

图 8-112　2001 年 7 月美国威斯康星大学电机与计算机系教授 Thomas M. Jahns 来清华大学电机系访问③

① 清华大学电机系：《清华电机系七十周年系庆纪念集》，46 页。
② 清华大学电机系：《清华电机系七十周年系庆纪念集》，46 页。
③ 清华大学电机系：《清华电机系七十周年系庆纪念集》，46 页。

图 8-113　香港企业家荣智健（左三）来清华大学电机系访问①

图 8-114　2014 年 9 月，清华大学-巴斯大学第二次智能电网技术研讨会在英国巴斯大学召开，电机系副主任康重庆教授带队参加②

图 8-115　2014 年 10 月，清华大学-悉尼大学能源网络联合研究联盟合作备忘录签字仪式在清华大学电机系举行③

① 清华大学电机系：《清华电机系七十周年系庆纪念集》，46 页。

② 清华大学电机系资料。

③ 清华大学电机系资料。

图 8-116 2015 年 7 月，电机系教师和研究生共 40 多人赴美参加了国际电气与电子工程师协会电力与能源协会(IEEE PES)2015 年年会(General Meeting)①

图 8-117 2015 年 10 月，电机系成功举办北京市绿色能源与电力安全国际科技合作中心首届年会②

图 8-118 2016 年 3 月，电机系举办"中国-欧盟研究及创新伙伴计划可再生能源、能效及城市可持续发展领域项目(IRES-8)"讨论会③

① 清华大学电机系资料。
② 清华大学电机系资料。
③ 清华大学电机系资料。

图 8-119　2017 年 4 月，国家自然科学基金重点国际合作研究项目“面向可再生能源消纳的低碳高效多能源系统基础研究”启动会暨清华大学-华盛顿大学合作研讨会在清华大学召开①

图 8-120　2017 年 9 月，中美“2+2”清洁能源论坛在蓉隆重举行，清华四川能源互联网研究院与华盛顿大学清洁能源研究院正式签署“合作备忘录”及“EIRI 国际种子基金合作协议”②

六、开拓学科发展新方向，探索能源互联网技术创新和成果应用

（一）创建清华大学能源互联网创新研究院

为推动能源互联网的前沿研究和产业培育，清华大学于 2014 年 11 月 14 日正式批复成立清华大学能源互联网创新研究院。该研究院由电机系和材料学院联合发起，按照学校的要求，依托并联合清华大学所有能

① 清华大学电机系资料。
② 清华大学电机系资料。

源学科和信息技术学科的相关研究力量，挂靠在电机系具体负责建设和管理。

2015 年 4 月 24 日，清华大学能源互联网创新研究院在北京正式挂牌，成立大会在清华大学主楼接待厅举行。清华大学副校长杨斌、中国电力科学研究院周孝信院士、国家能源局总经济师李冶、北京市海淀区书记隋振江共同为研究院揭牌。研究院成立学术委员会，由国内外德高望重的院士和学者等共 17 名专家组成；周孝信院士担任学术委员会主任。

2015 年 6 月，为落实国家层面的顶层设计，有序推进我国能源互联网建设，国家能源局部署了支撑能源互联网发展的 12 项研究课题。清华大学能源互联网创新研究院牵头负责其中《能源互联网的形态特征》《能源互联网的关键技术与技术标准》《能源互联网的商业模式与市场机制》《互联网思维与技术对于能源互联网的发展借鉴》《能源互联网实施的效益评估》等 5 个重点课题的研究工作，并制作完成了“能源互联网与能源革命”宣传片。8 月，基于课题研究成果，国家能源局成立了能源互联网行动领导小组，努尔 · 白克利局长担任组长，李冶总经济师担任副组长，正式启动了国家能源互联网相关行动。

2016 年 2 月 24 日，清华大学能源互联网创新研究院主导参编的《关于推进“互联网+”智慧能源发展的指导意见》，由国家发展和改革委员会、国家能源局、工业和信息化部联合发布，该文件成为指导我国能源互联网建设的纲领性文件之一。

2016 年 4 月，国家发改委、国家能源局下发了《能源技术革命创新行动计划(2016—2030 年)》，明确了我国能源技术革命的总体目标。该计划共列出了 15 项重点任务。清华大学能源互联网创新研究院协助国家能源局编制了该行动计划中的第 13 项“现代电网关键技术创新”和第 14 项“能源互联网技术创新”重点任务的研发内容。

国务院新闻办公室于 2016 年 6 月 24 日在国务院新闻办新闻发布厅举行国务院政策例行吹风会，请国家能源局总经济师李冶介绍了“互联网+”智慧能源行动计划有关情况。清华大学能源互联网创新研究院副院长高峰作为唯一受邀嘉宾参加了此次吹风会，并在会上回答了记者们的提问。

2016 年 11 月，受国家能源局委托，清华大学能源互联网创新研究院的能源互联网战略与运筹研究中心作为主要承担方，对我国“十三五”规划期间全社会的用电量进行了预测论证。该研究中心联合了电机系、核研院、低碳经济研究院、公共管理学院、热能系的相关研究人员，基于多年相关研究成果，开展了国内外全面调研与技术方案论证，在征求相关领域多位专家意见基础上形成了《电力发展“十三五”规划经济论证报告》。该报告分析了“十三五”期间我国的整体电力供需态势与适宜的电源装机结构规划，在充分论证基础上，预测了“十三五”期间我国的用电量需求，同时对电能替代、消费侧节能、电动汽车发展、清洁能源消纳等相关行业的规划等提出了建议。该报告研究成果被《电力发展“十三五”规划》所采纳。

为了加深大众对能源互联网的认知，助力能源互联网的落地和发展，清华能源互联网创新研究院组织专家编写出版了《能源互联网发展研究》一书，全面介绍国内能源互联网学术发展、技术创新及产业落实的现状及进展，希望能对读者认知能源互联网带来帮助，为推动我国能源互联网的发展做出贡献。该书由中国科学院院士周孝信作序，得到了国家能源局“国家能源互联网行动计划战略研究”课题组的大力支持。

2016 年 11 月 2 日，清华大学能源互联网创新研究院参与起草的中国电力企业联合会团体标准《能源互联网　第 1 部分：总则》等正式发布。截至 2017 年 12 月，清华大学能源互联网创新研究院正牵头和参与“能源互联网架构”等共 12 项能源互联网国家标准的起草。

2016 年 12 月，2016 世界工程组织联合会（WFEO）年会在秘鲁首都利马召开。清华大学能源互联网创新研究院能量管理与调度研究中心主任孙宏斌教授作为该联合会能源委员会委员出席该年会，并在会上当选为 WFEO 能源委员会副主席，同时兼任能源委员会成立 Energy Internet 工作组主席。该工作组的秘书处设在清华大学能源互联网创新研究院。

2016 年 12 月 8 日，国家能源局“2015 年度能源软科学优秀成果交流座谈会”在中国科技会堂举行。国家能源局李仰哲副局长、袁民司长、梁昌新司长等领导出席会议并致辞。会议揭晓了 2015 年度能源软科学研究优秀成果奖获奖名单。清华大学能源互联网创新研究院与国家发展和改革委员会能源研究所合作撰写的《“互联网+”智慧能源助推中国能源革命战略研究》获得 2015 年度能源软科学研究优秀成果奖二等奖。该成果开创性地提出了我国发展智慧能源的技术架构、商业模式和产业化路径，研究了“互联网+”智慧能源促进我国能源生产革命、消费革命、技术革命和体制革命的途径、潜力和路线图，较好地引领了“互联网+”智慧能源产业的发展，并对我国出台《关于推进“互联网+”智慧能源发展的指导意见》《能源技术革命创新行动计划(2016—2030年)》《关于进一步深化电力体制改革的若干意见》等政策起到了较为系统的支撑及引领作用。

清华大学能源互联网创新研究院受国家能源局的委托，于2016年12月18日顺利完成了国家能源局“互联网+”智慧能源(能源互联网)示范项目的初评组织工作，于2017年1月19日，顺利完成了国家能源局“互联网+”智慧能源(能源互联网)示范项目的终评工作。2017年7月，首批国家能源互联网示范项目正式公布。

2017年8月24日，能源互联网活跃度指数作为首个互联网发展行业指数，由清华大学能源互联网研究院和中国信息通信研究院共同研究发布。

2017年8月28日，国家能源互联网产业及技术创新联盟全体成员大会暨2017国家能源互联网大会成功举办。联盟全体成员大会由清华大学电机系主任、清华能源互联网研究院曾嵘主持并开幕。国家能源局能源节约和科技装备司副司长刘亚芳(国家能源局副局长李凡荣委派代表)，清华大学副校长王希勤，中国联通集团代表、央企安全通报秘书处秘书长高文龙，中国证券投资基金业协会理事、黑龙江证监局原局长曹殿义等领导和嘉宾出席并致辞。国家能源专家咨询委员会副主任、中国工程院原副院长杜祥琬，国家发改委气候战略中心原主任李俊峰做主旨报告。

联盟全体成员大会审议通过了联盟章程，选举产生联盟第一届理事会成员55家，涵盖国有大型企业、行业性一级学会和社团组织、科研院所、高校、营企业及投资公司等。理事单位行业涉及发电、热能、核技术、储能、风电、光伏、电动汽车、信息、互联网、通信、计算机、智能电网、金融等领域。

联盟第一届理事会第1次会议召开，选举产生清华大学为常务理事单位，清华大学副校长、中国工程院院士尤政为理事长，清华大学能源互联网创新研究院执行院长赵伟为秘书长。尤政理事长代表常务理事会发表讲话，希望理事会所有单位不辜负全体成员大会的信任，多尽义务，多承担责任，为把本联盟建设好多做贡献。

2017年9月22日，清华大学能源互联网创新研究院参与编制的《关于促进储能技术与产业发展的指导意见》由国家发改委、财政部、科技部、工信部和国家能源局联合发布。该指导意见是我国大规模储能技术及应用发展的首个指导性政策。

（二）组织召开能源互联网香山科学会议

2015年4月21日至23日，以"能源互联网：前沿科学问题与关键技术"为主题的香山科学会议在北京香山饭店成功举办。该会议由清华大学电机系孙宏斌教授提出申请，同时，他在会议上发起了成立"中国能源互联网学术与创新联盟"的倡议，得到了与会专家的热烈响应，对推进我国能源互联网领域的发展具有里程碑的意义。

图8-121　2015年4月，香山科学会议与会专家合影①

能源互联网是能源系统和互联网深度融合的产物，是当前国际学术界和产业界关注的新焦点，也是推动我国能源生产和消费革命、提高能源

① 清华大学电机系资料。

利用效率的重要途径。能源互联网以互联网理念和技术构建新一代能源信息融合网络,可能颠覆传统能源行业的行业结构、市场环境、商业模式、技术体系与管理体制,形成对资金、人才、科技、产业等要素的巨大集聚效益。因此,本次香山科学会议围绕"能源互联网的概念与架构""能源互联网的运营机制与市场模式""能源互联网的规划与运行""能源互联网的关键设备与支撑技术"等中心议题,对能源互联网的概念内涵、前沿课题、机遇和挑战进行深入探讨,为我国能源互联网的发展建言献策。参会专家一致认为,能源技术与信息技术正在深度融合形成"能源互联网",有望掀起新一轮能源革命,同时能源互联网有望成为"互联网+"行动计划在能源方面的具体实施领域。参会专家还认为,随着可再生能源、分布式发电、智能电网、直流输电、储能、电动汽车等新能源技术与物联网、大数据、移动互联网等新兴信息技术不断进步,为第三次工业革命奠定了坚实基础。

本次香山科学会议由中国电力科学院周孝信院士、清华大学韩英铎院士、华中科技大学程时杰院士、中国南方电网公司李立浧院士、清华大学孙宏斌教授任执行主席。来自国家发改委、国家科技部、国家自然科学基金委、中国科学院、中国科学技术协会、美国阿贡国家实验室、美国北卡州立大学、英国卡迪夫大学、清华大学、浙江大学、华中科技大学、西安交通大学、上海交通大学、天津大学、湖南大学、重庆大学、华南理工大学、国防科技大学、国家电网公司、中国南方电网公司、中国华能集团公司、中国大唐集团公司、中国华电集团、美国思科公司、华为技术有限公司等国内外近 30 个单位的 50 余位能源电力、信息技术、科技管理领域的专家学者参加了会议。周孝信院士代表执行主席讲话。他指出,大力开发利用可再生能源、推动我国能源结构转型、大幅度提高能源利用效率、建设绿色低碳社会,已成为全社会的共识。与此同时,能源转型和互联网的融合使能源互联网的概念应运而生,作为能源信息交叉领域的最新进展,引起学术界、工业界和社会各界的广泛关注。能源互联网的出现和未来发展,将对能源生产和消费带来革命性变革,对能源革命目标的实现和人民生活质量的提升将产生重大影响。希望通过本次讨论会的探讨,对能源互联网的内涵外延的范围、所涉及的主要科学问题和关键技术等问题在一定程度上达成共识,并为国家提出进一步推动能源互联网研究和应用的建议。

图 8-122　周孝信院士讲话①

在这次香山科学会议上，孙宏斌教授作了题为《能源互联网的概念与前沿课题》的大会主旨报告。报告梳理了能源互联网的提出背景和发展历程，介绍了国内外现有能源互联网项目，归纳了能源互联网的概念特征和前沿课题，并提出了对能源互联网未来发展的建议。

图 8-123　孙宏斌教授作大会主旨报告②

① 清华大学电机系资料。
② 清华大学电机系资料。

香山科学会议是由国家科技部(原国家科委)于1992年倡导发起,在国家科技部和中国科学院的共同领导和支持下于1993年4月正式创办的,会议以评述报告、专题报告和深入讨论为基本形式,探讨科学前沿与未来,是我国科学界讨论科学前沿和重大问题,特别是21世纪重大科学问题的专门场所。

(三)成立四川-清华大学能源互联网研究院

2015年9月22日,在习近平总书记访美期间,清华大学、四川省和华盛顿大学、华盛顿州签署了中美低碳发展的“2+2”合作协议,研究院是“2+2”合作协议的承载单位。①

2015年11月,四川省政府与清华大学宣布,联合成立四川省-清华大学能源互联网产业研究院,后更名为四川省-清华大学能源互联网研究院。四川省政府、成都市政府、成都市天府新区政府联合出资,每年1个亿,连续5年,通过共建能源互联网研究院,共同推进四川省能源战略转型,汇聚能源研究人才,带动能源互联网技术和设备在四川省更多更有效的利用。该研究院在清华具体由电机系负责建设和管理。

2016年3月,清华四川能源互联网研究院正式落户四川省成都市天府新区。研究院致力于发挥清华大学在电气、材料、热能、核能、水利、信息、环境、建筑等多学科交叉的综合优势,建设能源互联网领域的人才培养中心、科技创新中心,并成为中国乃至国际上深具影响力的新一代能源网络的战略决策智库,同时从能源互联网的创新解决方案、关键技术和产品研发、科技成果转化、科技企业投资和孵化、培训和咨询、检测认证服务等方面,积极推动能源互联网产业的发展。

截至2017年底,清华四川能源互联网研究院在学校和四川省、成都市以及成都市天府新区各级领导的关怀和大力支持下,稳步推进人才队伍聚集、团队建设、科技创新、成果孵化等各项工作,发展势态良好,已初步形成了一个我国中西部地区能源互联网领域人才汇聚、科技创新及产业孵化的高地。

---

① 《清华能源互联网研究院简介》,清华大学能源互联网研究院资料。

截至2017年底,清华四川能源互联网研究院人才队伍建设硕果累累,共汇聚各类优秀人才287人,其中长江学者8人,国家杰出青年基金获得者4人,国家千人计划人才2人,四川省千人计划人才5人,成都市“蓉漂人才”4人;博士学位获得者75人,国际知名大学毕业生26人,清华大学毕业生59人。

截至2017年底,清华四川能源互联网研究院科研团队建设和企业孵化已取得可喜成果。该院积极开展创新创业服务,围绕智能电网与储能、能源传感与转换、能源装备及安全监控、能源管理与市场化交易、氢能转化与利用等主要研究方向,从国内外成功引进了25个高层次研发团队,并已成功孵化了5家高科技创新企业,为四川省经济发展和科技成果转化为生产力做出了贡献,其中,研发生产智能手机无线充电芯片的易冲无线科技有限公司的市场估值已达10多亿元,有望迅速成长为四川省高科技创新型“独角兽企业”。

截至2017年底,清华四川能源互联网研究院科技项目研发及成果转化工作稳步推进。其中,2017年成功获批2018年度四川省科技计划项目10项,签订技术咨询/开发/服务等横向科技项目23项,合同经费达1800万元;共申请专利46个,其中美国专利2个,发明专利29个。

截至2017年底,清华四川能源互联网研究院积极推进能源互联网重大项目和重点研发工作落地,并已取得了可喜的阶段性成果。其中,承担的四川省能源产业发展与转型战略研究软课题已顺利结题,研究报告中提出了2015—2030年四川省实施能源战略转型的目标和路径,被四川省政府高度认可;已完成了与成都天府新区联合申报并入选首批55个国家“互联网+智慧能源”示范项目的实施方案设计,并已着手启动落地建设。

截至2017年12月,清华四川能源互联网研究院举办了一系列重大活动,有效提升了国际影响力。其中,成功举办了中美“2+2”清洁能源论坛——中美两国“气候智慧型/低碳城市”2+2合作协议签订后的首次联合专门会议;还在成都成功组织召开了中美两国绿色能源峰会,诺贝尔奖获得者朱棣文和丹尼尔·科曼应邀出席了这次峰会。

(四)组建国家能源互联网产业与技术创新联盟

2017年8月28日,由55家理事单位组成的国家能源互联网产业及技术创新联盟正式成立,理事长由清华大学副校长、中国工程院院士尤政担任，秘书长由清华大学能源互联网创新研究院执行院长赵伟担任，秘书处设立在清华大学能源互联网创新研究院。“联盟的成立顺应了能源发展、能源革命的需要，将有效地支撑和服务于我国能源互联网产业的发展”，同时“联盟的成立对于学校学科的发展和国家新兴产业的发展都是非常重要的一件事情”。① 12 月 14 日，清华大学与中国电机工程学会签署合作框架协议，并成立中国电机工程学会清华大学会员中心，将对能源、电气等学科发展提供更好的契机和平台②。

（五）创办国际电气与电子工程师协会能源互联网与能源系统集成会议

2017 年 11 月 27—28 日，由清华大学和国际电气与电子工程师协会（IEEE）联合创办的首届国际电气与电子工程师协会能源互联网与能源系统集成会议在北京召开。本次会议重点关注能源领域两大热点问题，即能源互联网（Energy Internet）与能源系统集成（Energy System Integration），旨在充分实现各类能源的互联、开放、协同和共享，塑造更美好的能源世界。

图 8-124 IEEE EI^2 2017 开幕式③

① 《国家能源互联网产业及技术创新联盟全体成员大会在清华举办》，清华大学电机系资料。

② 《中国电机工程学会与清华大学签订合作框架协议并成立会员中心》，清华大学电机系资料。

③ 清华大学电机系资料。

这次国际电气与电子工程师协会能源互联网与能源系统集成会议，由国际电子电气工程师协会会士、清华大学电机系教授孙宏斌担任大会主席。教育部科技司司长雷朝滋，清华大学副校长施一公院士，IEEE电力与能源系统分会（IEEE PES）当选主席赛义夫·拉赫曼（Saifur Rahman），国际电气与电子工程师协会电力与能源系统分会（IEEE PES）前任主席米罗斯拉夫·贝格维奇（Miroslav Begovic），中国电机工程学会理事长郑宝森，国家电网公司副总经理刘泽洪，中国南方电网公司副总经理王良友，国际电气与电子工程师协会电力与能源系统分会（IEEE PES）执行总监帕特里克·瑞恩（Patrick Ryan），国际电气与电子工程师协会亚太区业务高级总监华宁出席了开幕式。

国际电子电气工程师协会当选主席詹姆斯·杰弗瑞斯（James Jefferies）先生向大会发来签名贺信，表示非常高兴与清华大学共同主办此次会议，并向所有与会者致以热烈的欢迎。此外，中国电机工程学会理事长郑宝森，大会顾问委员会主席、中国科学院院士周孝信等分别致辞，对大会召开表示祝贺。

在这次国际电气与电子工程师协会能源互联网与能源系统集成会议上，加州伯克利大学荣休教授、前香港大学副校长吴复立（Felix Wu），刘泽洪，香港大学教授陈清泉院士，米罗斯拉夫·贝格维奇，美国工程院院士穆罕默德·谢罕德普（Mohammad Shahidehpour），清华大学建筑学院教授江亿院士，西安交通大学、清华大学双聘教授管晓宏院士，国际电子电气工程师协会终身会士（IEEE Life Fellow）姆拉登·凯祖诺维克（Mladen Kezunovic），美国工程院院士周祖康（Joe Chow）等12位国内外著名专家学者做了大会主旨报告，共同探讨能源互联网与能源系统集成中的科学问题和关键技术。中国科学院院士王锡凡、华北电力大学校长杨勇平、清华大学教授张伯明和中国科学院研究员王志峰分别主持了四个阶段的主旨报告。

国际电气与电子工程师协会能源互联网与能源系统集成会议的全部28个分会场的主题汇报和讨论有序展开。各分会场围绕能源互联网和能源系统集成中所涉及的建模仿真、运行控制、新兴关键设施、信息物理系统与信息安全、商业模式与市场机制、信息与通讯技术等众多关键技术、问题、方法展开报告、讨论，现场座无虚席、聆听者踊跃提问。此外，27

日晚，会议还举行了优秀会议论文颁奖典礼。大会筹办委员会主席、北京市科协副主席于德明先生致辞。大会共同主席，美国阿贡国家实验室研究员，国际电子电气工程师协会智能电网学报主编王剑辉博士担任主持。孙宏斌教授和姆拉登·凯祖诺维克教授共同为10篇优秀会议论文的获奖者颁奖。

国际电气与电子工程师协会能源互联网与能源系统集成会议上，来自电力、能源、通信、建环等多个领域的国内外知名专家、学者、工程师和学生在此各抒己见，共同探讨当下能源互联网和能源系统集成研究领域取得的成果和面临的问题以及未来的发展方向和重大挑战。会议收到来自26个国家和地区的投稿近900篇，录用近600篇。会议共设12个主旨报告和19个主题分会，来自16个国家和地区的130余位专家作了特邀主题报告，有185位作者在9个论文分会场宣讲了论文，参会总人数近900人。

七、电机系党建工作的基本特点

改革开放以来，电机系党工作一直保持着良好的传统，始终把在系内营造和谐氛围、保持党组织模范先进性、积极且审慎地培养教职工和学生干部并发展党员等作为系党委的中心工作来抓，始终与系行政班子紧密配合，为全系各方面工作的落实和不断做出新成绩发挥了基础性的保障作用。多年来，电机系党委工作的主要经验，可归纳为如下几个方面：

（1）始终明确基层党组织的主要任务

电机系教职工党支部的工作基础一直较好，且教职工党员大都是系里承担并出色完成各项工作的带头人或骨干；绝大多数学生党员也都是基于学位论文工作协助导师完成科研任务、创建良好班风、促进广大学生综合素质全面提高的模范或榜样。电机系党员比例高、队伍较大，发挥好党员的先锋模范作用，对全系中心工作的开展和推进至关重要。因此，电机系党委明确认识到，要坚持不懈地通过切实有效的组织生活，增强党员的组织观念，使党员在完成本职工作中发挥模范作用，关注对积极分子的培养，且服务在先、多承担义务在先，从而增强各研究所、科室或班级的凝聚力。理论学习，尤其是对党和国家的重大决策、纲领性文件以及党章的学习不可或缺。但基层党支部组织生活的内容中，最重要的，是要理论联系实际，即，要紧密地与本支部所属班级、研究所、科室应及时解决的问题联系在一起，以推动基层单位中心工作的落实、改进和上档次。

(2) 学生党建工作常抓不懈

通过党的知识教育和思想政治教育，把择优选拔来的学生更多地吸纳到共产党内来，这是高校基层党组织的使命，也就是电机系党委的最重要工作之一。但学生一批又一批，需要教育、塑造和精心培养；且从锻炼更多学生的角度出发，学生党员干部的更换也很频繁。鉴于此，培养和发展学生党员的工作异常艰巨。长期以来的工作实践表明，对学生党建工作要常抓不懈。这其中，首先要是加强学生党建队伍即辅导员、学生党支部书记及组委的政治素质和工作能力的培养；再则，要重点考察被发展对象的政治信仰、思想品质，使申请入党的学生，经过较系统的党课学习和有针对性的帮教，对党的性质、宗旨、历史经验教训、新时期的使命和任务等均有正确的理解和认识；其次，要建立、健全学生党支部组织体制和工作规范，要求学生党支部书记等主要干部，要把握好本支部的发展工作导向，要对被发展对象提交的申请书、思想汇报、自传、志愿书等材料严格把关；重在使被发展对象端正入党动机，注重思想上、行动上入党，坚持做到成熟一个发展一个，把对党组织负责始终摆在这项工作的首位。

(3) 旗帜鲜明地抓党风建设

我们党的各个历史时期的重要文件中，都十分明确地提出要坚决惩治腐败。而且，党中央也通过持续不断的教育实践活动，全面推进和深化党风廉政建设。电机系作为为党和国家培养电气工程领域精英人才的重要基地之一，为实现既定的高层次人才培养目标，就要面对复杂外界环境的挑战，按照上级党组织的要求，在我系所有党支部范围内，旗帜鲜明地抓好党风廉政建设。多年来，电机系党委一直是这样做的，也起到了非常好的效果。

(4) 对离退休教职工党支部工作应更多关心和支持

近些年来，电机系离退休教职工数已超过了在职教职工，其中党员占有很高比例。他们不仅曾为电机系各方面工作做出了很大贡献，而且离退休后，其中不少人仍在以多种方式，为电机系多方面工作的开展默默地奉献着。

近些年,电机系3个离退休教职工党支部都积极主动开展工作,不仅学习党的重要文件和领导人的重要讲话,还通过组织各种别开生面的活动,丰富党组织生活内容;而且十分关心离退休教职工的生活状况,尤其非常关照患有重病的老同志,经常主动去家中或医院慰问他们。电机系党委认识到,离退休教职工党支部是系党委做好离退休教职工工作的最佳向导。系党委通过系离退休工作组,由离退休教职工党支部配合,对全系离退休教职工最可靠、最便捷的通讯联系方式进行逐一核实,落实了包括座机电话、手机、E-mail、短信或联系人转告等联系方式,近两年又增加了微信联系渠道,健全了全系离退休教职工的快速联系网络,为使系里组织各项活动提供了可靠的联络保障。电机系党委也通过离退休党支部这个载体,把关心离退休教职工的工作落到了实处。

(5) 审慎、周到地做好病逝教职工的后事处理工作

电机系建系以来,尤其是改革开放以来,先后有几十位离退休教职工因病逝世。毫不夸张地说,这些老同志将自己毕生的精力都献给了电机系的教学、科研、人才培养及行政管理等各项事业的发展。他们的逝世,不仅是他们家庭的极大损失,也是电机系的重大损失。在他们病重期间,电机系党委一定指派委员与系行政、系工会的同志及相关研究所(教研室)的领导等一起去探望、慰问他们。而且在他们的后事处理上,电机系党委每每都与系核心、系工会、相关研究所(教研室)的负责人一道,充分听取和尊重他们家属的意愿,在仔细考证基础上,认真撰写他们的生平材料,充分肯定他们为党、为教育事业、为电机系和所在研究所(教研室)做出的贡献,组织落实好告别仪式等活动,代表全系师生员工向他们做最后道别,并安抚他们的亲属,即努力将他们的后事尽最大可能处理得周到、得体、庄重。如此,不仅受到他们家属的充分肯定,也通过做这些工作,使系里不少师生员工以及系友等受到了很好的教育。

做好电机系党的工作,与完成好电机系的中心工作密不可分。电机系党委一班人十分明确,本系党的工作的主要任务,一如既往,就是要将为人民服务的宗旨和科学发展观,更好地体现在为全系教职工和学生如何更好地学习、工作、生活等做好相应的服务上,从而更充分地调动全系广大师生员工的积极性,更好地发挥大家的主动性和创造性;在电机系营造更公平、科学、和谐、宁静的文化和氛围,为完成好全系所承担的各项任

务切实起到保障和助推作用。

电机系的党政核心十分清楚地认识到，电机系争创世界一流电气工程学科点的任务艰巨而繁重。为实现这个梦想，需要电机系全体师生员工齐心协力，创先争优，在各自的岗位上，脚踏实地、静心专注地学习和工作，并且要将不断提高自己的工作质量和水平切实摆在最重要的位置上。

9 结　　语

在清华大学百年的沧桑巨变中，电机系根据国家发展的需要不断做出调整。清华学堂及清华学校早期选派的赴美留学生中，就有不少选习了电机工程专业，清华学校后期建立了电机工程科目，并于国立清华大学初期正式设立了电机工程学系。抗战时期，尽管时局动荡，电机工程学系仍不畏艰难、勇于进取，获得了进一步的发展。抗战胜利清华大学复员从昆明回到北京后，电机工程学系的教学、科研工作逐步恢复，特别是在1952年后的院系调整中，电机工程系得到了扩充。历经十年"文革"浩劫，电机系在改革开放后进入了快速发展时期。清华电机系在其85年的发展历程中，学科设置上不断趋于完善，在师资队伍、教学科研等方面均取得了显著成就，为国家建设、社会发展培养了大批优秀人才，他们在各自的岗位上默默耕耘，求真务实，无私奉献，为祖国的建设事业做出了突出贡献。

图9-1　清华大学电机系建系80周年庆祝大会①

① 《清华大学电机工程与应用电子技术系庆祝建系80周年》，http://www.eea.tsinghua.edu.cn/publish/eea/1392/index.html，2012-05-10/2012-08-14。

图 9-2　清华大学党委书记胡和平在电机系建系 80 周年大会上代表学校致辞①

图 9-3　电机系主任闵勇教授在电机系建系 80 周年庆祝大会发言②

回首过去，展望未来，在清华大学第二个百年之际，清华电机系作为清华工科院系中重要的学系之一，必将继承传统，抓住机遇、锐意进取，在新的征途中取得更加辉煌的成就。

① 《清华大学电机工程与应用电子技术系庆祝建系 80 周年》，http://www.eea.tsinghua.edu.cn/publish/eea/1392/index.html，2012-05-10/2012-08-14。

② 《清华大学电机工程与应用电子技术系庆祝建系 80 周年》，http://www.eea.tsinghua.edu.cn/publish/eea/1392/index.html，2012-05-10/2012-08-14。

附录1

曾在电机系工作或学习的中国科学院院士和中国工程院院士①

朱物华(1902—1998),江苏扬州人。清华学校留美专科生,西南联大电机系教授。1955年选聘为中国科学院学部委员(院士)。

章名涛(1907—1985),浙江鄞县人。清华大学电机系教授,曾任系主任。1955年被选聘为中国科学院学部委员(院士)。

钱钟韩(1911—2002),江苏无锡人。西南联大电机系教授。1980年当选为中国科学院学部委员(院士)。

马大猷(1915—2012),祖籍广东朝阳,生于北京。西南联大及清华大学电机系教授。1955年选聘为中国科学院学部委员(院士)。

吕保维(1916—2004),江苏常州人。1939年毕业于西南联大电机系。1980年当选为中国科学院学部委员(院士)。

陈力为(1917—2001),山西洪洞人。1940年毕业于西南联大电机系。1994年当选为中国工程院院士。

① 清华大学电机系资料;清华大学校史馆资料。按出生年月排序。

曹建猷(1917—1997),湖南长沙人。1940—1945 年在西南联大电机系任教。1980 年当选为中国科学院学部委员(院士)。

常迵(1917—1991),北京人。1940 年毕业于西南联大电机系。1980 年当选为中国科学院学部委员(院士)。

林为干(1919—2015),广东台山人。1939 年毕业于西南联大电机系,1939—1940 年为西南联大研究生。1980 年当选为中国科学院学部委员(院士)。

杨嘉墀(1919—2006),江苏吴江人。1941—1942 年在西南联大电机系任教。1980 年当选为中国科学院学部委员(院士)。

洪朝生(1920—),北京人。1940 年毕业于西南联大电机系。1980 年当选为中国科学院学部委员(院士)。

高景德(1922—1996),陕西佳县人。清华大学电机系教授,曾任校长。1980 年当选为中国科学院学部委员(院士)。

吴全德(1923—2005),浙江黄岩人。1947 年毕业于清华大学电机系。1991 年当选为中国科学院学部委员(院士)。

夏培肃(1923—2014),四川江津人。1951—1952 年在清华大学电机系任教。1991 年当选为中国科学院学部委员(院士)。

黄宏嘉(1924—),湖南临澧人。1944 年毕业于西南联大电机系。1980 年当选为中国科学院学部委员(院士)。

吴佑寿(1925—2015),广东潮安人。1948年毕业于清华大学电机系。清华大学电子系教授,曾任系主任。1995年当选为中国工程院院士。

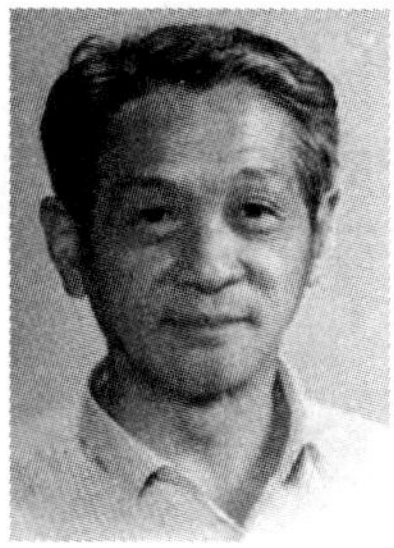

王守觉(1925—2016),江苏苏州人。1942年在西南联大工学院电讯专修科学习。1980年当选为中国科学院学部委员(院士)。

张履谦(1926—),湖南长沙人。1951年毕业于清华大学电机系。1995年当选为中国工程院院士。

王众托(1928—),湖南平江人。1951年毕业于清华大学电机系。2001年当选为中国工程院院士。

陆建勋(1929—),浙江杭州人。1947—1950年在清华大学电机系学习。1995年当选为中国工程院院士。

金怡濂(1929—),天津人。1951年毕业于清华大学电机系。1994年当选为中国工程院院士。

马福邦(1934—2004),广东顺德人。1955年毕业于清华大学电机系。1994年当选为中国工程院院士。

李三立(1935—),上海人。1955年毕业于清华大学无线电系。1995年当选为中国工程院院士。

严陆光(1935—),浙江丹阳人。1953年在清华大学电机系学习。1991年当选为中国科学院学部委员(院士)。

张钹(1935—)，福建福清人。1958 年毕业于清华大学自控系。清华大学计算机系教授。1995 年当选为中国科学院院士。

卢强(1936—)，安徽芜湖人。1959 年毕业于清华大学电机系，1964 年清华大学研究生毕业。清华大学电机系教授。1991 年当选为中国科学院学部委员(院士)。

顾国彪(1936—)，上海人。1958 年毕业于清华大学电机系。1997 年当选为中国工程院院士。

李衍达(1936—)，广东南海人。1959 年毕业于清华大学自控系。清华大学自动化系教授。1991 年当选为中国科学院学部委员(院士)。

陈清泉(1937—)，福建漳州人。1957—1959 年在清华大学进修研究生。1997 年当选为中国工程院院士。

韩英铎(1938—)，辽宁沈阳人。1962 年毕业于清华大学电机系。清华大学电机系教授，曾任系主任。1995 年当选为中国工程院院士。

郑健超(1939—)，广东中山人。1963 年毕业于清华大学电机系，1965 年清华大学研究生毕业。1995 年当选为中国工程院院士。

周孝信(1940—)，山东蓬莱人。1965 年毕业于清华大学电机系。1993 年当选为中国科学院院士。

张钟华(1940—)，江苏苏州人。1963 年毕业于清华大学电机系，1965 年清华大学研究生毕业。1995 年当选为中国工程院院士。

吴澄(1940—　),浙江桐乡人。1963年毕业于清华大学电机系,1966年清华大学研究生毕业。1995年当选为中国工程院院士。

李立浧(1941—　),江苏盐城人。1967年毕业于清华大学电机系。2007年当选为中国工程院院士。

李文沅(1946—　),重庆人,加拿大籍。1969年毕业于清华大学电机系。2015年当选为中国工程院外籍院士。

马伟明(1960—　),江苏扬中人。1996年毕业于清华大学电机系,获博士学位。2001年当选为中国工程院院士。

附录2

清华大学电机系历届系主任与系党委(总支)书记

系主任	任职时间	系党委(总支)书记	任职时间
顾毓琇	1932—1935	杨秉寿(教工支部)	1953—1955
倪　俊	1935—1937	吕　森	1955—1957-08
赵友民	1938—1940	周维垣	1957-08—1957-11
倪　俊	1940—1942	凌瑞骥	1957-12—1962-10
章名涛	1942—1945	王遵华	1962-10—1966-06
任之恭	1945—1945(底)	张思敬(代理)	1965-01—1965-08
叶　楷	(未到任)	蒋企英	1971-11—1978-11
黄眉(代理)	1945(底)—1948	文学宓	1978-11—1984-05
章名涛	1948—1966	杨秉寿	1984-05—1987-07
杨秉寿	1978-11—1984-05	周子寿	1987-07—1993-02
吴维韩	1984-05—1989-03	关志成	1993-02—1993-11
韩英铎	1989-03—1995-05	王赞基	1993-11—1995-08
王赞基	1995-05—2001-06	周双喜	1995-08—2000-04
梁曦东	2001-06—2007-12	邱阿瑞	2000-04—2006-12
闵　勇	2007-12—2014-04	赵　伟	2006-12—2016-07
曾　嵘	2014-04—	康重庆	2016-07—

附录3

大 事 记

1926年

本年 设立电机工程科，隶属工程学系。

1927年

本年 电机工程与机械工程、土木工程三科合并为实用工程科。

1928年

本年 电机与土木、机械合并的“实用工程科”改名“市政工程系”。

1930年

7月4日 校评议会议决：由1929年度余款内提出19万元添置Dissel机、三相交流机及20千瓦之电动机及发电机组。

1932年

1月28日 校评议会议决：本大学应于下学年增设电机工程学系，隶属工学院。

9月 电机系新任系主任：顾毓琇。

本学年 电机系新聘教授：顾毓琇、章名涛。

本学年 电机系招生学生38人。

12月 校评议会议决：电机试验室建在二院。

1933年

2月16日 顾毓琇当选工学院院长候选人。

3 月 3 日　顾毓琇任工学院院长。

9 月 20 日　校评议会议决:本年度内新建电机实验室。

9 月 27 日　校评议会议决:在未建筑地学馆前,拨电机实验室第 3 层为地学系暂时之用,电机实验室建筑费得酌予增加,但以 10 万元为限。

9 月　本学年电机系新聘教授:倪俊。

12 月 8 日　校评议会议决:大体通过电机工程实验室建筑图样及计划。

1934 年

2 月 14 日　校评议会议决:电机工程实验室交申泰兴记营造厂以 91324 元承造。

3 月 21 日　校评议会议决:本年度电机招收留美公费生名额 2 名。

9 月　本学年电机系新聘教授:李郁荣。

本年　电机系成立电力和电讯两个组,共有教授 8 名。

1935 年

4 月 28 日　举行电机工程馆落成典礼。

9 月 12 日　校长办公处通告:电机工程学系主任顾毓琇辞职,聘请倪俊继任电机工程学系主任职务。

9 月　美国麻省理工学院教授维纳(Norbert Wiener)应本校算学系和电机系之聘来校讲学 1 年。

本年　电机系新聘教授:赵友民。

本年　算学系与电机系合聘的美籍教授维纳在与电机系教授李郁荣合作研制滤波器时,开始了对控制论的研究。

1936 年

9 月 14 日　校评议会议决:通过派遣电机系娄尔康赴德交换研究。

1937 年

9 月　七七事变爆发后,电机系随清华大学共赴国难,迁址长沙,并与南开大学理学院电机工程学系合并。

10 月 2 月　常委会通过:长沙临时大学设电机系等。

10 月 4 日　常委会议决，推定顾毓琇为电机系教授会主席。

12 月底　顾毓琇赴汉口视察清华无线电研究所（顾毓琇兼任所长，后任之恭继任）。此所所有全套真空管制造设备，初迁四川北碚，后迁昆明，任之恭担任所长，孟昭英、范绪筠、叶楷等负责研究，林家翘、张思侯、沈尚贤亦曾参加。

本年　长沙临时大学教职员名录中的教授：电机工程学系顾毓琇（清华）、章名涛（清华）、赵友民（清华）、任之恭（清华）、叶楷（清华）、张友熙（南开）。

1938 年

1 月 22 日　常委会议决：电机系教授会主席顾毓琇因事离校，改推赵友民代理电机系教授会主席。

2 月 4 日　第 48 次常委会决议：推定任之恭为电机系在香港订购仪器负责人。

3 月　清华无线电研究所真空管制造设备由汉口运到北碚。

4 月　长沙临时大学迁昆明，改称西南联合大学，电机系亦随之搬迁。

本年初　清华无线电研究所两个分所（北碚分所与昆明分所），奉校令合并，并以学校所在地（昆明）为集中地点。3 月搬入盛巷二号。6 月初开始正式研究工作。1940 年秋，由昆明城区迁至大普吉。

10 月 8 日—11 日　中国工程师学会临时大会在重庆大学举行。顾毓琇宣读关于多相发电机之论文，章名涛发表《单相感应电动机之理论及张量分析》，叶楷、范绪筠、沈尚贤宣读《真空管制造之研究》论文。

本年　西南联大电机系录取新生 41 名。

本年　西南联大电机工程学系教授兼系主席赵友民（清华），教授章名涛（清华）、倪俊（清华）、张友熙（南开）。

1939 年

1 月 31 日　第 102 次常委会决议：遵教育部令，本学期起电机系附设电讯专修科，聘周荫阿为电讯专修科副教授兼该科教务主任。

3 月 14 日　常委会议决：聘赵友民兼任电讯专修科主任。

9 月 5 日　常委会议决：遵教育部令，自本学年度第一学期起，增招电机一班（至少40人），每年由教育部拨1.5万元。

11月　清华奉部令开办工科研究所，其中电机工程部设电力工程组和电讯工程组。

1940年

3月30日　赵友民辞电机工程学系主任。聘请倪俊为电机工程学系主任。

4月30日　常委会议决：赵友民辞电机工程学系主任，请倪俊继任。

6月17日　清华评议会议决：准电机工程学系教授章名涛1940年度休假在国内研究。

1941年

6月25日　常委会议决：修正通过《本校附设电讯专修科组织大纲》；准倪俊请辞电讯专修科主任兼职，聘请张友熙继任。

10月15日　常委会上，主席梅贻琦报告：教育部令本学年度按照原定名额招生外，增招电机系新生40名。

1942年

2月25日　常委会议决：倪俊请辞电机工程学系主任职务，聘请任之恭继任。

3月25日　常委会议决：电讯专修科筹设无线电机修造部，以利学生实习，并为社会服务。

7月1日　任之恭请辞电机工程学系主任职务，请章名涛为电机工程学系主任。聘请周荫阿为电讯专修科教授。

8月6日　常委会上，主席梅贻琦报告：经济部资源委员会拟于下学年在联大电机等系设置奖学金，并制定设置奖学金暂行办法，希本校将三、四年级优良学生过去各学期成绩列册寄会。

1943年

6月22日　清华评议会上，校长梅贻琦报告：无线电研究所与中央电工器材厂合作制造电灯泡。

7月8日　常委会议决:聘请周荫阿为电讯专修科主任,该科原有教务主任一职,不再设置。

1944年

3月4日　清华评议会议决:电机工程学系专任讲师孙绍先自本学期起休假研究。

5月28日　西南联大接受航空委员会委托,筹备于本年暑假中代办无线电高空气象探测训练班一班。

1945年

1月10日　聘请杨津基为电机工程学系副教授。

6月　中国工程师学会举行重庆年会,顾毓琇任副会长。

1946年

3月27日　常委会上主席梅贻琦报告:教育部电准联大电讯专修科移交云南大学接办。

5月4日　梅贻琦在昆明宣布西南联大结束,清华、北大、南开分别复员,电机工程学系亦迁回北平清华园。

5月13日　电讯专修科正式移交云南大学接办。

5月16日　云南大学为接办电讯专修科,函请本大学拨赠设备,以利教学。

7月25日　常委会议决:工学院将图书仪器物件之一部分,留赠云南大学电讯专修科。

本学年　电机系新聘教授:黄眉。

本学年　电机系录取新生100多人,占全校录取人数的1/9。

1947年

5月1日　校评议会议决:修正通过《国立清华大学规程》,其中设电机工程学系,隶属工学院。

6月3日　校务会议上,梅贻琦报告:教育部训令关于建设技术人员训练班,现有电机等五学系各3班,电机工程专修科2班。

1948 年

本学年　电机系新聘教授：钟士模。

1949 年

5 月 23 日　校委会议决：准电机工程系代理主任黄眉辞职，聘章名涛任该系主任。

本年　电机系新聘教授：闵乃大；新聘兼任教授：胡筠。

1950 年

9 月 21 日　校务工作会议同意：邮电部聘请电机系教授闵乃大为该部电信科学研究所顾问。

10 月　据秘书处及教务处统计，电机系有学生 420 人。

本年　电机系新聘教授：孙绍先、常迵。

本年　电机系参加抗美援朝、镇压反革命和土地改革三大运动。

1951 年

1 月 8 日　校务工作会议决定：对电机系技工秦凤志改造车床车出高压大铜球的优异成绩予以奖励小米 1000 斤，加薪，并将改造经过及奖励决定刊登《人民清华》。

9 月 24 日　校委会议决：成立基本电工教研组（主任钟士模）。

本年　电机系参加捐献飞机大炮活动。

1952 年

6 月 27 日　院系调整清华大学筹委会第 1 次会议决定：设立电机等 5 类组科研究组，其任务为：草拟专业组及专修科的设置及任务。

7 月 1 日　院系调整清华大学筹委会议决：通过电机类组科研究组组长章名涛、副组长艾维超。

9 月 12 日　院系调整清华大学筹委会议决：电机工程系设电机及电器、发电厂配电网及配电系统、工业企业电气化 3 个专业，发电厂电机、输配电 2 个专修科。

9月 清华大学、北京大学两校电机系的电讯组合并后创立清华大学无线电工程系。

9月19日 北京大学工学院的电机工程系和燕京大学的机电系部分人员并入清华大学电机工程系，章名涛为系主任。

10月10日 学校公布：电力机械教研组主任艾维超，基本电工教研组主任钟士模，发电及输配电教研组主任黄眉，电工学教研组主任唐统一。

本年 电机系新聘教授：王宗淦、陈克元、艾维超、余谦六、程式。

本年 全面学苏开始，电机系教师参加俄语速成，部分学生被派去哈尔滨俄外转学俄语。

本年 电机系49、50级提前一年毕业。招收发电和输电专修科5个班。

1953年

9月12日 校委会通过：电工学教研组主任唐统一调基本电工教研组任教等。

9月 《新清华》报道：学校从教员中选送苏联学习的研究生，经中央高教部审批，录取电机系吴麒等4名。

本年 电机系新到苏联专家：巴然诺夫。

本年 电机系学习苏联的教育培养制度，招收电器研究生班。

本年 1953届毕业生中留校包括助教和研究生30余人。

1954年

3月10日 电机工程系增设“电力拖动教研组”，主任一职由原基本电工教研组主任钟士模担任。所遗基本电工教研组主任一职，由原该教研组副主任王先冲担任。

9月27日 一九五四—一九五五年度第一次校务会议议决：电机系增设电器教研组，由王遵华担任主任。发电输配电教研组增设副主任一人，由杨津基担任。

12月14日 校委会议决：电机工程系增设钟士模为副主任。

本年 电机系新来苏联专家：奥梅里钦柯。

1955 年

4 月 2 日　校委会扩大会议上电机系副主任钟士模报告电机系电力机械、外系电工学及电工基础三门课超学时情况及逐步克服的办法。

5 月 11 日　电机工程系原发电输配电教研组分为发电厂及输配电两个教研组。发电厂教研组主任黄眉，输配电教研组主任杨津基。

6 月 11 日　校委会议决：电机工程系基本电工教研组代理主任唐统一。

暑假　电机系教师、学生参加肃清暗藏反革命分子运动。

9 月 18 日　《新清华》报道：清华选派基本电工教研组主任王先冲副教授等 6 人，启程赴苏联进修学习。

10 月 27 日　清华与电力工业部联合举办的夜大学举行开学典礼。夜大学设发电厂配电网及电力系统等 3 个专业，首次招收学生 89 名，学习期限为 6 年，每周上课 12 小时，校址设在电力工业部和水电总局两处。

12 月 13 日　校委会讨论学校总体规划，议决：电机系迁到铁路东，另建新楼。

本年　电机系新来苏联专家：斯捷潘诺夫。

本年　电机系专业设置调整为电机及电器制造、发电及输配电工程、高电压工程及工业企业电气化四个专业。

1956 年

5 月 5 日　本校干部班开学。学员有 63 人，是由全国各工业部门抽调出来并经过考试具有初中以上文化水平的局、处、厂长级干部，学习期限 3 年半，设发电厂电力网电力系统等专业。

6 月 28 日　校务行政会议通过电机工程系增设运用学。

8 月 18 日　校委会扩大会议通过本校 1956—1957 年学年度第一学期试行“上、下午二部上课制度”。电机系等下午上课。

9 月 7 日　高教部复函同意清华从本年起设置高电压工程专业，并从发电输配电专业 1959、1960、1961 年毕业生中各抽出一班（30 人）进入高电压工程专业。

12 月 28 日　1956—1957 年度校务行政会第五次（扩大）会议，议决：

电机工程系输配电教研组分为:高压工程教研组,由杨津基任主任;输配电教研组,由王宗淦任主任。

本年　电机工程系设立自动学与远动学专业,建立了相应的教研室,并筹建计算机专业。

本年　电机系新任教授:高景德。电机系新到校苏联专家:翟可夫、苏启林。

本年　响应中央“向科学进军”号召。

1957 年

3 月 16 日　校委会扩大会议议决:由科学处分别与电机系共同领导电器车间。

5 月 1 日　响应中央号召,掀起大鸣大放高潮,但不停课。

6 月 8 日　开始“反右”运动,全校停课。

7 月 12 日　高教部复函本校,同意将“运用学”专业改称为“运筹学”专业,该专业本年招生名额调整为 40 人(由燃气轮机专业中调出 10 人)。

本年　电机系新到校苏联专家:绍尔达特金娜、克洛里。电机系新来民主德国专家:奥本劳斯。

1958 年

5 月 6 日—6 月 18 日　本校举行第十一次教学研究会,表扬了高景德等 5 位教师。

7 月 24 日　2000 千瓦试验电厂举行破土典礼,动工兴建。

7 月　以自动学与远动学教研室为基础,清华成立了自动控制系(即现在的计算机科学系),由钟士模教授任主任。

8 月 5 日　国家经济委员会副主任王新三等 20 多位来校参观了试验电厂的建设工作,并勉励大家“将这一创造性的土电厂一定搞成功,让它在全中国遍地开花”。

8 月 7 日　电机等系师生组成工作学习队出发去河南省登封县支援农村工业化,通过实际工作改造思想。

8 月 12 日—13 日　中共中央政治局候补委员、中央宣传部部长陆定一和中共中央宣传部部长张际春先后来清华参观了综合电工厂、试验电厂等。

9 月 10 日　电机系等赴登封的学习工作队胜利完成了支援农村工业化的任务，回到学校。

9 月 24 日　电机系试制成功我国第 1 台 200 周波交流计算台。

9 月 29 日　电机系与机械系、自动控制系及北京第一机床厂合作试制成功全部用国产材料自行设计制造、用电子计算机控制的程序控制立式铣床。当夜 11 时，北京市委第二书记刘仁、书记郑天翔等参观铣床试车。10 月 5 日，又制成第二台程序控制机床。

10 月 10 日　电机、动力等系所建的燃料综合利用发电厂建成发电（发电厂建在学校北门关帝庙）。

11 月 16 日　学校在大礼堂举行综合利用电厂全面投入生产庆祝大会，国家经委副主任张国坚、国家计委副主任王光伟、教育部副部长刘皑风、水电部副部长刘澜波等到会。

11 月 21 日　校委会会议讨论通过《1958—1959 年度绿化计划提纲》，确定重点绿化工程包括教学大楼西区电机系馆等处。

11 月 23 日　以金日成首先为首的朝鲜政府代表团，在周恩来总理和陈毅副总理陪同下来校访问，参观交流计算台、程序控制机床、综合利用电厂等。

本年　电机系从校园西区的电机工程馆迁入西主楼。

本年　电机系新来校苏联专家：日里辛。

本年　电机系学习苏联的教育培养制度，招收高电压研究生班。

本年　开展教育革命，大办工厂，学生参加生产劳动。

本年　参加大炼钢铁活动。

1959 年

7 月 25 日　科学生产处召开生产干部会议，电机工程系副系主任王遵华在会上介绍了该系基本电工、工业电子学和电工基础等实验室的管理经验。会后参观路东主楼电机实验室。

12 月 6 日　试验电厂发电量已超过原订 200 万度的计划。

本年　批判“新富农”活动，在教师、学生中照镜子活动。

1960 年

2 月 10 日　1959—1960 年度第 12 次校务会议通过：增设电磁自动装置教研组，顾廉楚任教研组主任；高电压工程教研组与电器教研组合并为高电压技术与高压电器教研组，由杨津基任教研组主任等。

3 月 15 日　学校组织电机等系师生 200 余人到北京有关工厂参加机械化自动化运动。

6 月 8 日　在学校召开的教育革命经验交流大会上，电机工程系张芳榴等介绍了开展教育革命的情况与经验。

10 月 4 日　1960—1961 年度第一次校务会议议决：杨秉寿为电机系副系主任等。

本年　“电力系统动态模拟实验室”建成并开始运行。

本年　全国经济困难开始，停止一切政治和实习、劳动及体育活动。

1961 年

本年　开始教学中“填平补齐”。

本年　电机系 55、56、57 级三个年级均推迟半年毕业，即学制为 5 年半。

1962 年

1 月 21 日　电机系本科（学制五年半）毕业生参加寒假毕业典礼。

1963 年

4 月　校务委员会讨论通过，任命：王世缨为发电厂及电力系统自动化教研组副主任等。

1964 年

4 月　校务会议通过，任命：李发海为电机实验室主任等。

5 月 27 日　教育部科技办公室组织国务院文教办公室、国家科委、国家计委、教育部有关司局、中国科学器材公司等单位有关负责 85 人来校参观，由张维、高景德等陪同参观了电机系的动态模拟交流台实验室等。

6 月 16 日　国家计划委员会、国家经济委员会和科学技术委员会对1400 多项工业新产品授奖，电机系与精密仪器及机械制造系、北京第一机床厂合作试制的三座数字程序控制立铣床获三等奖。

7 月 24 日　校务会议通过：任命王森为电机工程系副系主任等。

10 月 13 日　校长办公室发出关于停办夜校部的通知，称“清华大学与水利电力部、一机部、二机部合办的夜大学经于 1960 年报请前教育部（现高等教育部）批准后停止招生。所有学生至 1964 年 8 月已全部学习期满，教学工作已全部结束。夜校部机构应即撤销”。

本年　教师、学生参加“清理思想”活动。

本年　教师中开展“少而精”活动。

1965 年

7 月 8 日　《新清华》报道：电机系高 5 班毕业设计队与大连电瓷厂合作制成小尺寸高强度悬式绝缘子，主要性能指标赶上国际先进水平。

7 月 15 日—17 日　电机等系师生与有关单位在 1958 年开始试制的程序控制机床，经过 7 年锲而不舍的研究，主要性能达到较高水平，并通过研究成果鉴定。有关部门于 1964 年底开始制造程序控制铣床和程序控制钻床的样机，进入生产阶段。7 年来，电机与机械两系结合该项研究，培养了一批青年教师、研究生和 300 多名毕业生。

9 月 1 日—2 日　电机等系师生 200 多人组成水利工作队，分赴延庆、怀柔等县帮助农村在搞好社会主义教育运动的同时，进行水利建设。

9 月　电机系部分教师和 66、67、68 届学生下乡参加“四清”运动。

11 月 20 日　电机系参与研制的程序控制铣床等成果，在高教部举办的直属高等学校科学技术研究成果展览会展出。展出期间，朱德委员长、邓小平总书记等中央领导参观了展览，观看了学校展品。

本年　贯彻毛主席教育思想，精简课程，推行开卷考试等。

本年　推行“真刀真枪”毕业设计。

1966 年

5 月　“文革”开始，全校停课。

本年　毕业生分配停止。

1967年

4月　红卫兵形成两派，电机系部分教师和学生参加。

7月7日　电机系召开复课闹革命讨论会。

1968年

4月23日　清华大学“井冈山兵团总部”（简称团派）和“四一四总部”（简称四派）发生了严重的武斗，电机系高压实验室成为武斗据点，电机馆也展开了一场长矛攻防战。绝大部分教师、学生离校。

7月27日　首都工人数万人进驻清华，武斗停止。

本年　解放军工人毛泽东思想宣传队进驻，依次进行两派联合、清理阶级队伍、整党和教育革命工作。

1969年

本年　教育革命开始，电机系教师和0、00班同学下厂。

本年　教工分批去江西鲤鱼洲劳动，历时两年。

1970年

8月4日　学校通过《专业体制调整方案》，全校设9个系（厂），50个专业，其中包括电力工程系。

8月　清华大学将原动力机械系的锅炉、燃气轮机等专业与原电机工程系的电机、发电、高压等专业合并成立电力工程系；将原电机工程系的电器、工业企业自动化专业与原动力机械系热能动力装置专业中的热力设备自动化专门化及热工测量专业等合并成立工业自动化系。

9月　第一批工农兵学员入校，全校召开欢迎大会。

12月　全体工农兵学员和部分教工响应号召在北京周围进行千里拉练活动。

1972年

本年　第2批工农兵学员入校。

1973 年

本年　第 3 批工农兵学员入校。

本年　开展“三个月运动”批判右倾翻案风。

1974 年

3 月　学校决定将电工等技术基础课人员 350 人（占全部的 70%）进一步按系配备到专业。

9 月　来自阿尔巴尼亚、柬埔寨、尼泊尔、几内亚和塞浦路斯 5 个国家的 9 名留学生到校，分别在电力系等有关专业学习。

本年　高景德在《清华、北大理工学报》第 1 卷第 1 期上发表科学论文《与串联电容相连的异步电动机的自激区》。

本年　第 4 批工农兵学员入学。

1975 年

本年　第 5 批工农兵学员入学，老工人班入学。

1976 年

4 月 1 日　电力等系赴西藏开门办学的 67 人出发。

4 月 13 日　学校 74 届电力系的老工人进修班举行毕业典礼。

7 月　电机系部分教工学员赴唐山，参加抗震救灾。

本年　第 6 批工农兵学员入学。

1977 年

9 月　中国教育部在北京召开全国高等学校招生工作会议，决定恢复已经停止了 10 年的全国高等院校招生考试，以统一考试、择优录取的方式选拔人才上大学。这是具有转折意义的全国高校招生工作会议决定，恢复高考的招生对象是：工人、农民上山下乡和回乡知识青年、复员军人、干部和应届高中毕业生。会议还决定，录取学生时，将优先保证重点院校、医学院校、师范院校和农业院校，学生毕业后由国家统一分配。电力系开始着手招生准备。

1978 年

3 月　电力系恢复高考后的首届 77 级学生入学:电师 7 班 34 人、燃 7 班 33 人(后略有调整)。

9 月 12 日　北京市革命委员会批准提升电力工程系肖达川、唐统一为教授。

11 月　原动力系的有关专业和教研组离开电力工程系,另组成热能工程系。电力系恢复了电机、发电、高电压、基本电工和电工学等五个教研组的建制。

本年　电机系的电力系统、电机、高电压专业开始招收本科生,共 120 余名。

本年　国家恢复招收培养研究生并建立学位制度,电机系当年招收研究生 22 名。

1979 年

6 月 6 日　在学校召开的实验室工作交流会上,电工实验室等负责人分别介绍了经验。

9 月 6 日　国家经委召开有关国家计委、电力部、市经委、清华大学等单位有关负责人参加的会议,同意保留清华用油头户,每年拨给清华试验电厂科研用油三千吨。

本年　电工学教研组改名“应用电子学及电工学教研组”。

本年　教育部直属工科重点院校专业调整会议确定了清华大学设置的专业,其中包括电力系统及其自动化(原发电厂及电力系统专业)、高电压技术及设备、电机,均为五年制。

本年　电机工程系创建生物医学工程学科,于当年招收硕士研究生。

1980 年

2 月 12 日　电力系协作完成的 110 千伏六氟化硫组合电器获北京市科技成果二等奖。

5 月 8 日　经 1979—1980 年度第十三次校长工作会议通过:任命相年德为电力工程系副系主任等。

9月5日　经北京市人民政府批准，电力工程系宗孔德、王先冲提升为教授。

10月4日　校长工作会议通过：将电力工程系名称恢复为“电机工程系”。

1981年

11月3日　经国务院批准，由国务院学位委员会（第一批）下达，清华为首批博士学位和硕士学位授予单位之一。可授予博士学位的专业（学科）为：电机（导师：高景德）、电力系统及其自动化（导师：王宗淦、黄眉、孙绍先）、高电压工程（杨津基）、理论电工（导师：王先冲、肖达川、唐统一）；授予硕士学位的学科专业，除以上授予博士学位的学科专业外，还有：生物医学仪器及工程。

1982年

1月7日　1981—1982年度第九次校长工作会议，讨论电机系与通县微电机厂协作问题等事项。

2月5日　清华大学电机系电师七班学生顾立基被评为全国“三好学生”，并出席了人民大会堂召开的表彰大会。

3月26日　电机工程系、北京汽车微电机研究所、通县微电机厂组成的北京市第一个科研生产联合体——京华电器公司成立。

5月27日　艾知生、高景德、李传信、罗征启及教务处有关分别检查了电机等系七七级毕业班毕业设计和毕业论文情况，观看了学生的实验和设计图纸，听取了学生、指导教师的汇报，鼓励应届毕业生六月份内集中精力，努力争取毕业设计（论文）取得更好的成绩。

9月　电机系“能风扇罩”项目通过鉴定。

9月　教务处在《一九七七级毕业设计（论文）工作总结》中提出：电机工程系电工师资班几个学生参加了超声多普勒血流测量的研究，他们设计的九十度相位移线路，已为血流测量仪器采用，性能良好，正在医院临床使用。为对血流测量进行频谱分析，他们还完成了快速傅里叶变换的硬件线路和软件，进一步提高了仪器的性能。此外，电工师资班的学生打开TRS-80数据采集系统，改了硬件线路，成功地实现了原说明书上注明不能实现的中断方式2,使CPU的工作时间缩短,能进行更多的信号处理与运算。有关教研组准备在总结这次毕业设计(论文)成果的基础上,提出三篇论文在北京市医学电子学会和中国电子学会医学电子学分会上的报告。

12月　电机系"QDS-2型中频机组隔声装置"项目通过鉴定。

本年　电机系正式设立"生物医学工程与仪器"专业,每年招收学生30多名。

本年　电机系1977级苏微、王孙禹、王丽(指导教师:梁毓厚、叶大田)获教育部高等工科院校优秀毕业设计奖。

1983年

1月2日　电机系、热能系在兄弟单位协作下完成的∅型5米主轴发电机组和∅型6米主轴风力发电机组在八达岭试验场顺利发电。中共中央总书记胡耀邦、书记处书记胡启立参观清华大学及其他单位试制的各种风力发电设备。水电部李鹏副部长,清华大学刘达校长陪同。

1月　电机系"三相柜流磁放大器整流电源优化设计程序"项目通过鉴定。

5月11日　经国家教委批准,电机工程系张宝霖、张仁豫晋升为教授。

6月15日　林克、艾知生参观电机系二十万大机组模拟科研项目。

9月13日—27日　高景德、赵访熊、李传信、吕森等分别听取电机等系教学质量分析汇报。

10月26日—28日　由清华大学电机工程系研究设计,由浙江省电力修造厂、北京玻璃钢研究所、保定列车电站基地等单位制造的两台立轴∅型转子风力发电机组经过两年多的试运行测试后,在浙江镇海举行了技术鉴定会。清华大学刘达、水电部科技司总工程师陈德裕,浙江省电力局总工程师沈文宝以及教育部科技司,水电部农电司等有关领导参加了鉴定会。

10月　电机系等"6米∅型主轴风力发电机组"项目通过鉴定。

11月　生物医学工程所等"脉冲超声多普勒血流仪"项目通过鉴定。

12月20日　经国务院学位委员会办公室和教育部研究生司审核同

意，清华大学举行首批工科博士学位论文答辩会，由电机系博士生倪以信进行题为《电力系统电磁暂态全过程数字仿真》论文答辩。林克、高景德、张维、李传信、赵访熊、吕森等出席答辩会。

12月22日　清华大学第二次工学博士学位论文答辩会，由电机系博士生罗飞路进行题为《电磁场的广义能量及某些应用》的论文进行答辩。高景德、张维、赵访熊等出席。

12月27日　清华大学学位评定委员会正式通过决议，授予倪以信、罗飞路以清华大学工学博士学位。

1984年

1月13日　国务院批准首批已有博士学位授予权的学科、专业增列导师：电力系统及其自动化高景德。

3月29日　校长办公室通知：教育部批准设立电工研究所（所长高景德）。

9月30日　《电机过渡过程的基本理论分析方法》（上、下册）获1983年度全国优秀科技图书一等奖。

1985年

4月11日　经1984—1985年度第十六次校长工作会议通过，任命戚庆成为电机工程系副主任等。

5月30日　经1984—1985年度第十八次校长工作会议通过：任命朱德恒为电机工程系高电压技术教研组主任等。

9月26日　经1985—1986年度第三次校长工作会议通过：任命朱东起为电机工程系电机教研组主任等。

本年电机系新增教授（含研究员）：吴维韩、杨福生、陈丕璋、蔡宣三；新聘兼任教授：沈根才。

1986年

6月26日　经1985—1986年度第二十一次校长工作会议通过，任命：韩英铎为电机工程系副主任等。

7月28日　国务院学位委员会审核通过，新增有权授予博士学位的学科、专业和博士生导师:生物医学仪器及工程,杨福生;已有权授予博士学位、专业增列导师:电力系统及其自动化张宝霖,高电压工程张仁豫、吴维韩,电机陈丕璋。

9月25日　校长到电机工程系听取工作汇报。

11月15日　1986—1987年度第五次校长工作会议通过,任命陈寿孙为电机工程系电力系统及其自动化教研组主任等。

本年电机系新增教授(含研究员):白秀庭、周礼杲、戚庆成。

1987年

8月18日—20日　国务院科技领导小组办公室,国家科委、国家教委、国家自然科学基金委员会、科学院基础研究联合调查组在清华大学进行典型调查,听取了电机系等的汇报。

10月4日　1987—1988年度第一次校长工作会议讨论通过,任命倪以信为电机工程系副主任等。

本年　电机系新增教授:韩英铎、陈允康、相年德、钱家骊、杨秉寿、郑逢时、周荣光。

本年　《电机过渡过程的基本理论与分析方法》(高景德等)获国家级优秀教材奖。

1988年

3月　"电机及电力系统过渡过程分析和控制"(高景德等)获1987年国家自然科学二等奖。

9月12日—16日　"第二届国际电介质材料性能与应用会议"在清华大学举行。本届会议总主席为高景德校长,执行委员会主席为张孝文副校长。

11月20日　苏联列宁格勒加里宁工学院电机系主任波波夫教授来校进行学术交流,高景德、倪维斗会见了客人。

12月6日　电机系教师郭永基被授予苏联技术科学博士学位证书,成为新中国第五位、改革开放后第一位获苏联最高学位的中国人。

本年　电机系新增教授:王维俭、卢强、陈寿孙、倪以信、朱德恒、孙树勤、马信山;新聘兼任教授:邱昌涛。

1989 年

2 月 25 日　召开校务委员会会议,审议电机工程系更改系名问题。

3 月 31 日　校务会议通过,倪以信、谢小平连任电机工程与应用电子技术系副主任;任命王伯翰、张元骥为电机工程与应用电子技术副主任等。

3 月 31 日　经 1988—1989 学年度第二十五次校务会议通过,任命吴维韩为电工研究所所长等。

3 月 16 日　经 1988—1989 学年度第二十三次校务会议通过,电机工程系改名为电机工程与应用电子技术系。任命韩英铎为电机工程与应用电子技术系主任,任期三年。

6 月 17 日　1988—1989 学年度第三十六次校务会议,听取了电机系举办电机专业大专班的情况汇报并对有关问题做出决定。

本年　正式将原电力系统自动化、高电压技术、电机三个专业合并为一个宽口径的“电气工程及其自动化”专业。

本年　电机系电力系统及其自动化、高电压绝缘技术、电机与电器、电工理论与新技术 4 个二级学科被评为全国重点学科点。

本年　电机系新增教授:张节容、江缉光、宫莲、王仲鸿。

1990 年

4 月 28 日　电机系和东北电力总公司联合研制成功我国自行设计研制的第一台电力系统仿真装置,正式投入使用。同时,“电力系统静态状态估计”也在我国大区电网中率先投入在线使用。

10 月 5 日　国务院学位委员会审议通过,已有博士授予权的学科、专业增列的导师:生物医学工程及仪器周礼杲,电机郑逢时,电力系统及其自动化相年德、倪以信、卢强,理论电工陈允康、马信山。学校自行审批通过的有权授予硕士学位的学科、专业:机电控制及自动化(工学)、电力电子技术(工学)。

11 月 15 日　校务会议决定:成立电力电子工程研究中心,任命倪维斗兼研究中心管委会主任,韩英铎为管委会副主任兼研究中心主任。

11 月 20 日　电力电子工程研究中心在主楼后厅举行成立大会。

本年 电机系新增教授:薛家麒、李发海、容观澳、刁颐民、王世缨;新聘兼任教授:陈漠星、D. Jaron。

1991 年

本年 电机系新增教授:朱东起、王伯翰、陈昌渔、关志成、白净。

1992 年

1月4日 经国务院批准,电机系教授卢强被增选为中国科学院学部委员。

4月25日 电机系举行庆祝建系60周年大会,国务院副总理朱镕基出席。

4月 系庆60周年,朱镕基总理撰写贺文《为学与为人》,文中“为学在严,为人要正”后成为电机系系训。

12月19日 举行电机系和日本松下电工公司联合组建“联合电工实验室”协议文本的签字仪式,倪维斗副校长和松下电工公司专务西田行延先生分别代表双方在协议文本上签字。

12月31日 经1992—1993学年度第十次校务会议讨论,同意新建“微机硬件及应用实验室”(电机系),同意“人体运动信息检测实验室”与“应用电工学及电子学实验室”中有关生物医学工程与仪器的部分合并,改名为“生物工程与仪器实验室”。

本年 电机系新增教授:沈善德、王承煦、丁海曙、王鸿明、郭永基、高上凯、胡元德、潘隐萱。

1993 年

8月28日 日本松下电工株式会社三好俊夫社长一行参观了电机系的“清华大学—松下电工联合电工实验室”等。

9月2日 校务会议通过:授予电机系“电路原理”、“电工技术与电子技术”一类课程称号。

11月11日 电机系教授白净获得国家自然科学基金优秀中青年专项基金。

12月 电机系党委换届,王赞基任党委书记。

本年　电机系新增教授：沈以鸿、黄炜刚、赵良炳、朱泽煌、黄益庄、王赞基、王祥珩、张伯明、顾永昌、吉嘉琴；新聘兼任教授：赵希正。

1994 年

4 月 4 日　校长王大中向应聘担任校长教学顾问的倪以信（电机系）等 8 名教授颁发聘书。

5 月 27 日　举行电机系与河南省电力局联合研制 20 兆乏先进静止无功发生器（ASVG）合同签字仪式。梁尤能副校长和河南省电力局林孔兴局长分别代表双方签字，方惠坚和有关项目研究人员等共 30 多人出席签字仪式。

6 月 28 日　日本松下电工株式会社社长今井清辅先生等一行参观了电机系的"清华大学—松下电工联合电工实验室"等。

8 月 13 日　电机系、热能系共同向王大中校长、梁尤能常务副校长回报学科群整合问题，提出两个方案：一个是按"能源"学科群整合的方案，另一个是"电"与"热"分开的方案。

本年　电机系新增教授：谈克雄、黄立培、罗承沐、梁毓厚、张麟征、王心丰、徐伯雄、文学宓；新聘兼任教授：陈陈、严陆光、周孝信、林孔兴、丁道齐。

1995 年

5 月 23 日　台湾企业家黄广耀在电机系成立"黄韬先生奖助学金"，颁奖仪式在电机系举行。

5 月 25 日　召开 1994—1995 学年度第十六次校务会议，电机系行政领导班子换届，任命王赞基为电机系主任。

6 月 6 日　学校召开科技干部会，王大中传达全国科技大会的精神，做"全校动员，实施科教兴国战略"的报告。电机系夏清等做大会交流发言。

6 月 12 日　电机系系核心组会议，讨论电力系统国家重点实验室建设有关问题，陈寿孙教授做工作汇报。

6 月 15 日　电机系向学校领导汇报"九五规划"。

6 月 24 日　王伯翰教授在山东威海出席特高压研讨会时因交通事故

不幸遇难。

6月26日　电机系韩英铎教授当选中国工程院院士。

8月2日　学校领导王大中、梁尤能、何建坤等找电机等系商讨发展电动车问题。

9月1日　电机系核心组讨论工程硕士班办学问题。提出首先为东北电力局、华北电力局办工程硕士班。这是清华大学首批工程硕士班。

9月15日　电力系统国家重点实验室校内验收会召开。

10月16日　电力系统国家重点实验室国家验收会在清华大学召开。

本年　建成“电力系统及大型发电设备安全控制和仿真”国家重点实验室,先后承担了多个国家级重点和重大科技攻关项目,取得了一批重大的科技成果,为国家经济建设做出了重要贡献。

本年　电机系新增教授:陈雪青、金启玫、姚若萍、叶大田、张菊鹏、姜建国、周明宝、王昌长、张伟钹、高玉明。

1996年

2月27日　王赞基等系领导看望高景德先生,就系科研体制改革问题征求意见。高先生嘱咐:一要抓紧电力电子学科的建设;二要让博士生培养周期灵活一点;三是在科研体制方面,研究所与国家重点实验室要结合在一起;四是年轻教师应该站得高一点,从全系学科发展角度考虑问题。

4月1日　由电机系电力电子研究中心组织的IGBT以及应用专题高级讲座班在电机系开班,近50人参加为期一周学习。

4月17日　电机系举办青年教师学术报告会,三位青年教师(2位副教授、1位讲师)分别就自己的研究课题进行了交流。

4月23日　电机系举行学术报告会,青年教师闵勇、袁建生、王黎明、邓佑满分别做题为“基于GPS技术的全网同步监测系统”、“电磁场计算通用软件的开发及应用”、“紧凑型线路中的相同合成绝缘间隔棒”、“配电网络优化计算法研究”的学术报告。

4月25日　由电机系韩旻副教授主持研制的“微机控制多功能冲击电流发生器”通过技术鉴定。这一项目用于邮电部门和电力部门防雷电保护。专家们认定,该器件达到国内同类领先水平。

5月7日　电机系为东北电管局等开办的为期10个月的“工程硕士班”举行开学典礼，东北电管局副局长，关志成副校长及有关部处领导出席典礼。该班包括东北电管局学员45人和郑州电管局等其他单位学员7人，所有学员均是35岁以下、在本单位工作3~5年的本科生。

5月14日　电机系召开学科建设座谈会，就科研与生产实际相结合，为经济建设主战场服务进行专题讨论。吴维韩、相年德、韩英铎、杨福生等老教师出席座谈会并积极发表意见。

5月15日　电机系组织第三批青年教师学术报告会。青年教师张永红、刘志林、周小强分别就“家庭心电、血压监测网的研制”“便携式大容量生理信号记录仪的研制”“心衰数字仿真的研究”等题目的内容进行了交流。

5月15日—17日　电机系主办的首届“亚洲应用电磁学专家研讨会”召开。关志成副校长在15日的开幕式上致辞，来自日本、韩国、越南、瑞典四国共24位境外专家和国内20多位学者出席会议。研讨会共收到学术论文48篇，会议围绕“电磁场理论及数值计算方法”“工程应用问题的研究”等方面的问题进行了交流。

5月21日　电机系行政领导班子向学校领导汇报“211规划工程”。梁尤能、杨家庆、何建坤等校领导听取了汇报并做了重要指示。

5月27日—29日　在清华大学召开国家“八五”科技攻关项目“电动汽车关键技术研究”项目鉴定和验收会议。来自机械部、国家教委科技部门的11位领导及专家对该项目的成果进行鉴定和验收。在“八五”期间，国家对该项目总投资约为1400万元，项目由11个专题构成，清华大学共承担7个，其中电机系1个。参加鉴定和验收的20余位专家认为，研究成果达到国际20世纪90年代水平。

6月27日　《科技日报》刊登了1996年度国家科技进步奖初评项目416项（民口），电机系唐统一等5人完成的供电系统谐波检测与治理获三等奖。

7月4日　按国务院学位委员会文件，经优选评估，清华电工可以按一级学科行使博士学位授予权。

11月8日　由电机系和河南省电力局共同承担的“20兆乏先进静止无功发生装置（简称ASVG）的研制”的中间装置“300千乏ASVG”项目评

议会在清华大学召开。“20 兆乏 ASVG 的研制”是由清华大学韩英铎院士负责,历时2年。专家组肯定了300千乏 ASVG 工业试验装置研制的成果。

12月5日 电力部副部长陆延昌到电机系视察。

12月7日 高景德院士获得孺子牛全球奖杰出奖。

本年 电机系新增教授:韩旻、胡广书、赵伟、李永东、罗铸、魏洪波、张元骥;新聘兼任教授:周小谦。

1997年

1月8日 首次“清华之友——施耐德电气(中国)奖学金”颁奖仪式在清华举行,电机系和自动化系的20名同学(13名本科生、7名研究生)获得总额为6万元人民币的奖学金。

4月17日 电机系梁曦东副教授获“学术新人奖”。

5月15日 在九三学社北京市第九次代表大会上,电机系徐云当选为第九届委员会委员。

6月18日 清华—熊猫微机联合实验室挂牌仪式在校举行。南京熊猫电子集团计算机有限公司与清华大学电机系、设备处充分协商,以赠送和购买相结合的方式共同建设、装备清华大学计算机硬件实验室。实验室设在电机系。南京熊猫计算机有限公司总经理孟俊才,清华大学教务长吴敏生等出席仪式。

同日 由清华大学电机系白净教授主持研制的清华大学“家庭心电血压监护网”示范工程通过验收。该项目是清华大学远程医疗课题组针对21世纪人口老龄化及社会医疗保健的需求,经多年努力研制而成,经1年多来的试运行取得了良好的成效。贺美英、关志成等校领导出席在校医院举行的鉴定会。

8月11日—23日 美国“总统专家奖”获得者原清华大学电机系学生司捷等8位优秀留美学者组成的讲学团来清华进行讲学。

9月10日 电机系申报的《面向国民经济建设主战场,培养高质量电工学科高层次人才》《电气工程及其自动化专业建设》教学成果荣获北京市教学成果一等奖。

9月30日　清华大学与清华永新公司合作项目签字仪式在近春楼举行。清华永新公司总经理刘世铨，清华大学副校长杨家庆、校长助理冯冠平等出席。双方共签署了《超高分子量管材改性料》《耳声发射听力检测仪》（电机系）等项合作协议，这是清华大学与永新签署的第二批合作协议。

10月20日　电机系召开系核心组会，提出实验室分室实体化、逐步取消教研组成立研究所和研究室等项体制改革的初步实施方案。

10月29日　电机系教授高景德、韩英铎、卢强、张仁豫等主持的“面向国民经济主战场，培养电工学科高层次人才”获本届国家级教学成果奖中唯一的特等奖；由姜建国、崔文进、黄立培、陈刚、王伯翰等主持的《电气工程及其自动化专业建设》教学成果获国家级教学成果二等奖。

11月11日　清华大学举行聘请华北电业管理局局长、华北电力集团公司总经理焦亿安（校友）为热能系和电机系兼职教授的仪式，杨家庆副校长向焦亿安颁发聘书。

11月14日　电机系召开教育思想讨论会，出席会议的教代会代表、教学指导委员会委员、教研组主任、博士生导师围绕人才培养目标、方式和评价标准进行讨论。

11月25日—26日　电机系先后召开第六届系学位分委会第一次全体会议和第二次教学讨论会，就提高研究生培养质量、人才培养方向及课程体系等问题进行讨论。

12月16日　北京市教委首次对清华大学基础课实验室进行评估。电机系应用电子学及电工学实验室经过10名专家组成的专家组严格考核审议后，通过了“合格实验室”评估。

12月17日　电机系召开基础研究座谈会，就组织申请国家“973”计划等重大基础性研究项目开展讨论。

本年　电机系白净等入选由人事部等有关部委组织的首届全国“百千万人才工程”1995/1996年度第一、二层次人选。

本年　电机系新增教授：周双喜、杨学昌、李隆年、张济世、梁曦东、孙元章；新聘兼任教授：郑健超、李泽元、方大庆、I. Vereshchagin。

1998 年

1月12日　经1997—1998学年度第七次校务会议通过，经复审，电机工程与应用电子技术系的应用电子学及电工学实验室、基本电工实验室继续保持“清华大学一级实验室”称号。

1月23日　电机系召开教师座谈会，就编辑出版《高景德纪念文集》进行讨论。

4月3日　电机系召开全系教师工作研讨会，就电机系教学科研体制、是否申请成立学院等问题展开了讨论。

8月31日　经1997—1998学年度第十五次校务会议通过，电机工程与应用电子技术系行政领导班子换届，任命王赞基为电机工程与应用电子技术系主任；叶大田、崔文进、梁曦东、瞿文龙、夏清为电机工程与应用电子技术系副主任等。

9月1日　新一届系行政班子第一次会议，就实行教授与系核心组有关席会、系机关撤销科建制、建设一流学科等进行讨论，做出相关决定。

9月28日　电机系卢强教授应邀出席了中共中央、国务院在人民大会堂举行的全国抗洪抢险总结表彰大会。

11月12日　教育部公布“长江学者奖励计划”的首批特聘岗位名单，电机系电力系统及其自动化等9个学科入围。这9个学科将向全球招聘“特聘”教授。

12月5日　电机系孙元章等6名青年教授获得1998年“国家杰出青年科学基金”资助。

12月8日　北京市教委组织15位专家对清华大学基础课、技术基础课和专业基础课实验室进行评估。电机系基本电工实验室接受了评估，并顺利通过。

本年　电机系新增教授：马维新、何丽静、瞿文龙、唐庆玉、夏清；新聘兼任教授：松瀬贡规。

1999 年

3月　电机系邓佑满获1998年度“茅以升北京青年科技奖”。

6月23日　经1998—1999学年度第十七次校务会议讨论通过，经复审，同意继续授予电机系《电路原理》《电工技术与电子技术》，电子系《电子线路》“一类课程”称号。

11 月 22 日　电机系与平高电气联合成立“平高电气清华研究所”，签字仪式在清华大学举行，龚克、关志成等领导出席签字仪式。这是清华大学成立的第一个校企联合研究所。

11 月 30 日　由教研组改制为研究所的工作完成。电机系召开研究所干部会，宣布研究所体制正式开始运行，明确研究所的职责是学科建设与规划、培养研究生、组织科研、队伍规划与建设、承担教学任务和管理教学实验室等；明确了所长与副所长的分工。

12 月 9 日　校务会议通过：成立电工电子学教学实验中心。

本年　电机系与自动化系、核研院、微电子所等单位共建了“电力电子工程研究中心”。

本年　电机系在原有各个教研组的基础上，成立了 5 个研究所，分别为：电力系统研究所、柔性输配电系统研究所、高电压及绝缘技术研究所、电力电子与电机系统研究所、电工新技术研究所。

本年　电机系新增教授：邱阿瑞、陆文娟、闵勇、赵争鸣、蒲以康；新聘兼任教授：李凤玲（和热能系合聘）、顾国彪。

2000 年

1 月 18 日—20 日　第三届 Motorola 杯单片机设计应用大奖赛在上海举行。电机系本科生满家汉、满伟获优胜奖。

3 月 10 日　“新疆维吾尔自治区与清华大学全面合作——特变电工项目”签字仪式在科技园学研楼举行。新疆维吾尔自治区副主席吾甫尔·阿不都拉及计委等单位负责、清华大学副校长龚克、电机系卢强院士及相关单位负责出席仪式，此次共签订 6 个相关协议。

5 月 8 日　经校党委常务会议讨论：同意电机工程与应用电子技术系党委换届选举结果：丁青青、刁勤华、王赞基、邓佑满、朱守真、李慎龄、邱阿瑞、高上凯、曾嵘等九位为电机工程与应用电子技术系党委委员（以姓氏笔画为序）。邱阿瑞为电机工程与应用电子技术系党委书记；朱守真、邓佑满为电机工程与应用电子技术系党委副书记等。

5 月 12 日　电机系召开了全系教师会，系主任王赞基传达了王校长在第21次教育工作讨论预备会上的讲话,教学副主任崔文进通报了近期系里组织教学讨论的情况,并布置下一步教育工作计划。

5月17日　日立公司首席技术专家牧本次生一行来电机系参观"清华—日立单片机联合实验室",校务委员会副主任关志成、电机系副系主任崔文进等接待。随后,来宾向清华大学学生做了题为"日立半导体报告会(2000)——迈向新世纪的技术进展"的报告。

同日　电机系召开骨干教师会,对当前的学风问题进行研讨。系领导及系教学指导委员、学位委员会负责人等12人参加会议。

6月2日　电机系召开青年教师座谈会,系党委书记邱阿瑞、教学副主任崔文进参加座谈。

6月26日—28日　校务委员会副主任关志成、电机系系主任王赞基、课题负责人韩英铎院士、王仲鸿教授赴河南洛阳,参加由清华大学电机系与河南电业局合作完成的"电力系统新型静止无功发生器(ASVG)"项目鉴定会。鉴定会由国家电力公司主持,鉴定结论为该项技术填补国内空白,达到国际领先水平。

10月27日　电机系召开全系教师教学讨论会,会上传达了学校关于召开"第21次教育工作讨论会"的精神,动员全系教师积极投入到第21次教育工作讨论会中来,进行深入的教学改革。根据本系情况,系主任王赞基介绍了"美国MIT的教学体制";副系主任瞿文龙介绍了美国密歇根大学电机及计算机科学系(UMI,EECS)的课程设置;系教学委员会主任姜建国介绍了在美国留学的原清华大学毕业生对在清华大学学习和在美国学习的比较。参加会议的教师对本系教学体制改革、包括课程设置等问题进行了热烈的讨论,提出了很好的教学改革建议。

本年　电机系新增教授:徐国政、王新新、袁建生;新聘兼任教授:吴复立。

2001年

3月7日　学校组织对电机系"985"项目"电气工程基础教学实验基地建设"项目的评审会。经过专家组认真评审,该项目原则通过,并提出修改建议,待报告修改补充后可立项执行。

3月14日　经2000—2001学年度第13次校务会议讨论通过,同意成立电工电子学教学实验中心管理委员会,委员会主任顾秉林,成员:黄贺生、陈皓明、裴兆宏、李德华、董在望、冯正和、王赞基、王桂增。

3月23日　电机系召开“十五规划”讨论会。

3月26日　日本三菱电机电力电子部经理一行三人到电机系洽谈“电机及矩阵变频器”、“DVR”等项技术合作研究。

4月28日　清华大学校友廖锡麟（电机57届）、姜恩涓（电机58届）夫妇捐款20万元人民币在电机系设立奖学金颁奖仪式在电机系举行。

6月28日　经2000—2001学年度第20次校务会议讨论通过，电机工程与应用电子技术系行政班子换届，任命梁曦东为电机工程与应用电子技术系主任；赵争鸣、夏清、朱守真、袁建生为电机工程与应用电子技术系副主任等。

9月20日　校务会议决定，将电机系的生物医学工程专业调整到医学院。

10月30日　瑞士ABB公司半导体器件分公司总裁Dr. Kurit Machile一行访问电机系。双方就合作的事项达成意向。

11月9日　南瑞（继保）奖学金颁奖会在电机系召开，南京南瑞继保电气有限公司总经理助理金勇以及电机系党委书记等领导参加颁奖会。

12月1日　由电机系夏清教授、康重庆副教授主持研究的“中长期电力需求分析与预测系统”项目通过教育部组织的技术鉴定。鉴定委员会评定：该技术达到国际先进水平。

本年　电机系新增教授：崔文进、何金良、蒋晓华、童陆园、王士敏。

2002年

3月12日　日本东京电力株式会社亚洲友好协会代表团一行6人到电机系参观访问，并与电机系教授就“中国电力事业的发展”为题进行座谈讨论，会后参观动模国家重点实验室。

4月2日　电机系召开全体教师人事改革座谈会，邀请人事处处长介绍清华大学人事制度的重大改革方案。

4月5日　校党委书记陈希、副校长郑燕康及校机关有关部处领导裴兆宏、符松、杨晓延、刘颖等参加电机系学科规划座谈会。

4月27日　在主楼后厅举行的“21世纪电力发展论坛”为清华大学电机系70周年系庆拉开帷幕。国家电力公司副总经理赵希正，国家经贸行业规划发展司官员李冶，中国工程院院士、中国电力科学研究院名誉院长郑健超、广东省广电集团公司总经理祁达才以及清华大学电机系教授卢强院士分别以《中国电力工业的改革与发展》《加入 WTO 后中国电工制造业面临的机遇与挑战》《输变电技术的发展展望》《网厂分离后电网公司的经营理念》以及《近年来电力系统若干基础研究及其应用的进展》为题做了精彩的演讲。龚克副校长到会致辞，向到会的校友表示问候。校务委员会副主任关志成出席论坛。

同日 电机系建系 70 周年庆祝大会在大礼堂举行。校党委书记陈希代表学校向电机系表示祝贺。会上，电机系系主任梁曦东回顾了电机系 70 年以来的历程并对电机系的未来予以展望。中国电机工程学会理事长陆延昌校友，中国电工技术学会副理事长周鹤良，国家自然科学基金委材料与工程学部主任、中国电力科学研究院总工程师、电机系 1965 届校友周孝信院士分别在会上发言。电机系 1952 届校友杨勤明，中国海军工程大学教授、1996 年博士毕业的马伟明院士作为校友代表也做了发言。原电机系系主任韩英铎院士、系学生会主席王之浩分别代表师生发言。到会的嘉宾还有原国家教委副主任、清华大学老校长张孝文，以及方惠坚、贺美英、胡东成、龚克、关志成等，中国电机工程学会名誉理事长张凤祥，陈建宁将军和柳克俊将军，西南联大电机系教授马大猷院士，以及吴佑寿、顾国彪、张钹、张钟华等院士也到会。会后举行了系庆文艺演出。

6 月 24 日 “清华之友—施耐德电气助学金”项目签字仪式暨“施耐德电气中国公司再次捐助吉林省育林孤儿院捐款仪式”在亮马饭店举行。电机系每年将有 20 名家庭经济困难的学生获得此资助。

10 月 20 日—22 日 第六届国际电力系统新技术研讨会在清华大学召开。清华大学电机系柔性输配电研究所与浙江大学、上海交通大学相关单位联合主办。主要研究课题《电力系统仿真 FACTS 及 HUDC》，国内外 94 名专家、学者参加会议。

12 月 24 日 顾毓琇先生铜像揭幕仪式在清华大学电机馆举行。原校党委书记、校友总会常务副会长贺美英出席揭幕仪式并致辞。

12 月 30 日 经过校党委常委会议讨论，电机系卢强当选为民盟中央副主席，孙元章当选为民盟北京市委委员，徐云当选为九三北京市委委员。

本年　电机系新增正高级专业技术职务人员：李芙英、刘卫东、陈建业、朱守真、李福祺。

2003 年

1 月 14 日　韩国延世大学研究生院院长、工学院院长、创业中心主任等一行四人代表团来电机系参观访问，电力电子与电机系统研究所所长柴建云接待并陪同韩国客人参观了电力电子实验室。

2 月 28 日　在召开的国家科技奖颁奖大会上，电机系 1952 年毕业生金怡廉院士荣获我国科技成果最高荣誉奖——“国家最高科技奖”。这也是清华大学校友首次获此殊荣。

3 月 13 日　在全国政协十届一次大会会议上，电机系卢强教授等六位教授当选为全国政协常委。

3 月 20 日　ABB 集团高级行政官兼首席技术官 Markus Bayegan 先生一行 5 人访问电机系“电力系统及发电设备控制与仿真国家重点实验室”。

3 月 20 日　经 2002—2003 学年度第 7 次校务会议讨论通过，自动化系“热工计量室”与电机系“电工计量室”合并建立“清华大学电工与热工计量实验室”（校、系管），下设“电工计量室”和“热工计量室”两个分室，挂靠在电机系。

3 月 28 日—30 日　清华大学博士生论坛第 33 期（电机系）在三堡举行。论坛邀请了中国工程院院士韩英铎教授、清华大学深圳研究生院院长关志成教授、校研究生院副院长赵伟教授、“长江学者”孙元章教授等参加。论坛涉及电力系统自动化、柔性输配电与电力系统稳定控制、电力电子与电机控制、理论电工与电能新技术和高电压工程等学科领域。

10 月 30 日　电机系党委换届选举大会在建筑馆报告厅召开，全系近 300 名教工和学生党员参加了大会。大会差额选举产生了由 9 名委员组成的新一届系党委。经校党委批复，邱阿瑞为党委书记，刘秀成、曹海翔为党委副书记。

本年　在首次全国电气工程学科中排名第 1。

本年　电机系获得国家自然科学基金委电工学科多年来唯一重大基金，并全面参加了电气工程领域新一轮国家重大基础研究计划“973”项目等国家级重大课题。

本年　电机系新增正高级专业技术职务人员：梅生伟、沈永林、刘文华、徐云、苏鹏声；新聘兼职教授：马伟明；续聘兼职教授：周孝信、黄其励、严陆光。

2004 年

3 月 1 日　英国斯特拉思克莱德大学（University of Strathclyde in Glasgow）校长 Andrew Hamnet 教授等一行 3 人访问电机系。

3 月 19 日　电机系召开全体教师会议，传达学校关于院系学术委员会换届工作的精神。经过全体教师无记名投票从 19 名委员候选人中民主选举产生 13 名系学术委员会委员；然后又经全体教授会议无记名投票选举出校学术委员会委员候选人 2 名。

3 月 31 日　以中国电力科学研究员总工程师、国家自然科学基金委员会材料与工程学部主任周孝信院士为组长的专家组一致通过了对"电机系电气工程'985'学科建设项目"的验收。

4 月 1 日　校党委书记陈希带领研究生院、科研院、教务处等部处领导到电机系检查指导工作。电机系核心组成员及各研究所所长参加了工作汇报会。系主任梁曦东就电机系基本情况、"985"一期成果、学术梯队、教学科研、面临的问题等方面向学校领导进行了汇报，并提出了电机系未来几年的工作设想。

4 月 20 日　巴黎高科集团主席 Mrs. Daniele Olivier 等一行 5 人参观了清华大学电机系"电力系统及发电控制和仿真国家重点实验室"。

4 月 28 日　清华大学电机系与国电南京自动化股份有限公司联合成立清华南自电网调度自动化研究所揭牌仪式在甲所举行。

5 月 22 日—23 日　电机系第 58 届博士生论坛在清华大学学术交流基地——居庸关石门山庄召开。

5 月 24 日—26 日　由电机系和山西省电力公司联合举办的输电线路关键技术问题研讨会在电机系学术报告厅召开。研讨会由电机系高电压实验室主任周远翔主持，电机系系主任梁曦东和山西省电力公司副总经理崔吉峰分别代表双方致辞。会议安排 10 个学术报告，就"合成绝缘子的应用"等专题展开讨论。

5 月 29 日—30 日　电机系在昌平组织召开了教学研讨会,48 名教师及实验室人员参加此次研讨会。会议的主要内容是:邀请近期从国外学习归来的年轻教师介绍各自的进修情况和国外的教学情况;就如下几个议题进行研讨:(1)任课教师如何处理知识传授与学生思维能力的培养;(2)如何从教学方式、教学内容和考核方面体现对学生综合能力的培养和要求;(3)实验与实践环节在教学中的作用,如何改革实验内容和方式以便提高其作用和效果;(4)如何改进电机系的教学工作以提高整体教学效果。

7 月 7 日　日本富士电机系统株式会社社长伊藤晴夫来校访问,与本校签订合作协议。

7 月 7 日　经 2003—2004 学年度第 19 次校务会议讨论通过,电机工程与应用电子技术系应用电子学及电工学实验室、基本电工实验室建制撤销。

7 月 9 日　经 2003—2004 学年度第 20 次校务会议讨论通过,电机工程与应用电子技术系行政换届。任命梁曦东为电机工程与应用电子技术系主任,赵争鸣、袁建生、曾嵘为电机工程与应用电子技术系副主任等。

7 月 13 日　“‘211’二期”项目“分布式独立电力系统”的建设项目通过了专家委员会的评审,顾国彪院士、张钟华院士分别担任项目论证组和设备论证组组长。

9 月 10 日　通用电气(GE)中国技术中心总裁陶瑞祥先生(Mr. Bijan Dorri)、通用电气全球研发中心(上海)总经理顾铁先生一行访问清华大学,参观了电机系电力系统动态模拟实验室。

9 月 22 日　电机系汪芙平(导师:王赞基):《混沌背景下信号盲分离及其在混沌通信中的应用研究》获得 2004 年全国百篇优秀博士学位论文提名。

11 月 11 日　电机系党委书记邱阿瑞、副书记曹海翔、副系主任曾嵘、电机研究所所长柴建云与上海电气电站集团党委副书记何士林、人力资源总监张之杨等进行座谈。双方就科研合作、人才培养、建立实践基地等事项交换了意见并就在电机系设立上海电气电站奖学金一事初步达成意向。

11 月 12 日　韩国现代重工副社长金永男一行 5 人访问清华大学,来宾与电机系负责人就如何在电力控制等领域开展合作进行讨论。

11月14日　由科技部组织的6人专家组,在对清华大学“国家能源实验室”的筹备工作进行调研和考察期间,“国家能源实验室”筹备组组长王大中院士、副组长王赞基教授在学校有关部处领导的陪同下参观了电机系电力系统动态模拟实验室。

12月25日　电机系召开电机系系列课程研讨与课程建设之一——计算机系列课程教学建设研讨会。会议由黄瑜珑主持,负责教学工作的副系主任曾嵘介绍学校教育工作讨论会的会议精神、电机系计算机系列课程教学的总体情况以及本次会议的主旨。二十多位教师以及负责相关实验教学的教师与会,每一位教师都介绍了自己所开设课程的相关情况,并对教学过程中普遍存在的问题进行讨论。

本年　电机系新增正高级职务人员:汪晓光、王树民、周远翔、董新洲。

2005年

3月10日　电机系研团委举办了第四期“行家行话”活动,邀请美国电机电子工程师院士、美国麻省理工学院客座教授、香港工程科学院院士、中国工程院院士、英国皇家工程院院士、乌克兰工程科学院院士、世界电动车三大权威之一全国政协委员陈清泉院士,就“新世纪的机遇与挑战——世界一流大学与资本市场”这一话题进行演讲。

3月15日　英国利物浦大学教授、清华大学客座教授方大庆博士访问电机系,并做了题为《高压断路器的计算机仿真》的学术报告。前来参加学术交流活动的有北京开关厂、平顶山开关厂及电机系的有关人员。

4月12日　美国德州大学陈谟星教授在外专局经济技术专家司王处长的陪同下来电机系座谈。副系主任赵争鸣教授、夏清教授、姜新建、沈沉副教授及部分学生参加了座谈会。

5月17日　由新一代电力研究技术研究中心(NPTC)主任Seung Jae Lee教授率领的韩国明知大学代表团一行18人访问电机系。代表团成员有现代重工、LG电子等著名韩国企业代表。电机系副主任袁建生教授等参加接待。

5月26日　电机系张伯明等完成的“电网能量管理和培训仿真一体化系统”等三个项目荣获北京市科学技术优秀成果一等奖。

5月31日　清华大学和AREVA公司在中央主楼举行清华大学—AREVA输配电研究中心开幕仪式，该中心是在“清华大学—AREVA继电保护与控制研究中心”基础上扩大起来的。开幕仪式由电机系主任、中心管委会主任梁曦东教授主持，副校长康克军和AREVA输配电全球总裁菲利浦·吉尔莫特先生致辞，随后双方签署了协议并举行了揭牌仪式。电机系党委书记邱阿瑞教授、中心管委会成员周双喜教授及国际处、科研院等相关人员共100多人出席该仪式。

6月20日　清华大学电机工程系和银河科技公司联合成立的电力系统自动化研究所揭牌仪式在甲所大会议室举行，该仪式由电机系副主任赵争鸣教授主持。常务副校长何建坤教授、国家发改委高新司处长苗治民、银河科技公司董事长潘琦博士、科研院常务副院长王赞基教授、电机系主任梁曦东教授和电机系卢强教授，以及中国科学院电工所、中国电力科学研究院等兄弟单位的代表共50余人参加揭牌仪式。

6月25日　清华大学第92届博士生论坛在石门山庄开幕。参加此次博士生论坛的共有来自电机系和华北电力大学（北京）共76名博士研究生，提交的学术报告共有70份之多。电机系党委书记邱阿瑞等13名博导，华北电力大学副校长李成榕教授和电力学院的贺仁睦教授参加了论坛。

7月11日　教育部教技函[2005]68号文下达了《教育部关于部分国家重点实验室主任和学术委员会主任聘任的通知》，聘任梁曦东教授为电力系统及发电设备控制和仿真国家重点实验室主任、卢强院士为学术委员会主任，同时聘任新一届国家重点实验室副主任、学术委员会成员、主任助理和秘书。

8月25日—29日　由清华大学主办，清华大学电机系和深圳研究生院承办的第14届国际高电压工程会议ISH2005（The 14th International Symposium on High Voltage Engineering）在北京国际会议中心成功举行，来自40多个国家的知名专家、教授及工程技术人员等各类参会人员共700多人（其中境外人员360多人）。国家电网公司舒印彪副总经理、南方电网公司赵建国副总经理、清华大学龚克副校长等出席了大会开幕式。

9月9日　第五届国家级教学成果奖表彰大会在人民大会堂隆重举行，由电机系完成的教学成果《优化理论课程，强化实践环节——电力系统本科专业课改革》荣获一等奖，孙宏斌副教授作为获奖代表之一，受到了温家宝总理的会见并合影留念。当日下午顾秉林校长在校办和教务处领导的陪同下，到电机系孙宏斌办公室表示祝贺。国家级教学成果奖是我国教育领域中唯一的一项国家级奖励，代表了当前我国高等教育教学工作的最高水平，每四年评选一次。

10月9日—13日　第二届清华—明知继电保护与变电站自动化研讨会在北京西郊宾馆举行。会议由清华大学和韩国明知大学主办，由西安交通大学、天津大学、山东大学、山东理工大学协办，同时得到了中国国家自然科学基金委员会和韩国工程与科学基金委员会的资助。清华大学电机系董新洲教授担任本次会议的主席。

10月10日　电机系教学督导组成立仪式在西主楼举行，系党委书记邱阿瑞出席仪式，并为各位督导组成员颁发了聘书。

11月4日—6日　电工技术学会和国家自然科学基金委员会联合举办，电工技术学报承办，清华大学电机系协办的“全国第二届电工技术前沿论坛”在清华大学主楼后厅召开。

11月29日　在电机系系馆举行了“2005年度清华之友——施耐德电气奖学金颁奖典礼暨电机系与施耐德电气公司共建PLC教学联合实验室”的签约仪式。施耐德电气大中国区总裁Guy Dufraisse一行，校学生工作指导委员会副主任陈旭老师，电机系党委书记邱阿瑞老师，以及教务处、学生部相关老师和奖学金获奖学生出席仪式。

本年　电机系新增正高级职务人员：康重庆、李志康、孙宏斌、徐福媛。

2006年

2月15日　电机系召开“‘十一五’发展规划”讨论会。系主任梁曦东教授对系“十一五”期间的发展规划，向全系教授进行汇报。主要内容包括教学、科研、人事和国防保密等方面。教授们针对各项内容进行了热烈讨论，提出许多可行性建议。

3月24日　柔性输配电研究所与上海市电力公司合作承担的50Mvar STAATCOM装置在上海西部变电站投运，并通过了72小时的负载考验。

4月1日　电机系在三堡学术基地召开博士生导师研讨会。系主任梁曦东、党委书记邱阿瑞、韩英铎院士等22位博士生导师和即将申请博导资格的老师悉数出席研讨会，学校研究生院副院长赵伟、高虹应邀出席会议，电机系副主任曾嵘主持会议。高虹做关于《对研究生教育中长期规划的思考》的主题报告。与会博士生导师就博士生培养过程中的各方面工作展开讨论。

4月1日　由清华大学研究生院和研究生会主办、电机工程与应用电子技术系承办的“清华大学第109期博士生学术论坛（电机系）”在居庸关三堡学术基地开幕。科研院常务副院长王赞基教授、研究生院副院长赵伟教授、高虹教授应邀参加论坛，电机系主任梁曦东教授、党委书记邱阿瑞教授等出席了会议。论坛吸引了80余位博士生参加，其中有67人做了口头报告。包括工程院院士韩英铎老师在内的电机系22位博士生导师到会，为博士生学术报告做了精彩点评。

4月10日　电机系召开工程硕士培养研讨会。电机系副系主任曾嵘、系业务办孙劲松、工程硕士办张杰以及在读工程硕士学生代表等出席会议，研究生院有关领导应邀参加座谈会。

4月17日　IEEE PES 2004—2005主席Professor Hans Puttgen到电机系做题为《R&D in our industry：where do we go from here?》的报告，20余位师生参加报告会。下午，系主任梁曦东等系领导与Professor Hans Puttgen进行座谈，商讨研究生培养、年轻教师互访与科研合作等有关事宜。

4月　中国科学院院士卢强当选为瑞典皇家工程科学院外籍院士（Foreign Member of the Royal Swedish Academy of Engineering Sciences）。这是清华大学教师第一次获此殊荣。

5月9日　美国加州伯克利大学工学院院长A. Richard Newton教授一行访问清华大学，参观了电机工程与应用电子系等。

5月23日　电机系和信息学院在甲所会议室召开电路类课程及相关的实验课程教学改革研讨会。

5月26日　美国GE能源集团能源咨询部全球总裁艾黎黑博士（Dr. Hamid Elahi）访问电机系，电机系副系主任袁建生会见客人。双方介绍了各自的情况，探讨了双方开展合作的可能性。

6月1日—2日　清华大学举行AREVA输配电研究中心成立（扩大）一周年庆典暨项目评审会。副校长谢维和会见AREVA输配电副总裁可切斯博士一行16人并在会上讲话,电机系系主任梁曦东主持庆典。国际处处长夏广志、科研院机构管理办公室主任张凤桐和中心全体师生参加会议。

7月12日 电机系召开一年一度的全系工作大会。会议由党委书记邱阿瑞主持,包括韩英铎院士在内的100余名教职工和博士后参加。

9月11日 美国加州旧金山大学工学院主任刘诗圣教授,丹佛大学工程系 Maciej S. Kumosa 教授分别受邀来电机系做讲座。上午,刘诗圣教授的学术报告介绍了美国能源部工业评估中心及相关能源政策简介。下午,Maciej S. Kumosa 做了题为"Failure Analyses of Non-Ceramic Composite High Voltage Insulators"的报告。

9月25日 清华大学工科院系助教工作调研会在电机系召开。与会的各位老师结合国外院校助教工作的情况和电机系设立助教岗位的现状,对清华大学的助教工作提出了意见和建议。同时,针对明年研究生培养机制的改革,各位老师也对助教工作的调整提出了一些建议。

9月26日 清华—三菱电力电子器件应用教学实验室开启仪式在电机系举行。三菱电机株式会社功率器件制作所总经理片冈正行、三菱电机中国总代表五月女政夫、电机系系主任梁曦东、研究生院副院长高虹及教务处、科研院的相关人员等出席了会议并讲话。随后,举行了"清华—三菱功率器件应用实验室"的揭牌仪式。各位来宾还参观了实验室。

10月20日 电机系教学工作会议在西主楼召开。系教学督导组成员、各课组组长等14位老师出席会议。会议就学科评估、生产实习、本科推研、教学方案修订与课程整理等近期完成的几项工作进行了交流,对系教学督导组老师本学期的听课任务进行了布置,还对"985"二期项目与电机系的执行原则进行了介绍。

10月30日—11月13日 电机系8个教学课组分别组织召开课组成立后的第一次教学工作会议。各课组结合2007年本科教学评估、"985"二期项目建设、课组课程建设等工作进行了讨论。

11月21日 电机系副系主任袁建生等接待了英国 Rolls-Royce 公司战略研究中心的 Simon Weeks 博士来访。双方讨论了科研合作问题,并参观了动模实验室、电力电子与电机控制系统实验室和超导贮能课题组。

11月24日 科研院副院长王赞基在西主楼会见了英国曼彻斯特大

学电气工程学院院长 Steve Williamson。电机系副系主任曾嵘介绍了电机系在教学、科研等方面的情况。双方就教师互访、学生交换和科研合作等问题交换了意见，并达成初步共识。会见后，Steve Williamson 参观了电机系动模实验室、电力电子实验室和高压电器实验室。

12 月 6 日　信息学院和电机系在电工电子中心联合召开电气信息类基础课程教学研讨会。会议围绕着清华大学电气信息类基础课程教学基地课程体系优化这一主题开展讨论，具体研讨了清华大学与国际一流大学电气信息系列基础课程的教学情况比较，找出存在的问题，提出了一系列课程建设与管理体制改革建议。

12 月 8 日　电机系召开了教学“985”二期立项答辩会。

12 月 14 日　电机系召开全体教授会，集中讨论系“十一五”学科发展规划。会议由系主任梁曦东教授主持，韩英铎院士等 20 多位教授参加了会议。会上针对电机系学科和科研现状，特别是针对攻坚学科方向进行了热烈讨论，并明确提出力争在“电力系统安全运行与特高压输电方向”进入世界一流水平，且整体在“大容量电力电子学科方向”达到国内领先水平。

同日　电机系党委换届选举大会在建筑馆报告厅召开，大会差额选举产生了由 9 名委员组成的新一届党委，经校党委批复，赵伟为系党委书记；刘秀成、曹海翔为系党委副书记。

12 月 22 日　为了促进风力发电技术领域的产学研合作和资源整合，电机系邀请了北京玻璃钢研究总院等 5 家合作企业召开了“风电技术产学研合作研讨会”。科研院常务副院长王赞基、电机系系主任梁曦东、土水学院副院长辛克贵及科技开发部常务副主任万荣等参加了会议。会议讨论了如何利用清华大学电机系在风电领域的技术优势，与风电产业链中的多家企业开展产学研合作，集成校企多方面的资源开展风力发电机整机生产技术合作的有关问题。

12 月 25 日　电机系组织召开关于做好 2006 年国家重点二级学科考核评估工作的动员会。副系主任曾嵘、五个二级学科相关负责人，及系主管人事、科研和教学的负责人员参加。

本年　电机系新增正高级职务人员：郭静波、侯国屏、姜齐荣、刘廷文、王家森。

2007 年

1 月 29 日　电机系在西主楼举行研究生工作座谈会，系副主任曾嵘、系党委副书记曹海翔及各研究生工作助理、党支部书记、团支部书记等近 40 人参加了会议。与会人员总结和交流了本学期研究生工作的经验和体会，对 2007 年的研究生工作进行了展望。

3 月 3 日—5 日　电机系召开 2006—2007 学年春季学期第一次课组教学工作会议。副系主任曾嵘、各课组组长及部分教师代表参加了会议。曾嵘对各课组近期需完成的“985”二期项目启动、组内课程体系结构调整、组内本科培养方案和教学计划修订等多项工作进行了部署，并就个别实验室改造、部分课程内容调整等问题同与会教师进行了讨论。

3 月 21 日—24 日　清华大学 AREVA 输配电研究中心项目评审会在电机系举行。评审会对在研的 7 个项目进行了评审，同时明确了下一阶段的工作任务和研究目标。英国 AREVA 输配电能源自动化与信息公司研发总裁 Andrew Klimek 一行 4 人和电机系四个课题组的师生参加了评审会。

4 月 28 日　电机系在中央主楼接待厅举行我国著名电机工程专家、杰出的教育家、中国科学院学部委员、电机系原系主任章名涛教授百年诞辰纪念大会。校党委书记陈希、副书记韩景阳、校教育基金会理事长贺美英、校务委员会副主任关志成出席。

4 月 28 日　电机系举行由行业协会、国内重要电机制造企业、高校电机与电器学科代表参加的座谈会。

5 月 22 日　副校长岑章志带领专家组到电机系检查本科教学评估准备工作。专家组听取了电机系系主任梁曦东对本科教学工作的基本情况和办学特色的介绍，检查了试卷、综合论文训练、本科教学管理规定、生产实习报告等评估支撑材料，并参观了电机系的部分实验室。岑章志等对电机系的本科教学及迎评准备给予了肯定，同时也提出要进一步凝练教学理念、总结办学特色、完善各项迎评准备工作等指导性意见。

5 月 29 日　清华大学—施耐德电气联合教学实验室揭牌仪式在电机系举行。电机系主任梁曦东、施耐德公司市场部总监班宁伟等出席了揭牌仪式并致辞。电机系副系主任曾嵘、班宁伟作为双方代表共同为“清华大学——施耐德电气联合教学实验室”揭牌。揭牌仪式后与会来宾参观了联合教学实验室。

6月5日　由电机系张伯明教授主持，历时近二十年，十多个网、省级电网公司参与完成的“三维协调的新一代电网能量管理系统关键技术及示范工程”通过了由教育部委托清华大学主持召开的科技成果鉴定会。由浙江大学原校长韩祯祥院士，电力科学院总工周孝信院士、华北电力大学杨奇逊院士和天津大学余贻鑫院士等9人组成的鉴定委员会一致认为，该项目成果在整体上处于国际领先水平。

7月2日　电机系召开实验技术人员座谈会。与会人员就实验室建设、发展过程中遇到的困难和面临的问题进行了讨论。会议初步确立了建立维修资金预算制度、教学实验室人员与面积不缩减、教学内容与实验内容建立更紧密联系等基本原则。副系主任曾嵘、实践实习课组负责人及各实验室技术人员20余人参加了会议。

7月8日　电机系在西主楼举行主题为“大容量电力电子系统中的电磁暂态”的电力电子技术教授论坛。赵争鸣、姜建国、蒋晓华等教授分别做了题为《大容量电力电子系统中的电磁暂态》《电力电子系统中的电磁兼容问题》《电流源型变流器的缓冲吸收电路》的报告。来自清华大学及中科院电工所、北京交通大学、华北电力大学的师生共80余人参加了论坛。

7月12日　电机系系主任梁曦东主持召开了“985”工程二期设备购置专家论证会。

7月17日　电机系组织召开教学实验室迎评工作讨论会。副系主任曾嵘主持会议。曾嵘首先肯定了各教学实验室在本科人才培养方面做出的突出贡献和在迎评工作中付出的辛勤劳动，并反馈了校评估专家组提出的关于电机系实验室迎评工作的改进意见，传达了清华大学第二次教学评估研讨会对教学评估最后准备阶段工作提出的具体要求。最后，曾嵘对实验室下一阶段的迎评工作进行了部署。电机系各教学实验室负责人、系评估工作相关人员等7位教师参加会议。

10月15日　电机系召开迎接教学评估全系教职工大会。系党委书记赵伟主持会议。全系80余名教职工参加了大会。

10月24日　本科教学评估专家组副组长、西安交通大学校长郑南宁院士到电机系对本科教学情况进行考察。电机系主任梁曦东、党委书记赵伟、分管教学的副主任曾嵘和分管科研的副主任赵争鸣等陪同考察。

12月19日　电机系的“三维协调的新一代电网能量管理系统、关键技术及应用”项目入选2007年度“中国高等学校十大科技进展”。

12月20日　经2007—2008学年度第8次校务会议讨论通过，电机工程与应用电子技术系行政换届。任命闵勇为电机工程与应用电子技术系主任，赵争鸣、曾嵘、于歆杰为电机工程与应用电子技术系副主任等。

12月21日　常务副校长陈吉宁带队到电机系调研“985”工程二期建设执行情况。陈吉宁听取电机系系主任梁曦东关于2007年主要科研与教学成果及“985”工程项目建设思想、仪器购置计划与执行情况的汇报。陈吉宁肯定了电机系集中经费购置大型设备的做法。陈吉宁一行还参观了电力系统国家重点实验室及电力系统实时数字仿真系统(RTDS)和全国电力线路与设施演示沙盘。

12月26日　电力系统及发电设备控制和仿真国家重点实验室学术委员会2007年年会在西主楼举行。学术委员会主任、中国科学院院士卢强主持会议。会议听取国家重点实验室主任、清华大学电机系主任梁曦东作的年度工作报告，肯定实验室取得的突破性进展，并提出继续面向国家重大需求、加强对基础领域和关键技术研究等建议。

本年　清华大学电气工程学科点被评为首批国家一级重点学科点。

本年　电机系在第二次全国电气工程学科中排名第1。

本年　电机系刘锋的“基于微分代数模型的电力系统非线性控制”(导师卢强)获评全国百篇优秀博士学位论文。

本年　电机系新增正高级职务人员：曾嵘、柴建云；新聘兼职教授：杨奇逊、李立涅、程时杰；续聘兼职教授：周孝信、严陆光、李凤玲、马伟民、顾国彪、赵希正。

2008年

2月26日—27日　清华大学电力系统及发电设备控制和仿真国家重点实验室、水沙科学与水利水电工程国家重点实验室接受科技部和国家自然科学基金委组织的五年一度的现场评估。以钱七虎院士为组长的专家组听取电力系统及发电设备控制和仿真国家重点实验室主任梁曦东的工作报告及五个代表性研究成果的汇报。常务副校长陈吉宁、科研院常务副院长王赞基及实验室卢强院士等参加汇报会。以陈厚群院士为组长的专家组听取水沙科学与水利水电工程国家重点实验室主任王光谦的工作报告和五个代表性成果汇报，校党委常务副书记胡和平教授参加评估汇报会。专家组还分别对实验室进行现场考察、资料查验和固定人员访谈等工作。

3 月 6 日　香港大学工学院院长周永祖一行 8 人访问清华大学，电机系等负责人与来宾在丙所座谈，互相介绍各自院系的情况，并就本科生、研究生课程的安排，学生交换事宜等进行交流。教务处、研究生院、港澳台办有关负责人出席。副教务长康飞宇也会见了访问团。会见后，访问团到电机等系进行科研交流。

4 月 1 日　为促进电机系面向全校的选修课程“高档单片机原理及应用”的教学改革，日本瑞萨科技公司一行 4 人与电机系计算机基础及应用实验室人员商谈进一步改进该课程 SH3 实验板的事宜，并对将 Linux 系统引入该课程的教学方案进行了深入探讨。电机系计算机基础及应用实验室与瑞萨科技公司的合作已有 12 年，瑞萨科技公司是世界上单片机最大的提供商之一，自合作以来一直对电机系的单片机教学提供赞助。

4 月 18 日　电机系电力系统国家重点实验室副主任孙元章教授等接待来访的丹麦 Vestas 公司电力系统研发部首席专家 Philip Carne Kjar 等一行三人。双方就风力发电领域有关热点问题进行交流和讨论。随后，来宾参观了隶属于电机系电力系统国家重点实验室的电力系统动态模拟实验室和电力电子实验室。

4 月 18 日　副校长陈旭、人事处处长姜胜耀以及人事处各部门负责人到电机系进行工作调研。电机系主任闵勇、系党委书记赵伟、副主任赵争鸣和曾嵘参加会议。闵勇就电机系人力资源使用情况、队伍建设和如何提高竞争力等做了汇报。参会各方就如何引进高水平人才，如何健全科研合同制人员管理制度，如何完善在职人员考核、评价和流动机制等人事改革问题进行充分交流。

5 月 16 日—18 日　电机系在三堡学术活动基地承办清华大学第 177 期博士生学术论坛。校务委员会副主任、清华大学深圳研究生院院长关志成，电机系主任闵勇、系党委书记赵伟出席论坛开幕式。闵勇致开幕辞。关志成和赵伟分别就研究生教育国际化、如何做创新性科研及学术诚信等做报告。电机系120多名研究生和20余位教师参加论坛。

5月22日　副校长袁驷、校教学督导组组长孙道祥到电机系调研教学工作。袁驷等听取电机系关于人才培养工作的汇报，肯定了电机系多年来在教育教学研究、基础课教学、教学组织与队伍建设等方面取得的成绩，介绍了当前本科教学重点，并希望电机系进一步探索拔尖创新人才培养的新思路。电机系主任闵勇，原系主任梁曦东等参加座谈。副教务长陈永灿等参加调研。

5月26日　华北电力科学研究院有限责任公司总经理田云峰、科技发展处处长李志红、电气测量技术研究所所长王思彤、高电压研究所所长邓春、系统研究所所长李群炬等一行访问电机系。电机系副主任曾嵘、电力系统研究所程林等接待了来宾。双方分别介绍了本单位科研工作现状和面临的主要问题，就电机系与华北电力科学研究院开展进一步的科研合作进行具体深入的讨论。双方一致同意，按照优势互补、互利共赢的原则，共同推进在电气工程领域的实质性科研合作和学术交流活动。

5月30日　电机系与华北电力科学研究院在华北电力科学研究院签署科技合作意向书。电机系主任闵勇和华北电力科学研究院有限责任公司总经理巩学海代表双方签字。华北电网公司副总经理刘永齐到会致辞。双方还就共同关心的技术问题和进一步开展科研合作进行交流。华北电网调度通信中心主任李丹、华北电力科学研究院党委书记任之光等参加仪式。

6月18日　电机系接待来访的新东北电气集团公司董事长盛东升一行4人，系党委书记赵伟会见来宾。双方就毕业生招聘、人才培养、科研等方面的合作意向进行沟通。会见后，盛东升一行还参观了电气设备及智能化实验室。

6月19日　经2007—2008学年度第24次校务会议讨论通过，新聘李立涅（电机系、深圳研究生院）为双聘教授。

6月23日　电机系召开系学术委员换届大会。系主任闵勇主持会议。会议选举产生15名系学术委员会委员，委员会推选产生了主任和副主任。随后，该系还召开教授会讨论了人才引进问题。

7月7日　南方电网公司副总经理祁达才到电机系交流科研工作，并与系主任闵勇、系学术委员会主任赵伟等进行座谈。各研究所所长参加座谈并分别介绍了各所的科研情况、科研特长与在研项目及科研设想。副系主任曾嵘、系学术委员会副主任梁曦东等参加座谈。

7月8日　围绕学校第16次科研讨论会的主题，电机系召开科研研讨会。系主任闵勇教授主持会议。中科院院士、电机系教授卢强，系学术委员会主任赵伟教授、副主任梁曦东教授等20多名教授参加会议。

7月15日　电机系召开第二次科研工作讨论会。校党委常务副书记胡和平、副校长康克军出席并希望电机系能认真考虑未来的发展道路及国家未来的发展需求，转变科研发展方式，以重大科研项目带动学科建设，在解决国家重大需求中产生重大成果，探索适合自身发展的道路，保持健康的良性循环，巩固行业领导地位。会上，副系主任曾嵘介绍了电机系近年来的科研工作和今年围绕第16次科研工作讨论会所开展的专题调研情况，汇报了电气工程学科的基本情况、国内外一流大学电气工程学科的研究领域、清华大学电气工程学科发展的战略机遇和面临的主要问题等内容。与会教师就鼓励年轻教师的发展、形成有独创性的科研成果、平衡教学与科研的关系及评价体系的多样化等问题进行讨论。系主任闵勇主持会议。科研院常务副院长姜培学、副院长嵇世山和张华堂，房管处副处长杜嘉等40余人参加会议。

9月8日—12日　英国谢菲尔德大学电子与电气工程系的诸自强教授一行在清华大学电机系进行学术访问活动，与电机系多位教授见面并进行了交流。在此期间，在电机系副系主任赵争鸣教授的安排下，诸教授进行了三场学术报告会。

9月18日　电机系召开会议传达学校暑期党政干部会议精神。系主任闵勇、系党委书记赵伟传达了暑期干部会上关于本科生教学、人才队伍建设、科研体制改革等方面的内容，并结合系里的现状谈了感想。系有关负责人还传达了学校人事制度的动向及近期的职称评定工作的要求。

9月19日　电机系召开本学期第一次系学术委员会会议，系学术委员会主任赵伟主持会议。会上，委员们按教学、科研、人事等方面进行分组，就兼职教授聘任原则、加强研究生学术道德教育等议题进行讨论，并形成若干意见。系学术委员会11名委员参加会议。

9月23日　经2008—2009学年度第1次校务会议讨论通过，任命康重庆为电机工程与应用电子技术系副主任等。

10月8日 人事处副处长汪健等一行4人到电机系进行工作调研。电机系党委书记赵伟等参加座谈会。与会人员对系级行政人员岗位设置、考核聘用、岗位技能培训、今后聘用非事业编制人员的原则考虑等问题进行充分讨论。

10月10日 经2008—2009学年度第2次校务会议讨论通过,新聘余贻鑫、张钟华、袁懋振为电机系兼职教授。

10月13日 经2008—2009学年度第3次校务会议讨论通过,电机系丁青青获北京奥运会、残奥会清华大学先进个人称号。

10月22日 清华大学1961级电机系校友芮静康向学校捐赠图书,包括了《建筑电气工程师手册》等21种书。这已是他第二次向母校赠书。清华大学原副校长杨家庆、图书馆党委书记高瑄等参加捐赠仪式。

10月22日 实验室处副处长闻星火及清华大学4位专家对电机系电力电子与电机控制实验室的建制工作进行评估。该系副主任曾嵘参加会议,并简要介绍了实验室的建设过程及在电机系学科发展中的地位。评估专家听取了实验室的建制工作情况并参观了实验室后,充分肯定了实验室的软硬件条件及建制的必要性,同时对实验室目前的工作和将来的发展提出意见和建议。

10月24日 电机系副系主任曾嵘会见来访的荷兰德尔福特工业大学(Delft University of Technology)电气学院教授Braham Ferreira等一行3人。双方就各自主要研究方向及共同感兴趣的课题进行深入交流,一致认为应当建立更加紧密的联系,在电力系统、交直流输电、新能源等领域结合各自优势,开展前沿研究。

10月28日 电机系召开2008—2009学年秋季学期第一次课组教学工作讨论会。副系主任康重庆出席会议,围绕青年教师队伍建设、教材建设规划、精品课程建设规划、近期各种奖项申报等工作分别与各课组组长进行讨论,并就如何进一步提高电机系教学质量等问题向与会教师征求了意见和建议。

10月30日 IEEE终身会员(Life Fellow)、美国国家工程院院士、美国威斯康星大学麦迪逊分校教授Thomas Anthony Lipo到电机系进行学术访问活动。他参观了电力系统及发电设备安全控制和仿真国家重点实验室，并与电机系学生进行交流，就电力电子技术的未来发展进行讨论。电机系副系主任赵争鸣及国家重点实验室有关负责人等参加交流活动。

10月31日　电机系副主任曾嵘会见来访的甘肃省电力公司风电中心主任汪宁渤。会谈后，汪宁渤等参观了动模实验室。

11月6日　电机系分管教学的副系主任康重庆对该系10余个教学实验室进行实地调研。

11月28日　电机系分管教学的副系主任康重庆接待来访的美国德州农机大学教授Garng Huang。Garng Huang结合工作经验介绍了德州农机大学电机系研究生、本科生培养的基本情况。双方还就教学工作的相关问题进行交流。此前，Garng Huang在电机系做了题为“Online Real Time Long Term Voltage（Dynamic）Stability Margin Evaluation”的讲座。

12月2日　电机系举办国外访学报告会。系党委书记赵伟主持会议，系主任闵勇出席会议。该系刚从国外访问归来的三位年轻教授：周远翔、康重庆和孙宏斌分别介绍了他们在美国麻省理工学院、英国剑桥大学和美国华盛顿州立大学的访学成果，包括教学、科研等各方面的感受和收获。

12月11日　经2009—2010学年度第7次校务会议讨论通过，新聘沈国荣为电机系兼职教授。

12月12日　美国托莱多大学电气工程与计算科学系主任Krishna Shenai在清华大学电机系进行学术访问活动，参观电力系统及发电设备安全控制和仿真国家重点实验室，做题为“Global Energy Crisis：21st Century Electricity”的学术报告，并就电气领域未来发展与电机系师生进行交流。

本年　由8个教学实验室构成的电气工程实验教学示范中心，荣获国家级实验教学示范中心。

本年　电机系新增正高级职务人员：陈水明；新聘双聘教授：李立浧、余贻鑫、张钟华、袁懋振。

2009年

1月5日　电机系与甘肃省电力公司风电技术中心签署合作备忘录。双方计划在学术交流与学术影响力的提升、科学研究、人才培养等方面开展全面的战略合作。学校科技开发部主任曹建国、电机系主任闵勇等出席仪式。甘肃省电力公司风电技术中心主任汪宁渤做了题为《酒泉千万kW风电基地发展规划及其面对技术难题》的专题报告，并与电机系师生就风电的技术问题进行深入交流。

1月9日　在人民大会堂举行的2008年度国家科学技术奖励大会上，电机系卢强等负责的“电力大系统非线性控制学”获国家自然科学奖二等奖。

1月13日　电机系召开本学期第二次系学术委员会会议。会议由系学术委员会主任赵伟主持。会议就当前电气工程领域国家重大科研需求方向、科研队伍的组织、如何引导青年教师入主流科研方向、国家重点实验室科研基金课题指南制定等议题进行讨论，形成若干意见。之后，还审议了申请校聘、系聘兼职教授，及学校2008年学术新人奖的人选。

2月19日　校长顾秉林会见来访的国家电网公司党组书记、总经理刘振亚。双方就我国特高压示范线路的成功建设及其取得的最新成果进行了交流。电机系教授、中国科学院院士卢强参加会谈。副校长康克军主持会谈。电机系有关负责人和教师参加会谈。

3月24日　电机系主任闵勇会见来访的贵州电网公司副总经理晁剑一行5人。闵勇等介绍了电机系近几年的科研情况，并就广域测量技术应用等双方共同感兴趣的课题进行了交流。

3月26日　在教务处与电教中心召开教学资源与教学模式及方法经验交流会上，电机系吴文传等4位获“2008年校级优秀教学软件一等奖”的教师做专题报告。

3月26日　电机系主任闵勇会见来访的浙江省电力试验研究院副院长徐嘉龙一行4人。闵勇介绍了电机系近几年的科研情况。双方就共同感兴趣的课题进行了讨论，并在无功优化、无功补偿设备、大系统稳定、提高线路及设备输送能力等方面达成了初步合作意向。该系有关教师参加会见。

4月13日　电机系颁布《电机系教育教学研究论文激励政策与实施办法(试行)》，规定了有关激励政策，详细规定了教育教学研究论文的奖励范围、奖励标准与办法、申报与评定制度等内容。

4月16日　经2008—2009学年度第13次校务会议讨论通过，新聘唐任远、陈清泉为电机系兼职教授。

4 月 22 日　校长、校深入学习实践科学发展观活动领导小组组长顾秉林到电机系，就学科发展、队伍建设、人才培养等方面情况进行调研。校务委员会副主任张再兴参加调研。

5 月 6 日　电机系副主任康重庆和部分师生一行 14 人访问中国华能集团公司北京热电厂。师生们围绕电厂节能减排与清洁发电技术、环保设备及运行技术、节能增效方面的科技创新活动等展开调研，并就产学研合作同电厂相关人员进行交流。

5 月 8 日—10 日　清华大学第 207 期博士生学术论坛在居庸关三堡学术基地举行。此次论坛由研究生院主办、研究生会协办、电机系承办，主题为"三堡论'电'"。9 日，国家电力调度中心副主任于军应邀做题为《国家电网公司智能电网及其调度体系》的论坛开幕式主旨报告，分析智能电网建设面临的机遇和挑战，并以智能调度为切入点，分析当前智能电网的建设情况及前景。清华大学校长助理、英国皇家工程院院士宋永华，中国工程院院士韩英铎等 29 位教师参加此次论坛。共有 120 名博士生、15 名硕士生参加，报告共计 100 人次。

5 月 25 日　智利 Técnica Federico Santa 大学校长 José Rodríguez 教授访问清华大学，国际合作与交流处处长罗立胜接待来访。随后，José Rodríguez 教授来到电机系进行学术交流活动，参观了电机系电力系统国家重点实验室，并做了学术报告，40 余位教师和学生参加了报告会。

7 月 15 日　电机系召开本学期期末学术委员会会议。系学术委员会主任赵伟主持会议。与会委员就当前国内风电、光伏发电、智能电网的发展形势及其应对方案，电气工程学科如何应对、如何组织科研攻关队伍、如何介入重大项目的承担，以及引进高端人才等议题，结合电机系相关工作现状进行讨论，并形成若干意见。

8 月 12 日—13 日　电机系召开第 23 次教育工作讨论会系内专题研讨会——学生思想政治工作讨论会。系党委书记赵伟、副系主任康重庆、系党委副书记曹海翔等出席会议。

8 月 26 日　越南黎富敦大学访问团访问清华大学，电机系党委副书记曹海翔会见访问团成员，介绍电机系的教学、科研等发展情况，还介绍了越南留学生的学习和生活情况。访问团感谢电机系对越南留学生的教育和帮助，并就人才培养等方面的进一步合作做了沟通。访问团还参观了电机系电力系统仿真国家重点实验室。

9月18日　电机系举行以“夯实教学基础，提升教学水平，提高教学质量，培养优秀人才”为主题的青年教师教学研讨会。

9月19日　电机系在密云举行以“青年教师科研发展之路”为主题的青年教师科研研讨会。系主任闵勇、分管科研的副系主任曾嵘分别主持会议。

10月9日　电机系召开第23次教育工作讨论会教学工作第二次专题研讨会。会议就“电机系人才培养理念、本科生及研究生拔尖创新人才培养模式探索”这一主题进行深入研讨。与会教师结合清华大学人才培养战略及人才培养目标，就拔尖创新人才培养模式及培养方案的探索、专业课程体系的调整、实验课程建设等问题展开热烈讨论，并就如何进一步做好电机系教学工作提出意见和建议。分管教学的副系主任康重庆主持会议。系教学督导组专家，各研究所主管教学副所长，各教学实验室负责人，各课组组长等近20人参加会议。

10月12日　穆钢兼职教授聘任仪式在电机系举行。电机系主任闵勇主持仪式并颁发聘书。聘任仪式后，穆钢为电机系50多名师生做了关于风电场群集聚效应及外送输电容量优化方面的学术报告。

10月16日　经中共青海省委研究决定，电机系教授梁曦东任青海大学党委副书记、校长。

10月28日　电气工程专家、中国工程院院士唐任远受聘为清华大学兼职教授。电机系主任闵勇为唐任远颁发聘书。

10月30日　“清华大学（电机系）—胜利石油管理局油田电气工程联合研究中心”签约仪式在西主楼举行。清华大学科研院副院长王治强、胜利石油管理局首席专家王增林出席仪式并致辞。电机系主任闵勇和王增林分别代表双方在协议上签字。电机系党委书记赵伟代表项目承担单位和课题组致辞。该研究中心是清华大学首次与油田企业签订的面向工程应用的联合研究机构。研究中心将首先针对油井钻探、油管缺陷检测、单井计量等油田涉及的检测方面的技术难题开展研究工作。电机系电工新技术研究所副所长黄松岭担任中心主任。

11月11日　“清华之友—中电控股教育基金”成立仪式在丙所会议室举行。清华大学教育基金会理事长贺美英、常务副校长陈吉宁、中电集团中国区总裁柯愈明、国家能源局新能源司司长王骏等出席仪式并致辞。该基金是由中电集团捐资港币600万元设立的,用于支持清华大学电机系的人才培养和可再生能源的研究工作。

11月26日　电机系召开电气工程领域全日制工程硕士专业学位研究生培养项目指导委员会第一次工作会议。研究生院副院长高虹出席会议,介绍清华大学全日制硕士学位培养项目的背景及结构调整的特色。来自国家电网公司、中国国电集团公司、中国电力科学研究院、冶金自动化研究设计院和清华大学电机系的有关专家共11人被聘为项目指导委员会委员,电机系主任、学位分委会主席闵勇担任主席。

12月8日　电机系国际评估启动动员大会在西主楼三区学术报告厅举行。系主任闵勇主持会议。系党委书记赵伟就国际评估的重要意义做动员讲话。会上介绍了电机系国际评估的前期准备工作和国际评估的日程表。英国皇家工程院院士宋永华,以及副系主任赵争鸣、系党委副书记黄瑜珑等全系40多名教师参加会议。

12月14日　电机系教学办公室组织召开第23次教育工作讨论会教学工作专题研讨会。会议的研讨主题是"国际交流与创新人才培养模式探索、留学生工作"。分管教学工作的副系主任康重庆主持会议。

12月16日　电机系召开第23次教育工作讨论会专题研讨会——学风建设与就业工作讨论会,就如何进一步加强学风建设、做好就业工作,全面提高人才培养质量等问题进行深入研讨。系党委书记赵伟出席会议并讲话。

12月22日　北方联合电力有限责任公司总经理、电机系1985级校友吴景龙来校做报告。电机系主任闵勇主持报告会。副系主任康重庆、系党委副书记曹海翔等40多名师生听取了报告。

12月　电机系张伯明当选2010年度美国电气与电子工程师协会会士。

本年　"电力系统及发电设备控制和仿真"国家重点实验室制定并实施了《博士生参加国际会议专项基金使用办法》。

本年　电机系新增正高级职务人员:沈沉、宋永华;新聘兼职教授,唐任远、陈清泉、沈国荣。

2010 年

1 月 7 日　中共电机系党委在主楼后厅召开全体党员大会，进行党委换届选举。电机系 360 余名党员参加大会。大会通过无记名投票，选举闵勇等 9 位为新一届电机系党委委员。会后，系党委将选举结果上报学校党委组织部。

1 月 11 日　国家自然科学基金委员会工程与材料学部教授丁立健到电机系交流。副系主任曾嵘主持座谈。

1 月 19 日　电机系举行国家能源局智能电网项目进展情况与调研布置座谈会。南方电网公司技术研究中心总工程师荆勇，电机系主任闵勇、系党委书记赵伟以及系内其他相关负责人出席会议。副系主任曾嵘主持会议。

1 月 19 日　清华大学与国电联合动力技术有限公司就联合开发 1.5WM 电磁耦合调速型风电机组项目合同签字仪式在清华大学主楼大厅举行。国电集团总经理助理、科技环保集团董事长徐凤刚，国电集团科技与综合产业部副主任、国电联合动力技术有限公司董事长张军，国电联合动力技术有限公司总经理刘东远和副总经理孙黎翔，清华大学科研院常务副院长姜培学、电机系主任闵勇、热能系主任姚强等出席签字仪式。刘东远和闵勇分别代表双方在合同书上签字。徐凤刚、姜培学、张军、闵勇分别致辞。

3 月　电机系何金良获 IEEE 电磁兼容学会授予的“2010 年技术成就奖”。

4 月 16 日　副校长邱勇到电机系调研人事工作。座谈中，系主任闵勇、系党委书记赵伟、副主任赵争鸣分别汇报了该系的学科评估、人才引进和培养、岗位绩效及考核等情况。在听取汇报之后，邱勇做总结发言。他充分肯定电机系在学科评估、队伍建设和学生培养工作方面取得的成绩，同时对该系在科研获奖、高层次人才引进、注重队伍结构方面提出更高的要求。人事处处务会成员及电机系核心组部分成员参加会议。

4 月 19 日—20 日　电机系主任闵勇、副主任康重庆前往山东核电有限公司洽谈合作事宜，与公司总经理王凤学、党委书记余兵等进行会谈。会谈中，王凤学介绍了山东核电有限公司的基本情况，双方就该年电机系学生赴山东核电有限公司进行为期三周的暑期生产实习达成初步合作意向，山东核电有限公司也将依托海阳核电项目建立高校学生实习基地，为高校学生提供一个了解核电设计、工程建设、生产运营的学习平台。同时，双方还就联合进行人才培养、员工培训等进行了交流。闵勇一行还参观了建设中的海阳核电厂。

5月8日—9日　清华大学第240期博士生学术论坛在三堡学术基地举行。论坛以“电”为核心，探讨电气领域的科技前沿。

5月10日　电机系主任闵勇、副主任康重庆前往宁夏电力公司洽谈合作事宜，并与宁夏电力公司总经理崔吉峰等进行会谈。双方就该年7月电机系学生赴宁夏电力公司进行为期三周的暑期生产实习达成初步意向。

5月26日　常务副校长陈吉宁主持召开航空航天学院、热能系和电机系“985”工程三期规划调研会。在认真听取了三个院（系）关于“985”工程三期初步建设规划汇报后，陈吉宁要求各院（系）的规划工作紧紧围绕学校建设世界一流大学的战略目标，立足国家发展和世界前沿科学研究两个主战场，以人为本，把握学科发展主流，明确自身优势和特色，进一步聚焦重点发展方向，科学规划，改革创新。

5月28日　电机系举行第23次教育工作讨论会教书育人研讨会。与会教师深入分析了电机系人才培养的现状，进一步探讨了面向新百年电机系人才培养的使命和实现使命的战略措施，同时就青年教师工作中遇到的问题和困惑、课程体系调整等问题进行了讨论。

5月29日　电机系举行青年教师科研研讨会。结合第23次教育工作讨论会，此次研讨会以“高水平科研与人才培养”为主题。系党委书记赵伟出席会议并讲话，希望青年教师能以前瞻性的眼光进行科研和教学，鼓励青年教师开阔视野，激发自身潜力，积极引领行业发展。

7月3日　清华大学与江苏省扬中市智能电网合作协议签字仪式在江苏省扬中市举行。在签署全面合作协议后，电机系还与扬中市电器制造企业签订了四项科研合同。

7月14日　电机系孙宏斌带头的“电力系统及其自动化专业教学团队”等4个教学团队入选2010年“国家级教学团队”，电气工程及其自动化等4个专业入选第六批“高等学校特色专业建设点”。

9月15日　英国杜伦大学相关专业的教授参观访问电机系。

10月11日　电机系首次学科国际评估圆满结束。现场评估专家组给出的最终评估报告充分肯定清华大学电机系的教学和学术水平，认为清华大学电机系是世界上电力工程领域顶级院系之一，并从战略规划、结构和组织、教师培养和领导力、交叉学科研究、教育等5个方面给出建设性意见。

11月11日　在法国中国工商会研发和可持续发展联合工作组组织的"中国的电动汽车"主题活动中，电机系硕士研究生阳岳希获邀做主旨报告。

11月12日—13日　中国电机工程学会第十一届青年学术会议在清华大学举行。此次会议由中国电机工程学会主办、清华大学电机系承办。会议主题是"低碳时代的电力技术"，与会人员围绕当前低碳发展模式下电力发展的目标、任务和智能电网建设中遇到的实际工程问题展开讨论。

12月21日　经2010—2011学年度第8次校务会议讨论通过，电机工程与应用电子技术系行政换届。任命闵勇为电机工程与应用电子技术系主任，曾嵘、康重庆、于歆杰为电机工程与应用电子技术系副主任等。

本年　电机系夏清教授获"全国优秀科技工作者"称号。

本年　电机系新增正高级职务：黄松岭、张贵新。

2011年

1月　清华大学电机系、信息技术研究院和张家港智能电力研究院合作成立清华大学—张家港智能电力研究院智能输电技术联合研究所及顾问委员会，重点针对输电系统高压大容量电力电子、大电网监测控制和物联网技术开展工作。

3月14日　清华大学—阿尔斯通（ALSTOM）电网研究中心成立六周年庆典在清华大学举行。

4月13日　南方电网科研院一行五人由科技部罗斌主任带队到电机系调研。

4月21日　国家电网公司捐资1000万元人民币，在清华设立"国家电网卓越创新基金"，以支持博士生研究高难度的基础理论或解决重大工程问题，开展原创性研究，探索学科前沿。

4月22日　清华大学百年校庆期间，电机系1951届系友聚会在人文社科图书馆召开。1951届系友朱镕基、国务委员刘延东出席。

4月22日　作为清华学子，中国电力国际有限公司党组书记、董事长，中国电力发展有限公司董事局主席李小琳应邀回到母校参加百年校庆，并在电机系做了题为《厚德芳华路，自强光明行》的汇报演讲。

4月24日　电机系校友代表和师生代表参加在北京人民大会堂举行的庆祝清华大学建校100周年大会。

4月26日　原美国自然科学基金委主席、现普渡大学公共政策研究中心主任 Bement 教授来访清华，主要就能源环境技术与政策进行交流。见面会上，曾嵘教授简要介绍了电机系的情况及中国智能电网的发展现状，并就双方可能的合作进行了探讨。

5月15日　联合研究所聘请了国内电力电工行业和电网公司26名资深专家组成顾问委员会，并在江苏省张家港市举行了成立仪式。研究所聘请北京能源投资集团董事长李凤玲担任主任，中电联专职副理事长魏昭峰、南方电网副总经理祁达才、中电国际董事长李小琳、国家电网调度通信中心主任张智刚、电机系党委书记赵伟担任副主任。在顾问委员会第一次会议上，24位委员对电机系和联合研究所的科研工作、成果转化、人才培养等提出了30余条宝贵建议。同时，作为清华大学百年校庆百场论坛之一，研究所举办了中国智能电力产业发展高层论坛。

5月23日　陕西地方电力集团（有限）公司董事长戚晓耀，总工盛成玉一行访问了电力系统国家重点实验室。访问期间，国家重点实验室举行了受聘仪式，聘请戚晓耀董事长为电力系统国家重点实验室兼职研究员。

6月7日　电气工程学位分委员会工作会议在西主楼召开。此次会议审议内容：1. 审议通过博士学位34人（其中普博11人、直博19人、提前攻博4人）；2. 审议通过硕士学位85人（普通硕士57人、博士确认硕士学位1人、工程硕士学位27人）、不授学位1人；3. 审议校级优秀博士学位论文的申报，同意推荐汪洋、刘俊、胡斯登、蔡新景4人；4. 审议校级优秀硕士学位论文的申报，同意推荐魏乔苑、朱宏林、沈伟、董晋阳、代贤忠5人；5. 审议全国优秀博士学位论文的申报，同意推荐罗海云1人；6. 审议通过，同意开设《电力系统复杂性与大电网安全技术》研究生课程；7. 审议通过对电气工程学科博士培养方案的修订;8. 审议通过对电气工程学科硕士培养方案的修订;9. 审议通过电气工程领域全日制硕士专业学位培养方案的修订。

6月8日 新疆天富热电股份有限公司董事长刘伟,副总经理朱锐一行9人访问电机系。

6月17日 东芝公司中国研发中心主任雷海涛一行到电机系调研,重点了解电机系在特高压领域的研究情况。

6月20日 IEEE Fellow、日本电力技术恳谈会副会长、日本早稻田大学教授横山隆一(Ryuichi Yokoyama)应邀到电机系进行学术访问,并做题为“Current Status and Future Prospect of Smart Community Developments in Japan after Natural Disaster”的报告。

7月1日 应NEC(中国)公司邀请,曾嵘教授与曹海翔老师到该公司中国研究院座谈访问。

8月17日 电机系与南车集团株洲电力机车研究所有限公司签订“联合创新平台战略合作框架协议”,签约仪式在清华大学甲所会议室举行。

8月19日 电机系获批24项国家自然科学基金项目,批准经费总额1277万元,项目总数与获批率均为国内领先,取得了新的突破。其中国际合作与地区交流基金2项(含1项国际会议支持项目),面上项目11项,青年基金项目11项。面上项目平均资助额度62.18万元,青年科学基金项目平均资助额度25.18万元。

8月20日—23日 由电机系承办的第十四届国际电机与系统大会(International Conference on Electrical Machines and Systems 2011)在北京国家会议中心举行。大会的主要议题为电机系统及其控制、电力电子及新能源发电,中心议题为“电机及其系统开创绿色未来”。

8月26日 清华大学(电机系)—东菱技术股份有限公司伺服技术联合研究中心成立与揭牌仪式在清华大学丙所会议室举行。中心由清华大学与浙江嘉善东菱技术股份有限公司联合建立,重点研究高端伺服与变频驱动器的关键技术,并针对工业机器人、数控机床主轴驱动等高端应用场合开展应用基础研究,持续研发具有自主知识产权的相关电力电子与电力传动技术。

9月7日　世界工程组织联合会（WFEO）能源委员会太阳能专家工作组组长、德国雅德大学（Jade University）教授卡斯滕·艾仁斯（Carsten Ahrens）访问电机系，做题为《世界太阳能的发展》和《德国海上风力发电》的两个学术报告，并参观了电机系电力系统动模实验室、电力电子及电机驱动实验室和电力电子与电机系统研究组。

9月20日　英国斯特拉思克莱德大学（University of Strathclyde）校监克雷格黑德一行到访电机系，与部分教师进行交流。双方介绍各自的情况，并就如何在学术交流、人才培养和科学研究方面开展合作进行广泛讨论。斯特拉思克莱德大学工学院院长麦格雷戈（Mac Gregor）和电力系统方向负责人罗国麟陪同来访。

10月13日　电机系曾嵘教授、沈沉教授、鲁宗相副教授、郭庆来副教授应邀参加清华大学企合委（海外部）与韩国SK集团联合举办的智能电网研讨会，并介绍了教学科研情况、中国智能电网展望、新能源发展情况、智能配电网等相关主题。

10月16日—20日　由清华大学和中国电机工程学会联合举办的2011年继电保护与电力系统自动化国际会议（IEEE APAP 2011）在北京国际会议中心召开。会议围绕智能电网、特高压输变电、绿色电力等电力新技术中的继电保护问题展开广泛研讨。

10月20日　学校公布了2011年清华大学自主科研计划资助项目情况。电机系共有四个项目获得该计划支持，研究经费总额220万元。四个项目分别为黄松岭承担的“海底油气管道缺陷检测方法及其关键技术研究”、郭庆来承担的“支撑电动汽车规模化运营的电网与交通网互动机理研究”、施慎行承担的“电力系统预防性继电保护基础研究”和陆海峰承担的“双冗余高可靠性电动汽车电驱动系统协调控制研究”项目。

10月22日　电机系“超/特高压输电线路行波保护技术”通过专家评审。

11月1日—4日　由清华大学和全国雷电防护标准化技术委员会、四川中光高科产业发展集团联合举办的亚太雷电国际会议（APL 2011）在成都举行。

11月初　电机系吴文传副教授获2011年度中国电机工程杰出青年工程师奖。该奖项是根据《中国电机工程杰出青年工程师奖奖励办法》，经中国电机工程杰出青年工程师奖评审委员会评选，并由中国电机工程学会第九届常务理事会批准授予。

11月18日　电机系副系主任曾嵘教授组织召开全系的科研信息沟通及研讨会。会上，系主任闵勇重点介绍了科技部"十二五"智能电网科研方向的总体考虑和初步安排，韩英铎院士、张贵新教授着重介绍了新兴战略产业规划方面的工作设想。

11月24日　经2011—2012学年度第7次校务会议讨论通过，任命肖曦为电机工程与应用电子技术系副主任等。

11月25日　在第十二届中国金华工业科技合作洽谈会的科技合作项目签约仪式上，电机系教师王善铭与横店集团联宜电机有限公司的合作项目"风电互补系统开发"签约。

12月9日　经清华大学2011—2012学年度第九次校务会议审议通过，并经第十届学位评定委员会主席批准，第十届电气工程学位评定分委员会委员开始正式工作。共计13人：夏清、闵勇、姜齐荣、沈沉、王新新、王黎明、曾嵘、刘卫东、赵争鸣、柴建云、肖曦、赵伟、袁建生；主席：夏清；副主席：赵争鸣；秘书：鲁宗相。

12月中旬　电机系邹晓兵副教授承担的"X-pinch点源及其X射线背光照相的研究"项目（2007年度全国优秀博士学位论文作者专项资金资助项目）如期完成预定研究计划，顺利结题。

12月20日　电机系陈永明申请的"微电网新能源发电系统的电磁暂态模拟"项目和黄松岭申请的"基于电磁超声导波的高速铁路铁轨缺陷检测方法研究"项目获教育部博士基金资助。张春朋申请的"串联IEGT门极辅助电路伺服控制的研究"项目、乔颖申请的"大规模风电空间平滑特性建模方法研究"项目和王珅申请的"基于交直流复合磁化的油气管道漏磁检测内外壁缺陷识别方法研究"项目获教育部新教师基金资助。

12月　电机系邹军受聘为教授。

本年　经"电力系统及发电设备控制和仿真"国家重点实验室主任会议讨论，任命梁旭为电力系统动态模拟实验中心主任。

本年　续聘兼职教授：程时杰、顾国彪、李凤玲、马伟明、严陆光、杨奇逊、周孝信。

2012 年

1 月 1 月　经校务会议批准，清华大学电机系与江西省电力科学研究院联合成立“低碳电力技术联合研究中心”。

2 月 24 日上午　由电机系和江西省电力科学研究院联合成立的“低碳电力技术联合研究中心”揭牌仪式暨第一次管委会会议在电机系举行。

3 月 2 日　由电机系与长园集团联合成立的“智能配电网调度自动化联合研究所”在丙所举行揭牌仪式。

3 月 19 日下午　国家能源局前局长、现清华大学低碳能源实验室主任张国宝，国家电网公司副总经理舒印彪，国家能源局电力司副司长秦志军，国家能源局科技司齐志新，国家电网公司科技部(智能电网部)主任王益民，中国电科院副院长姚良忠等一行 8 人到电机系座谈交流。

4 月 14 日　第 30 届“挑战杯”竞赛校级终审在五教举行。电机系荣获团体总分第二名，被授予“优胜杯”。电机系作品“SD 太阳能独立供电住宅的微电网能源管理与智能控制系统”“前下视空间五轴模拟系统”和“基于磁电材料的无线电能传输”分别荣获特等奖、一等奖和二等奖；“温差发电优化系统设计”“电动汽车智能充电导引系统”和“直驱式海浪发电装置”荣获三等奖。

4 月 29 日上午　清华大学电机系建系 80 周年庆祝大会在新清华学堂举行。清华大学党委书记胡和平、副校长袁驷，金怡濂、严陆光、周孝信、吴佑寿、李衍达、张履谦、陆建勋、张钟华、顾国彪、陈清泉、李立浧、卢强、韩英铎、宋永华等在电机系院士学习和工作过的院士代表，中国电力企业联合会专职副理事长魏昭峰、中国电工技术学会副理事长兼秘书长裴相精，来自中国电机工程学会、国家自然科学基金委工程与材料学部、中国科学院电工研究所等单位的代表和兄弟院校代表，以及电机系系主任闵勇、党委书记赵伟，1000 余名电机系系友、师生出席庆祝大会。

下午　电机系系庆系列活动之电气工程高峰论坛在西阶报告厅隆重举行。该场论坛邀请到了周孝信、陈清泉、李立浧三名院士，以及来自国家科技部、四方公司、中电联、中国能源建设集团总公司的 4 位行业高层精英与众多返校系友、在校同学交流电气工程学科发展前景中的若干重要问题(包括智能电网、电动汽车等)。

7月2日—5日　电机系在清华大学对口支援单位-新疆大学组织召开了科研、人事工作研讨会,并与新疆大学电气工程学院一起组织了双方的学术交流报告会。

7月14日—17日　电机系在青海省西宁市组织召开教学研讨会,围绕"985"三期电机系教学项目、清华大学青年教师高水平教学研修项目、特色课程教学的经验等开展讨论。并与青海大学教务处、水电学院的部分教师代表召开座谈会,分享教学管理经验。

8月　电机系讲师陈启鑫博士荣获世界杰出青年创新家(MIT Technology Review, 35 Top Innovators under 35(TR 35))荣誉称号。

9月15日　电机系在怀柔组织召开博士生导师工作会议。会议主要内容:1)校研究生院常务副院长贺克斌介绍全校研究生培养情况;2)系学位分委员会主席夏清老师结合电机系情况,重点介绍近年电机系SCI论文发表情况、毕业博士生在学期间学术文章发表情况和学位论文学术规范检测情况,并列举了目前研究生培养工作中存在的问题;3)博士生导师代表王新新、何金良结合自己多年指导博士生的工作经历,与大家分享了培养博士生的经验和体会;4)鲁宗相老师对博士生培养各环节的工作内容及要点进行逐一介绍,并提醒今后工作中需要注意的主要问题;5)自由交流讨论。

9月　电机系电力系统研究所孙宏斌教授被聘为长江学者特聘教授,聘期为5年。

10月　电机系孙宏斌、康重庆、曾嵘三位教授新当选为IET Fellow。

12月13日下午　经院系推荐、校内初评、现场答辩、评委评议,报校务会议讨论通过,电机系系本科生杨知方、研究生赵彪获得2011—2012学年清华大学特等奖学金。

12月15日下午　经过前期层层筛选、评委评审、现场答辩,作为清华大学唯一入围的班级,电91班荣获2012年北京高校"我的班级我的家"十佳示范班集体荣誉称号。

本年　电机系本科生招生4个班共123人,本科毕业生125人,全系本科生共16个班,在校生518人。招收博士生63人,招收全日制硕士生74人、非学历教育在职工程硕士生53人;授予博士学位38人,工学硕士学位77人,工程硕士学位52人(其中全日制13人、在职人员39人);在校博士生243人、全日制硕士生226人、在职工程硕士生218人。

博士毕业生罗海云的博士学位论文《大气压介质阻挡均匀放电的研究》（指导教师王新新教授）被评为2012年全国优秀博士学位论文。

《电工与电子技术 上、下册（第二版）》《电路原理》《电路原理电子课件》《电路原理导学导教及习题解答》等教材，入选“十二五”普通高等教育（本科）国家级规划教材。

2013年

3月13日上午　副校长姜胜耀在工字厅西厅会见来访的英国斯特拉斯克莱德大学（University of Strathclyde）校长吉姆·麦可唐纳（Jim McDonald）一行。双方均表示在能源、化工等领域有着广泛的合作前景，并充分表达了继续推动两校之间科研合作和学生交流的愿望。电机系主管外事工作的副主任于歆杰等相关负责人参加会见。

3月11日—15日　美国华盛顿州立大学 Vaithianathan Venkatasubramanian 教授访问电机系，并为电机系师生作了电力系统系列讲座（3次）。电机系梅生伟教授作为邀请人，与 Venkatasubramanian 教授就今后进一步开展合作研究和加强两校学生学术交流等方面进行了深入探讨。

3月18日　清华大学-扬州市人民政府全面合作协议签署仪式在清华大学主楼接待厅举行。在校市全面协议基础上，电机系与扬州经济技术开发区签订了框架合作协议，协议本着“互惠互利、共同发展”的原则，支持电机系与扬州经济技术开发区的全面合作。

3月29日上午　在西主楼电机系组织召开新能源学科课程建设教学讨论会，对新能源学科目前计划开设10门课程的教学大纲进行讨论和修编。

4月7日下午　英国巴斯大学（University of Bath）外事副校长科林·格兰特（Colin Grant）一行访问电机系，双方举办了题为“清华大学-巴斯大学：面向智能电网的研究协同”的专题讨论会。

4月26日　英国工程技术学会（IET）主席安迪·霍珀（Andy Hopper）来访，为电机系师生作了题为“A Perspective on Innovation”的学术演讲。

5月10日—12日　原香港大学副校长吴复立教授访问电机系，并为电机系师生作了题为“Smart Grid with Intelligent Periphery”的学术讲座。

5月20日 经校党委常委(扩大)会讨论通过,电机工程与应用电子技术系党委换届选举的结果为:王家福、王善铭、牛犇、陈启鑫、闵勇、郑泽东、赵伟、黄瑜珑、董嘉佳为电机工程与应用电子技术系新一届党委委员;赵伟当选系党委书记;黄瑜珑、牛犇当选系党委副书记。

5月28日上午 瑞典乌普萨拉大学(Uppsala University)的Jan Källne教授应邀到电机系进行学术访问,并为电机系师生作了题为“Research on Energy Sources at Uppsala University”的学术报告。

5月31日下午 美国North Carolina State University(北卡罗莱纳大学)的Assoc. Prof. Ning Lu(陆宁副教授)应孙宏斌教授的邀请,到电机系进行了学术访问,并为电机系师生作了题为“Business Models for Energy Storage and DR Applications”的报告。

6月7日 在日本东京召开的日本电气设备学会(The Institute of Electrical Installation Engineers of Japan)第25回年会上,日本电气设备学会授予电机系何金良教授第6届星野赏(Hoshino Prize)。

6月7日上午 美国普渡大学技术学院副院长罗伯特(Robert Cox),技术研发中心主任、多学科综合设计实验室主任亨利(Henry ZHANG)一行到访了电机系。

6月11日 在西主楼2区203会议室,召开了电气工程学位分委员会会议,审议内容为:1)研究生工作组组长介绍毕业生情况;审议通过博士学位44人(其中普通博士8人、本科直博26人、提前攻博10人);2)审议通过硕士学位82人(其中普通硕士48人、全日制专业硕士21人、在职专业硕士13人);3)审议全国优秀博士学位论文的申报,同意推荐卞星明1人;4)审议校级优秀博士学位论文的申报,同意推荐兰江、钟海旺、张俊勃、魏韡、陈艳波;5)审议校级优秀硕士学位论文的申报,同意推荐李燕、李晶晶、丁楠、万树伟、范伟男;6)审议通过修订电气工程学科博士生培养方案;7)审议通过修订电气工程学科硕士生培养方案;8)审议通过修订电气工程领域全日制工程硕士专业学位培养方案;9)审议通过新能源学科新开课程;10)审议通过新能源学科硕士生培养方案;11)审议通过修订工程管理硕士专业学位培养方案;12)审议通过修订《重要国际学术会议目录》;13)审议通过电气工程学科2014年具备博士生招生资格的教师名单:初次上岗4人、非初次上岗39人(含深圳研究生院4人)。

6 月 18 日　在西主楼 2 区 213 会议室，电机系召开系务会，审议通过了博士毕业 45 人（其中普通博士 8 人、本科直博 26 人、提前攻博 11 人），硕士毕业 68 人（其中普通硕士 47 人、专业硕士 21 人）。

6 月底　电机系高压所博士生李志钊的论文"Research on the Characteristics of Upward Leader Emerging From the Transmission Lines Influenced by AC Operation Voltage"获得 2013 年亚太防雷会议（Asia-Pacific Lightning 2013）Best Paper Award。

7 月 1 日—5 日　"清华—马来西亚国家电力公司 AVC 合作项目"双边研讨会在西主楼召开。

8 月 14 日—20 日　由清华大学联合主办的第 10 届中韩继电保护论坛在乌鲁木齐举行。

8 月 27 日　电机系研究生迎新工作圆满结束。报到入学博士生 65 人，（其中直博生 36 人、提前攻博生 12 人、普博生 19 人、留学博士生 1 人）；工学硕士生 54 人（其中深圳研究生院 4 人），另有专业学位硕士生 22 人在深圳研究生院报到，共入学 76 人。

8 月底　电机系高压研究所博士生陈赦的论文"The Observation and 3D Modeling of Long Positive Streamers in Air"在国际高电压领域的权威会议——2013 International Symposium on High Voltage Engineering 获得 Young Researcher Award。

9 月 6 日校人事处组织召开全校 2013 年度人事工作研讨会。电机系曾嵘教授和段艳梅老师参加了会议，并在院系研讨环节介绍了电机系人才队伍情况，提出了希望学校能够考虑解决的人事相关问题。

9 月 10 日　电机系副主任于歆杰接待了英国巴斯（Bath）大学工学院院长 GaryHawley、电子与电机工程系主任 Adrian Evans 和教授 Furong Li 一行。

9 月 23 日　加拿大 Manitoba 大学的 Dr. Udaya Annakkage 教授访问电机系，并为电机系师生作了有关风电接入后电力系统次同步振荡仿真与控制的学术报告。

9 月 25 日　中国南方电网公司专家委员会秘书长李立浧院士访问电机系，并为电机系师生作了题为"直流输电和电网技术发展"的学术报告。

10 月 12 日　美国埃森哲公司能源事业部技术总监张沛博士访问电

机系，并为电机系师生作了题为“考虑未来不确定因素的电网规划”的学术报告。电机系电力系统研究所程林副教授等参加了报告会。会后，就电网规划技术、电力系统风险评估理论与方法等方面的合作研究进行了深入交流。

10月16日上午　IEEE Fellow、弗吉尼亚理工大学(Virginia Tech, USA)的Saifur Rahman教授应邀到电机系进行学术访问，并为电机系师生作了题为“Energy & Power Research @ Virginia Tech-Advanced Research Institute”的学术报告。

10月16日—18日　电机系主办的“电网适应型风电技术”2013中韩双边学术研讨会在北京举行。

10月　在成都召开的中国电机工程学会年会上，电机系教授王祥珩获评2013年顾毓秀电机工程奖。

11月6日上午　英国伯明翰大学副校长Richard A Williams教授访问电机系，并作了有关伯明翰大学关于液态空气储能的学术报告。

11月15日　德国西门子公司输电公司研发负责人Dietmar Retzmann博士访问电机系，并作了有关西门子公司开展传统和柔性直流技术发展与应用研究的学术报告。

11月25日　美国工程院院士、IEEE Fellow、得克萨斯州立大学达拉斯分校教授考希克·拉贾沙卡拉(Kaushik Rajashekara)应邀访问电机系，并为电机系师生作了题为《电动汽车与多电飞机系统的发展趋势》(Current Trends and Converging Technologies for Electric/Hybrid Vehicles and More Electric Aircraft Systems)的专题讲座。

12月3日　清华大学电机系IEEE PELS学生支部与北京交通大学电气工程学院IEEE PELS学生支部联合研讨会在清华大学电机系举行。研讨会涵盖电力电子的三大主题：“大容量电力电子变流器的相关技术”“电力牵引与电力推进”“新能源发电系统中电力电子变换器”。

12月10日　意大利博洛尼亚大学校长Ivano Dionigi及其代表团一行访问了电机系。

12月16日—17日　美国田纳西大学电气工程与计算机科学系师生一行7人到访电机系，丹尼尔·科斯汀内特(Daniel Costinett)教授为电机系师生作了题为“高效高转换率直流-直流功率转换器的设计与分析”

(Analysis and Design of High Efficiency, High Conversion Ratio, DC-DC Power Converters)的学术报告。

本年　董新洲教授作为第一主编的教材《电力系统继电保护》,入选“985”三期校级第二批名优教材建设项目。

博士毕业生陈启鑫的博士学位论文《低碳电力系统的理论与方法研究》(指导教师:夏清教授、康重庆教授),被评为2013年全国百篇优秀博士学位论文提名奖。

2014年

1月初　在北京召开的中国电机工程学会第九届理事会第四次会议上,张伯明教授荣获2013年度中国电力科学技术杰出贡献奖。

1月13日上午　陈吉宁校长到电机系调研,与教师代表就电机系学科布局与发展战略进行了研讨和交流。

1月　经系务会讨论通过,原“电工新技术研究所”提出更名申请,改名后的中文名称为:电气新技术研究所。英文名称:Institute of Advanced Electrical Technology。系内简称仍为:电工所。

2月25日　英国斯特拉思克莱德大学(University of Strathclyde)校长吉姆·麦克唐纳(Sir Jim McDonald)一行来到电机系访问,进行了人才培养和科研工作交流。

2月底　经系学术委员会协助推荐和IET的严格评审,闵勇教授、王赞基教授和梁曦东教授新当选为IET Fellow。

3月20日　由董新洲教授课题组负责申报的“绿色能源与电力安全北京市国际合作基地”获得北京市人民政府的批准和认定。

4月2日—6日　日内瓦国际发明展在瑞士日内瓦举行。董新洲教授和施慎行、王宾副教授负责完成的“暂态行波保护测试仪”“中性点非有效接地系统单相接地故障行波选线技术”2个项目成果首次参展,并分别获得了金奖和银奖。

4月14日上午　法国国家高等航空航天学院(ISAE)招生与合同办公室主任、硕士课程主管教师Philippe GALAUP(菲利普.盖劳普)到访了电机系。

4月28日　经校务会议讨论通过,任命曾嵘为电机系系主任;康重庆、肖曦、鲁宗相为副系主任。经党委常委会议讨论通过,任命郑泽东为电机系党委副书记。

美国工程院院士、IEEE Life Fellow、美国弗吉尼亚理工大学电气与计算机工程系终身教授 James S. Thorp 博士访问电机系并受聘客座教授。

5月6日　香港大学电机与电子工程系助理教授侯云鹤(Yunhe Hou)应邀访问电机系,并为电机系师生作了题为“大规模风电接入下的电力系统运行风险评估:序贯调度策略与风险量化”以及“系统化的电力系统恢复策略”2场专题讲座。

5月14日　地中海电网项目(Medgrid)总裁,国际大电网会议(CIGRE)前主席安德鲁·梅林(André Merlin),在中国电机工程学会前秘书长李若梅陪同下应邀访问了电机系,并为电机系师生作了题为“欧洲能源变革时代电网的战略性角色”的学术讲座。

5月22日　电力电子系统领域的知名技术专家、空间能量管理行业的权威、美国电气和电子工程师协会(IEEE)会士(Fellow)、电力电子学会(IEEE PELS)主席谭东方博士(Dr. Don Tan)应邀访问电机系,受聘为清华大学电机系客座教授,并为电机系师生作了题为“面向前沿应用的电力电子——机遇与挑战”的学术报告。

5月26日—27日　美国工程院院士、IEEE Life Fellow、美国弗吉尼亚理工大学电气与计算机工程系终身教授哈伦·帕迪柯(Arun G. Phadke)访问电机系,并受聘为清华大学电机系客座教授。

6月10日　加拿大 The University Of British Columbia (英属哥伦比亚大学,UBC) Department of Electrical and Computer Engineering 系主任 Prof. Andre Ivanov 一行来电机系进行了学术访问。

6月23日下午　北卡大学夏洛特分校 Dr. Tao Hong 应邀到电机系进行学术访问,并为电机系师生作了题为“Probabilistic Load Forecasting”的学术报告。

6月30日　由张伯明教授任首席科学家的973计划项目“源-网-荷协同的智能电网能量管理和运行控制基础研究”科研团队组织召开的《智能电网能量管理与运行控制》(Smart Grid Energy Management And Operation Control)国际研讨会在北京举行。

7月2日　校科研院副院长张华堂、校军工部岑松部长等相关负责人到电机系调研军工科研工作情况,并组织召开了座谈会。

美国密歇根大学电气与计算机计算机工程系助理教授、智能电网实验室主任苏文聪博士(Dr. Wencong Su)应邀访问电机系,并为电机系师生作了题为“电动汽车融入智能电网”的学术报告。

7月10日下午　俄克拉荷马大学 Dr. John N. Jiang 应邀到电机系进行学术访问,并为电机系师生作了题为“Integration of Wind Energy and Distributed Generation Resources in the US”的学术报告。

7月14日下午　弗吉尼亚理工大学电机与计算机工程系主任卢克·莱斯特(Pro. Luke F Lester)应邀访问电机系,并与系主任曾嵘签署了两系之间的合作备忘录。

7月22日—23日　系主任曾嵘、党委书记赵伟带队,电机系一行多位老师,到中国南车株洲电力机车研究所和中国船舶重工集团第七〇一研究所等单位进行调研访问。此次调研访问,是电机系配合学校人事制度改革、开展电气工程学科发展规划研讨的一个重要环节。

8月5日—6日　姜齐荣、谢小荣、陆超、袁志昌等老师访问澳大利亚悉尼大学电气与信息工程学院,双方共同举办了第一届“清华大学-悉尼大学智能电网技术联合研讨会”。

8月11日—15日　副系主任康重庆教授率领电机系一行6人,赴丹麦哥本哈根对丹麦技术大学(Technical University of Denmark,简称 DTU)进行了学术访问。

8月20日—22日　第3届“电网适应型风电技术”中韩双边学术研讨会(China-Korea Joint symposium on Wind Energy Grid-Adaptive Technology)在韩国首尔举行。本届会议由韩国全北国立大学主办,电机系康重庆教授担任了会议联合主席。

8月22——23日　为促进青年教师的学术交流、规划学科发展,电机系在清华大学居庸关三堡学术基地组织召开了“青年学术论坛”。

8月26日　超/特高压输电线路行波保护工作组在巴黎举行的 Cigre 第45届会议上被批准成立。该工作组由电机系董新洲教授作为召集人发起,首次以我国的研究成果为基础成立,标志着我国的行波保护研究走向世界,并成为未来电网安全保护技术的重要研究方向之一。

9月2日　电机系研究生迎新工作圆满结束。报到入学博士生56人

(其中直博生 31 人、提前攻博生 7 人、普博生 17 人、留学博士生 1 人);硕士生 82 人(其中工学硕士生 54 人,工程管理学硕士生 2 人,访学生 1 人,专业学位硕士生 25 人在深圳研究生院报到)。

9 月 1 日—4 日　华盛顿大学(University of Washington, UW)电气工程系教授丹尼尔·克斯群(Prof. Daniel Kirschen)应邀来电机系进行学术访问,并为电机系师生作了系列学术报告(3 次)。

9 月 15 日—16 日　清华大学-巴斯大学第二次智能电网技术研讨会在英国巴斯大学召开,电机系副主任康重庆教授带队参加了这次会议。

9 月 15 日—17 日　英国伦敦帝国理工学院(Imperial College London, UK)物理系教授谢尔盖·列别捷夫(Sergey Lebedev)和讲师西蒙·布兰德(Simon Bland)应邀来电机系进行学术访问,并为电机系师生作了学术报告。

9 月 18 日　电机系在第六教室楼召开了人事制度改革动员会。

10 月 8 日—9 日　丹麦技术大学(简称 DTU)电机系皮埃尔·皮松教授(Prof. Pierre Pinson)、丁一副教授(Asso. Prof. Yi Ding)、罗伯特·埃瑞克森副教授(Asso. Prof. Robert Eriksson)一行 3 人应邀访问了电机系。

10 月 13 日　全国人大常委会原副委员长、中国红十字会会长华建敏到电机系电力电子与新能源技术研究室进行了考察调研。

10 月 12 日—17 日　由清华大学和上海交通大学共同主办、中国气象科学研究院协办的第 32 届雷电防护国际会议在上海召开。全国雷电防护标准化技术委员会主任、电机系教授何金良担任大会主席,上海交通大学傅正财教授担任共同主席,曾嵘教授及中国气象科学研究院张义军研究员共同担任大会技术程序委员会主席。

10 月 15 日—16 日　应梅生伟教授邀请,来自斯坦福大学、加州大学伯克利分校、德克萨斯农业机械大学、香港大学、清华大学、美国阿贡国家实验室、中国电力科学研究院的多位知名教授学者在清华大学主楼报告厅举行了题为"面向未来电网的前沿研究"(Today's Research for Tomorrow's Grid)的国际学术研讨会。

11 月 7 日　校党委书记陈旭一行访问了中国南方电网公司,与该公司副总经理、党组成员祁达才学长(电机系 1979 级)、广东电网公司董事长、党委书记江毅学长(电机系 1980 级)等公司高层以及清华校友等进行了交流会谈。

11 月 13 日　麦吉尔大学（McGill University）教授布恩泰克·欧依（Boon-Teck Ooi）应邀访问电机系，并为电机系师生作了题为“基于模块化多电平换流器的柔性直流输电系统研究”的学术报告。

11 月 13 日　电机系召开系务会，专题讨论了涉及全系一线教师的人事改革事宜。

11 月 13 日—14 日　英国诺丁汉大学（The University of Nottingham，简称 UoN）电气工程学院教授、IET Fellow、欧盟框架协议多电飞机技术负责人帕特里克·维勒（Prof. Patrick Wheeler）和教授克里斯·杰拉达（Prof. Chris Gerada）一行 2 人应邀访问了电机系。

11 月 14 日　经校务会议讨论通过，决定成立清华大学能源互联网创新研究院，简称能源互联网研究院，英文名称 Institute for Energy Internet Research, Tsinghua University，英文缩写 IEIR。研究院为根据学校战略发展需求设立的非实体科研机构，挂靠电机系，共同发起方为材料学院。研究院院长由电机系主任曾嵘教授担任。

11 月 19 日　法国施耐德电气有限公司（Schneider Electric SA）能源自动化业务亚洲区副总裁徐瑞东、能源自动化中国研发中心总监董杏丽一行应邀来电机系交流访问。

韩国电气工程师学会会长金豪溶和当选会长金熙俊一行 2 人应邀访问电机系并作了学术交流。

11 月 24 日　电机系召开了系学术委员会扩大会议，全体学术委员会委员、各研究所所长和系核心组成员参加了这次有关人事制度改革的专题讨论会。与会人员围绕学校人事制度改革工作的总体部署，就前期形成的电机系人事制度改革初步方案逐条进行了讨论，提出了许多修改意见和建议，特别是各个二级学科从学科发展规划角度也提出了不少建设性意见。

11 月 25 日　梅生伟教授由于在电力系统鲁棒控制及复杂性分析方面有杰出贡献，当选为 IEEE Fellow（for contribution to power systems robust control and complexity analysis）。

11 月 26 日　埃因霍温理工大学（Eindhoven University of Technology，简称 TU/e）电机系教授，IEEE Fellow，DNL GL 能源 KEMA 实验室负责人

Rene Smeets 应邀访问了电机系。

11月27日 国家科技部“973”能源领域专家组委托电机系主办的“面向新一代电网的大容量电力电子基础理论与关键技术研讨会”在清华大学举行。

12月5日下午 电机系召开了能源互联网技术研讨会。

12月9日 电机系分上午、下午召开了两场专题讨论会，深入讨论电机系的人事制度改革操作层面的多个具体问题。

12月17日 工业领域电力需求侧管理促进中心华东中心项目推进会在张家港智能电力研究院隆重召开，由中国电力企业联合会工业领域电力需求侧管理促进中心、清华大学电机系、张家港智能电力研究院共同设立的工业领域电力需求侧管理促进中心华东中心和培训基地（以下简称华东中心和培训基地）正式挂牌。

12月18日 校党委常务副书记邱勇院士来到电机系，对李永东教授结束三年援助新疆大学工作载誉归来表示热烈祝贺和亲切慰问。

12月24日 系主任曾嵘教授、夏清教授、康重庆教授、鲁宗相副教授、陈启鑫副教授、张宁助理教授、钟海旺助理研究员等一行7人，到国家发改委能源研究所进行交流，并就能源互联网与可再生能源领域的学术研究及相互合作进行了深入探讨。

本年 肖曦、孙凯、郑泽东、李永东、黄立培、柴建云等老师共同完成的“永磁同步电机高性能控制方法及其伺服应用”项目成果，荣获了2013年度中国电工技术学会科学技术一等奖（技术发明类）肖曦副教授同时荣获了中国电工技术学会“电工行业正泰科技成就奖”。

康重庆教授被国际电子电气工程师协会（IEEE）主办的电力系统权威期刊《IEEE Transactions on Power Systems》聘为编委（Editor）。

全球著名的科学、技术和医学文献出版商Elsevier与研究生教育和研究可持续性促进网络（ProSPER. Net），在日本东京法政大学发布了第六届ProSPER. Net-Scopus青年科学家奖获胜者名单，电机系博士后钟海旺荣获此奖项。

由康重庆、于歆杰、赵伟、于庆广、董嘉佳等共同完成的教学成果“瞄准国家新需求，适应行业大变革，构建电气工程学科拔尖创新人才培养体系”，荣获了2014高等教育国家级教学成果二等奖。

2015 年

1 月 24 日　电机系召开了 2015 年度学生工作研讨会，针对全系学生工作中的各种问题进行了深入的探讨，并对工作中的方式方法等问题进行了交流。

4 月 9 日　广东省汕头市市委副书记孙光辉率汕头市委市政府访问团来电机系进行了访问与交流。

4 月 12 日下午　清华大学第三十三届“挑战杯”学生课外学术科技作品赛事中，电机系的“采用静电法的火电厂锅炉风粉调平节能与优化系统”参赛作品获特等奖；“显示信息独享眼镜”“基于电致变色材料的视觉增强系统”“虚拟现实头戴显示器”等作品获一等奖；“基于电子鼻的智能地沟油检测系统”“光盘式超薄可折叠鼠标”等作品获二等奖；“基于摩擦发电的自供能无线遥控器”作品获三等奖，并获得了清华大学“挑战杯”团体总分第一名。

4 月 12 日—15 日　美国国家可再生能源实验室(National Renewable Energy Laboratory, NREL)专家本杰明-卡洛珀斯奇博士(Dr. Benjamin Kroposki)应邀来电机系进行学术访问，并为电机系师生作了两场学术报告。

4 月 15 日—19 日　瑞士联邦政府和世界知识产权组织共同举办的第 43 届日内瓦国际发明展览会在瑞士举行。董新洲教授、施慎行副教授和王宾副教授等完成的“输电线路行波方向纵联保护”项目，打破了电力系统继电保护由稳态工频信息构成的传统，在国内外首次实现了高可靠超高速继电保护技术，并投入了 750 kV 输电线路运行，获得了本次发明展的金奖和由泰国代表团颁发的最佳国际发明奖。

4 月 17 日　电机系参与的欧盟-中国“可再生能源、能源效率与城市可持续能源解决方案”研究及创新伙伴计划项目(EU-CHINA Research and Innovation Partnership on Renewable Energy, Energy Efficiency and Sustainable Energy Solutions for Cities (IRES-8))在西主楼召开了协调会。

国家青年千人计划专家、湖南大学超大功率半导体研究中心副主任王俊教授，国家青年千人计划专家、中国科学院电工研究所宁圃奇研究员访问电机系，并作了学术报告。

4月21日—23日　由清华大学发起的香山科学会议“能源互联网：前沿科学问题与关键技术”学术讨论会在北京香山饭店召开。本次会议围绕“能源互联网的概念与架构”“能源互联网的运营机制与市场模式”“能源互联网的规划与运行”“能源互联网的关键设备与支撑技术”等中心议题对能源互联网的概念内涵、前沿课题、机遇和挑战进行深入探讨，为我国能源互联网的发展建言献策。孙宏斌教授在会议上发起了成立“中国能源互联网学术与创新联盟”的倡议，得到了与会专家的热烈响应。

4月24日　清华大学召开能源互联网创新研究院成立大会。会上，国家能源局总经济师李冶，中共北京市海淀区委书记隋振江，中国科学院院士、中国电科院名誉院长周孝信和清华大学副校长杨斌共同为能源互联网创新研究院的成立揭牌。研究院成立学术委员会，由国内外德高望重的院士和学者等共17名专家组成；周孝信院士担任学术委员会主任。清华大学技术转移院院长金勤献与世纪互联数据中心有限公司CEO陈升签署了捐赠与合作协议；清华大学能源互联网创新研究院院长、电机系主任曾嵘与中国南车株洲电力机车研究所总经理丁荣军院士签订了合作协议。会后，四川省能源局局长雷开平、国家发改委国际合作中心国际能源研究所所长王进、协鑫集团控股有限公司董事长朱共山等到访电机系，参观了电力系统国家重点实验室和赵争鸣教授领衔科研团队的实验室。

5月6日　美国加州理工学院(California Institute of Technology)教授Steven H. Low应邀来电机系进行学术访问，并为电机系师生作了学术报告。

浙江大学教授杨再跃应邀来电机系进行学术访问，并为电机系师生做学术报告。

5月14日—21日　清华大学第420期博士生学术论坛——电机系专场在西主楼举行。本期博士生学术论坛以能源互联网革命为主题，探讨了电气工程学科的新挑战和科学前沿问题。

5月15日　第三届清华-巴斯智能电网技术研讨会在电机系召开，来自英国巴斯大学的李芙蓉教授率团参加。

5月16日下午　国家发改委能源研究所国家可再生能源中心副主任高虎研究员应邀到电机系访问，并为电机系师生作了题为“我国可再生能源发展的政策环境及未来发展展望”的学术报告。

6月16日　美国通用电气（GE）专家、国际电气和电子工程师协会动力与能源分会（IEEE PES）前任主席约翰·麦克唐纳（John D. McDonald）应邀来电机系进行学术访问，并为电机系师生作了题为“能源的未来：智能电网及展望”（The Future of Energy: Smart Grid and Beyond）的学术报告。

6月25日　电气工程学位分委员会在西主楼2区203会议室召开工作会议，审议了以下内容：1）研究生工作组组长介绍毕业生情况；2）审议通过博士学位42人（其中普通博士生7人、留学博士生1人、本科直博生26人、提前攻博生8人）；3）审议通过硕士学位66人（其中普通硕士生46人、留学硕士生3人、全日制专业硕士生11人、在职专业硕士生6人）；4）审议校级优秀博士学位论文的申报，同意推荐付洋洋、丁涛、姬世奇、徐乾耀、陈俊杰、郑一鸣；5）审议校级优秀硕士学位论文的申报，同意推荐汤蕾、韩金池、常丰祺、苏俊霖、李昂；6）审议通过修订的电气工程学科博士生培养方案；7）审议通过修订的电气工程学科硕士生培养方案；8）审议通过修订的电气工程领域全日制工程硕士专业学位培养方案；9）审议通过修订的新能源学科硕士生培养方案；10）审议通过新增博士生招生资格的教师名单。

6月26日　由《科学中国人》杂志主办的“科学中国人（2014）年度人物颁奖典礼”在北京举行，教授党智敏荣获此称号。

6月　黄松岭、周远翔2位教授当选英国工程技术学会会士（IET/IEE Fellow）。

6月30日、7月1日　电机系分别召开了两场专题讨论会，深入、具体地讨论了涉及系人事制度改革的多个具体问题。会上，大家对改革方案中的基本规则、设岗标准、聘任程序提出了建议，使电机系人事制度改革方案进一步完善。

7月6日　美国田纳西大学，美国国家科学基金会能源部工程研究中心（NSF-DOE Engineering Research Center, CURENT）Chien-fei Chen 教授应邀来电机系进行学术访问，并为电机系师生作了题为“Beyond Technology: Improving Energy Efficiency through Social-Psychological Analysis”的学术报告。

7月13日　英国伯明翰大学的 Xiao-Ping Zhang（张小平）教授应邀来

电机系进行学术访问，并为电机系师生作了题为“Global Power & Energy Internet”（全球电力能源互联网）的学术报告。

7月15日 英国Brunel大学Geoff Rodgers副校长、Gareth Taylor教授、Maozhen Li教授等一行5人访问了电机系。

7月26日—30日 国际电气与电子工程师协会电力与能源协会（IEEE Power & Energy Society，简称IEEE PES）2015年年会（General Meeting）在美国丹佛举行。电机系师生40余人参加了会议。

7月28日（美国时间） 国际电气与电子工程师协会电力与能源协会（IEEE Power & Energy Society，简称IEEE PES）2015年年会（General Meeting）举办了隆重的年度颁奖典礼，张伯明教授荣获顾毓琇电机工程奖。

7月29日（美国时间） 在美国丹佛召开的国际电气与电子工程师协会电力与能源协会（IEEE Power & Energy Society，简称IEEE PES）2015年年会（General Meeting）上，公布了2014年全球电力能源预测竞赛（2014 Global Energy Forecasting Competition，简称GEFCom2014）的获奖名单，清华大学电机系获得了团体优胜奖。

7月30日（美国时间） 副系主任康重庆教授率领电机系师生一行9人，赴美国国家可再生能源实验室（National Renewable Energy Laboratory，NREL）进行了访问。

8月25日 电机系研究生迎新工作圆满结束。报到入学博士生61人，其中：直博生32人、提前攻博生9人、普博生17人、留学博士生3人；工学硕士生57人，留学硕士生2人，另有专业学位硕士生25人在深圳研究生院报到，硕士生共入学84人。

9月7日 美国杜克（Duke）大学教授、能源创新研究院首席科学家理查德·纽维尔（Richard Newell）教授应邀来电机系及校能源互联网创新研究院进行学术访问，并为电机系师生作了题为“能效行为管理”的学术报告。

9月17日 日本东京大学电气工程教授阿部力也（Rikiya Abe）应邀来电机系进行学术访问，并为电机系师生作了题为“数字电网—实现能源互联网的第一步”（The Digital Grid - The First Step towards Realization of the Internet of Energy）的学术报告。

9月24日　瑞典皇家理工学院（KTH Royal Institute of Technology）教授、电力系统稳定与控制研究组负责人穆赫戴德·甘德哈里（Mehrdad Ghandhari）教授应邀来电机系进行了学术交流和访问。

10月8日　在西主楼2区203会议室，召开电气工程学位分委员会。会议内容包括：审议通过硕士学位1人；讨论了提升博士生培养质量的措施，建议进一步规范、加强博士生资格考试与论文选题环节的管理。

10月12日　"绿色能源与电力安全北京市国际科技合作中心（Beijing Green Energy and Power Safety（GEPS）International Scientific and Technological Cooperation Center）"首届年会在电机系成功举办。本次会议以"主动配电网的发展与前沿技术"为主题。

电力系统国家重点实验室主任梁曦东教授向韩国明知大学 S. J. Lee 教授和美国伊利诺伊理工大学 M. Shahidehpour 教授颁发了聘书，聘任他们为电力系统国家重点实验室客座教授。

美国弗吉尼亚理工大学教授 A. G. Phadke 应邀来访电机系，并为电机系师生作了题为"Improved Protections with Wide Area Measurement Systems"的学术报告。

美国弗吉尼亚理工大学教授 James S. Thorp 应邀来访电机系，并为电机系师生作了题为"Data Mining and Synchro phasor Data"的学术报告。

10月15日　丹麦科技大学（DTU）大学教授、电力技术研究中心主任 JacobØstergaard 教授应邀来清华大学电机系进行学术访问，并以"风电渗透率40%的丹麦电力系统：经验、研究进展和展望"为主题，为电机系师生作了学术报告。

11月4日　南方电网公司科技部一行5人来电机系调研访问，就2016年双方进一步开展并深化科研合作进行了讨论交流。

11月9日上午　华中科技大学电气学院徐伟教授应《电力电子技术专题》课程邀请，在六教6B307教室，为电机系学生作了题为"城轨交通用直线电机系统"的学术报告。

下午　澳大利亚南威尔士大学的 Georgios Konstantinou 博士在电机系，为电机系师生作了题为"Recent Works on Cascaded H Bridge（CHB）Converters for PV Applications"的学术报告。

11月11日下午　国家千人计划特聘专家、北京低碳清洁能源研究所周友博士应《电力电子技术专题》课程邀请，在六教6B307教室，为电机系学生作了题为“工业能源互联网的电力电子应用”的学术报告。

由电机系主办的“加强中国-爱尔兰能源领域合作研究论坛”在中央主楼举行。

11月18日下午　中科院电工所宁圃奇研究员应《电力电子技术专题》课程邀请，为电机系师生作了题为“电力电子模块封装技术”的学术报告。

11月23日上午　天津大学电气学院何晋伟教授应《电力电子技术专题》课程邀请，为电机系师生作了题为“Harmonic Analysis and Mitigation Methods for Multiple-Converter Based Microrids”的学术报告。

11月27日　经校务会议讨论通过，决定建立清华大学四川能源互联网研究院，简称四川能源互联网研究院，英文名称 Sichuan Research Institute for Energy Internet, Tsinghua University，英文缩写 SRIEI。研究院为学校派出的科研机构，依托单位为电机工程与应用电子技术系。

11月30日上午　北京交通大学游小杰教授为电机系师生作了题为“机车电力牵引技术及进展”的学术报告。

下午　康奈尔大学终身教授江晓东应邀来电机系进行学术访问，并为电机系师生作了题为“非线性优化的信任技术：理论、方法及实际应用”(Trust-Tech for Nonlinear Optimization: Theory, Methods and Practical Applications)的学术报告。

12月1日　电机系在主楼接待厅召开人事制度改革启动仪式，校党委副书记、副校长姜胜耀出席仪式并讲话。

电机系电气工程博士后流动站评估为优秀博士后流动站。

12月2日下午　丹麦奥尔堡大学能源技术系 Josep M. Guerrero 教授到电机系进行学术访问，应邀为电机系师生作了题为“Research Challenges in Micro-grids”的学术报告。

本年　电机系共招收博士生61人，全日制工学硕士生59人、工程硕士25人，非学历教育、在职工程硕士9人；授予博士学位53人，授予全日制工学硕士学位52人、工程硕士12人，以及非学历教育、在职工程硕士学位17人；在校博士生269人、全日制工学硕士生158人、工程硕士66人，非学历教育、在职工程硕士生208人。

2016 年

3 月 29 日　由电机系举办的“中国-欧盟研究及创新伙伴计划可再生能源、能效及城市可持续发展领域项目（IRES-8）”讨论会在清华大学举行。

4 月 11 日上午　河南省许昌市武国定市长率领许昌市政府访问团来电机系交流访问。

4 月 12 日　由清华大学、中国商飞北京民用飞机技术研究中心、IET 英国工程技术学会联合主办的第三届多电飞机技术国际研讨会，在清华大学主楼接待厅举行。

4 月 13 日—17 日（瑞士时间）　第 44 届日内瓦国际发明展览会在瑞士日内瓦举行。电机系讲师钟海旺、夏清教授等完成的“电力系统节能减排优化调度技术及其应用”项目获得大会金奖；电机系讲师张宁、康重庆教授等完成的“电力系统多时间尺度风电消纳能力辨识技术”项目获得大会银奖。

5 月 13 日—15 日　清华大学-IET 电气工程学术论坛—暨清华大学第 444 期博士生论坛在清华大学三堡学术基地成功举办。本期论坛以“探索能源互联网新未来”为主题，邀请清华大学、在京高校以及相关研究机构的电气工程学科专业及相关科研方向的 120 余位博士生参会。

5 月 26 日　美国田纳西大学（University of Tennessee, Knoxville，缩写为 UTK）终身教授 Dr. Fred Wang 应邀来电机系进行学术访问，并为电机系师生作了题为“Power Electronics Research and Education in CURENT: Converters and Systems”的学术报告。

6 月 7 日　美国工程院院士、中国工程院外籍院士、弗吉尼亚理工大学李泽元教授应邀访问电机系，并为电机系师生作了“电力电子技术与器件的新方向”的学术报告。

6 月 21 日　电机系举行国家重点实验室客座教授聘任仪式暨学术报告会，聘请国际大电网会议（CIGRE）主席 Prof. Klaus Froehlich（克劳斯.弗罗里赫）担任电力系统国家重点实验室客座教授。

7 月 15 日　经校党委常委会讨论，同意电机工程与应用电子技术系党委换届结果：丁青青、于歆杰、王善铭、张宁、陈启鑫、郑泽东、康重庆、董嘉佳、曾嵘为电机工程与应用电子技术系党委委员(以姓氏笔画为序);康重庆当选系党委书记;王善铭、郑泽东当选系党委副书记。

7月20日(美国时间)　国际电气与电子工程师协会电力与能源协会(IEEE Power & Energy Society,简称IEEE PES)2016年年会(General Meeting)举办了隆重的年度颁奖典礼。在电机系郭庆来副教授与电子系张林副教授联合指导下,电机系研究生杨天宇与电子系研究生徐祥祥合著的文章《EV Charging Behavior Analysis and Modeling Based on Networked Sensory Data》获得了2016年度IEEE PES优秀学生论文奖(IEEE PES Student Prize Paper Award in Honor of T. Burke Hayes)。这是该奖项自1967年设立以来,来自中国大陆的学生首次获此殊荣。

7月17日—7月21日　电力行业国际顶级会议——国际电气与电子工程师协会电力与能源协会年会(IEEE PES General Meeting)在美国波士顿召开。电机系博士生李正烁(指导教师孙宏斌教授)、辛蜀骏(指导教师郭庆来副教授)及硕士生陈欣(指导教师吴文传教授)的论文入选大会最佳论文。

8月17日—19日　国家自然科学基金委员会电工学科电力系统领域基金项目交流与研讨会在新疆乌鲁木齐举行。经过各分组的评议,电机系6位老师承担的结题项目全部获评优秀。

8月19日　北美华人电力协会(NACPPA)主席、美国新英格兰ISO公司技术经理郑彤昕博士应邀来电机系进行学术访问,并为电机系师生作了题为"新英格兰ISO市场简介"(An Introduction to ISO—New England Market)的学术报告。

8月23日—26日　电机系组织开展了一系列研究生迎新活动。共招收2016级研究生新生146名,包括留学生及港澳台籍学生6名。

8月29日　英国伦敦帝国理工学院(Imperial College London, UK)物理系教授Sergey Lebedev应邀到电机系进行学术访问,并为电机系师生作了题为"Laboratory Astrophysics with Supersonic Magnetised Plasma Flows"的学术报告。

8月29日　美国德州农工大学(Texas A&M University)电气与计算机工程学院谢乐博士应邀来电机系进行学术访问,并为电机系师生作了题为"Human-in-the-loop: Challenges and Opportunities of Demand Response"

的学术报告。

8月29日—31日　国家自然科学基金委员会电工学科电力电子领域基金项目交流会在江苏南京举行。电机系承担的两项结题项目全部获评优秀。其中，肖曦教授承担的《带复合储能的直驱型海浪发电系统关键技术研究》在“储能系统及其它”组优秀项目中排名第一，孙凯副教授承担的《面向交直流混合微电网的并联高效双向AC/DC变换器研究》在“新能源发电与微网”组优秀项目中排名第二。

9月18日—22日　第6届欧亚脉冲功率会议（6th Euro-Asian Pulsed Power Conference）在葡萄牙里斯本的埃斯托利尔（Estoril）会议中心举行。电机系博士研究生毛重阳（导师：王新新）获评“杰出年轻研究者奖”（Outstanding Young Researcher Awards）。

9月25日—30日　在葡萄牙艾斯特里托召开的第33届雷电防护国际会议上，雷电防护国际会议科学委员会将2016年鲁道夫·海因里希·戈尔德（Rudolf Heinrich Golde）奖授予电机系何金良教授。同时，大会期间，何金良教授当选为亚太雷电国际会议执行委员会（Steering Committee）下一届主席。

9月　电机系博士研究生耿照为因其优秀的学业表现和综合素质，荣获2016年西贝尔学者（Siebel Scholars）称号。

10月12日　电机系与丹麦科技大学（Technical University of Denmark）电气工程系举办了题为“THU-DTU Joint Seminar on Renewable Energy”的联合论坛。

10月16日—20日　由清华大学与重庆大学共同主办的第14届“电力系统概率方法”国际会议（2016 International Conference on Probabilistic Methods Applied to Power Systems，PMAPS2016）在北京友谊宾馆成功举办，是该国际会议第一次在中国举办。

10月21日　校务会议讨论通过，任命朱桂萍为电机工程与应用电子技术系副主任。

10月23日　电机系参与组织的2016世界机器人大会之“机器人核心零部件和关键技术国际论坛”在清华大学成功举行。

10月24日　通用电气能源咨询部门（GE Energy Consulting）研发主管、北美华人电力协会副主席顾颖中博士应邀来电机系进行学术访问，并为电机系师生作了题为“大规模电力系统经济规划中的大数据分析(Big Data Analytics in Large Scale Power System Economic Planning)”的学术报告。

11 月 22 日,中国电力国际有限公司(中电国际)与清华大学电机系共同成立“多能互补综合能量管理联合研究中心”。“该联合研究中心的共建,旨在发挥中电国际产业优势和清华大学多能源学科的技术优势,突破多能互补综合能量管理的关键技术,并实现示范应用,推进能源互联网研究的深化和落地。”①

11 月 26 日—27 日　首届全国“高电压与放电等离子体”学术会议于在北京召开。王新新教授团队获会议优秀论文奖。

12 月 3 日—9 日　2016 世界工程组织联合会(WFEO)年会在秘鲁首都利马召开。电机系孙宏斌教授作为能源委员会委员出席该年会,并在会上当选为 WFEO 能源委员会副主席。

12 月 5 日　绿色能源与电力安全北京市国际科技合作中心年会在清华大学举行。

12 月 20 日　电机系电博 13 班荣获北京市高校“十佳示范班集体”称号。

12 月 28 日下午　美国德州 ISO(Electric Reliability Council of Texas—ERCOT)的杜鹏伟博士应邀来电机系进行学术访问,并为电机系师生作了题为“新能源汇集的挑战和解决方案”(Renewable Integration: Challenges and Solutions)的学术报告。

12 月 28 日下午　清华大学与国家电网公司战略合作框架协议签约仪式在国家电网公司总部大楼举行。

12 月 29 日下午　美国佐治亚理工大学(Georgia Institute of Technology, USA)的助理教授孙旭博士应邀来电机系进行学术访问,并作了题为《Recent Advances in Solving OPF and Multistage Robust UC》的学术报告。

本年　徐智威、胡泽春、宋永华等发表的论文《充电站内电动汽车有序充电策略》入选“中国百篇最具影响国内学术论文”(2015 年)。

---

① 《清华大学与中电国际共建多能互补综合能量管理联合研究中心》,清华大学电机系资料。

董新洲教授、康重庆教授及系友黄振宇、王真获选 2017 年度 IEEE Fellow。

李永东教授作为联合指导教师指导的法国法兰西公爵大学（UFC：Univerisite de Franche-Comte）燃料电池实验室（Fuel Cell Lab.）博士研究生郑治雪，获得了 2016 年度全法国电气、电子和自动化工程领域优秀博士论文大奖。

2017 年

1 月 14 日上午　越共中央总书记阮富仲在越南大使馆与越南驻华大使馆工作人员、越南留学生和越侨代表团见面。清华大学电机系越南留学生黎忠孝（Le Trung Hieu）作为留学生代表参加了这次会面。

1 月 16 日　为了配合学校的教育教学改革、大类招生、博士招生制度改革、学生评价体系改革和人事改革等各项工作的进展，针对电机系教育教学工作中出现的新问题进行专题讨论，电机系全系教师、辅导员、研究生德育助理，相关教学工作人员齐聚一堂，以大会报告加分组讨论的形式召开了电机系“2017 年教育教学研讨会”。

1 月　清华大学电机系康重庆教授受邀与北卡罗来纳大学夏洛特分校 Professor Badrul Chowdhury 一起担任电力系统国际期刊《International Transactions on Electrical Energy Systems》共同主编（Co-Editors-in-Chief）。同时，电机系教师张宁与钟海旺受邀担任编委。

2 月 17 日　英国华威大学（The University of Warwick, UK）的 Christopher James 教授应邀来清华大学电机系访问交流，并为电机系师生作了题为“Technical Writing & Manuscript Preparation in Engineering Publications”的讲座。

2 月 23 日下午　电机系举办博士生指导教师研修班“分组交流会”。

3 月 11 日上午　IEEE 电力电子学会（Power Electronics Society，简称 PELS）北京分会学生支部联合研讨会在清华大学举行。

4 月 18 日—19 日　国家自然科学基金重点国际合作研究项目“面向可再生能源消纳的低碳高效多能源系统基础研究”启动会暨清华大学-华盛顿大学合作研讨会在清华大学西主楼顺利召开。该项目牵头单位为清华大学电机系，项目负责人为康重庆教授，项目合作方单位为美国华盛顿大学电机系，合作单位负责人为丹尼尔·克斯群（Daniel Kirschen）教授。

4月20日　“清华大学电力系统国家重点实验室客座教授受聘仪式暨尼克劳斯·柴特加吉瑞欧（Nikolaos Chatziargyriou）教授学术报告会”在清华大学西主楼举行。

4月20日—22日　第九届电力系统未来学者论坛（The 9th Seminar forNext Generation of Researchers in Power Systems）在清华大学召开。

4月26日　清华大学电机系-中科院电工所双边学术交流会（脉冲功率与放电等离子体方向）在电机系成功举行。

5月11日　清华大学和曼彻斯特大学联合主办、电机系与能源互联网创新研究院承办的能源环境研讨会在清华大学西主楼举办。

5月19日—21日　清华大学-IET电气工程学术论坛—暨清华大学第489期博士生论坛在清华大学的北京三堡学术基地举办。

5月23日　“清华大学电力系统及大型发电设备安全控制和仿真国家重点实验室客座教授受聘仪式暨赛义夫·拉赫曼（Saifur Rahman）教授学术报告会”在清华大学西主楼举行。

6月13日　电机系召开系务会，审议通过：博士毕业38人（其中普通博士9人、本科直博23、提前攻博6人），硕士毕业68人（其中普通硕士51人、全日制专业硕士17人）。

6月14日　电气工程学位分委员会在西主楼2区203会议室召开工作会议，会议内容为：1）研究生工作组组长介绍毕业生情况；2）审议通过博士学位38人（其中普通博士9人、本科直博23人、提前攻博6人）；3）审议通过硕士学位86人（其中普通硕士51人、全日制专业硕士17人、在职专业硕士18人）；4）审议校级优秀博士学位论文10人的申报，同意推荐5人；5）审议校级优秀硕士学位论文10人的申报，同意推荐5人；6）审议通过修订电气工程学科博士生培养方案；7）审议通过修订电气工程学科硕士生培养方案；8）审议通过修订电气工程领域全日制工程硕士专业学位培养方案；9）审议通过新能源学科硕士生培养方案；10）审议通过智能制造交叉学科专业学位硕士研究生培养方案；11）审议通过2017级工程管理硕士项目（MEM）专业学位培养方案；12）讨论能源互联网专业学位硕士培养方案的课程设置；13）审议通过修订的电气工程学科重要国际学术会议目录；14）审议通过修订的电机系博士生资格考试规定；

15）讨论通过增补学位委员会委员2人。

6月16日　校副教务长、教务处处长彭刚带领教务处副处长吴运新、副处长苏芃、注册中心主任尹佳、教培中心副主任李蔚以及教务处计划科、实践科等有关老师一行共7人，到电机系进行本科教学工作调研。

6月22日　国际大电网会议（CIGRE）前任主席 Prof. Klaus Froehlich（克劳斯·弗罗里赫）来电机系做学术访问，并为电机系师生作了题为“Perspective of the future smart electric system”（未来智能电力系统展望）的学术报告。

6月23日　在由国际电气与电子工程师协会（IEEE, Institute of Electrical and Electronics Engineers）举办的第21届“脉冲功率会议（PPC, Pulsed Power Conference）”上，电机系电气新技术研究所2016级博士研究生刘旭堃的论文《Overview of Circuit Topologies for Inductive Pulsed Power Supplies》获“优秀学生论文奖（Outstanding Student Paper Award）”。

6月28日下午　美国加州大学河滨分校余南鹏博士应邀来电机系学术交流，并为电机系师生作了题为“智能电网的研究前沿——配电网系统的大数据分析”（Research Frontiers in Smart Grids—Big Data Analytics in Electric Power Distribution System）的学术报告。

7月1日下午　电机系2017届学生毕业典礼在蒙民伟音乐厅隆重举行。共有143名本科生、77名硕士研究生和46名博士研究生毕业。

7月7日—8日　由清华大学电机系和能源互联网创新研究院发起，在清华大学召开了“电气化交通前沿技术论坛”。

7月16—20日　电力行业国际顶级会议——国际电气与电子工程师协会电力与能源学会2017年年会（IEEE PES General Meeting）在美国芝加哥召开。电机系博士生杨经纬（导师是康重庆教授）、舒德兀（导师是姜齐荣教授）、叶一达（导师是鲁宗相副教授）及博士后张旭（合作导师为谢小荣副教授）的论文入选年会最佳论文。

7月25日　电机系在新清华学堂隆重举办了“李泽元院士清华大学讲席教授聘任仪式”。

8月8日　清华大学电机系系主任曾嵘教授、系学位分委会主席夏清教授带领系学位分委会代表、科研团队代表等一行20余人，赴清华四川能源互联网研究院考察调研，并召开了电机系能源互联网专业硕士培养研讨会。

8月11日—14日　电机系赵争鸣、李永东、袁建生、邹军、袁立强、张春朋、郭志强、孙建宁和王优等师生应ICEMS2017组委会之邀，赴澳大利亚悉尼国际会议中心参加了第20届ICEMS会议。

8月24日　能源大类相关院系（电机系、热能系和工物系）在东阶教室举行了2017级本科生迎新会。2017年清华大学能源大类全国招生252人（含工物系核定向生60人），其中国际学生8人。

8月28日　由国家能源局指导，国家能源互联网产业及技术创新联盟、中国能源智库联盟主办的国家能源互联网产业及技术创新联盟全体成员大会暨2017国家能源互联网大会在清华大学举办。

8月29日—31日　电机系开展了一系列研究生迎新活动。电机系2017级研究生共报道新生126名，其中包括留学生及港澳台学生2名。在本部报到的研究生新生有99名，其中博士生59名，硕士生40名。在深圳报到硕士生27名。

9月4日　电机系落实对口支援工作，周远翔教授担任新疆大学电气学院院长。

9月10日　2017中美“2+2”清洁能源论坛在蓉隆重举行，清华四川能源互联网研究院与华盛顿大学清洁能源研究院正式签署“合作备忘录”及“EIRI国际种子基金合作”协议。

9月12日　澳大利亚斯威本科技大学（Swinburne University of Technology）终身教授，机器人与机械系主任，国家“千人计划”特聘专家，中国科学院沈阳自动化所义乌中心首席科学家满江红应邀来电机系访问，期间为电机系师生作了题为“工业机器人中的电机驱动控制问题”的学术报告。

9月21日　意大利教育与科技部下属智能制造产业协会伟习力主席（Gianluigi Viscardi）和意大利贝尔加莫大学副校长谢尔盖·卡瓦里瑞（Sergio Cavalieri）教授一行访问了电机系。

9月22日　校长邱勇前往电机系，就学科建设与布局、教育教学与人才培养、人才引进和教师队伍建设、科研创新和成果应用等工作进行了调研。

9月25日　电机系召开系务会，审议通过博士毕业2人，硕士毕业

5人。

9月27日　召开电气工程学位委员会，审议通过博士学位2人，硕士学位5人。并讨论了如下事项：1）审议电气工程（能源互联网方向）专业学位硕士的新开课程7门，其中6门未通过，缓议；2）讨论电气工程（能源互联网方向）专业学位硕士培养方案，确定培养目标等，经讨论决定成立专项小组，系统修改课程建设方案；3）讨论修订并通过了电气工程博士培养方案的考试课程学分要求；4）讨论修订并通过了电机系博士生资格考试实施办法；5）讨论修订并通过了博士生开题、中期、预答辩考核小组成员要求；6）讨论完善了电机系研究生招生办法。

10月12日—14日　中国自动化学会电气自动化专业委员会举办第十八届全国电气自动化与电控系统学术年会，电机系研究生孙嘉伟撰写的《基于MARS的参数辨识方法及其在无差拍直接转矩控制当中的应用》以及电力电子研究所王奎老师的《一种基于载波交叠PWM的四电平NPC变换器中点电压平衡控制方法》双双荣获优秀论文。

10月20日　中国电工技术学会电磁发射技术专业委员会举办第八届全国电磁发射技术研讨会，电机系常馨月、于歆杰、刘旭堃和李臻撰写的《一种电磁轨道炮速度控制方案》荣获优秀论文。

10月23日下午　世界工程组织联合会（WFEO）主席乔治·什皮塔尔尼克（Jorge Spitalnik）教授和副主席兼能力建设委员会主席雅辛·布里默罕（Yashin Brijmohan）教授访问了清华大学电机系和能源互联网创新研究院。

11月2日上午　电机系“清华之友-金力永磁奖学金”的签约仪式在西主楼举行。江西金力永磁科技股份有限公司董事长兼总经理蔡报贵、董事会秘书兼投融资副总鹿明、清华大学教育基金会副秘书长赵劲松，清华大学电机系党委副书记郑泽东、学生工作助理骆娇出席仪式。赵劲松与蔡报贵代表双方签订“清华之友-金力永磁奖学金”协议。

11月2日　美国弗吉利亚理工大学电力电子中心（CPES）主任Dushan Boroyevich（杜山·波罗耶维奇）教授访问电机系，并作了题为“Future Electronic Power Systems”（未来电子电力系统）的学术报告。

11月3日　电机系在召开本科教学审核评估工作动员大会。系主任曾嵘，副系主任肖曦、鲁宗相、朱桂萍，系党委副书记王善铭、郑泽东，系主任助理刘瑛岩、陆超，系教学委员会委员等近70名教师参加了会议。

11月3日—6日 中国电源学会第二十二届学术年会在上海召开，在大会开幕式上颁发了“第四届中国电源学会科学技术奖”。其中，美国工程院院士、中国工程院外籍院士、美国弗吉尼亚理工大学教授、清华大学电机系讲席教授李泽元（Fred C. Lee）获“科学技术杰出贡献奖”；清华大学电机系电力电子与电机系统研究所所长孙凯副教授获授“科学技术青年奖”。

11月9日 中国电机工程学会直流输电与电力电子专委会发起的第三届“直流输电与电力电子创新杯大赛”颁奖仪式在武汉举行。电机系教师赵彪为第一作者的作品《开关电容接入的多电平直流链直流变压器及其演变》（清华大学/深圳供电局，赵彪、赵宇明、刘国伟）经过函评、会评、答辩三轮双盲制评审，荣获本届大赛唯一的一等奖。

11月10日 在苏州同里召开的台达电力电子年会上，电机系教师郑泽东副教授获得2017年度“中达青年学者”称号，以表彰其在电力电子学科教学科研工作中的优秀业绩和创新成就。

11月22日—26日 中国电机工程学会年会在广西南宁召开，主题为“创新引领与清洁绿色、智能高效”，会议聚集电力行业科技创新前沿技术及热点问题。本次年会颁发了2017中国电力年度科技人物奖，电机系董新洲教授、孙宏斌教授荣获中国电力科学技术杰出贡献奖；电机系电力电子所李劲松博士后撰写的《考虑旋转激磁及畴壁运动过程的电工钢片铁心损耗建模及验证》荣获年会优秀论文。

11月27日—28日 由清华大学和IEEE（国际电气与电子工程师协会）联合创办的首届IEEE能源互联网与能源系统集成会议（The 1st IEEE Conference on Energy Internet and Energy System Integration，简称EI^2 2017）在北京召开。IEEE EI^2 2017重点关注能源领域两大热点问题：能源互联网（Energy Internet）与能源系统集成（Energy System Integration），旨在充分实现各类能源的互联、开放、共享和协同，重塑更美好的能源世界。

12月14日下午 清华大学与中国电机工程学会签署合作框架协议，并在签约仪式上成立中国电机工程学会清华大学会员中心。

12月19日上午 美国康奈尔大学终身教授、IEEE Fellow江晓东应邀来电机系进行学术访问，并作了题为“最优潮流问题可行域：理论、方法、收敛域和实际应用”(Feasibility Region of Optimal Power Flow：Theory, Methods, Convergence Region and Practical Applications)的学术报告。

本年　何金良教授荣获 IEEE 赫尔曼·霍尔珀林电力传输和配电奖(IEEE Herman Halperin Electric Transmission and Distribution Award),以表彰他在输电线路雷电防护领域做出的杰出贡献,包括促进分析方法的进步和线路避雷器的创新。何金良教授是该奖项设立 58 年来的第一位中国获奖学者。

国际电气与电子工程师学会(The Institute of Electrical and Electronics Engineers,IEEE)公布了新选 2018 年度会士(IEEE Fellow)名单。其中,电气工程领域共有 4 位学者入选,分别为清华大学电机系赵争鸣教授、孙宏斌教授、华中科技大学曲荣海教授,以及在美国波音公司技术院士、飞机子系统集成平台总工程师刘生义博士;其中,曲荣海教授、刘生义博士都是电机系系友。

参考文献

一、档案、报刊及资料汇编

1.《外务部给游美学务处札》(宣统元年八月十七日发),清华大学档案,全宗号1,目录号1,案卷号10。

2.《外务部学部呈明游美肄业馆改名为清华学堂缘由》(宣统二年十一月),清华大学档案,全宗号1,目录号1,案卷号3。

3.《学部札准游美肄业馆改名清华学堂并应将初等科改名中等科编定高等中等两科课程报部查核》(宣统二年十二月初五日),清华大学档案,全宗号1,目录号1,案卷号3。

4.《外务部札奏准游美肄业馆改名清华学堂订章开学》(宣统三年三月十三日),清华大学档案,全宗号1,目录号1,案卷号3。

5.《外务部发专使大臣唐电(光绪三十四年十一月十七日发)》,清华大学档案,全宗号1,目录号1,案卷号1:1。

6.《呈外交部文》,清华大学档案,全宗号1,目录号1,案卷号3。

7.《清华学校高等科首届毕业学生名次一览表》,清华大学档案,全宗号1,目录号1,案卷号24。

8.《清华学校中等科学生二次毕业名次一览》,清华大学档案,全宗号1,目录号1,案卷号24。

9.《详外交部文为逐渐扩充学程预备成立大学事》(民国五年七月二十七日),清华大学档案,全宗号1,目录号1,案卷号3。

10.《第二次评议会开会纪录》(1926年4月28日),清华大学档案,全宗号1,目录号2:1,案卷号6:1。

11.《国民政府外交部训令》(1928年8月29日),清华大学档案,全宗号1,目录号2-1,案卷号2:1。

12.《国立清华大学第一届考选留美公费生揭晓通告》（1933 年），清华大学档案，全宗号 1，目录号 2：1，案卷号 87。

13.《兴建电机、机械二馆实验室》（1933 年 9 月 20 日），清华大学档案，全宗号 1，目录号 2：1，案卷号 6：6。

14.《电机工程学系概况》（1934 年 7 月 27 日），清华大学档案，全宗号 1，目录号 2：1，案卷号 18。

15.《国立清华大学选派赴德交换研究生简章》（二十四年四月二十四日第九十五次评议会修正通过），清华大学档案，全宗号 1，目录号 2-1，案卷号 79。

16.《范崇武先生为电机工程学系专任讲师聘书》（1937 年 5 月），清华大学档案，全宗号 X1，目录号 3：3，案卷号 34。

17.《函请朱自清先生等担任各学系教授会主席并从速进行工作由》（1937 年 10 月 6 日），清华大学档案，全宗号 X1，目录号 3：1，案卷号 3。

18.《长沙临时大学开办费分配简明计划》（1937 年 10 月 6 日），清华大学档案，全宗号 X1，目录号 3：1，案卷号 10。

19.《长沙临大致教育部高等教育司，函复关于本院电机、机械两系学生在湖大上课情形》（1937 年 11 月），清华大学档案，全宗号 X1，目录号 3：1。

20.《赵友民先生代理电机工程学系主任职务聘函》（1938 年 1 月 24 日），清华大学档案，全宗号 X1，目录号 3：3，案卷号 34。

21.《国立长沙临时大学学生名录》（1938 年 1 月），清华大学档案，全宗号 1，目录号 4：6，案卷号 17。

22.《国立清华大学机电系三、四年级加入装甲兵团名单》（1938 年春），清华大学档案，全宗号 X1，目录号 3：3，案卷号 30。

23.《遵令自廿八年度第一学期起增设电机机械各一班》（1938 年 9 月），清华大学档案，全宗号 X1，目录号 3：2，案卷号 203。

24.《函知西南联大设立电讯专修科目》（1939 年 2 月 3 日），清华大学档案，全宗号 X1，目录号 3：2，案卷号 122。

25.《清华、北大、南开研究院 1939 年度招生简章（清华部分）》（1939 年夏），清华大学档案，全宗号 X1，目录号 3：3，案卷号 22。

26.《第二十六次校务会议议案》（1939 年 11 月 2 日），清华大学档案，全宗号X1，目录号3:3，案卷号5:2。

27.《国立西南联合大学各院系必修选修学程表》，清华大学档案，全宗号X1，目录号3:2，案卷号120:2。

28.《1939—1940年度国立西南联合大学电机工程学系必修选修学程表》，清华大学档案，全宗号X1，目录号3:2，案卷号120。

29.《三十年度西南联大工学院电机工程学系学生名单》，清华大学档案，全宗号1，目录号4:6，案卷号22。

30.《1941年度电机工程学系导师及学生名单》，清华大学档案，全宗号X1，目录号3:2，案卷号58。

31.《国立清华大学第五届录取留美公费生及考试成绩履历一览表》(1941年3月15日)，清华大学档案，全宗号X1，目录号3:3，案卷号107。

32.《本校卅年度图书设备特款支配表》，清华大学档案，全宗号1，目录号4:2，案卷号149。

33.《本校三十二年度赴美研究教师表》(1943年9月8日)，清华大学档案，全宗号X1，目录号3:3，案卷号48。

34.《呈梅贻琦，呈报工程研究生录取名单》，清华大学档案，全宗号X1，目录号3:3，案卷号22。

35.《清华大学战时损失统计表(北平)》(1943年10月19日呈部)，清华大学档案，全宗号X1，目录号3:3，案卷号9。

36.《第六届考取留美公费生一览表》(1944年8月)，清华大学档案，全宗号X1，目录号3:3，案卷号108。

37.《1945年电机工程学系教师名单》，清华大学档案，全宗号X1，目录号3:2，案卷号143。

38.《施嘉炀关于工学院扩充设备预算给梅校长信》(1946年5月16日)，清华大学档案，全宗号1，目录号4:2，案卷号202。

39.《电机工程学系1946—1948年度聘书支薪数》，清华大学档案，全宗号1，目录号4:5，案卷号4。

40.《电机工程学系三十五年度转学生》，清华大学档案，全宗号1，目录号4:5，案卷号18。

41.《三十六年度上学期各学系开设学程数目统计》，清华大学档案，全宗号1，目录号4:2，案卷号82。

42.《国立清华大学各院系实验室实习工厂战前与复员后学生实习人数与技工人数比较表》，清华大学档案，全宗号 1，目录号 4:2，案卷号 144。

43.《国立清华大学三十五年度第一学期研究所概况简表》（三十六年一月八日编制），清华大学档案，全宗号 1，目录号 4:2，案卷号 81。

44.《国立清华大学研究所设备补助费预算分配表》（1947 年 9 月 4 日），清华大学档案，全宗号 1，目录号 4:2，案卷号 156。

45.《关于设立实验用广播无线电台的公函》（1948 年 4 月 24 日），清华大学档案，全宗号 1，目录号 4:2，案卷号 208。

46.《国立西南联合大学志愿入清华大学学生一览表》（1946 年 5 月 21 日），清华大学档案，全宗号 X1，目录号 3:2，案卷号 224。

47. 清华大学教务处:《历年录取新生名册（一）》（1947—52，1956—59），清华大学档案，全宗号 2，目录号校办 3，案卷号 020。

48.《清华大学各院系教职员统计表》（1949 年 6 月），清华大学档案，全宗号，目录号校 1，案卷号 49005。

49.《第二十四次校务委员会会议记录》（1949 年 9 月 23 日），清华大学档案，全宗号，目录号校 1，案卷号 49004。

50.《清华大学 1950 年新聘专任教师及兼任教师名单》（1950 年 10 月 4 日），清华大学档案，全宗号 2，目录号校 5，案卷号 50007。

51.《邮电部电信科学研究所、清华大学合设电讯网络研究室合约》（1951 年 3 月），清华大学档案，全宗号，目录号校 1，案卷号 51016。

52.《清华大学院系改革及调整试行计划初步总结报告》（1951 年 5 月），清华大学档案，全宗号，目录号校 1，案卷号 51004。

53.《教育部为通知成立“京津高等学校院系调整办公室”及“京津高等学校院系调整北京大学筹备委员会”，“京津高等学校院系调整清华大学筹备委员会”由》（1952 年 6 月 25 日），清华大学档案，全宗号，目录号校 1，案卷号 52002。

54. 刘仙洲:《京津高等学校院系调整清华大学筹备委员会第一阶段工作总结及第二阶段工作总结》（1952 年 8 月 7 日），清华大学档案，全宗号，目录号校 1，案卷号 52002。

55.《清华大学各系及各教研组负责同志名单》（1952 年 10 月 11 日），清华大学档案，全宗号，目录号校 1，案卷号 52005。

56.《清华大学 1950—1953 年的发展计划》(1949 年),清华大学档案,全宗号,目录号校 1,案卷号 49012。

57.《清华大学工作检查汇报(草稿)》(1954 年 11 月 6 日),清华大学档案,全宗号,目录号校 1,案卷号 55002。

58.《高等教育部关于同意清华大学增设高电压工程专业的复函》(1956 年 9 月 7 日),清华大学档案,全宗号 2,目录号 3,案卷号 093。

59.《高等教育部关于同意清华大学将“运用学”专业改称为“运筹学”专业等事宜的复函》(1957 年 7 月 12 日),清华大学档案,全宗号,目录号校 1,案卷号 57006。

60.《1958—1959 年度各系学生理论学习与生产劳动情况》(1958 年 12 月 30 日),清华大学档案,全宗号 2,目录号校 3,案卷号 255。

61.《关于“我校教师参加教材工作会议”的统计资料》,清华大学档案,全宗号 2,目录号校 3,案卷号 135。

62.《历届“长工班”半工半读班级、人数、时日统计》,清华大学档案,全宗号 2,目录号校 3,案卷号 170。

63.《1962—1963 年度第二学期电 51 班“长工班”劳动情况简报(第三期)》(1963 年 4 月 16 日),清华大学档案,全宗号 2,目录号校 3,案卷号 170。

64.《全校各系因材施教人数表优秀生统计》(1964 年),清华大学档案,全宗号 2,目录号校 3,案卷号 202。

65. 清华大学人事处编制统计:《一九七九年各类统计报表》,清华大学档案,全宗号,目录号,案卷号 79071。

66. 清华大学人事处编制统计:《一九八〇年各类统计报表》,清华大学档案 案卷号 80041。

67. 清华大学人事处人员统计:《一九八一——一九八二学年初高等学校基层报表,一九八一年干部定期统计报表,全民所有制事业单位工作人员工资年报表,全部职工人数与工资、固定职工增加来源和减少去向月、季报表》,清华大学档案,全宗号 2,目录号 259,案卷号 81033。

68. 清华大学人事处统计:《一九八二年各类统计报表》,清华大学档案,全宗号 2,目录号校 5,案卷号 82055。

69. 清华大学人事处统计:《一九八三年各类统计报表》,清华大学档案，全宗号，目录号校 5，案卷号 83049。

70. 清华大学人事处统计：《1984 年各类统计报表》，清华大学档案，全宗号，目录号校 5，案卷号 84034。

71. 清华大学人事处统计：《一九八五年各类统计报表》，清华大学档案，全宗号，目录号 259，案卷号 85033。

72. 清华大学人事处统计：《1986 年各类统计资料》，清华大学档案，全宗号，目录号 259，案卷号 86030。

73. 清华大学人事处统计：《1987 年月报及年底综合统计资料》，清华大学档案，全宗号，目录号 259，案卷号 87018。

74. 清华大学人事处统计：《1988 年月报表及年终统计资料》，清华大学档案，全宗号，目录号 259，案卷号 88018。

75. 清华大学人事处统计：《1989 年度清华大学教职工情况月报表和教职工花名册》，清华大学档案，全宗号，目录号 259，案卷号 89013。

76. 清华大学人事处统计：《1990 年清华大学教职工统计资料》，清华大学档案，全宗号，目录号 259，案卷号 90061。

77. 清华大学人事处统计：《教委 1991 年关于编报劳动工资计划，填报科技人员活动、干部调配、奖惩情况的通知和我校各类报表及教工文化程度、年龄结构分析图表》，清华大学档案，全宗号 2，目录号 259，案卷号 91062。

78. 清华大学人事处统计：《教委 1992 年关于编报劳动工资计划、职工人数计划和工资总额的通知和我校各类报表及教工文化程度、年龄结构分析图表》，清华大学档案，全宗号 2，目录号 259，案卷号 92079。

79. 清华大学人事处统计：《教委 1993 年关于编报劳动工资计划、职工人数、工资总额的通知和我校各类报表及教职工文化程度、年龄结构分析图表》，清华大学档案，全宗号 2，目录号 259，案卷号 93090。

80. 清华大学人事处编制统计：《教委 1994 年关于编报劳动工资计划、职工人数、工资总额计划的通知和我校各类报表及教工文化程度、年龄结构分析图表》，清华大学档案，全宗号 2，目录号 259，案卷号 94071。

81. 清华大学人事处编制统计：《教委 1995 年关于编报劳动工资计划、职工人数、工资总额计划的通知和我校各类报表及教工文化程度、年龄结构分析图表》，清华大学档案，全宗号 2，目录号 259，案卷号 95073。

82. 清华大学人事处统计报表:《从业人员和劳动报酬情况统计表,劳动情况表,干部年报表,教职工情况统计表,教职工月报表,委属事业单位编制情况统计表》,清华大学档案,全宗号 2,目录号 259,案卷号 96071。

83. 清华大学人事处编制统计:《从业人员和劳动报酬情况统计表、劳动情况表、干部年报、教职工情况统计表、教职工月报表、委属事业单位编制情况统计表》,清华大学档案,全宗号 2,目录号 259,案卷号 97087。

84.《清华大学 1998/1999 学年初普通高等学校基层报表和研究生基层报表及〈普通高等学校基本工作状态数据库〉》,清华大学档案,全宗号 2,目录号 252,案卷号 98009。

85.《清华大学 1999/2000 学年初普通高等学校基层报表和研究生基层报表及〈普通高等学校基本工作状态数据库〉》,清华大学档案,全宗号 2,目录号 252,案卷号 99008。

86.《清华大学 2000/2001 学年初普通高等学校基层报表和研究生基层报表及〈普通高等学校基本工作状态数据库〉》,清华大学档案,全宗号 2,目录号 252,案卷号 2000008。

87.《清华大学 2001/2002 学年初普通高等学校基层报表和研究生基层报表及〈普通高等学校基本工作状态数据库〉》,清华大学档案,全宗号 2,目录号 252,案卷号 2001083。

88.《清华大学 2002/2003 学年初高等教育基层统计报表》,清华大学档案,全宗号 2,目录号 252,案卷号 2002012。

89.《清华大学 2003/2004 学年初高等教育基层统计报表》,清华大学档案,全宗号 2,目录号 252,案卷号 2003013。

90.《清华大学 2004/2005 学年初高等教育基层统计报表》,清华大学档案,全宗号 2,目录号 252,案卷号 2004013。

91.《清华大学 2005/2006 学年初高等教育基层统计报表》,清华大学档案,全宗号 2,目录号 252,案卷号 2005012。

92.《清华大学 2006/2007 学年初高等教育基层统计报表》,清华大学档案,全宗号 2,目录号 252,案卷号 2006012。

93.《清华大学 2007/2008 学年初高等教育基层统计报表》,清华大学档案,全宗号 2,目录号 252,案卷号 2007069。

94.《清华大学 2008/2009 学年初高等教育基层统计报表》,清华大学档案，全宗号2，目录号252，案卷号2008038。

95.《清华大学2009/2010学年初高等教育基层统计报表》，清华大学档案，全宗号2，目录号252，案卷号2009012。

96.《清华大学2010/2011学年初高等教育基层统计报表》，清华大学档案，全宗号2，目录号252，案卷号2010013。

97. 清华大学教务处：《学生人数统计》（1946年度至1965年度），清华大学档案，全宗号2，目录号校3，案卷号041。

98.《中国教育报》、《光明日报》、《人民教育》、《人民日报》、《政治官报》、《教育杂志》、《申报》、《科学》、《中央日报周刊》、《光华附中理科专号》、《北京大学日刊》、《清华校刊》、《清华大学二十周年纪念刊》、《清华一览》、《清华副刊》、《清华学校校刊》、《国立清华大学校刊》（1928—1948年）、《清华周刊》（1916—1937年）、《清华公报》、《新清华》（1953—1966年，1979—2011年）、（1954—1966年，1979—2009年）、《清华校务会议公告》（1998—2010年）、《清华信息通报》（1996—2010）、《（清华大学）每日动态信息》（1997—2011年）、《（清华大学）学校简报》（1995—2011年）、《（清华大学）学校发文》（1994—2011年）、《（清华大学）各单位简报》、《清华校友通讯》、（复43-63期）、《校友文稿资料选编》（第七—十五辑）、《清华大学电机工程与应用电子技术系简报》（第68-77期）。

99.《校友文稿资料选编》，第7-15辑。

100.《清华校友通讯》，复43-63辑。

101.《清华大学一览》，1984—1996。

102.《清华大学年鉴》，1998—2002，2006—2007。

103.《清华大学统计资料汇编》，2000—2007。

104.《清华大学统计资料简编》，2008—2011。

105.《清华大学电机工程与应用电子技术系年鉴》，2013—2017。

106. 朱有瓛：《中国近代学制史料》，第3辑上册，上海，华东师范大学出版社，1990。

107. 清华大学校史研究室：《清华大学史料选编》，第1卷，北京，清华大学出版社，1991。

108. 清华大学校史研究室：《清华大学史料选编》，第2卷，北京，清华大学出版社，1991。

109. 清华大学校史研究室:《清华大学史料选编》,第 3 卷,北京,清华大学出版社,1994。

110. 清华大学校史研究室:《清华大学史料选编》,第 4 卷,北京,清华大学出版社,1994。

111. 清华大学校史研究室:《清华大学史料选编》,第 5 卷,北京,清华大学出版社,2005。

112. 清华大学校史研究室:《清华大学史料选编》,第 6 卷第 1 分册,北京,清华大学出版社,2007。

113. 清华大学校史研究室:《清华大学史料选编》,第 6 卷第 3 分册,北京,清华大学出版社,2009。

114. 王学珍、江长仁、刘文渊:《国立西南联合大学史料》,第 1 卷,昆明,云南教育出版社,1998。

115. 王学珍、江长仁、刘文渊:《国立西南联合大学史料》,第 2 卷,昆明,云南教育出版社,1998。

116. 王学珍、江长仁、刘文渊:《国立西南联合大学史料》,第 3 卷,昆明:云南教育出版社,1998。

117. 王学珍、江长仁、刘文渊:《国立西南联合大学史料》,第 4 卷,昆明,云南教育出版社,1998。

118. 王学珍、江长仁、刘文渊:《国立西南联合大学史料》,第 5 卷,昆明,云南教育出版社,1998。

119. 王学珍、江长仁、刘文渊:《国立西南联合大学史料》,第 6 卷,昆明,云南教育出版社,1998。

120. 清华大学校史研究室:《清华大学九十年》,北京,清华大学出版社,2001。

121. 清华大学校史研究室:《清华大学一百年》,北京,清华大学出版社,2011。

122. 顾良飞:《清华大学档案精品集》,北京,清华大学出版社,2011。

123. 陈大白:《北京高等教育文献资料选编(1949—1976)》,北京,首都师范大学出版社,2002。

124. 陈大白:《北京高等教育文献资料选编(1977—1992)》,北京,首都师范大学出版社,2008。

125. 陈大白：《北京高等教育文献资料选编（1993—1999）》，北京，首都师范大学出版社，2008。

126. 中国第二历史档案馆：《中华民国史档案资料汇编》，第3辑教育），南京，江苏古籍出版社，1991。

127. 中国第二历史档案馆：《中华民国史档案资料汇编》，第5辑、第3编、教育（一），南京，江苏古籍出版社，2000。

128. 齐家莹：《清华人文学科年谱》，北京，清华大学出版社，1999。

129. 苏云峰：《清华大学师生名录资料汇编（1927—1949）》，台北，中央研究院近代史研究所，2004。

130. 刘真：《留学教育——中国留学教育史料》，第1册，台北，国立编译馆，1980。

二、论著

131. 清华大学校史编写组：《清华大学校史稿》，北京，中华书局，1981。

132. 吴宓著，吴学昭整理：《吴宓自编年谱》，北京，生活·读书·新知三联书店，1995。

133. 方惠坚、张思敬：《清华大学志》，上下册，北京，清华大学出版社，2001。

134. 苏云峰：《从清华学堂到清华大学（1911—1929）》，北京，生活·读书·新知三联书店，2001。

135. 苏云峰：《从清华学堂到清华大学1928—1937：近代中国高等教育研究》，北京，生活·读书·新知三联书店，2001。

136. 王树槐：《庚子赔款》，台北，中央研究院近代史研究所，1974。

137. 罗香林：《梁诚的出使美国》，台北，文海出版社，1979。

138. 黄新宪：《中国留学教育的历史反思》，成都，四川教育出版社，1991。

139. 李喜所：《近代留学生与中外文化》，天津，天津人民出版社，1992。

140. 张雁：《西方大学理念在近代中国的传入与影响》，杭州，浙江大学出版社,2009。

141. 李喜所、刘集林:《近代中国的留美教育》,天津,天津古籍出版社,2000。

142. 谢长法:《借鉴与融合:留美学生抗战前教育活动研究》,石家庄,河北教育出版社, 2001。

143. 曲士培:《中国大学教育发展史》,北京,北京大学出版社,2006。

144. 潘懋元:《中国高等教育百年》,广州,广东高等教育出版社,2003。

145. 李喜所:《中国留学史论稿》,北京,中华书局,2007。

146. 黄延复:《二三十年代清华校园文化》,桂林,广西师范大学出版社,2000。

147. 王昊:《近代中国大学校长的文化选择》,天津,天津教育出版社,2010。

148. 西南联大研究所:《西南联大研究》,北京,中国大百科全书出版社,2005。

149. 赵新林、张国龙:《西南联大:战火的洗礼》,上海,上海教育出版社,2000。

150. 西南联合大学北京校友会:《国立西南联合大学校史——一九三七至一九四六年的北大、清华、南开》,北京,北京大学出版社,1996。

151. 西南联合大学北京校友会:《国立西南联合大学校史:一九三七至一九四六年的北大、清华、南开》,北京,北京大学出版社,2006。

152. [美]卡扎米亚斯、马西亚拉斯,福建师范大学教育系等译:《教育的传统与变革》,北京,文化教育出版社,1981。

153. [加]许美德著,许洁英译:《中国大学 1895—1995:一个文化冲突的世纪》,北京,教育科学出版社,2000。

154. 刘一凡:《中国当代高等教育史略》,武汉,华中理工大学出版社,1991。

155.《清华大学人文社会科学学院建院十周年纪念集》,2003。

156. 王政挺:《留学备忘录》,杭州,浙江人民出版社,2003。

157. 程新国:《庚款留学百年》,上海,东方出版中心,2005。

158. 孙宏云:《中国现代政治学的展开:清华政治学系的早期发展(一

九二六至一九三七)》,北京,生活·读书·新知三联书店,2005。

159. 史贵全:《中国近代高等工程教育研究》,上海,上海交通大学出版社,2004。

160. 黄延复:《梅贻琦教育思想研究》,沈阳,辽宁教育出版社,1994。

161.《行胜于言——清华大学改革与发展纪实》编写组:《行胜于言——清华大学改革与发展纪实》,北京,清华大学出版社,2011。

162. 电机工程与应用电子技术系:《清华大学电机系建系 60 周年纪念文集》,1993。

163. 清华大学电机系:《清华电机系七十周年系庆纪念集》,2002。

164.《情系清华:清华电机系 50·51 级毕业五十周年纪念集》,北京,清华电机系 1950/51 级,2001。

165. 清华大学电机系:《清华电机系八十周年纪念文集》,北京,2012。

166.《轻舟已过万重山:清华大学机电系一九五二级》,北京,清华大学,2008。

167. 中国电气工程高等教育 100 周年纪念委员会:《百年回眸——中国电气工程高等教育 100 周年》,西安,西安交通大学出版社,2008。

168. 中共中央文献研究室:《邓小平同志论教育》,北京,人民教育出版社,1990。

169. 邓小平:《邓小平文选》,第 2 卷,北京,人民出版社,1994。

170. 中华人民共和国教育部、中共中央文献研究室:《毛泽东 邓小平 江泽民论教育》,北京,中央文献出版社、人民教育出版社、北京师范大学出版社,2002。

171. 中国高等教育学会、清华大学:《蒋南翔文集》,北京,清华大学出版社,1998。

172. 黄延复、贾金悦:《清华园风物志》,北京,清华大学出版社,2001。

173. 黄延复:《图说老清华》,武汉,长江文艺出版社,2002。

174. 顾毓琇:《百龄自述》,南京,江苏文艺出版社,2000。

175. 王守泰等:《民国时期机电技术》,长沙,湖南教育出版社,2009。

176. 冯友兰等:《联大教授》,北京,新星出版社,2010。

177. 陈旭:《往事 真情 厚望:清华大学电子工程系建系五十周年纪念文集》,北京,出版者不详,2002。

178. 闻黎明:《抗日战争与中国知识分子:西南联大的抗战轨迹》,北京,社会科学文献出版社,2009。

179. 清华大学建筑技术科学系:《土木工程馆的风云变迁》,北京,清华大学出版社,2009。

180. 毛泽东:《毛泽东文集》,第6卷,北京,人民出版社,1999。

181. 史际平、杨嘉实、陶中源等:《家在清华》,济南,山东画报出版社,2008。

182. 方惠坚:《高景德纪念文集》,北京,清华大学出版社,1999。

三、论文

183. 第一历史档案馆:《清游美学务处档案史料》,载《历史档案》,1997年第3期。

184. 金更欢、黄朝文:《面向21世纪高校复合型人才培养的思考》,载《广东教育学院学报》,1999年第4期。

185. 王海军:《试论美国庚子赔款的"退还"》,载《山东师大学报(社会科学版)》,1998年第5期。

186. 郭宗礼:《中美庚款兴学论析(1904—1929)》,山东师范大学硕士学位论文,2007年。

187. 李建国:《美国退还庚子赔款目的评析》,载《贵州师范大学学报(社会科学版)》,1993年第1期。

188. 季云飞:《美国"退还"部分庚子赔款事件述评》,载《南京政治学院学报》,1990年第3期。

189. 黄新宪:《退还庚子赔款与清末留美学生的派遣》,载《教育科学》,1987年第4期。

190.《中国空气动力学发展史》编辑委员会:《建国前中国空气动力学的发展》,载《中国科技史料》,1987第8卷第2期。

191. 王海军:《试论美国庚子赔款的"退还"》,载《山东师大学报(社会科学版)》,1998年第5期。

192. 李守郡:《试论美国第一次退还庚子赔款》,载《历史档案》,1987年第3期。

193. 李友唐:《谈庚子赔款和清华学堂》,载《北京社会科学》,1997 年第 3 期。

194. 贝克钦:《列强退还中国的庚子赔款及其用途》,载《史海钩沉》,2003 年第 2 期。

195. 涂俊才:《庚子赔款与中国教育》,载《华中农业大学学报(社会科学版)》,2005 年第 4 期。

196. 唐纪明:《美国退还庚子赔款与清华学校》,载《清华大学教育研究》,1989 年第 2 期。

197. 梁碧莹:《"庚款兴学"与中国留美学生》,载《贵州社会科学》,1991 年第 12 期。

198. 张静:《美国"退还"庚款和在华"兴学"论析》,载《天津师大学报》,1997 年第 6 期。

199. 傅洁茹:《美国退还部分庚款及其用于留学教育的经过》,载《历史教学》,1995 年第 2 期。

200. 金富军:《清华创办的背景与经过》,载《清华人》,2006 年第 2 期。

201. 金富军:《摇曳多变的清华学校时期》,载《清华人》,2006 年第 3 期。

202. 金富军:《一波三折的改办大学之路》,载《清华人》,2006 年第 4 期。

203. 翟亚军:《大学学科建设模式研究》,中国科学技术大学博士论文,2007 年。

204. 金富军:《清华大学初期的校长更迭风波》,载《清华人》,2007 年第 1 期。

205. 金富军:《迅速崛起的国立清华大学》,载《清华人》,2007 年第 2 期。

206. 金富军:《刚毅坚卓的西南联合大学(一)》,载《清华人》,2007 年第 3 期。

207. 金富军:《刚毅坚卓的西南联合大学(二)》,载《清华人》,2007 年第 4 期。

208. 严文清:《国民政府时期高校内部治理结构的主要特色——以清华大学、西南联合大学为例》,载《湖北第二师范学院学报》,2009 年第 26

卷第 9 期。

209. 姚成福:《西南联大办学理念辨析》,载《社科纵横》,2006 年第 21 卷第 1 期。

210. 吴洪成、于洋:《创造中国现代高等教育奇迹的西南联合大学:理念、措施及启示》,载《黑龙江高教研究》,2010 年第 7 期。

211. 王晶:《浅论西南联合大学人才成就成因》,载《首都师范大学学报(社会科学版)》,2004 年增刊。

212. 金富军:《波澜壮阔的学生爱国运动》,载《清华人》,2007 年第 5-6 期。

213. 贺金林:《抗战胜利后国民政府教育复员研究》,中山大学博士学位论文 2007 年。

214. 金富军:《复员之后的国立清华大学》,载《清华人》,2008 年第 1 期。

215. 代洪臣:《国民政府时期科学教育思想研究(1927—1949)》,华东师范大学硕士论文,2006。

216. 金富军:《迎接中华人民共和国诞生》,载《清华人》,2008 年第 2 期。

217. 李琦:《建国初期全国高等学校院系调整述评》,载《党的文献》,2002 年第 6 期。

218. 薛天祥、沈玉顺:《50 年代院系调整与 90 年代联合办学比较分析》,载《上海高教研究》,1997 年第 8 期。

219. 李杨:《五十年代的院系调整与社会变迁——院系调整研究之一》,载《开放时代》,2004 年第 5 期。

220. 段丽华、韩国海:《略论我国 50 年代院系调整》,载《辽宁教育学院学报》,1999 年第 16 卷第 6 期。

221. 金富军:《面向工业化建设的院系调整》,载《清华人》,2008 年第 3 期。

222. 金富军:《五十年代教学改革中的清华》,载《清华人》,2008 年第 4 期。

223. 金富军:《蒋南翔校长与新技术专业设立》,载《清华人》,2008 年第 5 期。

224. 金富军:《培养社会主义合格接班人》,载《清华人》,2008 年第 6 期。

225. 金富军:《“文化大革命”期间的清华大学》,载《清华人》,2009 年第 1 期。

226. 彭方雁:《春天的气息:首届大学文科发展研讨会综述》,载《学术界》,2004 年第 1 期。

227. 金富军:《拨乱反正踏上新的征程》,载《清华人》,,2009 年第 2 期。

228. 金富军:《昂首阔步迈向世界一流大学》,载《清华人》,2009 年第 3 期。

229. 陆冰:《适应社会发展需要 着力培养复合型人才》,载《南京工业大学学报(社会科学版)》,2005 年第 3 期。

230. 刘继青:《清华大学早期工程教育的发展及其外来影响》,载《高等工程教育研究》,2011 年第 1 期。

231. 陈超群:《清华大学工学院的创建》,清华大学硕士学位论文,2005 年。

232. 陈矩弘:《“文化大革命”时期福建教育革命研究》,福建师范大学硕士学位论文,2004。

233. 张荣华:《“文化大革命”时期的石油高等教育》,载《石油大学学报(社会科学版)》,2001 年第 16 卷第 1 期。

234. 卢强、韩英铎、刘卫东、梅生伟:《电力系统及发电设备安全控制和仿真国家重点实验室》,载《中国基础科学》,2004 年第 5 期。

235. 王孙禺、刘继青:《从历史走向未来:新中国工程教育 60 年》,载《高等工程教育研究》,2010 年第 4 期。

236. 周全华:《“文化大革命”中的“教育革命”》,中共中央党校博士学位论文,1997 年。

237.《中共中央关于召开全国科学大会的通知》,载《广东农业科学》,1977 年第 6 期。

238. 江泽民:《在清华大学建校九十周年大会上讲话》(二〇〇一年四月二十九日),载《清华大学教育研究》,2001 年第 2 期。

后　记

2012 年是清华大学电机工程系建系 80 周年，也是我们作为改革开放后考入电机系的第一届学生毕业 30 周年。

回想起在电机系的学习生活，回想起大学毕业以来走过的工作历程，我们感慨万分。我们为有机会在这个具有悠久历史的学术圣殿里学习和工作倍感自豪和骄傲。我们对电机系的老师们充满了怀念和感激。是清华大学、是电机系、是电师七班，培养和造就了我们的今天。

为了给电机系 80 周年系庆做点小小贡献，我们受电师七班全体同学的委托，和我校教育研究院博士后李珍博士一起，用了一年多的时间，将收集到的资料进行了汇集和整理，编著了清华大学电机工程系发展简史，以此表达我们的心愿。其中，我们主要对电机系自身的发展历程进行了梳理，对于由此延伸的相关院系（如电讯组独立成立无线电工程系、以自动学与远动学教研室为基础成立自动控制系等）不再赘述。

《清华时间简史：电机工程系》一书 2015 年由清华大学出版社正式出版。该书出版后，受到学校领导和多个院系领导的高度重视，并荣获中国高教学会校史研究分会第五届优秀研究成果一等奖。

值此清华大学迈入新百年之际，面对“双一流”建设的重要历史机遇，电机系又迎来了新的发展契机。为进一步提高教学、科研及人才培养质量，建设世界一流学科，电机系在原有系史基础上，结合校友反馈的意见，同时搜集、查阅、梳理 2012 年至 2017 年的档案文献和相关资料，展现新时期电机系的发展成就，反思存在的不足，探索建设世界一流大学和一流学科的路径。

由于我们的阅历、水平、时间以及资料来源渠道有限，加之电机系作为学校的主干学科，80 多年来有诸多变迁，许多问题还待请教。因此，本书的写作与梳理难免挂一漏万；一些资料的出处还要进一步考证和落实，内容还需不断补充和修改。如有疏漏之处,不妥之处,望海涵谅解并盼指教,日后尽快修正。

在此,感谢所有为我们提供素材的电机系领导、老师和同学们;感谢我校校办、校史馆、图书馆的大力支持,特别要感谢方惠坚、徐伯雄、钱家骊、吴维韩、周双喜、王赞基、闵勇、于歆杰、刘瑛岩、孙劲松、董鸿、梁晶晶、段燕梅、段锐、慕萍、董嘉佳、骆娇、姚满林、牛犇、陈启鑫、王家福等领导和老师们给予我们的帮助和支持。

祝愿清华电机系在历史的时间长轴上,永远辉煌!

王孙禺　赵伟(1977级)

于清华大学

2012年2月初稿

2014年4月修改稿

2018年2月修改稿